몸젠의 로마사 제2권

로마 왕정의 철폐에서 이탈리아 통일까지

02
Mommsen

Römische Geschichte

몸젠의 로마사

로마 왕정의 철폐에서 이탈리아 통일까지

테오도르 몸젠 지음 / 김남우·김동훈·성중모 옮김

푸른역사

일러두기

1. 이 책은 Theodor Mommsen, *Römische Geschichte*, Bd. 1, Buch 2, Berlin, 1902를 번역한 것이며, 소제목은 Theodor Mommsen, *Roman History*(translated by William Purdie Dickson, Richard Bentley Publisher, 1864)를 참고하여 번역자들이 붙였다.

2. 고유명사 표기에서 국립국어원 외래어 표기법을 따르지 않은 것이 있다. 예를 들어 '그리스' 대신 '희랍'이라고 적었는바, 이는 '희랍'을 '고대 그리스'를 가리키는 전문용어로 사용하고자 했기 때문이다.

3. 책 앞에 덧붙인 지도들은 일정 시점을 기준으로 지역도시의 건설과 발전을 반영하여 만들어진 것이 아니다. 로마의 시작부터 아우구스투스 시기까지 《로마사》를 이해하는 데 필요한 지명들을 일괄적으로 보여주기 위해 작성된 것이다.

4. 문화체육관광부에서 고시한 〈외래어 표기법〉 일부 개정안(문화체육관광부 고시 제2017-14호, 2017년 3월 28일)에 따라 일부 용어 표기가 《몸젠의 로마사》 3권까지의 표기와 다르다. 예를 들어 '로마 인'은 '로마인'으로, '라티움 어'는 '라티움어'로, '도나우 강'은 '도나우강'으로, '켈트 족'은 '켈트족'으로, '올륌포스 산'은 '올륌포스산'으로 표기했다.

옮긴이 서문

Festina lente! 서두르지도 멈추지도 않으며 다만 꾸준히!《몸젠의 로마사》제2권은 예정보다 조금 일찍 출간되었다. 번역 작업이 순조롭게 진행된 덕분인데, 만연체로 역자들을 괴롭히던 몸젠의 글쓰기에 역자들이 익숙해진 때문이기도 하지만 그보다 더 큰 이유는《몸젠의 로마사》제2권이 다루고 있는 흥미로운 주제 때문이었다. 그것은 바로 지중해 제국으로 성장할 미래의 로마를 결정한 두 가지 사건이었다. 그중 한 가지가 공화정 체제 수립이라면 나머지 하나는 이탈리아 통일이다. 전자는 로마 시민의 역량을 하나로 결집시키고 키워낸 국가체제였고, 후자는 로마가 지중해 제국으로 성장하는 토대가 되었다.

　제2권의 전반부에서는 왕정이 폐지되고 국가의 주요 행정 기구가 2인의 집정관을 중심으로 재편되는 공화정 체제 수립 과정을 다룬다. 종신직 왕을 대신하여 1년 임기의 집정관직을 만들어내면서 권력은 자연스럽게 원로원으로 집중되었다. 주목할 대목은 평민과 귀족 간의 갈등이 집정관 이하 관직의 창설과 권한 부여 등에 영향을 미치는 방식이다. 양자의 사회적 갈등과 계급적 충돌이 심화되었을 때 이를 정치적으로 해결하기 위해 원로원은 우선 호민관제도를 받아들였고, 이후 법을 12표법으로 명문화(明文化)하면서 양보와 타협의 정치를 추구했다. 권력이 평민들에게 이동하면서, 정확히 말해 평민들의 원로원 진출이 가능해지면서 로마는 이탈리아 통일의 국가적 역량을 갖출 수 있었다.

제2권의 후반부에서는 로마가 주변 지역을 점차 군사적으로 제압하고 정치적으로 통합하는 이탈리아 통일 전쟁 과정이 다루어진다. 각 지역 도시들의 위상과 지위는 이탈리아 통일 전쟁에서 로마와 어떤 관계를 유지했는가에 따라 아주 다양하게 결정되었다. 하지만 자치를 허락하든 관리를 파견하든 간에 공통적으로 로마는 각 공동체들로부터 외교권과 전쟁 개시권을 박탈함으로써 연방체의 통일 이탈리아를 완성했다. 로마는 에트루리아 지역 등 북부 이탈리아를 시작으로 캄파니아와 삼니움 등 이탈리아 남부, 타렌툼 등의 희랍 식민지들을 통합함으로써 이탈리아 통일전쟁을 성공적으로 수행한다. 로마를 중앙에 놓고 북부 이탈리아와 남부 이탈리아가 연합전선을 펼치기도 했지만 로마의 전진은 누구도 막을 수 없었다. 하지만 로마의 승리뿐만 아니라 삼니움 민족의 끈질긴 저항은 물론, 알렉산드로스의 동방 제국에 맞먹는 제국을 서지중해에 세우기로 결심한 천재적 전술가 퓌로스의 이탈리아 상륙 역시 눈여겨 볼 대목이다.

몸젠은 이 시기에 나타난 새로운 사법제도, 신설된 군대조직, 대도시로 거듭나는 도시 로마, 개량된 화폐제도, 군사 도로의 신설과 확장, 바뀐 역법, 역사와 법학의 초기 형태 등을 설명하고 있는바, 여기서 몸젠의 고전문헌학적 역량이 돋보인다. 특히 국가체제의 법적 · 제도적 변화를 자세히 추적하고, 로마에 통합된 이탈리아 공동체들의 법적 · 정치적 지위를 설명하는 대목에서는 로마법학자로서 몸젠의 저력이 여실히 발휘된다.

우려와 걱정 속에서도 제2권이 출간되었고 제3권의 번역이 이미 새해와 함께 시작되었다. 《몸젠의 로마사》 제2권의 독회는 제1권과 마찬가지로 애초 매주 월요일 늦은 오후 푸른역사 아카데미에서 진행되었지만 나중에는 번역자들의 일정이 맞지 않아 정암학당(www.jungam.or.kr)으로 장소를 바꿨다. 제3권의 독해도 계속해서 정암학당에서 진행될 예정이다. 몸젠 번역어 사전(www.mommsen.or.kr)에는 그 사이 좀 더 많은 용어가 등재되었고 제2권 번역 작업을 수행하면서 특히 법률명과 지명 등이 크게 늘었다.

편집을 맡아 정성을 다해준 푸른역사 대표와 편집자 분들께 큰 고마움을 표한다. 몸젠 번역어 사전을 관리한 김출곤 선생께, 공부방을 제공해준 정암학당과 학당 후원자들께 감사한다. 제2권 출판원고를 미리 읽고 좋은 제안을 해준 학당 후원자 서승일 선생과 서울대 철학과 고대철학 전공 임성진 선생께 감사의 말을 전한다. 그리고 무엇보다도 제1권의 여러 잘못을 지적하여 고칠 기회를 주고 제2권의 출간을 응원해준 독자 여러분들에게 감사드린다. 독자의 계속된 가르침을 기대한다.

2014년 1월 말
번역자 일동

상민귀족과 농민들의 단합: 리키니우스 섹스티우스 법 | 귀족정의 철폐 | 법무관과 안찰관 | 사회적 위기와 그 해결의 시도 | 리키니우스 농지법 | 징세법과 채권법 | 계속된 사회 문제 | 로마 영토 확장에 따른 농민 확대 | 시민 평등 | 새로운 귀족 통치 | 새로운 반대 당파 | 민회 구성 | 시민 권력의 증대 | 민회 중요성의 감소 | 정무관들: 집정관 권한의 분할과 약화 | 독재관직의 제한 | 겸직과 중임의 제한 | 호민관직의 변화 | 원로원의 변화 | 원로원의 권한 | 입법에서의 영향력 | 선거에서의 영향력 | 원로원 통치

제4장 에트루리아 패권의 몰락과 켈트족 _ 114

에트루리아-카르타고의 제해권 장악 | 에트루리아의 라티움 복속 | 에트루리아-카르타고 연합의 몰락 | 에트루리아에 대항한 로마인 | 에트루리아에 대항하는 삼니움 사람들 | 켈트족 | 켈트족의 민족 이동 | 로마에 의한 에트루리아 공격 | 베이이 정복 | 켈트족의 로마 공격 | 켈트족의 허망한 승리 | 로마의 계속된 에트루리아 정복 | 북부 이탈리아의 평화 정착 | 에트루리아 본토의 평화와 몰락

제5장 로마에 의한 라티움과 캄파니아 복속 _ 145

로마의 라티움 패권: 붕괴와 회복 | 로마와 라티움의 법적 평등 | 법적 평등의 위축 | 개인의 권리 | 로마의 모범에 따른 라티움 연맹의 혁신 | 사비눔의 굴복 | 아이퀴 사람들과 볼스키 사람들의 굴복 | 라티움-로마 연맹 내부의 갈등 | 연맹의 재건 | 라티움 연맹의 폐쇄적 운영 | 라티움 연맹의 영역 확정 | 나중에 건설된 라티움 도시들의 고립 | 독립적 결속의 금지 | 자치권의 개혁 | 로마의 독주 | 삼니움 사람들의 남부 이탈리아 점령 | 삼니움 연맹의 분열 | 로마에 의한 카푸아 복속 | 라티움 연맹의 해체 | 볼스키 지역과 캄파니아 지역의 완전 복속 | 삼니움 사람들의 안주

〈지도 1〉
이탈리아 북부

갈리아 트란스알피나

리구리아

플라켄티아

갈리아 키스

게누아

바다 사바티아

모노이쿠스

니카이아

안티폴리스

게누아만

마리아나

코르시카

알랄리

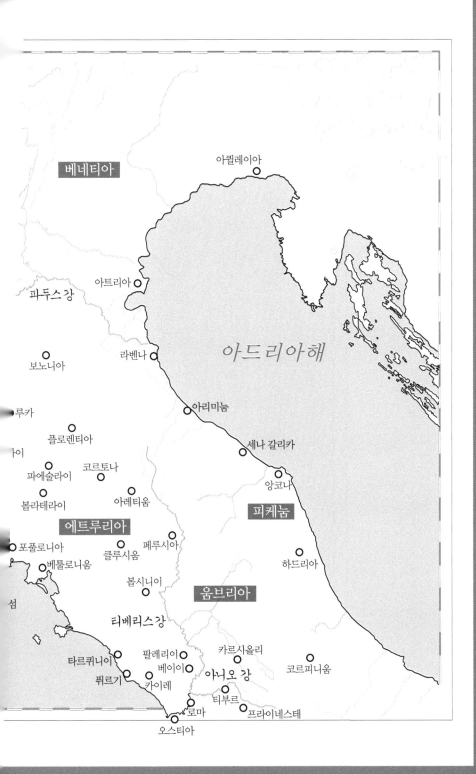

베네티아

아퀼레이아

아트리아

파두스 강

보노니아

라벤나

아드리아해

아리미눔

루카

플로렌티아

세나 갈리카

이

파에술라이

코르토나

볼라테라이

아레티움

앙코나

에트루리아

피케눔

포풀로니아

페루시아

클루시움

하드리아

베툴로니움

볼시니이

움브리아

섬

티베리스강

팔레리이

카르시올리

타르퀴니이

베이이

코르피니움

퓌르기

카이레

아니오 강

티부르

로마

프라이네스테

오스티아

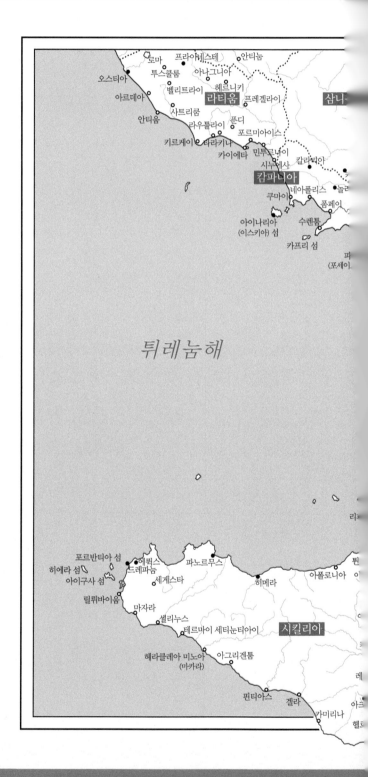

〈지도 2〉
이탈리아 남부

로마　프라이네스테　안티눔
투스쿨룸　아나그니아
오스티아　　　벨리트라이　헤르니키
아르데아　　　　　　　　프레겔라이　　라티움　　삼니
안티움　　사트리쿰
　　　라우롤라이　푼디
키르케이　타라키나　포르미아이스
카이에타　민투르나이
시누에사　칼라티아
캄파니아
네아폴리스
쿠마이　　　　　놀라
폼페이
아이나리아
(이스키아) 섬　수렌툼
카프리 섬
파
(포세이

튀레눔해

포르반티아 섬　에뤽스
히에라 섬　드레파눔
아이구사 섬　세게스타
릴뤼바이움
마자라
셀리누스
테르마이 세티눈티아이

파노르무스
히메라　　아폴로니아
뷘
헤라클레아 미노아　아그리겐톰
(마카라)
핀티아스　겔라
카미리나
시킬리아
레
아르
헬도

제2권

로마 왕정의 철폐에서 이탈리아 통일까지

역사가는 자신의 독자들을 무시무시한 이야기들로 경악케 해서는 안 된다.

— 폴뤼비오스

제1장
국가체제의 변화: 정무관 권한의 제한

로마에서의 정치·사회적 갈등

공동체의 단일성과 절대 권력이라는 엄격한 개념은 이탈리아 국가체제의 핵심으로, 종신직 일인 통치자는 막강한 권력을 장악했으며 이런 권력의 막강함을 공동체의 적들은 물론 시민들도 느끼고 있었다. 이에 따라 권력의 남용과 강압이 없을 수 없었으며, 필연적으로 권력을 제한하는 일이 발생했다. 그러나 이러한 개혁과 혁명을 시도하면서도 결코 공동체 자체를 제한하거나 해당 권력기구들을 철폐하지 않았다는 점, 다시 말해 소위 개인의 자연권 증진이 공동체와 직접 상충하지 않았다는 점, 변화의 폭풍이 다만 공동체 권력기구의 형식만을 문제 삼았다는 점은 로마인들의 대단한 점이다. 타르퀴니우스 가문 시대로부터 그락쿠스 형제 시대에 이르기까지 진보당파의 소명은 국가 권력의 제한이 아니라 정무관 권력의 제한이었다. 그리고 이때에도 국민이란 통치하는 존재가 아니라 통치받는 존재라는 점은 달라지지 않았다.

아무튼 이것들은 시민들에 의해 이루어진 투쟁이었다. 이와 더불어 다른 움직임도 있었는데, 그것은 상민, 라티움인, 이탈리아인, 해방노예 등 비시민들이 자신들의 정치적 평등을 외친 소요였다. 상민이나 해방노예처럼 시민에 속하든, 라티움인 혹은 이탈리아인처럼 시민에 속하지 못하든 그들 모두는 자신들이 누리지 못하는 정치적 평등을 갈망했다.

로마의 정치·사회적 갈등 중 그 세 번째는 보다 더 일반적인 종류였다. 부자와 빈민의, 특히 재산을 박탈당한 혹은 그런 위협에 처한 무산자의 대립이 그것이다. 로마의 법적·정치적 체제는 자본에 종속된 소농 및 대토지 소유자에게 종속된 소작인에 의해 수행되는 농업 경제를 가능하게 했으며, 이때 개인들 혹은 중소규모 공동체들은 신분상의 자유는 유지했지만 토지는 다양한 방식으로 박탈당했다. 이를 통해 농업에 종사하는 엄청난 수의 무산자들이 일찍부터 공동체의 운명에 심대한 영향을 미쳤다. 이에 반해 도시 무산자는 나중에야 비로소 정치적 의미를 지니게 된다.

이런 대립 속에서 로마 역사가 움직였고, 우리로서는 그 역사를 전혀 알 수 없는 여타의 이탈리아 공동체들 또한 아마 마찬가지였을 것이다. 완전시민권자들 내부의 정치적 움직임, 배타적인 계급과 배제된 계급 간의 전쟁, 유산자와 무산자의 갈등은 근본적으로 매우 상이한 대립들이었지만, 서로 다양하게 얽히고설키며 때로 기이한 정치연합을 연출하기도 했다.

종신직 공동체 수장 제도의 철폐

영주민을 군사적인 면에서 시민과 동등하게 대우한 세르비우스의 개혁은 정치적 당파 문제가 아니라 단순한 행정적 고려에서 이루어진 것으로 보인다. 따라서 내부적 위기와 국가체제의 변화를 초래한 최초의 대립은 통치 권력의 제한과 관련된 대립이라 할 수 있다. 이런 대립이 얻어낸 최초의 성과는 종신직 공동체 수장의 철폐, 즉 왕직의 폐지였다. 이것이 역사의 발전과정에서 필연적인 것임을 보여주는 명백한 증거는 동일한 국가체제의 변화가 이탈리아–희랍 세계 전체에서 유사한 방식으로 진행되었다는 점이다. 로마뿐만 아니라, 여타 라티움인 및 사비눔인, 에트루리아인, 아풀리아인, 아니 전체 이탈리아 공동체들에서, 나중에는 희랍에서도 전통적인 종신 통치자가 1년 임기 지배자로 대체되었다는 사실을 우리는 안다. 루카니아 지역공동체와 관련하여 그 공동체가 평화 시에는 민주적으로 통치되었고 전시에는 정무관들이 왕, 즉 로마의 독재관에 유사한 직을 선출했다는 것이 증명되었다. 사비눔인의 도시들, 예컨대 카푸아와 폼페이도 마찬가지로 나중에는 매년 교체되는 '공동체 최고 보호관'(*medix tuticus*)에 복종했다. 우리는 유사한 통치기구들이 이탈리아의 여타 종족공동체나 도시공동체들에도 존재했을 것이라 선제할 수 있다. 따라서 어떠한 이유로 로마에서 집정관이 왕을 대체하게 되었는지에 관해 따로 설명이 필요치 않다. 희랍과 이탈리아 국가들의 정치체제는 어떤 자연적 필연성에 따라 자연스럽게 공동체 종신 수장의 권력을 더 짧은 기한, 대체로 1년으로 제한하는 방향으로 발전했다. 변화의 원인은 간단하지만, 그 계기는 매우 다양할 수 있다. 로물루스가 죽은 후에 로마 원로원이 하려고 했던 것처럼, 사람들은 종신 지배자의 사후에 이제는 그러한 자를 선출하지 않겠다고 결정할 수도 있었을 테고, 또는 세르비우스 툴리우스 왕이 하려고 했다고 알려진 것처럼 지배자가 자발적으로 퇴위할 수도 있었을 것이며, 또는 로마 왕정의 종언이 그러했듯 국민이 폭군에 대항하는 봉기를 일으켜 그를 축출할 수도 있었을 것이다. 타르퀴니우스 집안의 마지막 왕인 '오만왕'을 축출하는 역사 속에는 야사나 소설에 지나지 않은 부분이 많긴 하지만, 기본적 이야기 흐름에 의심의 여지는 없다. 전승(傳承)은 왕이 원로원에 자문을 구하지도 않고 원로원을 보충하지도 않았다는 사실, 사형 판결과 몰수를 원로들의 자문 없이 선포한 사실, 자신의 곳간에는 엄청난 곡식을 쌓아놓고 시민들에게는 전쟁 수행과 과도한 노역을 하게 했다는 사실 등을 민중 분노의 원인으로 들고 있는데, 이는 믿을 만하다. 각 시민이 행했던 자신과 후손을 걸고 앞으로 다시는 왕을 용인하지 않겠다는 내용의 맹세, 왕이라는 호칭에 대한 맹목적인 증오, 특히 신들의 매개자로 선출된 '제사왕'(rex sacrorum)에게 그 외의 직을 수행하지 못하게 함으로써 로마 공동체의 최고직에 이른 그를 가장 무력한 자로 만든 민중의 결단 등이 민중의 분노를 잘 증명하고 있다. 마지막 왕과 함께 그의 집안 전체가 추방되었다. 이는 당시 씨족 결합이 얼마나 심한 폐쇄성을 가지고 있었는지에 대한 하나의 증거다. 타르퀴니우스 집안은 그 후—최근 그들 씨족의 분묘가 발견된, 아마 그들의 옛 고향일 수 있는(제1권 176쪽)—카이레로 이주했다. 공동체의 최고 관직에는 종신 지배자를 대신하여 두 명의 1년 임기 통치자가 취임했다.

이 중요한 사건과 관련하여 역사적으로 확증적인 것은 여기까지가 전부다.[1] 로마와 같이 광대한 지역을 지배한 거대공동체 내에서 왕의 권력에 대하여, 특히 여러 세대 동안 같은 씨족에 머문 경우라면 작은 국가들에서보다 더 강한 저항이 있었을 것이고 그리하여 갈등이 더욱 격심했을 것임은 쉽게 이해할 수 있다. 이런 갈등에 외국이 개입했다는 사실을 보여주는 확증은 없다. 로마와 에트루리아 사이에 있었던 한 번의 큰 전쟁도 다만 로마 연보의 시간 착오 때문에 타르퀴니우스 가문의 축출 시점과 가깝게 되었을 뿐, 로마에서 피해를 본 동포를 위해 에트루리아가 개입했다고 볼 수는 없다. 에트루리아인들이 완전한 승리에도 불구하고 로마 왕정을 복고시키지 않았고, 타르퀴니우스 가문도 복위시키지 않았다는 사실은 이를 뒷받침하는 충분한 증거다.

---

[1] 우리에게 잘 알려져 있는 이야기는 사실이 아닌 것이 명백하다. 즉 그 이야기 대부분이 인명들(*Brutus, Poplicola, Scaevola*)의 설명으로 구성된 것으로, 역사적인 것으로 보이는 요소들도 잘 살펴보면 꾸며진 것임을 알 수 있다. 브루투스가 기병 구대장이었고 기병 구대장으로서 타르퀴니우스 집안 축출을 위하여 민회 의결을 제안했다는 것도 꾸며진 이야기이다. 왜냐하면 로마 국가 체제에 의하면 일개 장교에 불과한 자가 동민회 소집 권한을 가진다는 것은 불가능하기 때문이다. 아마도 이 모든 이야기는 로마 공화정에 법적 토대를 제공하기 위하여 꾸며낸 것이다. 그 이야기 중에 기병 구대장이 전혀 동등할 수 없는 기병 장관과 혼동되기도 하고(제1권 85쪽) 그리하여 법무관급에 해당하는 기병 장관에게 속하는 백인대민회 소집권이 동민회 소집권과 잘못 연결되기도 했다.

집정관의 권한

이 중요한 사건의 역사 관계가 어둠 속에 있는 데 반해, 다행스럽게도 국가체제가 어느 부분에서 변화되었는지는 분명하다. 왕의 공위를 메우고자 관례대로 '대행왕'(*interrex*)이 취임했다는 사실은 왕의 권한 자체가 폐지된 것은 아니라는 점을 말해준다. 다만 2인의 왕을 세우고 임기 1년으로 그 권한을 제한한바, 그들은 최고관(*praetores*), 판관(*iudices*) 또는 집정관(*consules*)[2]이라고 불렸다. 공화정과 왕정을 가르며 우리가 이제 맞닥뜨리게 되는 것이 바로 동료제와 1년 임기제의 원리다.

동료제

1년 임기 왕을 가리키는 말로 나중에 가장 널리 쓰인 세 번째 명칭의 어원이 되는 동료(*collega*)제의 원리는 매우 특이한 것이었다. 최고 권력이 두 명의 관리에게 나뉘어 주어진 것이 아니라, 각 집정관이 과거의 왕과 같은 최고 권력을 가지고 이를 완전히 독자적으로 행사했기 때문이다. 2인의 동료 가운데 한 사람이 사법을, 다른 한 사람이 군령권을 갖는 것이 아니라, 두 명 모두가 평시에 재판을 관리하고 유사시에 군대를 이끌 권한을 동시에 갖고 있었다. 각자의 권한 행사가 상충

---

[2] '집정관'(*consules*)은 어원적으로 '함께 뛰는 또는 춤추는 사람'이다. 마찬가지로 *praesul*은 '선무자'(先舞者), *exul*은 '후무자'(後舞者, ὁ ἐκπεσών), 또한 *insula*(섬)는 '바다로 뛰어든 바위'다.

하는 경우, 결정은 월별로, 일별로 순번을 정해 이루어졌다. 물론 적어도 군사 최고 명령권에 있어서는 처음부터 예컨대 집정관 하나는 아이퀴인들을 상대로, 다른 하나는 볼스키인들을 상대로 군대를 이끄는 방식으로 일정한 권한 분배가 이루어졌을 것이다. 그러나 동료제 원리가 결코 구속력을 갖는 것은 아니었기 때문에 각 집정관은 법적으로 동료의 직무에 언제라도 개입할 수 있었고, 결국 최고 권력이 최고 권력과 대립할 경우, 즉 한 동료가 명하는 것을 다른 동료는 금하는 경우 집정관의 처분은 무효가 되었다. 로마 것이 아니라면 적어도 라티움 고유의 것이라고 할 수 있는 이런 경합 제도는 여타 거대 국가들에서는 유례를 찾기 어려운 것으로 로마 공동체에서는 대체로 효과적으로 작동되었던바, 이는 왕권을 분할하거나 개인에게서 위원회로 이양하지 않고 다만 왕권을 두 배수로 늘려 때에 따라 그 권한이 자체적으로 상쇄되도록 함으로써 무제약적이며 절대적인 왕권을 그대로 유지하려는 노력의 결과였다.

임기

임기와 관련해서는 과거 5일 임기의 대행왕이 법적 근거를 제공했다. 정규의 공동체 통치자들은 취임일부터 기산(起算)하여[3] 일 년 이상 관

---

[3] 공직 취임일은 한 해의 시작일인 3월 1일이 아니었고 확정되어 있지도 않았다. 취임일에 따라 임기 종료일도 정해졌다. 다만 명시적으로 유고자(有故者)를 대체하여 집정관이 선출된 경우(보궐집정관consul suffectus)에는 예외였다. 이 경우에 승계인은 유고자의 권한과 임기를 승계한다. 과

직에 머물러서는 안 되었으며, 대행왕이 5일이 지나면 그러했듯 임기가 지나면 법적으로 집정관 권한을 상실했다. 최고직의 임기제한 때문에 집정관은 왕이 가지던 사실상의 면책권을 갖지 못했다. 예전부터 로마에서는 왕도 법 아래에 있었다. 하지만 로마의 관념에 따라 최고 판관이 자신을 심판 대상으로 삼는다는 것은 있을 수 없었고 따라서 왕이 범죄를 범하더라도 그에 대한 재판이나 처벌은 있을 수 없었다. 반면 집정관은 살인이나 반역죄의 경우 관직을 유지하는 동안에는 보호되지만, 퇴임 후에는 다른 시민들과 마찬가지로 범죄에 대한 통상적인 형사재판을 받아야 했다.

이러한 중요하고 핵심적인 변화들은 여타의 부차적이고 외형적인, 하지만 상당히 중요한 결과를 초래한 제한들도 동반했다. 자신의 농지를 시민들에게 맡겨 경작하던 왕권, 그리고 영주민이 왕과 맺어야 했던 특별한 피호관계(*clientela*)는 종신제 왕과 함께 사라졌다.

상소권

왕은 형사재판에서 속죄금 및 신체형 관련 수사와 심판을 담당했을 뿐만 아니라, 유죄판결을 받은 자에 대한 사면절차를 민회에 회부할지의 여부도 결정했다. 반면 발레리우스 법(로마 건국 245년, 기원전 500

거에는 보궐집정관은 집정관 두 명 중 한 명이 유고시에만 선출되었다. 두 명 모두 보궐집정관인 경우는 공화정 후기에 발견된다. 대체로 집정관의 임기는 해를 넘겨 다음 해에 절반가량 걸쳐 있었다.

년)은 전시법에 따른 것이 아닌 이상 사형이나 신체형으로 유죄를 받은 자가 제기하는 상소절차를 집정관이 허용해야 한다고 규정하고 있다. 이는 이후 법률에 의하여―시기는 불확실하지만 아마도 로마 건국 303년(기원전 451년) 이전에―중한 속죄금의 경우까지 확대되었다. 이를 상징적으로 나타내는 조치로서, 집정관이 군사령관이 아니라 판관 역할을 맡게 되는 경우 그의 종행리들로 하여금 사령관이 갖는 생사여탈권을 상징하는 권부(權斧)를 땅에 내려놓게 했다. 한편 상소를 허용하지 않은 집정관에게 법률은 불명예를 주었는바, 불명예는 당시 본질적으로 도덕적 파렴치를 의미했으며 불명예자의 법적 증언은 효력을 갖지 못할 만큼 중대한 조치였다. 여기에도 기본적으로 옛 왕권을 제한하는 것은 법적으로 불가능하며, 따라서 제아무리 혁명에 의하여 최고 권력자에게 제한이 가해졌다 하더라도 그것은 엄밀히 말해 사실적이고 도덕적인 조치일 뿐이라는 생각이 깔려 있었다. 따라서 집정관이 항소 문제를 두고 과거의 왕처럼 행동할 경우, 그것은 옳지 못한 일이긴 했지만 범죄를 범한 것은 아니어서 형사재판의 대상이 되지 않았다.

　권한 제한은 민사재판에서도 존재했다. 사인(私人) 간의 법적 거래행위를 자신의 재량에 따라 심판할 수 있는 권한을 집정관은 취임 즉시 박탈당했다.

권한 위임의 제한

형사 및 민사재판의 개편은 대리자 또는 후임자에 대한 권한 위임 및 이양과 관련된 일반적 제도정비와 관련되어 있다. 왕의 경우 대리자를 제한 없이 자유롭게 임명할 수 있었고 어떤 구속도 없었던 데 반해, 집정관은 권한 위임을 본질적으로 다른 방식으로 행사했다. 최고 관리가 로마를 떠나는 경우, 사법 행위 대리자를 임명해야 한다는 법은(제1권 93쪽) 집정관에게도 유효했는데, 대리자 임명에까지 동료제 원리가 확장되지는 않았고 대리자 임명권은 로마를 떠나는 집정관에게 있었다. 그러나 집정관이 로마에 있는 경우, 위임은 규정된 특정 사안에 국한되었으며 특정되지 않은 일반 사안에 대해서는 위임이 금지되었다. 이런 제한은 집정관 제도 도입과 함께 생겨난 것으로 보인다.

　이런 기본 원칙에 따라 앞서 말한 대로 사법제도 전체가 개편되었다. 집정관은 물론 사형에 해당하는 사건에서도 형사재판권을 행사할 수 있었을 것이며, 이 경우 자신의 판결을 민회에 알리고 이에 대한 민회의 비준 또는 거부 절차를 거쳐야 했을 것이다. 그러나 우리가 알고 있는 한, 집정관은 이런 사건에 대하여 재판권을 행사한 적이 없으며, 어떤 사유로 민회 상소가 배제된 경우에만 형사 판결을 내렸던 것으로 보이는데 이는 아마도 집정관 제도 도입 이후 더는 형사재판권을 행사할 수 없게 되었기 때문일 것이다. 사람들은 공동체의 최고 관리들과 민회 간의 직접적 충돌은 피했고, 공동체의 최고 관리가 이론적으로는 권한을 가지되 언제나 반드시 대리자를 통하여 행사하는 방식으로 형사재판제도를 개편했다. 대리자로는 비상임의 2인 반역 조사관(*duoviri perduellionis*)과 상임의 2인 살인 조사관(*quaestores parricidii*) 등이 있었다. 왕정기에도 비슷한 제도가 있어 왕도 이런 사건들을 조사할 대리자를 두었을 것이다(제1장 212쪽). 그러나 2인 살인 조사관을 상시적으로 운영한 것, 그리고 두 조사관 제도에 동료제를 도입한 것은 분명 공화정 시대에서 이루어진 일이다. 또한 2인 살인 조사관은 2인의 최고 관리들이 취임할 때 함께 임명되고 그들이 퇴임할 때 같이 퇴임한 최초의 사례였으며 그만큼 매우 중요한 의미를 지녔다. 조력자들의 지위도 최고 관리들과 마찬가지로 상임제, 동료제, 1년 임기제 원칙에 따랐다는 점에서 그렇다. 그러나 이들은 소위 하급 관리는 아니었는바, 민회를 거쳐 선출되지 않았다는 점만으로—물론 공화정 시대에 하급 관리로 여기는 기준은 그런 것이었지만—이들을 하급 관리로 볼 수는 없다. 그러나 아마도 이것이 이후 아주 다양하게 발전하는 하급관리 제도의 시작이었을지도 모른다.

최고 관리의 민사재판 판결도 유사한 방식으로 제한되었다. 왕이 가졌던 위임의 권리가 집정관에게는 위임의 의무로 변했으며, 최고 관리는 당사자 적격(適格)과 소송물의 확인 이후에는 자신이 선임하고 교시(敎示)하는 사인(私人)을 재판관으로 임명해야 했다.

중요한 국고와 문서보관소의 관리 권한이 집정관에게 주어졌지만 유사한 방식으로, 아마도 즉시, 적어도 매우 이른 시점에 상임의 조력자인 재무관에게 권한이 위임되었는데, 이들은 활동에 있어 무조건 집정관에게 복종해야 했으며 집정관도 이들 몰래 또는 이들의 협력 없이 권한을 행사할 수는 없었다. 하지만 위임 규정이 존재하지 않는 그 밖의 업무에 있어 집정관은 대리자를 둘 수 없었기 때문에 직접 개입해야 했다. 예컨대 재판의 개시는 집정관이 절대로 대리자를 둘 수 없었다.

집정관의 위임에 관한 이런 이중적 제한은 우선 도시 행정을 위해, 그러니까 사법과 국고 관리를 위해 생겨난 것이었다. 반면 군 통수권자로서의 집정관은 자신의 모든 또는 개별 임무의 위임권한을 갖고 있었다. 위임과 관련하여 행정 업무와 군사 업무의 이런 차이점은 도시 행정기구 내에 비상임의 정무관 대리자들(*pro magistratu*)이 전혀 있을 수 없었고 어떤 경우에도 도시 행정 관리를 일반인이 대신할 수 없었던 이유와, 다른 한편 군사 업무의 대리자들(*pro consule, pro praetore, pro quaestore*)이 수도 로마 내의 모든 행정으로부터 배제된 이유를 설명해준다.

후임 선출

왕은 후임을 임명할 권리를 갖지 못했고 대행왕만이 이를 가졌다(제1권 110쪽). 집정관은 이에 있어 후자와 같았다. 그러나 그가 임명권을 행사하지 않은 경우에는 여전히 대행왕이 개입했고, 이로써 반드시 필요한 행정의 연속성은 공화정에서도 지속되었다. 다만 임명권은 상당히 제한되었던바, 집정관은 자신이 지목한 후보에 대해 반드시 민회의 동의를 얻어야 했으며, 더욱이 민회가 지목한 자만을 임명해야 했다. 이러한 민회의 제청권을 통하여 어떤 의미에서는 정규 최고 관리 임명권이 실질적으로 민회로 넘어갔다고 할 수 있겠다. 그러나 현실적으로 민회의 제청권과 집정관의 명목상 임명권 사이에는 매우 중요한 차이가 있었다. 선출을 관리하는 집정관은 결코 단순한 선거위원장이 아니라, 여전히—옛날의 왕권이 그랬던 것처럼—개별 후보를 거부하고 그 후보에게 던져진 투표를 무시할 수 있었고 아예 처음부터 자기가 작성한 후보자 범위 내에서 선출을 제한할 수도 있었다. 그리고 더욱 중요한 사실은 집정관이—우리가 곧 언급하게 될—독재관에 의하여 보충되는 경우에는 민회의 동의를 얻을 필요가 없었고, 이 경우 집정관은 과거 대행왕이 왕을 임명했던 것과 동일한 자유를 가지고 후임자를 임명했다는 것이다.

사제 임명의 변화

왕이 가졌던 사제 임명권은(제1권 92쪽) 집정관에게 이전되지 않았다. 대신 남성 사제단들은 자체적으로 공석을 보충했으며, 베스타 여사제 및 기타 사제들은 목교관단에 의해 임명되었다. 이때 목교관단은 베스타 여사제들에 대하여 이를테면 가부장적 재량권을 행사했다. 이런 재량권을 개인이 행사할 때와 다르지 않게 적절히 행사하기 위해서 목교관단은 권한 행사를 처음 시작했을 때에 의장, 즉 대목교관을 선출했다. 종교적 권력과 세속적 권력 간의 이러한 격리와 여타 일반적 사제들과는 다른 거의 정무관의 지위를 갖는 최고 사제직의 출현—앞서 언급한 제사왕에게는 왕에게 속했던 세속직 권력도 종교적 권력도 주어지지 않았고 다만 명칭만이 주어졌다—은 주로 귀족의 이익을 위하여 최고 권력을 제한하려는 방향으로 진행된 국가 개혁 조치들 가운데 가장 독특한 것으로서 후대에 가장 많은 영향을 미쳤다.

집정관이 공개 장소에 등장할 때 그에 대한 경외감과 공포가 왕보다 현격히 줄어든 점, 왕이라는 명칭과 사제직이 집정관으로부터 박탈된 점, 집정관의 종자들은 전부(戰斧)를 들 권한을 박탈당했다는 점은 이미 언급되었다. 덧붙여 집정관은 왕의 자주색 관복이 아니라 자주색 가장자리의 토가만으로 보통 시민들과 구별되었고, 왕은 공무 수행의 경우 가마를 타고 등장하는 것이 일반적이었지만 집정관은 공공질서를 준수해야 했고 다른 모든 시민처럼 시내에서는 도보로만 다녀야 했다.

독재관

그러나 이러한 직권 제한은 본질적으로 정규의 공동체 수장에게만 적용된다. 공동체가 선출한 2인의 집정관과 함께 혹은 어떤 의미에서는 이들을 대신하여 흔히 독재관이라 불리는 1인의 군대 장관(*magister populi*)이 등장하기도 한다. 독재관 선출에 민회는 어떤 영향도 미치지 못했고, 선출은 오로지 집정관 중 1인의 자유로운 결단으로 이루어졌는데, 다른 동료 집정관은 물론 여타 관리들도 이를 저지할 수 없었다. 독재관에 대한 상소는 과거 왕에 대한 상고와 같았고 따라서 독재관은 자신의 재량에 따라 이를 허용하지 않았다. 취임과 동시에 여타 수많은 관리는 법적으로 그에게 복속되었다. 반면 독재관의 임기는 이중으로 제한되었다. 우선 그는 자신을 지명해준 집정관의 동료로서 해당 집정관의 법정 임기를 넘어 직에 머물 수 없었다. 또한 독재관의 임기는 최대 6개월로 제한되었다. 한편 독재관직의 고유한 제도 가운데 하나로 독재관은—집정관에게 재무관이 그러하듯—'군대 장관'인 자신을 보조하며 일하다 함께 퇴직해야 할 조력자로서 '기병 장관'(*magister equitum*)을 즉시 임명해야 했다. 이 제도는 아마도 보병 사령관인 군대 장관에게는 말을 타는 것을 금지한 국법과 관련되어 있다. 이러한 규정에 따르면 독재관직은 집정관직의 도입으로 인해 부수적으로 발생한 권력 분할의 불리함을 특히 전시에 잠정적으로 제거하고 왕의 권력을 일시적으로 다시 부활시키는 것을 목적으로 한 관직으로 이해해야 할 것이다. 집정관의 양립구조는 무엇보다 전쟁 중에 매우 우려스러운 결과를 초래할 수 있기 때문이다. 전승들뿐만 아니라, 예스러운 관직명과 조력자의 관직명, 6개월이 시사하듯 전쟁수행을 위한 여름 시기로 임기가 제한된 것, 상소의 배제 등은 처음부터 독재관 제도가 무엇보다 군사적 목적으로 창설되었음을 증명하고 있다.

전체적으로 왕이 그랬듯이 집정관도 최고 행정관, 최고 판관, 최고 군사령관이었다. 종교적 관점에서도 공동체를 위해 제사를 드리고, 희생제를 지내고, 공동체를 대표하여 전문가의 조력을 얻어 신들의 의사를 물은 것은 왕이라는 명칭을 물려받기 위해 임명된 제사왕이 아니라 집정관이었다. 더불어 사람들은 비상시에 동료제와 권한 제한을 철회하고 완전히 무제한의 왕권을 민회에 대한 사전질의 절차 없이 아무 때라도 부활시킬 가능성을 열어두었다. 이렇게 법적으로는 왕권을 확정하고 사실적으로 그것을 제한해야 했던 과제는 혁명을 주도한 무명의 정치가들에 의하여 전적으로 로마적인 방식에 의하여 명쾌하고도 단순하게 해결되었다.

백인대민회와 동민회

민회는 국가체제의 변화를 통해 가장 중요한 권리, 즉 공동체 최고 관직을 매년 임명하고 시민의 생사를 최종 심급에서 결정할 권리를 획득했다. 그러나 기존의 귀족화된 구시민들의 민회에 이런 권리를 줄 수는 없었다. 국민의 힘은 상민들에게서 나왔는바, 상민 가운데도 저명하고 부유한 사람들이 이미 많이 포함되어 있었다. 공동체의 부담을 함께 나누었음에도 불구하고 상민들은 동민회에서 배제되어 있었다. 하지만 민회 자체가 본질적으로 국가 기제의 작동에 개입하지 않았던 한에서, 그리고 왕권이 우월하고 자유로운 지위로써 시민들뿐만 아니라 영주민들에게도 두려운 존재로 군림하고 이에 비해 백성들에게는 비슷한 권리가 주어졌던 한에서, 그들은 이런 배제를 감내할 수 있었을지도 모른다. 그러나 민회 자체가 정기적인 선거와 투표에 참여하고 최고 관직이 사실상 백성의 주인에서 시한부 관리로 전락하게 되자, 상민들을 동민회로부터 배제하는 것이 오래 지속될 수 없었다. 더구나 국가체제를 새롭게 하려는 혁명의 아침에 구시민과 상민 사이의 협력이 필요하게 되자 더더욱 그럴 수 없었다. 민회의 확대가 불가피했고 확대는 포괄적으로 이루어졌다. 상민 전체, 즉 노예도 아니며 외국인 법에 따라 사는 외국인도 아닌 비시민권자 전체를 시민으로 받아들였다. 그때까지 법적으로 그리고 사실적으로 최초의 국가 권위체였던 구시민들의 동민회는 이러한 국제 변화에 따라 기존의 권한들을 거의 완전히 상실했다. 순전히 형식적 문서 또는 가족 관련 문서, 그러니까 이전의 왕처럼 취임 후에 행해야 하는 집정관 또는 독재관의 충성서약(제1권 92쪽)과 자권자 입양(로마법상 타인의 권력에 복속하고 있지 않는 자를 입양하는 것으로 타인의 권력하에 있는 자에 대한 '타권자 입양'과 대비된다—옮긴이주)과 유언을 위해 필요한 법적 절차와 관련된 권한만이 동민회에 남게 되었으며, 이후 머지않아 본래 의미의 정치적 결정체로서는 더 이상 기능하지 못하게 되었다. 곧 상민들에게도 동민회 투표권이 허용되었고 이로써 구시민들은 단독으로 회합을 개최하고 의결할 권한을 완전히 상실했다. 동민회 체제는 씨족 질서에 기반을 두었으며 씨족 질서를 순수하게 유지하고 있었던 것은 오로지 구시민들이었는데, 이제 이런 체제는 뿌리를 잃어버렸다. 상민들이 동민회에 받아들여짐으로써 법적으로—이전에는 사실적으로 가질 수 있었던(제1권 126쪽)—가족과 씨족을 창설할 권리가 부여되었지만 상민의 일부만이 씨족을 창설했다. 그리하여 새로운 동민회에는 원래의 성격과 달리 씨족에 속하지 않는 많은 성원이 참여하게 되었다. 이 점은 전승으로도 분명히 알 수 있으며 쉽게 이해되는 부분이다.

민회의 모든 정치적 권한, 그러니까 대개 정치적 행위였던 형사소송의 상소 결정, 정무관의 임명, 법률안의 승인과 거부 등은 군역의 의무를 신 자들의 회합인 백인대민회로 이전되었거나 혹은 백인대민회에 새롭게 부여되었으며, 공동으로 의무를 부담하던 백인대들은 이제 공동의 권리도 획득하게 되었다. 세르비우스 왕의 국가체제 개혁에 포함된 작은 단초—그러니까 침략전쟁선포의 동의권이 군대로 이양된 것(제1권 133쪽)—에서 시작된 변화는, 백인대민회에 의하여 동민회는 완전하게 영원히 소멸했고 이제 백인대민회야말로 주권을 가진 국민으로서의 민회가 되었다. 백인대민회에서도 토론은 주재 관리가 임의로 토론을 제안하거나 다른 이들에게 제안하도록 허락한 경우에만 이루어졌다. 다만 상소의 경우에는 당사자 양측의 의견을 들어야 했고 오로지 백인대들의 다수결에 의해 결정되었다.

동민회에서는 투표권자의 완전한 평등이 존재했고, 상민 전체를 동민회로 받아들인 이후 완전한 민주정에 도달했으며, 그리하여 정치적 문제에 대하여 더 이상 동민회가 결정할 수 없게 되었다. 물론 백인대민회에서 귀족의 우위는 인정하지 않았지만, 사안은 재산을 가진 자들에 의하여 좌우되었고 이들에게 우선권이 주어졌는바, 이로써 사실상의 결정권은 부자들인 기사계급의 손에 놓이게 되었다.

원로원

원로원은 국가체제 개혁의 영향을 민회와 같은 방식으로는 받지 않았다. 이제까지 원로원은 귀족이 독점하고 있었을 뿐만 아니라, 대행왕을 세우는 권리와 민회가 채택한 결의의 국헌(國憲) 위반 여부를 따져 동의하거나 거부할 권리 등의 특권을 행사하고 있었다. 사실 이런 특권은 국가체제 개혁으로 더욱 강화되었는데, 정무관의 임명이 민회의 선출 절차뿐만 아니라 원로원의 동의나 거부 여하에 의존하게 되었기 때문이다. 다만 상소 문제는 우리가 아는 한, 원로원의 동의를 전혀 필요로 하지 않았는데 피고의 사면 문제에 있어 사면이 주권체인 민회에 의해 선고된 경우 이런 결정을 무효로 할지는 원로원의 논의대상이 되지 못했기 때문이다.

구시민으로 구성된 원로원의 국헌상 권리는 왕정의 폐지로 약화되기보다는 오히려 강화되었다. 그럼에도 불구하고 원로원에서 더 자유롭게 논의될 토론 주제들과 관련해서는 왕정 폐지와 함께 원로원이 개방되었다고 전해진다. 이로써 상민까지도 원로원에 진입할 수 있게 되었으며 결과적으로 원로원의 전면적 개혁을 초래했다. 아주 오랜 옛날부터 원로원은 유일하지도 특별하지도 않은 국가자문기관이었으며, 왕정기에도 원로원 의원이 아닌 자들이 원로원 회의에 참석하는 것을 국헌 위반이라고 보지 않았는데(제1권 113쪽), 이제는 구시민 원로원 의원들(patres) 외에 구시민 출신이 아닌 자들이 '등록자'(conscripti=등록된 자들)라는 이름으로 원로원에 참석하는 제도가 생겨났다. 그렇다고 대등한 자격을 준 것은 결코 아니었는데, 상민들은 원로원에서도 원로원 의원이 아닌 기사계급 신분을 유지했고 호칭도 '원로원 의원'이 아니라 '등록자'였으며, 원로원의 신분을 나타내는 붉은 구두를 신을 권리도 부여되지 않았다(제1권 110쪽). 더구나 등록자들은 원로원 의원에게 주어진 고권적 권위(auctoritas)를 전혀 갖지 못했고 원로원의 의견(consilium)이 조회될 때 구시민 원로들이 의견을 조율하는 동안 침묵하며 지켜보아야 했으며, 오로지 의견이 갈리고 표결에 부쳐질 때에만 의사를 표시할 수 있었다. 이를 두고 거만한 귀족들은

'발로 투표한다'(*pedibus in sententiam ire, pedarii*)라고 비꼬았다. 아무튼 상민들은 이러한 새로운 제도를 통해서 자신들의 전도를 광장에서뿐만 아니라 원로원에서도 모색했으니, 대등한 권리를 향한 매우 어려운 첫걸음을 내딛게 되었다.

여타 부분에서 원로원 체제는 근본적으로 변하지 않았다. 원로원 의원들 내부에도 특히 표결에 있어 차별이 있었다. 최고 정무관에 임명된 자들이나 이미 그 직을 수행했던 자들이 그렇지 않은 자들보다 명부 앞에 등재되었으며 표결도 먼저 행했다. 또한 원로원의 맨 앞자리는 원로원 최선임(*princeps senatus*)의 자리로 선망받는 명예로운 자리였다. 반면 현직 집정관은 왕과 마찬가지로 원로원 의원에 속하지 않았고 따라서 그의 표결은 계수되지 않았다. 구시민 원로원 의원이든지 등록자든지 원로원 의원 선출은 이전에 왕에 의해서 행해졌던 것처럼 지금은 집정관에 의해서 행해졌다. 왕은 원로원에 각 씨족 대표자들이 참여할 수 있도록 어느 정도 고려했을 것이다. 하지만 씨족 체제를 아직 완전하게 발전시키지 못한 상민들의 경우에는 씨족을 전혀 고려하지 않았으며, 그리하여 원로원 의원과 씨족 체제의 일반적인 연관성은 점차 감소했다. 일정 수 이상의 상민들을 원로원 의원으로 선출하지 못하도록 선거주재 집정관을 제한하는 규정이 있었는지에 관해서는 전혀 알려진 바가 없다. 사실 이런 규정 자체가 필요하지 않았던 것이 집정관 자신도 구시민 귀족이었기 때문이다. 처음부터 원로원 선출과 관련된 위치에 있어 집정관은 왕보다 재량권이 적었으며 자신이 속한 계급의 의견과 규율에 더 많이 구속되었다. 당시에 벌써 그런 경우가 있었는데, 집정관 선출 당시에는 원로원 의원이 아니었지만 집정관직을 수행함으로써 평생 원로원 의원이 된다는 규칙은 매우 이른 시기부터 정착되었을 개연성이 아주 높다. 또한 원로원의 공석은 즉시 충원되는 것이 아니라 보통 4년마다 있는 재산인구조사를 통해 정기적으로 원로원 명부를 개정할 때 충원되는 것도 상당히 일찍이 정착된 규칙이었다. 이런 규칙에 따라 원로원 의원 선임의 의무를 수행하는 정무관의 권한이 상당히 제한되었다. 그런데 원로원 의원들의 총원은 등록자들까지 포함하여 이전과 같았으며 이런 사실에서 우리는 구시민 귀족의 인구 감소를 추측할 수 있을 것이다.[4]

로마 혁명의 보수성

이미 보았다시피 왕정에서 공화정으로 변화하면서도 로마 공동체는 최대한 옛것들을 그대로 유지했다. 어떤 국가적 격변이 도대체 이처럼 보수적일 수 있을까 하겠지만 로마의 격변이 바로 그러했으며 공동체의 전통적인 요소들 가운데 어떤 것도 격변을 통해 폐기되지 않았다. 이것은 격변의 전 과정을 통틀어 가장 특징적인 부분이라 하겠다. 타르퀴니우스 왕가의 축출은, 이들을 고발하기 위해 상당 정도 날조된 보고에서도 나타나는 것과 같이 연민과 자유에 대한 갈망에 도취된 민중이 벌인 일이 아니었으며, 이미 서로 경쟁하며 서로 간의 지

---

[4] 초기 집정관들이 164명의 상민을 원로원에 받아들였다는 것은 역사적 사실이 아니고, 이후 고고학자들이 로마의 문벌귀족 가문을 136개 이상 증명하지 못했다는 증거일 뿐이다(*Römische Forschungen*, Bd. 1, S.121).

속적인 갈등을 분명히 의식하고 있던 커다란 두 정파, 다시 말해 구시민과 영주민이 대립하여 일으킨 사건이었다. 두 정파는 마치 영국의 토리당과 휘그당이 1688년 국가가 국왕의 전제정으로 전락할 위기에 처했을 때 잠시 힘을 합쳐 이를 물리치고 이내 다시 둘로 갈라져 싸운 것과 흡사한 일을 벌였다. 구시민들은 상민들 없이는 왕정에서 벗어날 수 없었으며, 상민들도 구시민들에게서 단번에 정치권력을 빼앗을 만큼 아직 충분히 강하지 못했다. 따라서 격변은 필연적으로 매우 작은 정도의 상호 양해 범위에서 그나마도 매우 어렵게 이루어졌으며, 향후 국가체제의 무게중심을 어디에 둘지, 그들이 서로 조화를 이룰 것인지 아니면 갈등을 이어갈 것인지 등의 문제는 시간이 결정하도록 내버려두었다. 최초 혁명의 직접적인 혁신만을, 예를 들어 최고 정무관직 임기에 대한 변화만을 보려고 한다면 이는 로마의 최초 혁명이 가지는 영향력을 잘못 이해한 것이다. 간접적으로 발생한 결과는 훨씬 더 중요한 문제였으며, 그것은 혁명을 주도한 두 세력이 생각했던 것보다 훨씬 더 강력했기 때문이다.

새로운 시민계급

한마디로 말해 바로 이때가 나중에 중요한 의미를 갖는 로마의 시민계급이 등장한 시점이다. 상민은 이제까지의 영주민이었고, 영주민들은 세금과 공역에 함께 참여했지만 그럼에도 불구하고 법적 관점에서 보면 본질적으로 영주가 허용된 외국인 혹은 그 주변 사람들로서 외국인들과의 구분이 분명하지 않은 사람들이었다. 그런데 이들은 병역 의무를 가진 시민 명부에 등록되어 있었다. 하지만 아직은 동등한 권리와는 거리가 먼 상태였으며 여전히 구시민들만이 국헌에 따라 원로원에 귀속된 권한에 배타적으로 참여할 수 있었으며 정무관직과 사제직의 피선거권을 배타적으로 장악하고 있었다. 심지어 공공재산의 이용, 예를 들어 공동목초지의 할당 등은 구시민들에게만 우선하여 행해졌다. 따라서 완전한 평등을 위한 가장 힘겨운 첫걸음을 디딘 것은 상민들이 전쟁에 참여할 수 있게 되었을 뿐만 아니라 민회와 원로원에 대하여 중요문제에 대한 의견조회가 있을 때 참여할 수 있을 때부터, 또 가장 가난한 영주민의 머리(생명)와 등(부역)도 가장 부유한 구시민들의 그것만큼이나 상소권을 통해 보호받게 되었을 때부터였다고 하겠다.

구시민과 상민이 하나로 합쳐져 이렇게 로마의 새로운 시민계급을 형성한 결과, 구시민들은 특권 계층으로 변모하게 된다. 동민회에서 어떠한 결의라도 통과시킬 수 있었던 구시민들만의 특권이 사라진 이래로, 새로운 가문을 구시민으로 받아들이는 결의를 행하는 것은 더욱 불가능하게 되어 자체적으로 결원을 충원할 수 없게 되었다. 왕정시대의 로마 구시민에게는 오히려 이러한 폐쇄성이 나타나지 않았고 새로운 시민의 수용은 드물지 않은 일이었다. 이 새로운 특징은 정치적 특권과 공동체 안에서의 배타적인 지위를 상실할 위기에 처한 그들이 이런 상실을 막으려는 조치로 생겨난 것이다. 상민들에게 군내 지휘관 지위와 원로원직을 허용했을 때조차 정무관직과 사제직으로부터 상민들을 일체 배제했고, 고집스러울 정도로 구시민과 상민들의 통혼을 법률적으로 일체 허용하지 않았기에 진작부터 구시민들은 배타적이며 불합리한 특권 계층이라는 인상을 남겼다.

시민계급의 새로운 통합이 가져온 두 번째 결과는 라티움 동맹의 시민들과 여타 외국 시민들의 로마 내 정착을 엄격하게 통제하게 되었다는 것이다. 로마 내 토지 소유자에게만 주어졌던 백인대민회 투표권 때문이라기보다는 오히려 상소권 때문에 상민의 지위를 획득하는 조건을 매우 엄격하게 규정하고 시민계급의 확장을 다시 한 번 그 시점의 비시민권자들로부터 차단하는 조치는 필연적이었다. 상소권은 상민에게 상당 기간 주어지지 않았으며 로마에 정착한 외국인들에게는 계속해서 주어지지 않았다. 따라서 이 시기에 민족의 감각과 정신 속에 구시민과 상민 간의 갈등뿐만 아니라 시민과 외국인(=비시민) 간의 엄격한 차별이 뿌리 깊게 박히게 되었다. 물론 전자의 대립은 곧 사라졌지만 후자의 정치적 대립은 지속되었다. 국가적 통일과 이제 막 시작하는 강대국을 향한 지향이 점차 민족적 정서에 자리 잡게 됨으로써 전자와 같은 사소한 차이는 이내 묻혀버렸으며 이어 강력한 시대적 조류에 휩쓸려 사라져버렸다.

법률과 명령

이 시기에는 법률과 명령이 구별되었다. 이런 구별은 사실 로마 국가 체제에 내재적으로 존재했다. 왜냐하면 로마에서는 왕의 권력마저도 국법의 위가 아닌 아래에 있었기 때문이다. 여타 민족처럼 정치적 능력을 갖춘 로마 민족은 국가 권위에 대하여 매우 크고 실제적인 경외심을 보였는바, 로마의 공법과 사법을 아울러 매우 독특한 원리를 만들어냈다. 법률에 근거하지 않은 모든 명령은 적어도 이를 공표한 관리가 직을 유지하는 동안은 유효하지만 그가 공직을 떠남으로써 폐기된다는 원리가 바로 그것이다. 그런데 최고 관리가 종신직(=왕)이었을 동안에는 법률과 명령의 차이는 사실상 거의 드러나지 않았으며 민회의 입법 활동도 전혀 발전을 기대할 수 없었다. 그런데 최고 관리가 매년 교체됨으로써 민회의 입법 활동은 이전보다 넓은 활동 영역을 갖게 되었다. 또한 이것은 이제 실제적인 의미를 갖게 되었는바, 집정관이 한 사안의 판결에 있어서 법적으로 근거 없는 행위를 한 경우 후임자는 선임자의 행위를 무시하고 그 사안을 새롭게 심리할 수 있었다는 것이다.

민정과 군정

이때가 마침내 민정과 군정의 권력이 서로 분리된 시점이었다. 전자는 법률이, 후자는 전부(戰斧)가 다스렸다. 전자에서는 상소와 위임 규정에 따른 국헌적 제한이 있었지만,[5] 후자에서는 군사령관이 왕처럼

---

[5] '명령권에 포함되는 재판'(*iudicium quod imperio continetur*)처럼 '법정(法定) 재판'(*iudicium legitimum*)도 정무관의 명령권을 근거로 한다는 점을 언급할 필요가 있다. 두 개념 간의 차이는 법정 재판에서는 명령권(*imperium*)이 법률에 따른 제한을 받는데, 명령권에 포함되는 재판은 그런 제한에서 자유롭다는 점이다.

제한 없이 권한을 행사했다. 군사령관과 군대는 일반적으로 무장 상태하에서 로마의 시 경계 안으로 진입할 수 없음이 천명되었다. 조직적이고 지속적으로 유효한 규정들은 민정 하에서만 존재할 수 있음은 문자를 넘어 국가체제의 정신 속에 깃들어 있었다. 물론 때로 국가체제의 정신에 어긋나게 군사령관이 병영의 군대를 백인대민회로 소집하고 여기에서 결의가 이루어지더라도 그것이 법적으로 무효는 아니었지만 관습적으로 허용되지 않았으며 마치 법적으로 금지된 것처럼 여겨졌다. 로마 시민과 로마 군인의 구분은 점차 뿌리를 내렸고 시민들의 마음속에 더욱 확고하게 자리를 잡았다.

구시민 귀족의 통치

그러나 새롭게 등장한 공화정이 이런 결과들을 내기까지는 시간이 필요했다. 후세가 이런 결과를 얼마나 생생하게 느낄지 모르겠으나, 동시대인들은 혁명을 일단 다른 시각에서 보았다. 혁명을 통하여 비시민들이 시민권을 획득하고 새로운 시민계급이 민회에서 광범위한 권한을 얻었지만, 마치 하원에 대해 폐쇄적으로 대립하는 상원처럼 구시민 원로원은 거부권을 통해 매우 결정적인 문제들에서 법적으로 민회의 자유로운 활동을 제약했으며, 사실상 전체 시민의 진지한 의사를 깰 수는 없었지만 이를 지연시키고 방해했다. 이처럼 구시민은 민회 독점을 포기했지만 아주 많은 것을 상실한 것으로 보이지는 않았으며, 여타의 문제에서는 오히려 결정적인 것을 획득했다. 왕이나 집정관도 똑같이 구시민 귀족이었고, 원로원 의원 임명권은 왕도 집정관도 모두 갖고 있었다. 하지만 왕은 상민만큼이나 구시민 귀족에 대해서도 상당히 우월한 예외적 지위를 가졌기 때문에 귀족과 대립하여 대중을 지지할 수도 있었다. 그러나 시한부 지배자인 집정관은 봉직 전후 여전히 귀족의 일원으로 시민들에게 오늘은 명령하고 내일은 복종하는 동료 시민에 불과했기 때문에 결코 신분의 밖에 머물 수 없었고, 구시민으로서의 성격이 집정관이라는 성격보다 강하게 작용하지 않을 수 없었다. 예외적으로 귀족 지배에 반대하는 어떤 구시민이 통치자로 선출되더라도 그의 직권은 엄정한 귀족정신으로 충만한 목교관단 및 자신의 동료에 의하여 저지되었고, 또는 쉽게 독재관에 의하여 정직되기도 했다. 그리고 더 중요한 것은 그에게 정치권력의 제일 요소, 즉 시간이 없었다는 점이다. 공동체의 수장은 어떠한 권력이 그에게 부여되는지 불문하고 일정 기간 이상 최고위직에 머물지 못하면 결코 정치적 권력을 장악할 수 없다. 왜냐하면 모든 지배의 필수 조건은 지속성이기 때문이다. 그리하여 종신직인 원로원이, 특히 주로 정무관을 모든 측면에서 자문할 권한을 가진 좁은 범위의 구시민만이 아니라 좀 더 넓은 범위에서 상민들을 포함한 원로원이 1년 임기의 통치자에 대하여 실제로는 역전된 권력관계를 갖게 되었는바, 원로원은 본래의 통치권을 획득했고 통치자는 원로원의 의장이자 사무총장으로 강등되었다. 국헌에 따르면 원로원에 제출되는 안건에 대하여 원로원 의원 전체의 심의와 비준은 필수적이지는 않았지만, 관행에 의하여 신성시되었고 그것을 무시하기는 쉽지 않았으며 무시하려고 하지도 않았다. 이는 중요한 조약, 행정, 획득토지의 분배 등 그 효과가 임기를 넘어가는 모든 행위에 대해 동일했고 집정관에게는 일상적인 업무인 민사소송의 개시와 전쟁에서의 지휘권만이 남았다. 무엇보다 집정관도, 또 다른 일에서라면 권한이 무제한적이었던 독재관도 원로원의 의사가 있어야만 그리고 그 의사에 따라야만 국고에 손을 댈 수 있다는 개혁이 있었고 이 개혁은 후대까지 큰 영향을 미쳤다. 왕이 직접 수행했던 또는 수행할 수 있었던 국고 관리를 위해 원로원은 집정관으로 하여금 국고 관리관 2인을 의무적으로 임명하도록 강제했는데(제2권 12쪽), 국고 관리관은 집정관이 지명하고 집정관에게 복종해야 했지만 그럼에도 불구하고 원로원에 더 많이 예속되었음은 자명한 사실이다. 이로써 원로원은 국고의 관리권마저 손에 쥐게 되었는데 로마 원로원의 국고 비준권은 아마 그 효력에 있어 오늘날 입헌군주정 하의 조세비준권과 비교될 수 있을 것이다.

  그런 결과들은 다만 사태의 당연한 귀결이었다. 모든 귀족 지배의 가장 본질적인 첫째 조건은 국가의 전권이 개인이 아니라 집단에 속한다는 것이다. 이제 귀족 집단, 즉 원로원이 압도적인 권력을 잡았고 동시에 집행권이 귀족 한 사람에게 머물지 않고 통치 집단에 완전히 귀속되었다. 원로원에 상당수의 귀족 아닌 자들이 있었지만 그들은 관직의 수행, 아니 심지어 토론에조차 참가할 수 없었고 그래서 정권의 모든 실질적 참여에서 배제되었기 때문에 필연적으로 원로원에서도 보조적 역할만을 수행했고 더 나아가 경제적으로 중요한 공유방목지에 대한 이용권을 통해 원로원에 금전적으로 의존하게 되어 더욱 구속되었다. 점차적으로 형성된 귀족 출신 집정관의 권리, 다시 말해 적어도 4년마다 원로원 의원 명부를 개정하고 수정할 권리는 귀족 계급에는 적용되지 않았는바, 이로써 귀족들의 이익을 위해 마음에 들지 않는 상민들을 원로원에서 내쫓거나 자격을 정지시키는 데 이용되었다.

상민의 저항

그리하여 혁명의 직접적 결과가 귀족 지배의 강화였다고 한다면 이는 분명 옳은 말이다. 하지만 그것이 실제 일어난 바의 전부는 아니었다. 그 시대의 많은 사람은 상민들 입장에서 혁명으로 인하여 더욱 강고한 독재체제가 초래되었다고 생각할 수도 있겠지만, 후대인인 우리가 보기에 그것은 새로운 자유를 위한 단초였다. 구시민들이 획득한 것은 공동체가 아니라 정치권력자로부터 탈취한 것이었다. 시민 공동체가 획득한 것은 귀족들이 얻은 것에 비하면 거의 무의미하고 실질적인 것이 없는 제한된 권리였으며, 천 명 중 한 명 정도나 알아줄 만큼 가치가 미미한 것이다. 그러나 그 안에는 미래의 시민 공동체가 있었다. 그때까지 정치적으로 영주민은 무가치한 존재였고 구시민 귀족이 전부였다. 이제 영주민이 민회에 참여함으로써 구시민은 극복되었다. 왜냐하면 완전한 시민 평등까지는 아직 너무 부족할지 몰라도, 요새의 함락을 결정짓는 것은 진지의 점령이 아니라 최초의 돌파이기 때문이다. 따라서 로마 시민 공동체의 정치적 생명이 집정관직의 시작과 함께 탄생했다고 보는 것이 정당하겠다.

따라서 공화정 혁명은 혁명을 통해 우선은 더 강하게 된 대토지 소유자가 지배했음에도 불구하고 기존의 영주민 또는 상민의 승리라고 할 수 있겠다. 물론 혁명은 결과적으로 우리가 오늘날 통상 민주정이라고 부르는 성격을 갖고 있지는 못하다. 다만 출생이나 부와 관계없는 순수한 개인 능력이 왕정시대 구시민의 지배 하에서보다 쉽게 힘을 발휘하고 출세를 가져다줄 수 있었다. 당시 구시민 계층으로의 진입은 법적으로 누구에게도 닫혀 있지 않았고, 이제 상민이 가지는 명예욕의 최고 목표는 발언권이 없는 원로원 의원으로 받아들여지는 것이었다. 그러나 통치하는 주도 계층이 상민에게 진입을 허용했다면 그것은 능력 있는 상민이 아니라 다만 특히 부유하고 위신을 갖춘 상민 가문의 수장들이었을 것이며, 원로원의 주도 계층 옆에 앉도록 허가받은 그러한 가문 사람들은 열심히 원로원 의석을 유지하려고 했을 것은 불을 보듯 명백한 일이었다. 그리하여 구시민 내에서는 완전한 권리의 평등이 존재했던 반면, 신시민 내지 과거의 영주민은 자연스럽게 특권 가문과도 일반 대중과도 유리되기 시작했다. 그러나 백인대민회 구성에 따라 민회 권력은 이제 세르비우스 왕의 군사 및 조세 개혁 이래 특히 많은 부담을 졌던 계층인 토지 소유자들, 즉 대토지 소유자도 아니고 날품팔이도 아닌 중간 농민 계층에게 돌아갔으며 이때 노년층의 의견이 우선적으로 반영되었다. 노년층은 수적으로 열세였지만 투표권의 숫자는 젊은이들과 같았다. 구시민들과 혈통귀족의 근간은 잘려나가고 새로운 시민 공동체의 기초가 놓였는바, 새로운 시민 공동체에서는 토지 소유와 연령이 중요시되었다. 그리고 이때 이미 가문의 사실적 명망을 토대로 한 새로운 귀족, 장래의 명문 거족의 첫 실마리가 보이기 시작했다. 로마 공동체의 보수성을 극명히 보여주는 것으로, 공화정 혁명마저도 여전히 보수적이고 여전히 귀족적인 새로운 국가질서를 세웠다는 사실만 한 것이 없을 것이다.

제2장
호민관과 십인관

경제적 이해관계

구시민들은 새로운 공동체 질서에 따라 합법적으로 온전히 정치적 권력을 차지했다. 그들은 원로원 대다수를 차지하면서 자신들에게 복종하는 정무관들을 통해 통치했다. 또한 모든 공직과 사제직을 도맡아 신의 뜻을 묻고 인간사에 관하여 심의하는 지위를 독점했고 정치 행위의 모든 절차를 통제했다. 구시민들은 각 가문에 충직한 사람들을 통해 강력한 지지 세력을 구축함으로써 민회에까지 영향력을 행사했고, 결과적으로 모든 민회의 결의를 심사하고 거부할 권한을 보유하여 사실상의 지배권을 상당히 오랫동안 행사했다. 물론 이것은 적기에 일인독재정을 철폐했기 때문이기도 하다. 이런 변화에 대해 상민들은 분명 자신들의 정치적 소외에 불만이 있었지만 그럼에도 불구하고 그들은 물질적 이익의 정당한 유지와 보장 이외에 다른 것을 요구하지 않았으며, 그것이 보장되는 한 그들이 정치 투쟁을 기피한다는 점을 제대로 파악하고만 있었다면 그들의 정치적 저항에 대하여 귀족세력이 그리 큰 걱정은 할 필요가 없었다. 실제로 왕을 추방한 이후 우선적으로 취해지거나 적어도 취해진 것으로 보이는 수많은 조치를 보건대, 귀족세력이 상민세력을 끌어들이는 데 특히 경제적 요인이 크게 작용했음을 알게 된다. 항구세는 경감되었으며, 곡물 가격이 높을 때 다량의 곡물을 국가가 수매했고, 소금 거래는 국가가 독점했다. 이로써 국가는 시민들에게 낮은 가격의 곡물과 소금을 공급할 수 있었다. 마지막으로 민중 축제가 하루 더 연장되었다. 이런 성격을 갖는 것으로는 또한 앞서 언급한 벌금과 관련된 규정을 들 수 있는데(제2권 10쪽), 이는 정무관의 위험천만한 벌금 부과권을 제한함으로써 힘없는 시민의 보호에 주안점을 둔 것이다. 같은 날 동일인에게 상소 기회를 주지 않고 양 두 마리 이상과 소 삼십 마리 이상의 벌금을 부과하지 못하도록 정무관의 벌금 부과권을 제한했을 때, 이런 특별한 출발의 계기는 다름이 아니라 고작 양 한 마리를 소유한 힘없는 사람에게는 소 떼를 소유한 부자에게 적용되는 것과는 다른 종류의 벌금 최고액이 필요한 데서 비롯되었다. 다시 말해 새 법률에서 이 규정은 처벌받는 자들의 빈부를 고려한 조치였다. 그런데 이러한 규정들은 다만 표면적일 뿐, 근본적인 흐름은 오히려 이와는 정반대 방향으로 진행되었다. 국가체제의 변동과 함께 로마의 재정과 경제관계는 광범위한 혁신이 이루어졌는데, 왕정시대는 자본의 힘에 원칙적으로 어떤 특권을 부여하지 않고 개별 농민의 수적 증가를 강력하게 추진했지만, 새로운 귀족정은 애초부터 중산층의 붕괴로부터, 그러니까 중소규모 토지 소유의 붕괴로부터, 그리고 대토지 소유자와 자본가들의 지배와 농업에 종사하는 무산계급의 확대에서 시작되었던 것이다.

자본가의 득세

항구세의 경감은 일반적으로는 대중을 위한 조치였음에도 불구하고 이를 통해 이득을 본 것은 주로 대규모 무역상들이었다. 그러나 보다 더 큰 혜택은 사인을 통한 간접적인 국가재정체제를 통해 자본가들에게 돌아갔다. 이런 상황이 연출된 궁극적인 원인이 어디에 있는지 말하기는 어렵다. 아마도 왕정시대까지 거슬러 올라갈 수도 있겠으나, 무엇보다 집정관제의 도입 이후 정무관이 빠르게 교체되는 한편, 국고의 재정 활동이 곡물과 소금의 매매로까지 확대됨에 따라 중간에서 일하는 사적 중개인의 활동 비중이 커지고 이에 따라 개인을 통해 국세를 징수하는 체제가 생겨났기 때문일 것이다. 로마 공동체에 긍정적인 영향뿐 아니라 악영향을 끼치기도 한 이런 체제가 발전함에 따라 국가는 점차 모든 간접적 징수와 함께 복잡다단한 국고 수입과 지출을 중개인에게 일임했으며, 중개인들은 아래에서 거금을 걷고 마찬가지로 국가에는 거금을 지급하면서 자신의 이익을 위한 경제활동에 국가 재정을 활용했다. 그런데 국가는 중개인이 제공하는 담보물의 확실성을 엄격하게 심사했기 때문에 주로 소수의 대토지 소유자들만이 이 절차에 참여할 수 있었고, 이들이 징세 도급업자 계층이 되었고 자연스럽게 거대 자본가가 되었다. 오늘날의 주식거래상과 비교할 수 있는 이들은 급성장하는 부를 기반으로 국가에 봉사하는 것이 아니라 오히려 역겹고 삭막한 자본 지배의 기초가 되었다.

공공토지

국가 재정정책의 합의된 방향은 우선 공공토지에 대한 정책에서 극명하게 드러나는데, 이는 중산층의 물질적, 도덕적 와해를 가져왔다. 공공목초지와 국유지에 대한 사용은 그 성격상 주로 구시민들에게 우선권이 있었다. 공식적으로 일반 농민은 공동초지의 공동 사용에서 배제되었다. 개인 재산으로의 전환 내지 매각을 제외한다면 로마법은 공공토지에 대한 사인의 배타적인 사용을 허락하지 않았고 공공토지는 오로지 왕만이 임의로 공동 사용을 허락하거나 제한할 수 있었으며, 그는 종종 이러한 자신의 권리를 일반 농민을 위해 행사했음에 의심의 여지가 없다. 그러나 공화정 도입 이후 법령은 다시 매우 엄격하게 강화되어 법적으로 공동초지 사용권은 오로지 시민에게, 다시 말해 구시민들에게만 주어졌다. 원로원은 원로원에 들어온 부유한 상민 집안에 대하여 예전처럼 예외를 인정했지만, 소규모 토지를 소유한 상민들과 날품팔이로 연명하는 상민들은 공동초지 이용이 절실했음에도 불구하고 공동 사용에서 배제되었다. 더욱이 이제까지 이 공동초지에서의 목축에 대해 소액의 사용료를 냈는데, 그것은 소액이었기 때문에 초지 사용권을 명예로운 특권으로 보이게 해주기에 충분했다.

소액이긴 했지만 전체적으로는 국고 수입에도 무시하지 못할 정도의 액수였다. 그런데 구시민 출신의 재무관들은 이 사용료를 받아들이는 데 소극적이었고 체납을 방조했으며 이를 점차 완전히 없애버렸다. 당시까지 정복을 통해 새로운 영토가 확보될 경우, 토지가 규정에 따라 분배될 때 모든 가난한 시민들과 영주민들도 고려되었고, 농경에 적합하지 않은 토지들은 공동초지로 지정되었다. 지배층은 이러한 토지 분배를 감히 완전히 철폐하지는 못했으며 그렇다고 토지를 오로지 부자들에게만 유리한 방향으로 분배하지도 못했다. 토지 분배는 점점 드물게 된 반면 불합리한 선점제도가 도입되었는데, 그것은 공동체 토지의 소유권을 분배해주거나 일정 기간을 정해 정식으로 임대하는 것이 아니라, 최초 선점자들과 그 권리 승계인들에게 토지에 대한 특별 사용권을 부여하는 제도였다. 이 제도에 따르면 국가는 언제든지 사용권을 환수할 수 있었고 점유자는 점유의 대가로 그해 수확한 곡물의 1할, 기름과 포도주의 2할을 국고에 바쳐야 했다. 이것이 바로 앞서 설명했던 국유지에 적용됐던 '허용점유'(precarium)인데(제1권 271쪽), 아마도 토지 분배 이전에 있었던 과도기적 조치로 예전부터 이미 공유지에 적용된 제도였던 이 제도가 이제는 임시가 아닌 상시적인 것으로 바뀌었을 뿐만 아니라, 당연한 일이겠지만 특권 계층과 그 추종자들에게만 유리하게 이 제도를 운용할 수 있게 되었다. 더구나 1할 또는 2할의 부과금 징수도 예전의 소액 사용료를 거둬들일 때만큼 소홀히 처리되었다. 이로써 중간 또는 소규모 토지 소유자들은 삼중의 불이익을 당하게 되었는데, 시민이 가지는 공동 사용권을 갖지 못했고 공유지에서 발생하는 사용료가 제대로 징수되지 않음으로써 세금 부담이 가중되었으며, 오늘날 조직적으로 이루어지는 대규모 이민이 그러하듯 농업에 종사하는 무산자들에게 제도적 탈출구였던 토지 분배의 기회조차 봉쇄되어버린 것이다. 여기에 덧붙여 아마도 이때 이미 초기 형태의 거대 농장 경영이 도입되어 의존 농민들이 쫓겨나고 노예들이 토지를 경작하게 되었는데, 이는 중소규모 토지 소유자들에게는 견뎌내기 힘든 타격이었으며 모든 정치적 착취보다 더 치명적인 것이었다. 더 나아가 목숨마저 앗아가는 힘겨운 전쟁의 발발과 이로 인해 발생하는 과도한 전쟁세 및 그 외 부역들은 그들의 최후 숨통을 조이게 되었고, 결국 그들은 자기 농지에서 쫓겨나 과도한 부채로 인해 노예까지는 아니라 하더라도 사실상 변제할 때까지 채권자의 예속 농민으로 추락하지 않을 수 없었다. 자본가들은 여기서 소득이 높고 부담과 위험이 전혀 없는 새로운 투자 영역을 찾았으며, 이런 방식으로 자신들의 부를 늘려갔고 부분적으로는 농민 개인과 그 재산에 대한 채권을 확보한 상태에서 토지 소유권자라는 명목과 사실적 점유를 농민에게 허락하기도 했는데, 이것은 매우 일상적이면서도 동시에 매우 치명적이었다. 왜냐하면 채권자의 자비에 기댄, 지속적으로 부자유한 농민에게 재산은 오히려 부채와 다름없었는바, 이로 인해 개인들은 극단적인 파탄지경에 처했으며, 이로 인해 농민 계급 전체는 의욕을 잃은 채 정치적으로 붕괴될 위기에 처하게 되었기 때문이다. 토지 담보 대신 채권자에게 즉시 재산을 양도할 것을 법률로 정한 입안자의 의도는 파산을 방지하고 토지와 부동산의 실질적 소유자에게 세금 부담을 지우려는 것이었는데(제1권 227쪽), 상업 자본가들은 이런 법의 취지를 매우 합목적적이었고 엄격했던 개인 신용제도를 통해 회피했으며 이로써 농민들을 붕괴시켰다. 토지의 자유로운 분할 가능성이 농민 무산자계급의 파산 위험과 연관이 있다고 할 때, 모든 부담이 계속해서 커지고 모든 원조책이 봉쇄된 상황에서 절망과 절박함은 농민 중산층 사이에서 무서운 속도로 번져 갔음이 틀림없다.

신분 간의 문제와 사회 문제

이런 사회적 관계에서 생겨난 빈부의 대립은 혈통귀족과 상민의 대립과는 전혀 일치하지 않는다. 구시민 대부분이 부유한 지주라고 할 때, 상민 중에도 당연히 부유하고 유력한 가문이 상당수 있었다. 이미 상민들이 의석의 과반수를 차지하고 있었던 원로원은 국고 관리를 구시민 정무관들로부터 가져왔다. 이전에 귀족들의 정치적 특권이 남용되던 모든 경제적 이권들이 이제는 부자에게는 유리하게, 일반인에게는 불리하게 돌아갔음은 쉽게 이해되는 부분이다. 억압받는 계층 출신이라도 능력이 탁월하고 시련을 견뎌낼 수 있어 원로원에 진입하게 되면 압제자 계층이 되어버렸다.

이런 식으로는 귀족의 정치적 지위가 장기적으로 유지될 수 없었다. 권력이 상당히 줄어들어 이를 관철시킬 수는 없었지만 그나마 몇몇 집정관이 할 수 있는 한 노력했던 것처럼, 귀족들이 공정하게 통치하도록 스스로를 단속하고 중산층을 보호했다면 그들은 정무관직의 독점을 오랫동안 유지할 수 있었을지도 모른다. 귀족들이 부유하고 훌륭한 상민에게 완전한 권리평등을 허용하고 원로원에 들어와 구시민들의 특권을 누리게 했다면 두 신분은 모두 오랫동안 무사히 협의하여 통치할 수 있었을 것이다. 하지만 그중 어떤 것도 실현되지 않았다. 모든 특권 계급의 양도할 수 없는 진정한 전유물이라 할 수 있는 편협함과 단견(短見)은 로마에서도 그 본색을 과시했으며 실질도 목적도 명분도 없는 갈등은 공동체를 갈기갈기 찢어놓았다.

성산(聖山)으로의 퇴거

이어 곧 위기가 닥쳤다. 이는 신분적 소외로부터가 아니라 고통받던 농민의 절박함으로부터 시작되었다. 정리된 연대기에 따르면, 우선 정치혁명이 로마 건국 244년(기원전 510년)에 있었고, 곧 사회혁명이 로마 건국 259년(기원전 495년)과 260년(기원전 494년)에 뒤따랐던 것이다. 시간적 간격은 상당히 크지만, 두 혁명은 분명 서로 깊은 연관성을 지녔던 것으로 보인다.

전해진 바로 채권법의 엄격한 집행은 모든 농민을 분노케 했다. 로마 건국 259년에 치명적 전쟁을 위한 징집이 행해졌을 때, 의무 복무자들은 이 명령에 복종하기를 거부했다. 집정관 푸블리우스 세르비우스가 채권법 적용을 잠정적으로 보류하고 이미 채무를 부담하던 사람들에게는 더 이상의 부담을 주지 않는 조치로써 부채를 정리해주자, 농민들은 징집에 응하여 승전에 힘을 보태었다. 하지만 전장에서 복귀했을 때, 그들이 쟁취한 평화는 그들에게 다시 속박과 굴레를 가져왔다. 또 다른 집정관 아피우스 클라우디우스가 개인 채무법을 예외 없이 엄정하게 적용했고, 동료 집정관은 같이 참전했던 병사들이 도움을 청했지만 감히 나서려고 하지 않았다. 집정관의 동료제 원리는 인민을 보호하는 것이 아니라 신의를 깨는 것과 전단(專斷)을 수월하게 하려고 도입된 것으로 보일 정도였다.

아무것도 개선되지 않았고 사람들은 점점 더 고통받았다. 그래서 다음 해 전쟁이 재발했을 때, 집정관의 약속은 힘을 발휘하지 못했다. 마침내 농민들은 독재관으로 임명된 마니우스 발레리우스를 따르기로 했다. 왜냐하면 한편으론 최고 정무관의 권력을 두려워했기 때문이었고, 다른 한편으론 발레리우스의 친 민중적 성향을 믿었기 때문이었다. 발레리우스 가문은 오래된 구시민 가문의 하나였는데, 이 집안에게 통치는 돈이 아니라 법과 명예를 의미했다. 승리는 다시 한 번 로마 군대의 것이었다. 승자들이 귀향했고 독재관이 원로원에 개혁안을 제출했다. 그러나 개혁안은 원로원의 완강한 반대에 부딪혔다. 군대는 아직 성문 밖에 관례대로 집결해 있었다. 이 소식이 전해지자 오랫동안 축적되었던 불만이 폭발했다. 대중심리와 잘 짜인 군사조직 덕분에 망설이던 자들과 방관하던 자들까지 합류했다. 군대는 최고 지휘관과 숙영지를 버리고 군단 장교들, 그러니까 적어도 상민이 대부분인 구대장의 지휘 하에 대형을 갖춰 티베리스강과 아니오강 사이의 크루스투메리아로 진군, 로마 영토 내에서 가장 비옥한 언덕에 자리 잡고, 상민들의 새로운 도시를 건설하려는 듯한 태도를 드러냈다. 이들의 이탈은 완고한 압제자들에게 내전이 그들의 경제적 몰락을 가져올 수도 있음을 아주 분명하게 각인시켜 주었다. 원로원은 한 발 물러섰고 독재관은 협약을 성사시켰다. 시민들은 도시로 복귀했고 외형적으로는 다시 화합이 이루어졌다. 이후 인민들은 마니우스 발레리우스를 '위대한 자'(Maximus)라고 칭하고 아니오 강의 언덕을 '성산'(Mons Sacer)이라 불렀다. 이처럼 특정 지휘관도 없이 대중들이 스스로 시작하여 유혈 사태도 없이 마무리된 혁명 속에 아마도 무언가 강력하고 숭고한 것이 깃들어 있기나 한 듯, 시민들은 이때를 즐겨 자랑스럽게 회상했고, 수백 년 동안 그 결과를 몸으로 느낄 수 있었는바, 호민관은 이때 생겨났다.

상민 출신 안찰관과 상민 출신 호민관

독재관 마니우스 발레리우스는 과중한 채무를 덜어주고 여러 식민지를 건설하여 다수의 농민에게 혜택을 주는 등의 일시적 조치 이외에도 국헌에 따라 법률을 제정했는데, 이 법률은 군사적 충성맹세를 저버린 시민들에게 사면을 보장하기 위한 것이었는바, 공동체 구성원 개개인이 이 법률에 따르겠다고 맹세하게 시켰고 이를 신전에 보관토록 명했다. 또 두 명의 상민 출신 정무관을 임명하여 법률문서를 관리하고 보호하도록 지시했는데, 이들을 일러 '안찰관'(aediles)이라 했다. 또 이 법에 따라 두 명의 귀족 집정관 옆에 두 명의 호민관이 창설되었는데, 이들은 동회별로 모인 상민들이 선출했다. 호민관에겐 독재관의 군통수권이나 도시 밖의 집정관이 갖는 군통수권에 대항할 권한은 없었지만, 집정관이 행사하는 정규적 도시 통치권에 대항하는 독립적 권한이 있었다. 그렇다고 통치권이 분할된 것은 아니었다. 호민관은 동료 집정관을 저지할 집정관의 권한 혹은 더 나아가 하급 정무관들을 막아설 집정관의 권한과 흡사한 권한을 부여받았는데, 정무관에 의해 내려진 어떤 명령이 권리를 침해했다는 시민의 청원에 따라 적절한 시기에 직접 개입하여 그 명령을 무효화시킬 수 있었으며, 관리들이 시민들에게 부과하는 모든 요구를 평가하여 제지하거나 취소할 수 있었다. 이것은 개입권이라는 것으로 이른바 호민관의 거부권이다.

호민관의 거부권

호민관은 행정과 사법을 임의로 제지할 권한, 군 복무 의무자를 처벌 없이 군 복무에서 면제해줄 권한, 채무자에 대한 소송과 강제 집행을 막거나 취소할 권한, 형사소송 개시 및 피의자의 신문을 제지하거나 취소할 권한 등 많은 권한을 갖고 있었다. 구호자의 부재 때문에 이런 법률적 구호의 공백이 초래되는 것을 방지하기 위해 호민관은 도시 밖에서 밤을 보낼 수 없으며 그의 집 대문은 밤낮으로 열려 있어야 한다고 규정되어 있었다. 민회의 결정을 단 한 명의 호민관이 단 한 마디의 말로 거부할 수 있는 권한도 호민관에게 주어졌다. 만약 그렇지 않았다면 민회는 주권체로서 스스로가 호민관에게 부여한 이런 특권을 즉각적으로 철회하겠다고 결의했을지도 모른다.

정무관에 대해서도, 상민을 존중하지 않는 정무관, 특히 그 권익을 침해하는 정무관에 대항해 즉각적으로 효력을 발하는 절대적 권한이 호민관에게 주어지지 않았다면, 호민관의 권한은 제대로 작동하지 못했을 것이다. 권한을 행사하고 있는 호민관에게 대항하는 행위, 무엇보다 호민관 개인에 대한 폭행은 모든 상민 개개인이 성산에서 자신과 후손을 걸고 영원히 모든 부당행위로부터 호민관의 권위를 지키겠다고 맹세했던바, 사형에 준하는 중범죄였으며, 이에 대한 형사재판은 공동체 전체의 정무관들이 아니라 상민 관리들에게 맡겨졌다. 호민관은 판관의 권한으로 어떤 시민이든지, 심지어 직무 중에 있는 집정관까지도 소환할 수 있었고, 자진 출두하지 않는 자는 체포하여 구금하거나 보석금을 내도록 하고 이후 사형이나 벌금형을 선고할 수 있었다. 이를 위해 두 명의 안찰관이 참모로 임명되어 호민관을 보좌하면서 무엇보다 체포 임무를 수행했는데, 때문에 이들에게도 상민 전체의 서약을 통하여 불가침권이 보장되었다. 또한 안찰관은 호민관과 같이 사법권을 가졌는데, 다만 벌금형이 구형되는 경범죄만이 그 대상이었다. 호민관이나 안찰관의 판결에 대해 상민 관리들에게 상소가 제기되면, 상민 관리들은 시민 전체와 문제를 논의할 자격이 없었기 때문에 상소는 시민 전체가 아닌 상민에게 맡겨졌으며, 이 경우 상민들은 동회별로 회합하여 다수결로 표결했다.

이러한 상소 관련 절차는, 특히 더 일반적이었을 비(非) 상민, 즉 귀족을 상대로 적용된 경우에는, 법에 따른 행위라기보다는 오히려 힘에 따른 행위였다. 이것은 국헌의 문언뿐 아니라 정신과 부합하지 않는 조치였던바, 귀족은 시민 전체가 아니라 시민 내의 한 집단을 대표하는 관리 앞에 출두하여 자신을 변호했으며, 시민 전체가 아니라 상

민 집단에 상소하도록 강요받았다. 따라서 이것은 근본적으로는 사형
(私刑)임에 틀림없었다. 그러나 상민들의 이런 식의 자기방어는 아마
오래전부터 권리의 형태로 존재했을 것이고, 호민관이 법적으로 승인
된 뒤부터는 마찬가지로 법으로 인정되었다.

그 취지에 있어 새로운 호민관과 안찰관의 재판권 그리고 이로부터
야기되는 상소에 대한 상민회의 결정은 의심의 여지 없이 집정관과
재무관들의 재판권과 상소에 대한 백인대민회의 결정처럼 법에 구속
되는 것이었다. 공동체에 대한 범죄(제1권 213쪽) 그리고 공공질서에
대한 위반(제1권 214쪽)이라는 법 개념은 공동체와 공동체의 정무관들
로부터 상민과 상민의 영도자에게 이전되었다. 그러나 이런 법 개념
자체는 분명한 개념이 아니었으며, 법률에 의한 제한도 어려웠다. 아
니 불가능했다. 그리하여 이런 식으로 행사된 사법은 이미 그 자체로
자의적인 면을 갖지 않을 수 없었다. 그런데 신분 간의 투쟁 과정에서
법의 이념이 흐려지고 법률에 따라 양측의 지도자들에게 상호 경합하
는 재판권이 부여된 이래, 이 재판권은 자의적인 사법에 더욱더 가까
워질 수밖에 없었다. 특히 이 재판권은 관리에게도 적용되었다. 그때
까지 관리는 로마의 국법에 따라 관리인 동안에는 재판을 받지 않았
고, 직을 사퇴한 이후에야 자신의 모든 행동에 대하여 법적인 책임을
졌다. 이 법의 운용은 자신과 같은 신분의 동료들에게, 궁극적으로는
신분 동료들을 포함한 공동체 전체에 달려 있었다. 그런데 이제 호민
관 재판권이라는 새로운 권력이 등장했다. 이 권력은 한편으로는 최
고 관리의 직무수행에도 개입할 수 있었고, 다른 한편으로는 귀족 시
민들에게 불리하게, 오로지 비 귀족 시민들을 위해 행사되었는데, 범

죄도 형벌도 법률로 정해진 바가 없었기에 더욱 폭압적이었다. 상민과 공동체 전체의 이러한 재판권 경합은 그 본래의 취지와는 달리 시민의 재산과 신체와 생명이 당파적 자의성에 희생되는 결과만을 초래했다.

상민들에게 중요했던 자유인 신분 소송 심판인 임명권이 집정관에게서 박탈되고, 대신 특별히 이런 소송을 전담하도록 임명된 상민의 십인 심판단(*iudices decemviri*, 후에는 *decemviri litibus iudicandis*)에 의하여 판결이 내려졌는데 이에 한에서 형사뿐만 아니라 민사재판에도 상민의 기관들이 개입하게 되었다.

입법

사법권 경합 후에 입법권 경합이 뒤따랐다. 구성원들을 집회로 부르고 그들의 결의를 이끌어낼 권한이 이미 호민관에게 부여되어 있었다. 이런 권한이 없었다면 결의 자체가 성립하지 않았을 것이다. 호민관의 이런 권한은 아주 각별한 것이었는바, 상민의 자율적인 집회권과 결의권이 공동체 정무관의 간섭, 아니 심지어 공동체 자체의 모든 간섭으로부터 법적으로 보호받을 수 있게 하는 것이었다. 무엇보다 호민관이 후임자를 상민회를 통해 선출하고, 자신들의 형사 판결을 상민회를 통해 확정하는 데 일체의 간섭을 받지 않을 수 있다는 점은 상민이 법적 존중을 받기 위한 필수조건이었다. 호민관의 이 권한은 이킬리우스 법(로마 건국 262년, 기원전 492년)에 의해서도 다시 한 번 확인되었는데,

이에 따르면 호민관의 말을 막고 시민들을 분열시키는 자는 누구든 중형에 처해졌다. 따라서 후임자 선출이나 판결 확정 이외의 다른 안건들에 대해서도 호민관을 막을 수 없었음은 분명한 일이다. 사실 처음에는 이런 식의 상민회 의결(*plebi scita*)이 전 시민의 공식적 결의인 민회 의결은 아니고, 다만 오늘날 우리의 국민대표회의의 결의 정도였다. 그런데 점차 시민 전체의 집회와 상민 집회의 차이가 다만 형식적 차이로 바뀌었기 때문에, 상민 측에서는 상민회 의결도 자율적 입법으로서 민회 의결처럼 받아들여지기를 요구했다. 이렇게 해서 곧 이킬리우스 법이 제정되었다.

이렇게 호민관은 민중(=상민)에 의해 선출되어 상민 개개인들에게 후견과 보호를 제공하는 한편, 모든 상민들을 지도하고 영도했으며, 형사소송에서 자신의 명령에 강력한 힘을 부여할 무제한적 권한을 가지게 되었다. 마지막으로 호민관은 자신을 신성불가침(*sacrosanctus*)이라고 선언했는바, 그나 그의 종행리에게 손을 대는 자는 신을 모독한 자이자 동시에 법적으로도 사형으로 다스려질 범죄를 저지른 자가 되었다.

호민관과 집정관의 관계

호민관(*tribuni plebis*)이라는 직명은 전쟁터의 군사대장(*tribunus militum*)에서 유래한다. 하지만 법적으로 그들은 구대장과 아무런 연관성이 없었다. 권한에 있어 호민관은 집정관과 동등했다. 호민관에 대한 집정관의 상소와 호민관의 집정관에 대한 거부권은 앞서 기술한 바처럼 집정관의 집정관에 대한 상소 및 거부와 완전히 동질적이었다. 두 경우 모두 동등자들 사이에서 거부자가 명령자에 우선한다는 일반 법리가 적용되었다. 관리의 수(물론 곧 늘어났다)와 일 년 임기 등에 있어—호민관의 경우 매년 12월 10일에 교체되었다—호민관은 집정관과 같았다. 또 호민관 1인에게 완전한 직권을 주고 동료들 간의 충돌 시에 의결권을 따지지 않고 '아니오'가 '예'보다 우선하도록 했던 동료제 원칙에 있어서도 집정관과 같았다. 때문에 호민관 1인의 금지는 동료의 반대에도 불구하고 유효했고, 호민관 1인에 의한 소추(訴追)는 동료에 의해 저지될 수 있었다. 집정관과 호민관은 상호 경합하는 형사재판권을 가졌다. 다만 집정관은 간접적으로, 호민관은 직접적으로 이를 행사했다. 집정관에게 2인의 재무관이 있듯이, 호민관은 2인의 안찰관이 보좌했다.[1] 집정관은 반드시 귀족이어야 했고, 호민관은 반드시 상민이어야 했다. 집정관은 좀 더 포괄적인 권력을 가졌지만 호민관은 좀 더 무제약적 권력을 가졌는바, 호민관의 거부와 판결에 집정관이 복종했고 호민관은 집정관의 그것에 대해 복종하지 않았다. 이렇게 호민관과 집정관은 서로 닮았으면서도 다른 한편 서로 대립적이었다. 집정관의 권력은 본질적으로 통치였고 호민관의 권력은 본질적

---

[1] 상민 호민관이 귀족 집정관을 모방한 것처럼 상민 안찰관이 귀족 재무관을 모방하여 만들어졌다는 것은, 두 기관이 권한이 아니라 성향에서만 차이를 가진 것처럼 보이는 형사재판에서뿐만 아니라 문서보관 업무에서도 분명하게 나타난다. 재무관은 사투르누스의 신전에 문서를 보관했고, 안찰관은 케레스 여신의 신전에 보관했는바, 안찰관(aediles)의 이름은 신전(aedes)에서 유래한다. 알려진 것처럼 옛날 방식에 따르면(신분갈등이 진정된 이후에는 다시 옛 방식을 따르는 경향이 더 강해졌다), 사투르누스 신전에 보관되도록 재무관들에게 전달되었던 원로원 결의문은 로마 건국 305년(기원전 449년)의 한 법률에 따르면 케레스 신전에 보관되도록 안찰관들에게 전달되어야 했다(제2권 64쪽; 리비우스 3, 55).

으로 거부였다. 집정관만이 로마 시민 전체의 정무관이었고 호민관은 아니었다. 왜냐하면 전자는 시민 전체가 선출했고 후자는 상민만의 집회가 선출했기 때문이다. 집정관은 공동체 관리에게 부여된 상징물 및 수행원들과 함께 공식 석상에 입장한 것에 반해, 호민관은 가마가 아닌 장의자에 앉았고 수행원도 자색 옷깃도 정무관의 표지도 전혀 없었다. 심지어 호민관은 공동체 자문기관(원로원)을 주재할 수도 참석할 수도 없었다. 하지만 놀랍게도 이런 호민관 제도를 통해 절대 금지가 절대 명령에 날카롭고도 철저하게 대립했다. 호민관이라는 이 기관은 부자와 빈자의 불화를 법적으로 확인하고 조절하는 분쟁 조정 기관이었다.

호민관의 정치적 영향력

민회의 단일성이 훼손되었다는 점, 관리들이 안정적이지 못하며 순간적 열정에 휩쓸리는 감시자들의 눈치를 보게 되었다는 점, 권력을 잡은 민중파 수장의 눈짓 하나로도 국가 행정이 위기의 순간 멈춰버릴 수도 있게 되었다는 점, 경합하는 관리들에게 동일하게 형사재판권을 부여함으로써 형사사법 문제가 법을 떠나 정치로 넘어갔으며 이로써 형사사법이 영원히 훼손되었다는 점, 이런 점들에도 불구하고 호민관 제도를 통해 성취된 것은 무엇인가? 상민들이 공동체 관직을 획득하길 원했을 때, 호민관이 상민들의 손에 쥐어진 강력한 무기로서 신분 갈등의 정치적 조정에 직접적으로는 아닐지라도 기여했다는 것은 맞는 말이다. 그러나 호민관의 원래 목적은 이것, 즉 정치적인 특권에 대항하는 것이 아니라 부유한 토지 소유자와 자본가에게 대항하는 것이었던바, 민중에게 사법의 공정성을 확보해주고 국가재정이 합리적으로 운영되게 하는 것이었다. 그러나 이런 목적은 성취되지 않았고 성취될 수도 없었다. 호민관은 당시 개개의 참상과 개개의 가혹함을 제어했어야 했다. 하지만 문제는 사람들이 법을 부당하게 적용하는 것이 아니라, 부당한 법 그 자체에 있었다. 어떻게 호민관이 모든 정규적 사법 절차를 일일이 저지할 수 있었겠는가? 혹여 그가 저지할 수 있었더라도 민중의 삶에는 도움이 별로 되지 않았을 것이다. 왜냐하면 난맥상의 징세(徵稅) 제도, 악랄한 신용체계, 무도한 토지 점유 등 민중 빈곤의 근본적 원인은 그대로였으며 이런 것들은 호민관이 건들지도 못했기 때문인데, 이는 부유한 상민들도 이러한 잘못된 관행을 통해 귀족만큼이나 이익을 얻었기에 발생한 결과였다.

사람들은 하나의 기이한 관직을 창설했고, 그 관직의 역할은 하층민에게 도움을 주는 것이었지만 이에 필요한 경제 개혁은 추진할 수 없었다. 호민관은 정치적 지혜의 증거가 아니라 부유한 귀족과 지도자 없는 민중의 어정쩡한 타협이었다. 사람들은 호민관이 로마를 독재정으로부터 지켜냈다고 말한다. 그 말이 사실이라 해도 그것은 의미 없는 일이었다. 독재정으로의 국체 변화 자체가 민중에게 재앙이 되는 것은 아니었기 때문이다. 오히려 로마 시민들에게는 독재정이 너무 늦게, 국가의 물리적, 정신적 여력을 모두 소진한 뒤에 왔다는 것이 재앙이었다. 이탈리아의 도시국가에 통상적으로 독재정이 없었던 데 반해 희랍에서는 독재정이 통상적이었다는 점이 이를 증명한다. 독재정은 대부분 일반적인 투표의 결과였기에 독재정이 아니라는 것은 이탈리아인이 희랍인보다 더 오랫동안 토지를 소유하지 못하는 시민을 민회로부터 배제하는 정책을 유지했다는 사실만을 알려준다. 결국 이런 정책이 폐기되자 로마에서도 호민관이 생겨났고, 이어 독재정이 출현했다. 호민관이 법적 저항의 방도를 보여주었고 몇몇 부조리 방지에 유용했다는 점은 누구라도 인정하지 않을 수 없다. 그러나 호민관이 유용하게 보인 곳에서 최초 목적과는 완전히 다른 것을 위해 이용되었다는 점도 마찬가지로 부정될 수 없다. 민중파 지도자에게 국헌 안에서 거부권을 주고 거부권을 가차 없이 사용할 권력을 부여한 대담한 실험은 국가를 정치적으로 위기에 빠트렸으며, 효과 없는 진정제로 사회적인 부조리를 연장한 임시변통이었을 뿐이다.

계속적 불화

이런 가운데 사람들은 내전을 준비했으며 일은 차근차근 진행되었다. 각 당파는 각자 자신의 지도자들 아래 전투를 치르기 위해 서로 대치했다. 한쪽에서는 집정관 권한의 제한과 호민관 권한의 확대를 목적으로 했으며, 다른 쪽에서는 호민관의 폐지를 목적으로 했다. 법적으로 처벌할 수 없게 된 불복종, 군 복무 거부권, 공동체의 권리를 훼손하거나 단순히 불쾌감을 야기한 관리들을 상대로 한 벌금 소송 및 처벌 소송 등은 상민들의 무기였다. 이에 대항하여 귀족들은 폭력, 공적(公敵)과의 통모, 때로 암살자의 칼 등을 활용했다. 길거리에서는 드잡

이가 벌어졌으며 양쪽 모두에서 관리의 신성불가침을 훼손하는 일이 벌어졌다. 그리하여 많은 시민이 이웃 나라로 이주해 좀 더 평화로운 거처를 마련했다고 하는데 이는 상당히 신빙성 있는 말이다. 로마 국민의 강한 애국심은 그들이 자신들의 국가체제를 세웠다는 사실에서가 아니라 이러한 모든 극심한 갈등에도 불구하고 국가체제를 유지하고 공동체를 지켜냈다는 사실에서 확인된다.

코리올라누스

신분투쟁으로 야기된 잘 알려진 사건은 코리올리족에 대한 습격으로 코리올라누스(*Coriolanus*)라는 별칭을 얻은 용감한 귀족 그나이우스 마르키우스에 얽힌 일화다. 그는 로마 건국 263년(기원전 491년) 자신의 집정관 취임을 반대하는 백인대민회에 대한 반감으로, 어떤 이들이 전하는 바에 따르면, 백성들이 기아에 허덕이다가 마침내 호민관을 포기할 때까지 국가곡물창고의 곡물 판매를 중단할 것을 제안했다고 한다. 또 어떤 이들은 그가 직접 호민관의 철폐를 제안했다고도 전한다. 호민관들이 자신을 탄핵하여 목숨이 위태롭게 되자 수도 로마를 떠난 그는 이후 볼스키족의 군대를 이끌고 귀환한다. 그러나 국가의 공적(公敵)이 되어 조국을 점령하려는 순간, 모친의 간절한 호소에 양심의 가책을 받아 마음을 돌이켰으며, 그의 첫 번째 배반은 두 번째 배반으로 용서받았고 죽음으로써 두 번의 배반에 대한 대가를 치렀다. 이 일화가 얼마만큼의 진실을 담고 있는지 알 수는 없지만, 순진한 로마 연대기 기록자들이 어리석게도 애국심의 발로를 칭송한 이 이야기에서 우리는 최초의 신분투쟁이 초래한 윤리적·정치적 피폐의 심각성을 알 수 있다.

이와 유사한 사례로 로마 건국 294년(기원전 460년) 사비눔 사람 아피우스 헤르도니우스가 이끄는 정치적 망명객들에 의해 카피톨리움 언덕이 습격당한 사건도 있다. 그들은 노예들을 병사로 받아들여 싸웠고, 로마군은 격렬한 전투를 치른 후 투스쿨룸 사람들이 서둘러 지원병을 보내옴으로써 이들 카틸리나적인 적을 제압할 수 있었다고 한다. 이 시대의 다른 사건들도 이와 마찬가지의 광기를 보여주고 있지만 그 역사적 중요성이 가문들의 거짓된 기록들에서는 잘 드러나지 않는다. 파비우스 가문은 로마 건국 269년부터 275년 사이에(기원전 485~479년) 매년 집정관을 한 명씩 배출한 유력 가문이었는데 이들은 갈등이 발생했을 때 로마를 떠났고 에트루리아 사람들에 의해 크레메라에서 전멸했다고 전한다(로마 건국 277년, 기원전 477년).

이보다 더 끔찍한 사건은 호민관 그나이우스 게누키우스 살해사건이다. 그는 두 명의 전직 집정관에게 회계 감사 받을 것을 요구했지만 그들에 대한 고발이 예정된 날 아침에 침대에서 죽은 채로 발견되었다(로마 건국 281년, 기원전 473년). 이런 사건들로 인하여 푸블릴리우스법이 제정되었는데, 로마 역사상 가장 큰 영향을 끼친 법률 중 하나인 이 법의 가장 중요한 두 규정, 그러니까 상민 구민회를 분명하게 도입한 조항과, 비록 조건부지만 상민회 의결에 전체 민회가 결의한 법률과 동등한 권위를 부여한 조항 중 전자는 분명히, 후자는 아마도 호민관 푸블릴리우스 볼레로가 로마 건국 283년(기원전 471년)에 제안한 것이다. 그때까지 상민들은 동회별로 투표했다. 그런데 이때 한편으로 재산 및 토지 소유와 무관하게 단순히 머릿수에 따라 투표가 이루어졌으며, 다른 한편으로 동회에 기초한 회합에 있어 그 성격상 씨족 집단의 결속력 때문에 거대 귀족가문의 피호민들이 상민회에서 서로 협력했다. 이 두 가지 때문에 귀족들은 상민회에 영향력을 행사할 수 있었고 특히 호민관 선출을 자기들 맘대로 좌지우지할 기회가 많이 있었다. 하지만 새로운 투표방식이 도입되면서 이런 상황은 사라졌는 바 분구별로 투표가 시행된 것이다. 로마에는 세르비우스 개혁에 의해 만들어진 징집 목적의 네 개의 분구가 있었는바, 이는 도시와 농촌을 포괄한 것이었다(제1권 129쪽). 이후—아마도 로마 건국 259년(기원전 495년)—로마는 20개의 분구로 나뉘었는데, 최초 네 개의 분구가 수도와 주변 지역을 포괄했으며 나머지 16개의 분구는 초기 로마 농민들이 정착하여 건설한 씨족 부락들에 위치했다(제1권 55쪽).

여기에 더해 아마도 푸블릴리우스 법에 따라, 그리고 투표에 있어 바람직하다고 할 투표 총 숫자의 홀수화를 위해 21번째의 크루스투메리아 분구가 만들어졌는데, 그 이름은 앞서 호민관 제도가 만들어질 당시 상민들이 자신들만의 성읍으로 만들었던 곳의 지명에서 따왔다(제2권 41쪽). 이제 상민들의 특별회합은 기존처럼 동회별이 아니라 분구별로 개최되었다. 주로 토지 소유에 기초한 이 분구들에서는 토지 소유자들이 배타적으로 투표권을 가졌는데, 이들은 촌락과 부락에 함께 거주한다는 점에서 동질적이었고 토지 크기에 따른 차별이 없었다. 여타에 있어서는 동회별 회합 때와 외적으로 유사한 방식으로 조직되었지만 진정한 의미에서 자유 중산층의 민회라고 할 수 있었던 이 상민회(*concilium plebis*)에서 한편으로 해방노예와 피호민들 대부분이 토지 소유자가 아니라는 이유로 배제되었으며, 다른 한편 거대 토지 소유자들은 백인대민회에서와 같은 우위를 점할 수 없었다. 또한 이 상민회는 동회별 상민회보다 더 보편 민회로 보기 어려웠다. 동회별 상민회와 마찬가지로 모든 귀족을 배제했을 뿐 아니라, 이에 더해 토지를 소유하지 않은 상민들도 배제했기 때문이다. 이 상민회가 작은 규모이긴 했지만 상민회 의결을 관철하기에는 충분한 숫자였기에 상민회 의결은 사전에 전 원로원이 이를 승인하기만 한다면 백인대민회 의결과 법적으로 대등한 것이 되었다. 이런 원칙은 12표법 제정 이전에 이미 법적으로 확고하게 자리 잡았음이 분명한데, 푸블릴리우스 상민회 의결에서 처음으로 도입된 것인지, 아니면 이전에 전해지지 않는 어떤 다른 법이 푸블릴리우스 상민회 의결에 적용된 것인지는 불분명하며 지금은 더 이상 확인할 수 없다. 또한 이 법을 통해 호민관의 숫자가 두 명에서 네 명으로 늘어난 것인지 아니면 이전에 이미 증원된 것인지도 불분명하다.

스푸리우스 카시우스의 농지법

이런 모든 조치보다 통찰력이 돋보이는 시도는 부자들의 경제적 독점을 타파하고 분란의 근원을 뿌리 뽑으려는 스푸리우스 카시우스의 시도였다. 그는 귀족이었는데, 그런 사회적 지위와 명성을 가지고 이런 일을 한 사람은 그때까지 아무도 없었다. 두 번의 개선식을 행하고 이후 세 번째 집정관직을 수행하면서(로마 건국 268년, 기원전 486년) 그는 민회에 제안하기를, 국유지를 다시 측량하여 이 가운데 일부를 국고 수입을 위해 임대하고 다른 일부는 어려운 사람들에게 분배하자고 했다. 다시 말해 그는 국토에 대한 결정권을 원로원으로부터 박탈하는 한편, 시민들의 지지를 기반으로 이기적인 선점체제를 타파하고자 했다. 그는 세상에는 무분별한 욕심이 제아무리 판치고 있더라도 자신의 정직함이, 정책의 정당성과 지혜로움이 통할 것이라고 믿었던 것 같다. 하지만 그의 이런 믿음은 잘못된 것이었다. 귀족들은 단결하여 들고일어났고 부유한 상민들도 이에 가담했다. 심지어 가난한 시민들도 불만이 가득했는데, 스푸리우스 카시우스가 동맹과 형평성을 이유로 라티움 동맹의 시민들에게까지 토지를 나누어주려고 했기 때문이다. 결국 카시우스는 죽음을 피할 수 없게 되었다. 마치 왕이라도 된 듯 자기가 속한 신분에 대항해 가난한 시민들을 보호하려 했던 그는 감히 왕과 같은 권력을 쥐려 했다는 이유로 고발을 당했는데 그럴 만도 했다. 그의 농지법은 그와 함께 무덤 속에 묻혔지만 농지법의 유령은 이후로도 부자들의 눈앞에서 끊임없이 맴돌았고 계속 그들에게 대항해 출현했다. 투쟁 끝에 결국 공동체가 붕괴할 때까지 이런 상황은 계속되었다.

십인관

정규적이고 실효적으로 상민의 법적 평등을 보장해주어 호민관의 권한을 제거하려는 또 다른 시도가 있었다. 로마 건국 292년(기원전 462년), 호민관 가이우스 테렌틸리우스 아르사는 5인 위원회를 만들어 집정관이 향후 재판과정에서 지켜야 하는 일반적 법령을 마련하게 하자고 제안했다. 원로원은 이런 제안에 비준하기를 거부했지만, 10년이 지나고 외적과의 전쟁과 내부적 소요사태의 총체적인 난국 속에서 신분투쟁이 절정에 달하자 마침내 이 제안은 받아들여졌다. 그러나 귀족들은 원로원에서 이 법이 통과되는 것을 끊임없이 격렬하게 방해했고, 민회는 계속해서 똑같은 사람들을 호민관으로 지명했다. 민회의 이런 고집을 막기 위해서 다른 양보조치가 내려졌다. 로마 건국 297년(기원전 457년)에 호민관의 숫자가 4명에서 10명으로 확대된 것이다. 그러나 귀족 측의 소득은 별로 없었다. 다음 해 상민들의 특권을 인정한 이킬리우스 상민회 의결에 의하여 이제까지 신성한 숲으로 여겨져 아무도 거주하지 않았던 아벤티누스 언덕이 상속 가능한 주택지로서 가난한 시민들에게 분배되었다. 이런 양보를 받아들이면서도 민회는 법전 편찬에 대한 요구를 멈추지 않았다. 그러다 마침내 로마 건국 300년(기원전 454년)에 타결이 되었는데, 원로원이 핵심사항을 양보하여 법전을 결의했던바, 백인대민회에서 별도로 10인을 선정, 이들이 집정관을 대신해 입법 관련 최고 관직(*decem viri consulari imperio legibus scribundis*)을 수행하게 했던 것이다. 이 자리에는 귀족들뿐만 아니라 상민들도 선출될 수 있었다. 비록 특별 정무관이지만 사상 최초로 상민이 선출자격을 얻었다. 이는 완전한 정치적 평등을 향한 대단한 진보였다. 반면 이 십인관의 임기 동안은 호민관의 권한과 시민들의 상소권이 중지되었는데 이는 그리 큰 희생은 아니었다. 십인관의 의무는 다만 공동체의 자유를 침해할 수 없다는 것이었다. 희랍으로 보냈던 사신이 솔론 및 여타 사람들의 법률을 가지고 로마로 귀국한 로마 건국 303년(기원전 451년)에 비로소 십인관이 선출되었다. 상민의 선출도 허용되었지만 당시 대부분의 선출은 귀족층에 국한되었다. 그만큼 귀족들의 힘이 막강했다. 다음 해 선거가 있었을 때 비로소 몇몇 상민들이 선출되었다. 이미 말했듯이 이것이 로마 공동체에 있었던 공직 가운데 최초로 귀족이 아닌 자들이 얻은 것이었다.

이러한 조치들을 보면, 호민관 거부권을 대신하는 명문화된 법률을 통해 집정관의 권한을 제한하려는 것 이외의 어떤 다른 목적은 없었다. 양측은 예전 그대로 머물 수 없으며, 공동체를 붕괴시키는 무정부 상태의 지속이 누구에게도 도움이 되지 않는다는 사실을 인식했음이 분명하다. 호민관의 행정 개입과 상소 활동이 다만 부정적인 결과만을 초래했음과, 호민관이 상민에게 주는 유일한 실익은 정무관들의 임의행위를 제한함으로써 편파적 행정을 막는 데 있었음을 진지한 사람들은 꿰뚫어보았다. 상민들이 명문화된 법을 요구하자 귀족들은 그 경우 호민관이라는 보호 장치까지 두는 것은 너무 과도한 것이라고 했고, 이에 상민과 귀족 양측이 모두 동의했음은 의심의 여지가 없다. 법을 제정한 이후 어떻게 할지는 달리 정해진 것이 없었지만, 아마도 상민이 호민관직을 궁극적으로 포기한 것은 분명하다. 왜냐하면 상민들이 십인관을 받아들인 이상 불법적인 방법 이외에는 달리 호민관직을 회복할 수는 없었기 때문이다. 상민의 자유는 침해하지 않는다는 십인관들의 약속은 예컨대 상소와 아벤티누스 언덕에서의 거주권 등 호민관과 무관한 상민의 권리와 관련된 것이다. 그 의도란 바로 십인관들이 그들의 퇴임 후 더 이상 임의로 재판하는 집정관이 아니라 제정된 법률에 따라 재판하는 집정관을 선출할 것을 시민들에게 제안하려고 했다는 것이다.

12표법의 제정

이런 계획은 만약 그렇게만 된다면 현명한 것이었다. 이제 모든 것은 몹시 격앙된 양측이 화합의 조정을 수용할지 여부에 달려 있었다. 로마 건국 303년(기원전 451년)에 십인관은 법안을 인민에게 제출했고 법안이 승인되자 10개의 동판에 각인되어 광장의 원로원 앞 연단에 공시되었다. 하지만 보충이 필요함에 따라 십인관은 로마 건국 304년 다시 2개의 동판을 추가했다. 이로써 로마의 유일한 최초 법전인 12표법이 만들어졌다. 이 법은 당파 간의 타협으로부터 생겨났기 때문에 기존 법의 부수적이고 단순한 방법적 규정을 넘어서는 본질적 수정은 포함할 수 없었을 것으로 보인다. 심지어 채권법에서 최고 이자를 아마도 낮은 금리였을 1할로 정한다는 것, 고리대금업자에게는 절도보다 더 무거운 중형으로 다스린다는 것 이상의 다른 완화조치는 없었다. 채권에 관련된 가혹한 소송 절차는 적어도 주요 사항에 있어 그대로 유지되었다. 신분법의 변화는 애초 의도되지 않았던 것이다. 그 외 납세 의무자와 무산자의 법적 차이, 귀족과 평민 간 통혼의 무효가 다시 한 번 확인 되었으며, 정무관의 횡포를 제한하고 시민을 보호하기 위해 신법이 구법에 우선함과, 특정 시민에 반하는 민회의결이 이루어질 수 없음을 명문화했다. 가장 주목할 만한 것은 사형 관련 재판에 있어 구민회에 올리는 상소는 없어지고 백인대민회에 올리는 상소는 보장된 점이었다. 이것은 사형 관련 재판권을 사실상 상민과 그 대표들이 탈취했고(제2권 44쪽), 안찰관의 벌금 관련 재판은 유지할 의도가 있었던 반면 호민관직 철폐와 함께 호민관의 사형 관련 재판은 없어지게 되었다는 사실로부터 설명될 수 있을 것이다. 이 조치의 실질적 의미는 법률 내용보다는 이제 집정관의 의무가 공식적으로 확정되었다는 데 있었는바, 집정관은 제정된 소송 형식과 법률에 따라 판결을 해야 했다. 또 다른 의미는 법조문이 공적인 것으로 제시되었다는 것인데, 이에 의해서 사법은 공개되어 통제되었고 집정관은 모두에게 평등한 진실로 보편적인 판결을 내려야 했다.

십인관직의 폐지

십인관직의 종말은 깊은 어둠 속에 감추어져 있다. 전하는 바에 따르면, 십인관은 두 개의 동판을 공시한 뒤 정규 정무관에게 자리를 내주고 물러나기로 되어 있었다. 하지만 십인관들은 법이 아직 온전하지 않다는 구실로 소임이 끝난 이후에도 십인관직을 연장했다. 이는 국제를 정비하기 위해 임명된 비상임 정무관의 법적 임기는 법에 구속되지 않는다는 로마 국헌 때문에 가능한 일이었다. 발레리우스 집안과 호라티우스 집안을 당수로 한 온건한 귀족 당파는 원로원에서 십인관의 면직을 시도했다고 한다. 당시 십인관들의 수장이었던 아피우스 클라우디우스는 원래 완고한 귀족이었으나 후에 민중선동가 또는 폭군으로 돌변한 사람으로 원로원에서 주도권을 쥐고 있었을 뿐만 아니라 인민들도 그를 따르고 있었다. 두 개의 군단이 문제없이 소집되어 동시에 볼스키 사람들 및 사비눔 종족과의 전쟁이 개시되었을 때, 전직 호민관 루키우스 시키우스 덴타투스가 병영에서 살해된 채 발견되는 일이 발생했다. 그는 로마에서 가장 용감한 사람으로 백 이십여 차례의 전쟁에 참가했고 전쟁에서 생긴 상처가 마흔다섯 군데나 있는 사람이었다. 그런 그가 십인관의 사주로 암살된 것이라는 사실이 전해지자 혁명의 기운이 끓어올랐다. 실제 혁명은 아피우스가 선고한 부당한 판결로 인해 촉발되었는데, 전직 호민관 루키우스 이킬리우스의 아내이자 백인대장 루키우스 베르기니우스의 딸에 관한 소송이었다. 아피우스의 판결은 그녀의 자유와 권리를 박탈하고 가족들로부터 그녀를 강제로 분리시켰다. 그러자 그녀의 아버지는 딸을 불명예로부터 보호하기 위해 광장에서 칼로 죽인다. 이런 전대미문의 행동에 놀란 인민은 여인의 시체 주변에 모여들었다. 반면 아피우스는 수임관을 통해 그녀의 아버지와 남편을 법정으로 출두시켜 십인관인 자신의 판결에 대해서는 상소할 수 없음에도 불구하고 자신의 권한에 불복한 일을 해명하도록 촉구했다. 그러자 상황이 한계점에 이르렀다. 여인의 아버지와 남편은 들끓는 인민의 보호 속에서 폭군의 수임관을 피했다. 로마 원로원은 몹시 불안해하며 혼란에 휩싸였고, 여인의 아버지와 남편은 만행에 대한 수많은 증인을 대동하고 군단의 진영에 나타났다. 증인들에 의해 전대미문의 사건이 보고되었고, 법적 보호장치였던 호민관 제도가 폐지됨으로써 생겨난 결함이 만인 앞에서 언급되었다. 그러는 사이 예전에 아버지들이 했던 것을 아들들이 반복했다. 군인들은 자신들의 지휘관을 떠나 전쟁 태세로 수도를 가로질러 성산(聖山)으로 나아갔고, 그곳에서 재차 자신들의 호민관을 임명했다. 그러나 십인관들은 여전히 자신들의 권한을 내려놓으려 하지 않았고, 군대는 호민관과 함께 수도로 들어와 아벤티누스 언덕에 주둔했다. 그리고 수도 안에서 금방이라도 내전이 시작될 것 같았던 순간, 마침내 십인관들은 불손하고 불명예스러운 권한을 내려놓았다. 이후 집정관 루키우스 발레리우스와 마르쿠스 호라티우스는 타협점을 찾아 호민관을 다시 세우기로 한다. 십인관의 몰락은 죄과가 가장 큰 아피우스 클라우디우스와 스푸리우스 오피우스가 감옥 안에서 자살함으로써 종결되었다. 다른 여덟 명은 망명했고 국가는 그들의 재산을 몰수했다. 신중하고 온건한 호민관 마르쿠스 두일리우스는 적당한 때 거부권을 행사하여 더 이상의 법적 추궁을 막았다.

발레리우스 호라티우스 법

로마 귀족의 붓이 기록한 이야기는 이와 같다. 그러나 부차적 상황을 차치하더라도 12표법이 만들어진 큰 사건이 그러한 낭만적 갈등과 정치적 불확실성 가운데 발생했다고는 생각할 수 없다. 십인관직은 왕정의 폐지와 호민관직의 창설과 함께 상민들이 거둔 세 번째 큰 승리였는바, 십인관직과 그 수장인 아피우스 클라우디우스에 대한 귀족 당파의 불만은 충분히 이해할 수 있다. 상민들은 최고 관직에 대한 피선거권을 가졌고 통일된 국가법을 달성했다. 하지만 이는 십인관이라는 새로운 정무관에 대항해 무력으로라도 순수한 귀족적 집정관체제를 복구해야 할 이유이기도 했다. 그런 목표를 추구한 것은 물론 상민이 아닌 귀족 당파였다. 귀족과 상민 공동의 십인관직이 임기 제한 없이 직을 유지하려 시도했다면, 귀족들은 우선 이를 반대했을 것이며, 나아가 상민에게 보장된 권리는 축소하고 특히 호민관직은 폐지되어야 한다고 주장했을 것이다. 귀족들이 십인관직을 폐지했을 때, 상민들은 아마도 로마 건국 260년의 혁명과 최근 행동의 성과를 확실하게 하기 위해 다시 한 번 무기를 들었을 것이 분명하다. 로마 건국 305년(기원전 449년)의 발레리우스 호라티우스 법은 이런 분쟁의 결과로 이해될 수 있다. 타협은 당연하게도 상민들의 이익을 전적으로 반영한 것이었고 귀족의 권력은 다시 한 번 교묘하게 제한되었다. 호민관이 다시 세워지고 귀족으로부터 빼앗은 국법이 확실하게 확보되었으며, 집정관은 그러한 법에 따라 판결할 의무를 지게 되었다는 것은 자명한 일이다. 물론 국법을 통해 분구들은 한때 가지고 있었던 사형 사건에 대한 재판권을 상실했다. 하지만 호민관만은 그런 경우, 백인대민회와 협의가 가능하도록 길을 만듦으로써 재판권을 유지했다. 호민관은 또한 무제한으로 벌금을 부과하고 이러한 처분을 구민회에 회부할 권리로써 반대세력을 공적 영역에서 제거할 수 있는 충분한 수단을 갖게 되었다. 한편 집정관의 신청으로 백인대민회가 결정했는바, 장차 독재관을 포함하는 모든 정무관으로 하여금 자신의 임명행위에 대한 상소를 반드시 허여(許與)할 의무를 지게 했고, 그에 위반하여 관리를 임명한 자는 목숨으로 속죄하게 되었다. 그밖에 독재관은 그때까지의 권력을 유지했고 특히 독재관의 직무활동은 집정관의 활동처럼 호민관이 거부할 수 없었다.

집정관 권한의 또 다른 제한은 전쟁 금고의 관리가 민회가 선출하는 2인의 재무관(*Quaestor*)에게 이전되었다는 것인데, 재무관들은 로마 건국 307년(기원전 447년)에 최초로 선출되었다. 전쟁 금고를 관리하는 2인의 새로운 재무관들뿐만 아니라 도시 금고 재무관들의 임명도 이제 민회로 넘어갔다. 집정관은 다만 선거관리만 했다. 재무관이 선출되는 집회는 귀족과 상민을 아우르는 토지 소유자 전체의 민회였으며 투표는 분구별로 이루어졌다. 이것은 상민과 농민 계층이 다수를 차지하는 이 민회에 대한 우혜조치에 해당하며, 그 점에서 백인대민회와 달랐다.

더 심대한 영향을 끼친 우혜조치는 호민관에게 원로원 협의 참여권을 부여한 일이다. 호민관에게 회의장의 좌석을 허락하는 일은 원로원의 위엄을 떨어뜨리는 일이었다. 따라서 호민관에게는 문 옆의 장의자를 내주었으며 여기서 의사진행을 참관하도록 했다. 아마도 상민회 의결이 모든 시민에게 효력을 갖게 된 이래(제2권 45쪽) 원로원도 심의기관에서 의결기관으로 변화되었을 것인데, 그에 상응하여 호민관의 권리도 확대되어 모든 원로원 의결에 개입했다. 호민관 제도가 생겨난 이래 원로원 협의에 일정 정도 참여가 허용된 것은 자연스러운 일이었다. 원로원 의결의 변조와 위조를 막기 위해서—원로원 의결의 효력은 가장 중요한 상민회 의결에 전제가 되었기에—이후 원로원 의결은 귀족 출신 도시 재무관에 의해 사투르누스 신전에 보관되었으며, 상민 안찰관에 의해 케레스 신전에도 보관되었다. 호민관 권력을 제거하기 위해 시작된 갈등은 이렇게 끝났다. 개별 행정 처분을 민원인 개인의 이의에 따라 취소하고 국가적 통치행위의 모든 결정도 재량에 따라 파기할 수 있는 호민관의 권한은 다시 한 번 확고하게 승인되었다. 신 앞의 맹세와 모든 종교적 경외를 통해, 그리고 매우 엄격한 법률을 통해 호민관의 신분, 호민관의 지속적 유지와 정원 충족 등이 다시 한 번 확보되었다. 이후 로마에서 호민관직을 폐지하려는 시도는 없었다.

제3장
신분 평등과 새로운 귀족

상민의 연합

호민관 제도와 관련한 불화는 정치적 원인에서가 아니라 사회적 원인에서 야기된 것으로 보인다. 원로원에 진입한 재력 있는 상민들도 귀족만큼이나 호민관 제도에 반대했다고 보는 것에는 충분한 근거가 있다. 왜냐하면 우선 호민관 제도가 반대하던 특권이 부자 상민들에게도 이득이 되는 것이었기 때문이고, 또한 비록 다른 부분에서 아직도 귀족에게 소외당한다고 느끼고 있었지만, 부자 상민들이 보기에 호민관이라는 정무관직을 요구하고 관철시키는 것은 전체 원로원의 재정적 독점이 위협을 받는 상황에서 적절한 것이 아니었기 때문이다. 그래서 공화정의 첫 50년 동안 신분 평등을 향해 한 걸음도 진척이 없었음은 당연한 결과다.

그러나 귀족과 부자 상민의 연합에는 지속가능성의 보장이 담겨 있지 않았다. 의심의 여지 없이 상민 최고 문벌 중 일부는 자연스레 저항 운동에 가담했다. 그것은 부분적으로는 상민 신분의 권리 의식 때문이었고, 차별대우 받는 모든 이들의 자연스러운 단결 때문이기도 했다. 또한 그들은 장기적 관점에서 다수에게 양보하는 것은 당연하며, 양보조치들을 제대로만 활용한다면 귀족들의 특권을 철폐하고 상민귀족이 국정에서 중요한 비중을 차지하리라고 생각했기에 저항 운동에 가담했다. 이후, 반드시 필요하다는 확신이 광범위하게 확산되고 상민 계층 최상부의 상민 문벌들이 혈통귀족과 투쟁하게 되었을 때 그들은 신분 갈등에서 호민관직을 통하여 법적인 주도권을 잡았고, 사회적 갈등을 무기로 삼아 화평의 조건을 관철시켜 신분 간의 중재자 역할을 할 상민 출신 정무관의 선출을 강제할 수 있었다.

십인관직 폐지 직후 두 당파의 입지에 큰 전환점이 있었다. 이제 호민관직은 폐지할 수 없다는 것이 확실히 굳어졌고, 상민귀족들은 이런 막강한 지렛대를 장악하여, 이를 상민의 정치적 차별을 개선하는 데 사용해야 했다.

통혼 허용과 정무관직 개방

혈통귀족 세력이 상민 연합에 대하여 얼마나 무력했는가를 확연하게 보여주는 것은 배타적 당파의 초석이 되었던 귀족과 상민 간의 통혼 불인정 원칙이 십인관 혁명 이후 채 4년도 되지 않아 첫 번째로 깨졌다는 사실이다. 로마 건국 309년(기원전 445년), 호민관 카눌레이우스가 주도한 상민회 의결을 통해 귀족과 상민 간의 혼인은 로마 시민들 간의 합법적 혼인이며, 이런 혼인을 통해 태어난 아이는 아버지의 신분을 따른다는 규정이 제정되었다. 이 의결에서는 또한 집정관을 대신하는 군사대장에게—군대가 군단 단위로 나뉘기 이전인 당시에는 구대장의 숫자는 6명이었는데, 그렇게 군사대장의 숫자가 정해졌다—집정관의 권한[1]과 임기를 부여하고 백인대민회에서 이들을 선출하도록 했다. 이런 변화의 가장 직접적인 원인은 군사 활동 때문이었던바, 전쟁 횟수가 늘어나자 집정관 체제가 허용하는 숫자보다 더 많은 최고 사령

---

[1] 법적으로 귀족 출신 군사대장에게는 집정관의 전권을 부여했지만 상민 출신 군사대장에게는 군사적 최고 통치권만을 부여했다는 가정은 해결되지 않는 많은 문제를 야기한다. 예를 들어 법률적으로 전혀 불가능한 것이 아닌바, 군사대장이 전부 상민 출신일 경우에는 어떻게 되는가에 대한 문제다. 더 나아가 이런 가정은 무엇보다 로마 국헌의 기본원리와 상충되는데, 공동체의 이름으로 시민들에게 명령을 행사할 권리를 말하는 최고 통치권은 원리적으로 분할 가능하지 않으며 공간적 한계 이외의 어떤 한계도 갖지 않는 것이기 때문이다. 최고 통치권에는 민사 영역이 있고 군사 영역이 있으며 후자의 경우에는 상소 및 기타 민사법적 규정들이 적용되지 않는다. 예를 들어 전직 집정관처럼 다만 후자의 영역에서만 기능하는 관리들도 있다. 하지만 엄밀한 법적 규정에 있어 순전히 재판권만을 갖는 관리 혹은 순전히 군사적 명령권만을 갖는 관리는 존재하지 않는다. 전직 집정관은 자신의 담당 지역에서 집정관과 마찬가지로 군사적 명령권 및 최고 재판권을 가지며 비시민권자들과 병사들은 물론 시민들에 대한 재판을 주재한다. 법무관의 도입과 함께 상급 정무관(magistratus maiores)이라는 권한 개념이 등장하는데 이것은 법적 구분이 아니라 다만 사실적인 구분의 의미가 더 크다. 도시법무관은 우선 최고 재판관이지만 특별한 경우에는 백인대민회를 소집할 수 있으며 군대를 지휘할 수도 있다. 집정관은 수도에서는 행정 최고 책임자이며 최고 명령권자이지만 노예해방과 입양의 문제를 다룰 때는 최고 재판관의 역할을 담당한다. 최고 권한의 원리적 분할 불가능성은 여기서 보건대 상당히 엄밀하게 규정되어 있었다. 따라서 로마법에는 없는 이런 식의 군사적 권한과 민사적 권한의 분할을 배제하기 위해서, 상민 출신 군사대장에게도 귀족 출신과 마찬가지로 민사적 권한이 원리적으로는 부여되어 있었음이 분명하다. 베커(W. A. Becker, *Handbuch*, Bd.2, 2, S.137)가 생각한 대로 나중에 집정관에 귀족과 상민이 함께 취임하게 되었을 때 법무관(상당 기간 귀족 출신들이 독차지했다)이 도입된 것과 똑같은 이유에서 집정관 권한 군사대장이 만들어진 이후 상민 출신들은 재판 업무로부터는 사실적으로 배제되었으며, 이로써 군사대장은 나중에 집정관과 법무관의 권한분할이 발생하는 계기를 마련한 것이다.

관이 요구되었던 것이다. 이러한 변화는 신분 투쟁에 있어 매우 중요했는데, 이러한 군사적 목적은 아마도 실제 이유라기보다 구실이었을 것이다. 옛 로마법에 따르면 군역의 의무를 진 모든 시민 혹은 영주민은 누구나 장교로 복무할 수 있었다(제1권 133쪽). 그런데 십인관들이 잠정적으로 최고 관직을 상민들에게 개방하자 이제 모든 자유 시민들에게 똑같이 최고 관직에 접근할 길이 열렸다. 문제는 물론 귀족들이 실질적으로는 상민들에게 최고 관직을 내주지 않으면서도 이런 놀라운 방식으로 최고 관직의 독점적 권한을 포기하고 집정관의 권한을 상민에게 허용함[2]으로써 과연 어떤 이득을 챙길 수 있었는가 하는 점이다. 우선 공동체 최고 관직에 취임하는 것은 여러 가지 개인적인 혹은 자손까지 누리는 명예와 연관되어 있었다. 따라서 개선장군의 명예는 법률적으로 최고 관직의 취임을 전제로 했으며 최고 관직을 수행한 적이 없는 다른 장교들에게는 허용되지 않았다. 최고 관직에 취임했던 사람의 후손들에게는 다른 조상들은 안 되지만[3] 집안에 모셨던 최고 관직을 수행한 조상의 초상을 공개적으로 들고 행진하는 것이 허용되

---

[2] 귀족들이 종교적 편견 때문에 상민들을 배제시키는 데에 집착했다는 주장은 로마 종교의 근본적 성격을 오해한 탓이며 오늘날과 같은 교회와 국가의 분리를 고대세계에까지 적용시키는 우를 범하는 것이다. 시민들의 종교행사에 비시민권자들의 참여를 허용하는 것은 독실한 로마인들에게는 마치 죄짓는 일로 보였을 것이 분명하다. 그러나 엄격한 원칙주의자들도, 비시민이 로마에 의해 로마 시민공동체로 진입을 허락받으면 동시에 종교적 평등도 누릴 수 있게 된다는 것을 의문시하지 않는다. 상민들에게 귀족 지위가 허락됨으로써, 상민에게까지 종교권 권리를 부여함으로써 귀족들이 가질 수 있었던 양심상의 꺼림칙함도 사라져버렸다. 이러한 사태에 대하여 귀족들은 왕권을 폐지할 즈음에 주위를 제대로 살필 여유가 없었는데 나중으로 미루었던 것을 회복할 기회를 더 이상 가질 수 없었다고 변명할 수 있을 것이다.

[3] 혈통귀족들 사이에 최고 관직을 역임한 집안과 그렇지 않은 집안의 구분이 실제로 중요한 정치적 의미가 있었는지는 아직도 확실히 이렇다 저렇다 할 수 없는 상황이다. 더군다나 이 시기에 최고 관직을 역임한 집안이 어느 정도 숫자에 이르렀는지도 우리는 알 수 없다.

었다. 이런 문제는 설명하기는 간단하지만 입증하기는 어려운 일인바, 아마도 귀족들은 통치 권한은 내줄지언정 이에 따르는 명예, 다시 말해 세습적 명예는 내주려 하지 않았을 것이며, 따라서 이를 상민들에게 허용할 수밖에 없었을 때는 사실상의 공동체 최고 관직을 법적으로는 최고의석에 앉을 권한의 관직이 아닌 단순히 지휘봉을 잡는 사령관으로 만들어버림으로써 이런 명예가 단순히 한 개인에서 끝나게 했을 것이다. 개선행진의 명예나 조상의 초상을 들 권리(*ius imaginum*)를 주지 않았던 것보다 원로원에 함께 앉은 상민들을 논의에서 배제했던 관행이 사라질 수밖에 없었다는 것이 정치적으로 훨씬 더 중요했는데, 지명된 집정관 혹은 전직 집정관으로서 다른 의원들에 앞서 자문받는 상민 원로원 의원이 생겨났기 때문이다. 그럼에도 귀족들에게 무엇보다 중요한 의미를 가졌던 것은 상민들에게 집정관의 권한은 주되 집정관직 자체는 허용하지 않는 것이었다.

혈통귀족의 저항

이런 귀족의 무능력함에도 불구하고 여전히 정치적 의미를 지니던 그들의 특권은 새로운 제도에 의해 법적으로마저 폐지되었다. 로마 귀족들은 과거에는 이름값을 했지만, 이제 싸움을 포기해야 했다. 하지만 그들은 그렇게 하지 않았다. 이성적이고 합법적인 저항은 불가능했지만, 음모와 속임수를 사용하는 또 다른 종류의 악의적 저항은 가능했다. 이런 저항은 물론 명예로운 것이 아니었고 정치적으로 지혜로운 것도 아니었지만 일정 정도 성과가 있기도 했다. 단합된 로마 귀족들로부터 쉽게 끌어낼 수 없었을 양보를 결국 상민들이 얻어냈다. 그러나 그로 인해 내전은 한 세기 정도 더 길어졌고 귀족들은 그 법률들에 대항하면서 이후 몇 세대 동안 더 실질적으로 통치를 장악할 수 있었다.

귀족 저항의 수단

귀족이 사용한 수단은 정치적 사안들만큼 다양했다. 선거에서 상민들을 배제할 것인가 아니면 허용할 것인가를 단번에 결정하는 대신 그들은 매번 선거 때마다 그들이 양보해야 하는 만큼만 양보했다. 따라서 귀족 출신의 집정관을 뽑을 것이냐 아니면 양쪽 신분에서 집정관 권한 군사대장을 뽑을 것이냐를 놓고 매년 공허한 투쟁이 거듭되었다. 귀족들의 무기 가운데 하나는 바로 적을 힘 빠지게 함으로써 제압하는 지연(遲延)도 포함되어 있었고 이 무기는 효과를 발휘했다.

정무관 조직: 호구감찰관

불가피한 패배일지언정 조금이라도 늦추기 위해 귀족들은 지금까지 전혀 분할되지 않았었던 최고 권한을 조각조각 나누어 상대방의 공격을 분산시켰다. 일반적으로 4년마다 시행하던 국고 조사와 시민 및 납세자명부의 작성은 이미 로마 건국 319년(기원전 435년)에 두 명의 호구감찰관(*censor*)에게 최고 18개월 동안 위임되었는데, 이는 그동안 집정관이 담당하던 것이었다. 호구감찰관은 백인대민회에서 귀족 가운데 지명되었다. 이 새로운 관직은 재정적 영향력 때문이라기보다는 원로원과 기사계층의 결원을 보충할 수 있는 권리와, 원로원계층과 기사계층과 시민계층 명부에서 개인을 제명할 수 있는 권리 때문에 점차 귀족의 수호자 역할을 했다. 하지만 위임 초기 호구감찰관직은 후대에 호구감찰관들에게 부여된 풍기단속권 등의 높은 위엄은 아직 없었다.

재무관

반면 로마 건국 333년(기원전 421년)에 있었던 재무관직의 중대 변화에 의해 귀족들의 이런 약진에 대한 보상이 이루어졌다. 적어도 두 명의 재무관은 민사 정무관이라기보다는 군사 정무관이라는 점과 집정관 권한 군사대장은 물론 재무관으로 상민이 선출될 수 있다는 점에 근거하여, 귀족—상민 연합 구민회는 재무관 선거에 상민도 출마할 수 있게 결정했고, 이로써 정규 관리들 가운데 하나에 대하여 상민들이 최초로 선거권과 피선거권을 가질 수 있게 되었다. 당연하게 한편은 압승이라고, 반대편은 참패라고 느꼈을 것인바, 민사 재무관과 군사 재무관 선거에 있어 상민은 귀족과 대등한 선거권과 피선거권을 가지게 되었기 때문이다.

반혁명의 시도

완고한 저항에도 불구하고 귀족은 특권을 잃고 또 잃었으며, 특권이 줄어드는 만큼 원성도 커졌다. 그리하여 공동체 규약에 따라 확정된 법률을 손대려는 시도가 있었다. 하지만 이런 시도는 잘 준비된 당파의 움직임이라기보다 무기력한 복수심의 발로였을 뿐이다. 미덥지 않은 전승에 의한 것이긴 하지만, 그런 류의 사건으로 마일리우스 소송이 있다. 스푸리우스 마일리우스는 부유한 상민으로 극심한 곡물 품귀 시에(로마 건국 315년, 기원전 439년) 곡물을 싸게 팔아 귀족 출신 곡물 수급관(*praefectus annonae*) 가이우스 미누키우스에게 창피를 주고 그를 화나게 했다. 이에 미누키우스는 마일리우스가 왕권을 탐한다고 고발했다. 어떤 법에 근거하여 고발했는지 우리는 알 수 없지만, 호민관조차 역임한 적 없는 사람이 전제군주를 탐했다고는 믿어지지 않는다. 하지만 당국은 사건을 아주 심각하게 다루었고, 왕이라는 단어는 마치 영국 땅에서 교황을 연호하는 것과 같은 영향력을 로마 대중에게 미쳤다. 이 사건의 처리를 위해 집정관을 여섯 번이나 역임한 티투스 퀸크티우스 카피톨리누스는 공공연하게 법률을 위반하면서까지 여든 살의 루키우스 퀸크티우스 킨킨나투스를 상소를 허용하지 않는 독재관으로 임명했다(제2권 63쪽). 독재관의 소환 명령을 받은 마일리우스가 명령을 무시할 기색을 보이자 독재관의 기병 장관 가이우스 세르비우스 아할라는 그를 즉시 처형했다. 처형된 자의 주택은 철거되었고 창고의 곡식은 사람들에게 무료로 분배되었으며, 복수하겠다고 벼르던 자들도 비밀리에 살해되었다. 이런 무참한 사법살인은—

당시 비열한 귀족 당파에는 아닐지 모르지만, 경솔하고 무지한 대중이 보기에도 창피스러운 일이었다―어떤 처벌도 받지 않았다. 귀족 당파는 이로써 상소권을 약화시킬 수 있다고 희망했지만, 이는 다만 아무 소득 없이 법률을 위반하고 쓸데없이 죄 없는 자를 죽인 일이었을 뿐이다.

귀족들의 음모

귀족들은 선거 조작과 신탁 조작이 다른 어떤 무기들보다 강력한 저항수단임을 알고 있었다. 선거 조작이 얼마나 심각한 수준이었는지 알 수 있는 가장 좋은 예는 로마 건국 322년(기원전 432년)에 선거운동 특별법을 통과시킬 필요성이 대두되었다는 점이다. 하지만 특별법은 별로 효과가 없었다. 매수 혹은 협박 등으로 유권자를 끌어들일 수 없게 되자 선거관리 정무관들은 다른 조치를 취했는바 예를 들어 상민들의 표가 나뉠 수 있도록 여러 명의 상민 후보자들을 입후보시키거나 다수표를 획득할 것으로 보이는 상민 후보자를 후보자 명단에서 배제했다. 뜻대로 선거가 치러지지 않았을 경우에도 새점 혹은 이와 유사한 종교의식으로 선거 무효 신탁이 내려지지 않았나를 사제들에게 물었고, 선거를 무효화시킬 만한 결격사유를 찾아내려고 애썼다. 이를 위해 귀족들은 그 결과가 어떨지 아랑곳하지 않고, 조상들의 지혜로운 선례도 돌아보지 않고, 새점 혹은 기적 등의 길흉을 보는 시제단의 의견이 법률적으로 구속력을 갖는다는 원칙을 만들어냈으며, 낙

성식이든 어떤 행정 업무든, 법이든 선거든 국가의 행위가 사제들의 종교적 무효화에 의해 철회될 수 있음을 천명했다. 이런 것들 때문에 로마 건국 333년(기원전 421년)에 이미 법적으로 상민이 재무관에 입후보할 수 있었고 이후 법적으로 인정되었음에도 불구하고 로마 건국 345년에야 상민 재무관이 배출될 수 있었다. 또 이런 식으로 로마 건국 354년까지 귀족들은 거의 배타적으로 집정관 권한 군사대장을 독점했다. 여기서 알 수 있는 사실은 귀족 특권의 법적 폐지가 상민귀족을 실질적이고 현실적으로 귀족과 평등하게 하지는 못했다는 점이다. 몇몇 원인이 이런 결과를 만드는 데 동참했지만, 주요 원인은 상민귀족과 대다수 농민의 분열이었다. 귀족들의 끈질긴 저항을 매년 반복되는 선거에서 지속적으로 막아내는 것보다 이론적으로는 어떤 격앙된 한순간에 훨씬 더 쉽게 와해시킬 수 있었을 것이지만, 민회에서 결정적인 표를 가졌던 중산층은 상민귀족을 위해 표를 던질 아무런 의무감도 느끼지 못했다. 자신들의 요구가 귀족 출신 관리들보다 오히려 상민 관리들에 의해 무시당했기 때문이었다.

고통받는 농민 계층

이런 정치투쟁 와중에 사회적 문제들은 대체로 다루어지지 않거나 사소하게만 다루어졌다. 상민귀족들이 자신들의 목적을 위하여 호민관 직을 장악한 이후, 새롭게 획득된 토지가 있었고 빈곤하거나 빈곤해지는 농민들이 있었음에도 불구하고 토지 분배 문제나 신용제도 개혁은 진지하게 논의되지 않았다. 로마 건국 312년(기원전 442년)의 아르데아, 로마 건국 336년(기원전 418년)의 라비키, 로마 건국 361년(기원전 393년)의 베이이 등 새롭게 획득된 지역의 토지 분배도 대체로 농민을 원조하기보다는 군사적인 이유에서 실행되었기 때문에 결코 충분하지 않았다. 몇몇 호민관은 카시우스 법을 부활시키려 시도했는바, 스푸리우스 마이킬리우스와 스푸리우스 메틸리우스는 로마 건국 337년(기원전 417) 전 국토의 분배를 신청했다. 그러나 당시 으레 그랬던 것처럼 그 신청은 그들과 같은 신분인 상민귀족의 저항에 부딪혀 실패했다. 혈통귀족 중에서도 몇몇은 그들을 도와 공동의 위기를 극복하려 했으나 스푸리우스 카시우스 때보다 나아진 것은 없었다. 로마 건국 370년경(기원전 384년경), 혈통귀족이었고 전쟁에서의 업적과 용맹함으로도 저명한, 켈트족 침입 때의 성채 구원자 마르쿠스 만리우스가 억압받는 민중을 위한 선구적 투사로 등장했다. 그를 움직인 것은 민중들과 함께했던 전우애였으며, 다른 한편 그의 경쟁자였던 유명한 군사령관이자 귀족 당파의 수장 마르쿠스 푸리우스 카밀루스에 대한 격심한 증오였다. 용맹한 장교가 부채 때문에 감옥으로 끌려가게 되었을 때, 만리우스는 자신의 돈으로 그를 석방시켰고 동시에 그는 자신의 토지를 매각하기 위해 내놓았으며, 그런 불의가 일어나지 않게 하기 위해서라면 자신은 자신의 토지를 모조리 팔아버릴 수도 있다고 선언했다. 이 선언은 귀족이든 상민이든 통치에 간여하고 있던 당파들이 한 위험한 개혁자에 대항해 뭉치도록 하는 데 충분하고도 남았다. 왕정복고의 죄명을 들어 대역죄로 기소하는 것은 이미 전형적인 방법이었지만, 무지한 대중에게는 여전히 상당한 파급력을 갖고 있었고, 대중은 그에게 사형을 선고했다. 그의 명성은 사형 집행장에 사람들을 모으는 것 말고는 아무 것도 할 수 없었다. 이때 사형에 동의한 자들은 성채의 바위를 보지 못했고, 패망의 위기에서 조국을 구한 사내가 망나니의 손에 넘겨지는 것을 묵묵히 지켜보는 바위의 말 없는 경고를 듣지 못했다(로마 건국 370년, 기원전 384년).

개혁 시도는 맹아적 단계에서 질식되어 버렸고, 사회적 불평등은 점차 심각해졌다. 성공적인 전쟁의 성과로 점령 토지가 점차 확장되었지만, 다른 한편에선 농민 계층의 과도한 채무와 빈곤이 점차 확대되었다. 그것은 특히 베이이인과의 격렬한 전쟁(로마 건국 348~358년, 기원전 406~396년)과 켈트족 침입에 의한 수도의 황폐화(로마 건국 364년, 기원전 390년) 때문이었다. 군역 기간을 연장하고 그때까지 기껏해야 여름에만 싸웠던 것을 겨울에도 무장하는 것이 필요했던 베이이인과의 전쟁 때에, 그리고 경제 상태의 완전 파탄을 예상하여 농민들이 선전포고를 거부하려 했을 때에 원로원은 중요한 양보를 결정할 수밖에 없었다. 원로원은 그때까지 분구별로 부담하던 군인 급료를 간접세와 국유 토지를 통해 국고에서 부담하기로 했다(로마 건국 348년, 기원전 406년). 다만 국고가 비어 있는 경우에는 군인 급료를 위하여 추렴기금(tributum)을 조성하기로 했는바, 강제적 국채로 볼 수 있는 이 기금은 추후에 공동체가 갚아야 했다. 이 제도는 형평에 맞는 현명한 조치였다. 다만 이 제도의 근간은 국유지를 국고 수익을 위해 견실하게 활용해야 하는 데 있었음에도 불구하고 이것이 제대로 이루어지지 않았기 때문에 궁극적으로는 군역 증가에 따른 추렴기금만 자주 집행되었으며, 결국 이러한 잦은 추렴기금 집행으로 인해 하층민은 붕괴되었다. 그것이 공식적 세금이 아닌 국채였다 해도 사정은 마찬가지였다.

상민귀족과 농민들의 단합: 리키니우스 섹스티우스 법

상민귀족은 혈통귀족의 저항과 공동체의 무관심으로 자신들이 사실상 정치적 평등을 얻지 못했다고 생각했을 때, 고통받는 농민층은 폐쇄적 귀족들에 대항할 힘을 갖지 못했을 때, 상민귀족과 농민은 타협을 통하여 서로에게 이익을 도모했다. 호민관 가이우스 리키니우스와 루키우스 섹스티우스가 민회에서 제안한 다음과 같은 것 역시 이러한 목적을 위한 것이었다. 제안은, 한편으로는 집정관 권한 군사대장직 폐지와 함께 적어도 집정관 한 명은 상민 출신으로 뽑을 것과 세 개의 고위 신관단 중 하나인 신탁 보관 신관단을 10인으로 확대하고 그 일부를 상민들에게 개방하자는 것이었다(예언서 박사는 2인관이었으나 후에는 십인관; 제1권 254쪽). 다른 한편으로는 소유 토지와 관련하여 어떤 시민도 공유 목초지에 백 두의 소와 5백 두의 양을 초과하여 방목할 수 없도록 할 것과 어떠한 시민도 선점이 허용된 국유지를 5백 유게룸 이상 점유할 수 없도록 할 것, 그리고 더 나아가 토지 소유자는 자신이 부리는 경작노예 숫자에 비례하여 그만큼의 자유 노무자를 쓸 것을 의무화할 것이 제안에 포함되어 있었다. 섹스티우스가 제안한 마지막 사항은 지급된 이자만큼을 원금에서 공제하고 채무 변제 기한을 재조정함으로써 채무자에게 채무를 감경시켜주는 것이었다.

이러한 제안과 그에 따른 조치의 방향은 분명했는데, 귀족에게서 고등 관직의 독점과 그에 따른 세습적 명예를 박탈하고자 함이 그 목적이었다. 이 목표는 특히 법률로써 집정관 자리 하나에서 귀족을 배제함으로써만 달성할 수 있다고 여겨졌다. 이를 통해 최소한 원로원의 상민 구성원 중 일부는 집정관직을 역임함으로써 혈통귀족 역임자들에 앞서 의견을 제출할 수 있는 권리를 가지게 될 것이며(제2권 20쪽과 69쪽), 이로써 발언권이 없는 참관인으로 참석하던 차별적 지위를 벗어날 수 있을 것이라 믿었던 것이다. 나아가 이 조치는 귀족에게서 고위 사제직의 배타적 독점을 박탈하려는 목적도 가지고 있었다. 명백한 이유에서 조점관과 목교관 등 옛 라티움 사제직은 라티움 구시민이 맡도록 했으나, 새로운 조치는 원래 외래 종교의식에서 기원하여 최근 창설된 세 번째 사제단은 새로운 시민에게도 개방되도록 강제했다. 마지막으로 새로운 조치는 하층민들에게는 공공시설 사용을, 고통받는 채무자에게는 부채 경감을, 실업 상태의 일용노무자에게는 일터를 마련해주려는 목적도 가지고 있었다. 새로운 조치의 목표는 이처럼 특권 철폐, 시민 평등, 사회 개혁 등 세 가지 위대한 이념을 실현하는 것이었다. 귀족들은 이 법률안에 대해 최후의 수단을 써가며 반대했지만 헛수고였다. 독재관을 역임한 전쟁영웅 카밀루스조차 법률안 통과를 저지할 수는 없었으며 겨우 지연시키는 데 성공했을 뿐이었다. 대중은 기꺼이 법률안을 나누어 다루었을지도 모른다. 채무 부담이 감경되고 공유지를 사용할 수만 있게 된다면 집정관직과 신탁관리직이 그들에게 무슨 아랑곳할 만한 것이란 말인가? 아무튼 상민귀족들은 성공적으로 대중의 이익을 관철시켰다. 상민귀족들은 제안을 하나의 법률안으로 정리했고 원로원은 장기간의, 아마도 11년의 저항 끝에 마침내 이를 승인했으며, 제안들은 결국 로마 건국 387년(기원전 367년)에 통과되었다.

귀족정의 철폐

첫 번째 상민 출신 집정관이 선출됨과 동시에—선거 결과 이런 개혁의 주창자 가운데 한 명이 선출되었는데 루키우스 섹스티우스 라테라누스라는 사람이었다—혈통귀족 지배는 사실적으로 그리고 법률적으로 로마의 정치제도에서 사라졌다. 이 법률이 통과된 이후 당시 혈통귀족을 대표하던 마르쿠스 푸리우스 카밀루스는 카피톨리움 언덕의 산자락, 시민들의 회합장소 위쪽, 원로원이 종종 개최되던 곳에서 화합의 제사를 올려 자신이 이를 기정사실로 받아들이고 이제까지 오랫동안 끌어오던 불화에 종지부를 찍었다고 사람들로 하여금 믿게 했다. 공동체의 새로운 화합을 축성하는 이 종교의식은 저 나이 든 군인이자 정치인의 마지막 공적 행사였으며 길고 명예로운 관직 생활에 어울리는 퇴임식이었다. 혈통귀족 가운데 좀 더 현명한 사람들은 이때부터 자신들의 정치적 특권이 사라졌음을 받아들였으며 상민귀족과 정치권력을 나누는 것에 불만을 품지 않았다. 하지만 혈통귀족 대부분은 그렇게 될 여지가 없는 귀족 지배에 대한 욕심을 버리지 못했다. 법률이 자신들 당파의 이익에 부합할 때에만 복종하겠다던 특권적 생각에 기대어 귀족들은 공공연하게 공포된 법을 어기면서 집정관

두 명 모두를 귀족 출신으로 채우려는 시도를 여러 번 감행했다. 로마 건국 411년(기원전 343년)의 선거도 이런 식이었는데, 이에 대항하여 민회는 다음 해 선거에서 집정관 두 명 모두를 상민귀족으로 채울 것을 공식적으로 결의했다. 혈통귀족들은 그제야 사태의 위험성을 깨달았으며, 여전히 그러길 바라기는 했으나 감히 나머지 집정관 자리까지 넘보지는 못했다.

법무관과 안찰관

리키니우스 법이 통과되었을 때 혈통귀족들은 일종의 정치적 분열 전략을 통해 적어도 오래된 몇몇 특권들은 내주지 않으려 했다. 하지만 과거처럼 상처만 입었을 뿐이었다. 법을 아는 것은 오로지 귀족들뿐이라는 핑계로 상민들에게 억지로 내준 집정관직에서 재판권을 분리시켰고 재판을 담당할 제3의 집정관을, 그러니까 법무관을 선출했다. 또한 같은 이유를 들어 두 명의 안찰관을 새로 임명하여, 시장 감시 및 이와 관련된 치안경찰 업무 그리고 축제 주관 등을 맡겼는데, 지속해서 사법 기능을 맡았기 때문에 상민 출신 안찰관과 구별하여 고등안찰관(aediles curules)이라고 불렸다. 그러나 고등안찰관직도 곧 상민들에게까지 개방되었으며 상민 출신 고등안찰관과 귀족 출신 고등안찰관이 매년 번갈아가며 취임했다. 리키니우스 법이 통과되기 이전인 로마 건국 386년(기원전 368년)에 벌써 기병 장관이 그러했던 것처럼 로마 건국 398년(기원전 356년)에는 독재관직이 상민에게 개방되었다.

이어 로마 건국 403년(기원전 351년)에는 호구감찰관이, 로마 건국 417년(기원전 337년)에는 법무관이 상민에게 개방되었다. 비슷한 시기에 (로마 건국 415년, 기원전 339년) 과거 집정관직에서 그러했던 것처럼 호구감찰관 가운데 한 자리에서 혈통귀족이 법률적으로 배제되었다. 이후 귀족 출신 조점관이 상민 출신 독재관 선출에서(로마 건국 427년, 기원전 327년) 문외한에게는 보이지 않는 숨겨진 부정행위를 찾아낸 일, 귀족 출신 호구감찰관이 조사기간이 끝날 때(로마 건국 474년, 기원전 280년)까지 인구조사를 마무리 짓는 재계식(lustrum)을 열지 못하게 한 일 등이 있었지만 대세는 달라지지 않았다. 오히려 이러한 트집 잡기는 귀족 통치에 대한 나쁜 인상만을 굳힐 뿐이었다. 이밖에 상민 출신 의원이 논쟁에 대등하게 참여하는 것에 대하여 원로원 의장을 맡은 귀족 출신 의원이 불쾌감을 표하곤 했지만 이 역시 달리 방법은 없었다.

오히려 새로운 규칙이 만들어졌는바, 세 개의 최고 관직인 집정관과 법무관, 고등안찰관을 역임한 사람들만이 이 순서에 따라 신분의 구별 없이 논쟁에서 발언할 수 있게 되었고, 최고 관직을 역임한 적이 없는 위원들은 다만 의결에만 참여하도록 함으로써 더 이상 귀족 출신이라는 이유는 통하지 않게 되었다. 마지막으로 민회의 결정을 국헌에 어긋난다고 반대할 수 있었던 혈통귀족 원로원 의원의 특권은, 물론 이런 특권을 감히 행사한 일은 드물었지만, 로마 건국 415년(기원전 339년)의 푸블릴리우스 법과 로마 건국 5세기 중엽 이후에 통과된 마이니우스 법에 따라 박탈되었다. 이제 귀족 출신 원로원은 반대의견이 있을 경우, 후보자 명단이 발표될 때 혹은 법률안을 제출할 때

이의를 제기해야 했다. 하지만 실제로 전개된 것을 보면 귀족 출신 원로원 의원은 늘 민회 의결 이전에 동의 의견을 제출했으며, 이런 방식으로 민회 의결을 인준하는 권리는 순전히 형식적 권리로서 공화국 말기까지 귀족에게 남아 있었다.

혈통귀족들이 그들의 종교적 특권을 좀 더 오랫동안 유지했던 것은 충분히 납득할만한 이유를 가진다. 그러니까 이런 특권들 몇몇은 전혀 정치적 의미가 없었는바, 예를 들어 삼위 대사제단 혹은 제사왕 혹은 마르스 제관에 뽑힐 수 있는 배타적 피선거권에 대하여 누구도 문제를 제기하지 않았던 것이다. 반면 목교관단과 조점관단은 법정과 민회에 중요한 영향력을 행사할 수 있었기 때문에 이런 특수지위를 혈통귀족들이 독점하게 놓아둘 수는 없었다. 오굴니우스 법에 따라 로마 건국 454년(기원전 300년), 목교관단과 조점관단에 진출할 기회가 상민에게 개방되었다. 이로써 목교관과 조점관의 숫자가 6명에서 9명으로 증원되었고 목교관단과 조점관단에 혈통귀족과 상민이 똑같이 참여하게 되었다.

200년 불화의 종지부를 찍은 것은 위험천만한 민중봉기가 계기가 되어 제정된 법률이었다. 독재관 퀸투스 호르텐시우스(로마 건국 465~468년, 기원전 289~286년)가 제정한 이 법은 과거의 조건부 대등을 철폐하고 민회 의결과 상민회 의결의 무조건적 대등을 천명했다. 이렇게 됨으로써 일찍이 배타적으로 투표권을 행사하던 시민권자 일부가 이후 전체 시민에게 구속력을 갖는 투표에 더 이상 참여하지 못하는 일이 벌어지게 되었다.

로마 혈통귀족과 상민의 투쟁은 이로써 완전히 종식되었다. 귀족들은 광범위한 특권 가운데 집정관직 한 자리와 호구감찰관직 한 자리만을 사실적으로 유지했던 반면, 호민관과 상민안찰관에서, 집정관과 호구감찰관 각각 한 자리에서 법적으로 완전히 배제되었으며, 법적으로 민회 의결에 준하는 상민회 의결에 참여할 길 또한 법적으로 차단되었다. 왜곡되고 고집스러운 저항이 법적으로 처벌됨으로써 과거의 귀족 특권은 그만큼 귀족에게 불리하게 작용했다. 로마의 혈통귀족들은 당연히 사라지진 않았지만 공허한 이름으로 남았을 뿐이었다. 귀족들이 할 수 있는 일이 적어지고 의미가 약해질수록 귀족정신은 순수하고 배타적으로 발전했다. '람네스 부족'의 허세는 귀족 특권의 마지막 모습으로 수세기 동안 살아남았다. 귀족들은 지속적으로 '집정관직을 상민의 시궁창에서 건져내는 데' 성공했고, 마침내 이런 성공을 이어갈 수 없다는 것을 원하지는 않지만 받아들여야 했을 때에도 완강하고 사납게 자신의 귀족정신을 표명했던 것이다. 로마 건국 5세기와 6세기를 올바르게 이해하기 위해서는 상실감으로 일그러진 귀족들을 간과해서는 안 된다. 이들은 스스로와 타인을 성가시게 하는 것 말고는 더 이상 할 수 있는 것이 없었지만, 그럼에도 불구하고 그 일을 힘닿는 데까지 행했다. 오굴니우스 법 통과 몇 년 후(로마 건국 458년, 기원전 296년) 이런 일이 벌어졌다. 어떤 귀족 출신 여인이 공동체의 최고 관직을 역임한 부유한 상민 출신 남자와 결혼하게 되었는데, 귀족들은 이를 흠잡아 여인을 귀족 부인 모임에서 쫓아내고 순결축제에도 참여하지 못하게 했다. 그 결과, 이후 로마에서는 귀족순결의 신과 상민순결의 신을 따로 숭배하게 되었다. 하지만 분명 이런 종류의 금기들은 큰 의미가 없었고, 대부분의 귀족도 이런 어리석은 배척행위를 철저히 멀리했을 것이다. 하지만 불편한 감정은 양편 모두에게 남아 있었는데, 상민의 귀족에 대한 투쟁이 그 자체로는 정치적이며 사회적인 필연성에서 기인한 것이지만, 투쟁을 길게 이어가게 하는 돌발 행동들과 결정적인 전투가 끝난 후에 벌어지는 무의미하고 사소한 다툼, 그리고 지위 및 신분에 대한 공허한 갈등들은 로마 인민의 공적 영역은 물론 사적 영역까지도 불필요하게 불편하게 만들었다.

사회적 위기와 그 해결의 시도

그럼에도 불구하고 로마 건국 387년(기원전 367년) 상민귀족과 농민 두 부류의 연합은 귀족을 타도한다는 목표를 완전히 성취했다. 그러나 또 다른 문제가 대두되었는데, 그러한 성취가 과연 두 부류에게 동일하게 이로운 것이었는가와 새로운 질서로써 실로 사회 위기가 관리되고 정치적 평등이 실현될 수 있는가였다. 두 질문은 아주 긴밀하게 연결되어 있는데, 그도 그럴 것이 경제적 위기가 중산층을 궁핍하게 만들고 시민들이 소수의 부자와 고생하는 무산계급으로 양극화된다면 시민 평등은 곧 사라지고 공화국은 사실상 붕괴될 것이 분명하기 때문이다. 그래서 중산층, 특히 농민들의 유지 확대는 당시 로마를 걱정하는 정치가뿐만 아니라 로마 시민 모두에게 가장 중요한 현안이었다. 그리하여 새롭게 정무관에 진출한 상민들에게는 정치적으로나 윤리적으로 특별히, 정부정책을 통해 가능하다면 많이 무산계급을 도와줄 의무가 주어졌다. 그들이 정치권력을 획득하게 된 것이 자신들의 도움을 기대하고 있는 대부분의 고통받는 무산계급에 힘입은 바 크기 때문이었다.

리키니우스 농지법

그렇다면 우선 이와 관련된 조치 가운데 하나인 로마 건국 387년(기원전 367년)의 입법이 무산계급에게 어느 정도 실질적 도움을 주었는지 살펴보자. 이 입법은 그 목적이 자유민 노동자들에게 도움을 주는 것이었고, 이를 위해 노예를 통한 대농장 경영에 세금을 부과하고 자유민 무산계급에게 최소한의 일자리를 보장한다는 취지를 담고 있었지만, 실효성이 없을 것은 자명했다. 이런 입법이 전혀 도움이 될 수 없었던 이유는 그것이 당대 계급질서의 지평을 넘어서 시민계급의 근간을 흔드는 일이었기 때문이다. 한편 공유지 문제에 관한 입법은 상당한 변화를 가져왔지만, 그 결과 역시 그렇게 만족스럽지는 못했다. 매우 많은 수의 가축들을 방목지에 키울 수 있도록, 그리고 목초지가 아닌 토지를 최대한 많이 점유할 수 있도록 허용한 새로운 공유지 규정은 부자들에게 상당한, 아마도 비교 불가능할 정도로 많은 이익을 공유지에서 얻을 기회를 제공했다. 게다가 나중에는 새롭게 규정을 추가하여 토지 점유 또는 선점제도 자체에 대하여, 물론 법적으로 1할의 임대료를 내야 하고 국가가 임의대로 점유를 취소할 수 있었지만, 법적 권리를 승인하게 되었다. 그리고 더욱 유감스러운 것은 새로운 입법이 초지 사용료와 수확의 1할 징수를 위한 효과적인 강제수단을 마련하지 않았다는 점과 토지 점유에 대한 완전한 개편도 없었고, 새로운 법 집행을 맡을 관리도 임명하지 않았다는 점이다. 이런 상황에선 한편으로는 허용된 한계치의 토지를 점유한 점유자들과 토지를 전혀 갖지 못한 상민들에게 토지 소유권을 분배하는 일과 다른 한편으로는 미래를 위해 현행 점유 체제를 철폐하는 것, 장래 새롭게 획득될 토지를 즉시 분배할 기구를 정비하는 것 등이 매우 시급하게 요구되었지만, 잘 알려졌다시피 이런 포괄적인 조치는 이루어지지 않았다. 여기서 우리는 새로운 정비를 제안한 사람들이 토지 용익권에서 사실상 특권을 누리던 상민귀족이란 점과 제안자 가운데 한 명인 가이우스 리키니우스 스톨로가 공유토지 총량 제한 위반으로 유죄판결을 받은 사람이었다는 점을 기억하지 않을 수 없다. 또 우리는 입법자들이 존경받을 만하게 행동했는지, 오히려 까다로운 토지 문제에 대해 공동체에 진정으로 이익이 되는 해결 방안을 고의로 외면한 것은 아닌지 묻지 않을 수 없다. 하지만 리키니우스 법이 그 자체로는 농민과 노동자들에게 상당한 이익을 가져다줄 수 있었고, 실제 그랬다는 것 또한 분명하다. 인정해야 할 것은 법률 통과 후에, 관리들이 토지 허용 한도를 비교적 엄격하게 감시했으며 많은 가축을 소유하고 대규모 토지를 점유한 자들에게 무거운 벌금형을 빈번하게 내렸다는 사실이다.

징세법과 채권법

이 시기에는 조세와 채권제도에서도 법적 조치가 가능한 한에서 국민

경제의 문제점을 치유하기 위한 노력이 다른 어떤 시기보다 강력하게 이루어졌다. 로마 건국 397년(기원전 357년)에 제정된 노예 가치의 5퍼센트에 달하는 노예 해방세는 바람직하지 않은 해방노예의 증가를 저지하려는 목적으로 제정된 것으로 사실상 로마 최초로 부자들에게 부과된 세금이었다. 마찬가지로 사람들은 채권제도도 재정비했다. 이미 12표법에 규정되어 있던 폭리에 관한 법 조항들(제2권 59쪽)이 개정되어 더욱 엄격해졌고, 1년 12개월 이자 최고액을 10/100(로마 건국 397년, 기원전 357년)에서 5/100(로마 건국 407년, 기원전 347년)까지 연이어 내렸다가 마침내 이자 자체를 완전히 금지했다(로마 건국 412년, 기원전 342년). 하지만 어리석은 마지막 법률은 형식상 유효했지만, 물론 실행되지는 못했다. 아마도 이때 1개월에 1/100 또는 1년에 12/100라는 통상적인 이자율—고대의 경제 상황에 비추어 오늘날의 5/100~6/100의 이자율에 해당한다—이 적정 최고 이자로 확정되었을 것이다. 이를 초과하는 금액은 청구가 거부되고 아마도 법정을 통한 반환 청구도 허용되었을 것이다. 더 나아가 악명 높은 고리대금업자들이 상민 법정에 서고 분구에 의하여 고액의 벌금을 무는 일도 드물지 않았을 것이다. 포이텔리우스 법(로마 건국 428년, 기원전 326년 또는 로마 건국 441년, 기원전 313년)에 의한 채무 소송의 변화가 채권제도와 관련해서는 더 중요하다. 이 법률로써 자신의 지급능력을 선서로 맹세한 채무자가 재산을 양도함으로써 자유 신분을 유지할 수 있게 되었다. 다른 한편 소비대차 채무에 있어서 그때까지의 간이 집행절차가 폐지되고 로마 시민은 심판인단의 판결 없이는 채무 노예로 전락하지 않는다는 조항이 확정되었다.

계속된 사회 문제

이런 모든 조치가 기존의 다종다양한 경제적 불평등을 완화할 수는 있었으나 완전히 제거할 수 없었다는 점은 분명하다. 로마 건국 402년(기원전 352년)의 채무 규제와 국채 변제를 위한 은행위원회의 설립, 로마 건국 407년(기원전 347년)의 법률에 따른 지급유예 명령, 무엇보다도 로마 건국 467년(기원전 287년)의 위험했던 민중 반란 등은 지속적인 위기상황을 말해준다. 민중 반란의 경우, 채무를 새롭게 탕감받을 수 없게 되자 민중은 야니쿨룸 언덕까지 진출했는데, 때마침 있었던 외적의 침입과 호르텐시우스 법에 포함된 양보조치(제2권 63쪽) 덕분에 공동체는 다시 평화를 찾았다. 중산층의 빈곤화를 제어하려는 진지한 시도들이 적절하지 못했다고 비난하는 것은 공평치 못한 일이다. 극단적 고통에 대한 국부적, 임시적 수단의 사용을 두고 그것이 단지 부분적으로만 도움을 주었기에 쓸모없는 것이었다고 말하는 것은 단순한 이들에게는 어느 정도 성공을 거둘 비열한 설교일 수는 있지만, 그럼에도 불구하고 옳은 것은 아니다. 반대로 못된 선동가들이 당시 이미 큰 영향력을 행사했던 것은 아닌지, 지급된 이자를 원금에서 공제하는 것과 같은 강압적이고 위험한 수단이 실제로 필요했었는지 물을 수도 있다. 지금 여기에서 법과 불법에 관하여 논하기에는 우리가 가진 사료가 충분치 않다. 그러나 여전히 토지를 소유한 중산층이 위태로운 삶을 영위하는 우려스러운 경제적 상황에 있었다는 사실 및 상층부가, 물론 헛된 시도였지만, 여러 번 중산층을 금지령과 지급유예를 통해 원조하려 노력했다는 사실, 그럼에도 정부가 사용할 수 있었던 유일하게 효력 있는 수단, 즉 국유지 선점체제의 완전하고 가차 없는 폐지로써 중산층을 원조하여 정부가 피통치자들의 억압된 상황을 정부의 이익을 위하여 이용한다는 비난을 면할 수 있기에는 정부가 귀족들에 대하여 너무 허약했고 이기적인 계급이익에 사로잡혀 있기도 했었다는 사실은 분명히 확인될 수 있다.

로마 영토 확장에 따른 농민 확대

정부가 사용하려 했고 사용할 수 있었던 조치보다 훨씬 더 큰 중산층 구제 효과를 발휘한 것은 로마의 정치적 승리와 점차 확고해진 로마의 이탈리아 지배였다. 지배 강화를 위해 건설되어야 했으며 대부분 로마 건국 5세기에 건설된 수많은 거대 식민지는 무산 농민 계층에게는 농지를 마련해주었고, 고향에 남은 자들에겐 인구 이주에 따른 안정을 찾아주었다. 예외적 간접 수입이 증가함에 따라 로마 재정 상황은 매우 양호해졌고, 그리하여 농민들에게 강제했던 국채 형태의 부담금을 징수하지 않아도 되었다. 과거의 소농들은 대개 회복할 수 없을 정도로 몰락했지만, 로마의 경제 규모가 커짐에 따라 상대적으로 규모가 큰 토지 소유자들이 자영농이 되어 새로운 중산층을 형성했다. 상위 계층의 점유는 주로 새롭게 획득한 대규모 토지를 대상으로 했다. 전쟁과 교역으로 로마로 들어온 막대한 부는 이자율 상승을 억제했음에 틀림없다. 수도의 인구수 증가는 전체적으로 라티움 지방의 농민들에게 이익이 되었는데, 인근의 수많은 예속공동체들을 로마에 통합하는 현명한 합병정책 덕분에 특히 중산층이 강화되었다. 결국 혁혁한 전공(戰功)과 성공적인 확장 덕분에 각 사회 계층은 충돌을 피할 수 있게 되었다. 물론 농민 계층의 불만과 그 불만의 근본 원인은 제거되지 않았지만, 대체로 이 시기 로마 중산층의 형편이 왕정 폐지 이후 첫 세기보다 개선된 것은 분명하다.

시민 평등

마침내 시민 평등이 로마 건국 387년(기원전 367년)의 개혁과 개혁의 올바른 진행으로 일정 수준에 이르렀다고, 아니 회복되었다고 할 수 있다. 귀족들이 전 시민의 대부분이었고 그들 상호 간의 권리와 의무가 전적으로 동등했던 때에 그랬던 것처럼 이제 확대된 시민사회에서도 임의적 차별이 법적으로 금지되었다. 물론 나이, 통찰력, 학식, 재산 등에 의한 차이는 공동체 생활에 여전히 영향을 미쳤지만, 시민 정신과 정부 정책 모두 이런 차이가 두드러지지 않도록 하는 방향으로 나아갔다. 로마는 시민들을 교육하여 유능하되 두드러지지는 않는 평균적 인간을 만드는 데에 목표가 있었다. 하여 로마인들의 문화 수준은 로마 패권의 발전만큼 성장하지 못했고 오히려 권력자들에 의해 억제되는 편이었다. 어쨌거나 이때는 부자와 빈자가 있다는 사실은 부정할 수 없지만, 제대로 된 농민공동체에서처럼 농부들도 일꾼들과 함께 쟁기를 끌었고 부자들도 똑같이 근검절약했으며, 쓸데없이 부를 축적하지 않는다는 경제원칙이 있었다. 그리하여 이때 로마의 가정에서 소금통과 제사용 국자 외에 은제품은 볼 수 없었다. 그것은 사소한 것이 아니었다. 베이이인들과의 마지막 전쟁과 퓌로스 전쟁 사이의 한 세기 동안 대외적으로 거둔 커다란 성공 중에 토지 소유자들이 농민 계층에게 양보했다는 것, 상민 데키우스 집안의 몰락이 상민과 귀족 양측에 의해 애도된 것, 똑같이 최고 귀족인 파비우스 집안의 몰락이 전 공동체에 의해 애도된 것, 제아무리 부자일지라도 집정관직이 저절로 떨어지지는 않았다는 것, 사비눔 출신의 가난한 농부 마니우스 쿠리우스가 퓌로스 왕을 제압하여 이탈리아에서 축출한 뒤 다시 농부로 돌아가 스스로 농사를 지으며 살았다는 것 등을 우리는 알고 있다.

새로운 귀족 통치

그러나 공화정 시대의 이런 인상적인 평등과 관련해 간과해서는 안될 것은 이 평등이 상당 부분 형식적이었다는 점과 여기에서 매우 특이한 귀족 계층이 생겨났다는, 아니 오히려 처음부터 내재하고 있었다는 점이다. 혈통귀족이 아닌 유복한 상민 집안들은 이미 오래전부터 대중과는 멀어진 채, 원로원 의원들과 대등한 권리를 누려왔고 매우 빈번하게 대중에 반하는 정책을 따르면서 혈통귀족을 편들었다. 리키니우스 법은 귀족 내의 법률적 차별을 해소하여 상민을 정치로부터 배세하던 영원불멸의 법적 장벽을, 사실 뛰어넘기 어려웠지만 그렇다고 불가능한 것은 아닌 장애물로 바꾸었다. 그리하여 이런저런 경로로 로마의 지배계급에 새로운 피가 수혈되었다. 하지만 정부는 여전히 귀족 통치를 유지했는바, 가난한 소농들도 부유한 완전 토지 소유자들과 외형적 차별 없이 대등하게 민회에 참여했지만, 귀족 통치가 여전히 강하게 작동함으로써 가난한 사람은 도시의 시장은커녕 촌의 면장도 되기 어려웠다. 새로운 법률에 따라 가난한 시민도 국가의 최고 통치자가 될 수 있었다는 사실은 놀랍고도 중요한 의미를 지녔지만, 사회적 하층민이 그런 지위에 오른다는 것은 매우 드문 예외적인 일이었고,[4] 이 시대의 마지막에 가서야 비로소 반대 당파에 의한 선출을 통해서만 가능해졌다.

새로운 반대 당파

모든 귀족정은 저절로 반대 당파를 존재하게 만든다. 즉 형식적인 신분 평등이 귀족 통치를 약간 변형시켰을지라도 새로운 통치는 여전히 옛 혈통귀족의 유산을 물려받아 옛 혈통귀족과 더욱 밀착되었기에 귀족정에 대항하는 당파는 변함없이 계속해서 생겨났다. 차별받는 것은 이제 상민이 아니라 일반 대중이었기 때문에 새로운 반대 당파는 애초부터 하층민과 소농민들의 대변자 역할을 자처했다. 새로운 귀족들

---

[4] 후대의 도덕 교과서에서 매우 중요한 역할을 하는 이 시기 집정관들의 청빈은 대부분 옛날의 소박한 경제에 대한 오해 때문인바, 그들의 삶이 당시로는 상당히 부유한 것이었다. 또 십시일반 돈을 모아 국가에 공헌한 사람들의 장례식을 거행해주었다는 미풍양속 역시 가난한 자의 장례식과는 거리가 멀었다. 로마 역사에 많은 억측을 야기한 엉터리 별칭 설명이 여기에도 영향을 미쳤다(*Serranus*라는 별칭).

이 혈통귀족들과 연합하자, 새로운 반대 당파의 첫 움직임은 자연스럽게 혈통귀족의 특권에 맞선 투쟁이 되었다. 마니우스 쿠리우스(로마 건국 464년, 기원전 290년과 로마 건국 479년, 기원전 275년과 로마 건국 480년, 기원전 274년의 집정관이자 로마 건국 481년, 기원전 273년의 호구감찰관)와 가이우스 파브리키우스(로마 건국 472년, 기원전 282년과 로마 건국 476년, 기원전 278년과 로마 건국 481년, 기원전 273년의 집정관이자 로마 건국 479년, 기원전 275년의 호구감찰관)는 새로운 로마 민중 지도자들이었는데, 둘 다 위대한 조상을 갖지 못한 보잘것없는 집안의 가난한 사람들이었지만 최고 관직 재선을 제한하는 귀족 통치의 원칙에 반하여 시민 투표를 통해 공동체의 최고 관직을 세 번씩이나 역임했는데, 둘 다 호민관과 집정관과 호구감찰관으로서 혈통귀족의 특권을 비판했고 막 시작된 유력 집안의 거대농장에 대항하는 소농들을 대변했다. 미래에도 이어질 당파들이 이때 이렇게 만들어졌다. 하지만 아직 공동체의 이익을 우선시했고 당파의 이해는 잠시 접어두었다. 혈통귀족 아피우스 클라우디우스와 농민 마니우스 쿠리우스는 대단한 정적(政敵)이었지만 현명한 판단과 단호한 행동으로 퓌로스 왕을 몰아내는 데 힘을 합쳤다. 또한 가이우스 파브리키우스는 호구감찰관 재임 당시 귀족적 사고방식과 생활방식을 가진 푸블리우스 코르넬리우스 루피누스를 처벌했으나 그의 탁월한 군사적 능력을 인정하여 그가 두 번째로 집정관에 취임하는 것을 도왔다. 균열은 이미 존재했지만 그럼에도 정적들은 상대방과 손을 잡았다.

구시민과 신시민들이 벌인 갈등의 종식, 중산층을 키우려는 비교적 성공적인 여러 가지 시도, 새롭게 얻어진 평등과 이런 가운데 대두되기 시작한 새로운 귀족 당파와 새로운 민중 당파에 대해 설명했다. 한 가지 설명할 것이 더 남아 있는데, 이러한 변화 가운데 새로운 정부는 어떤 모습을 갖추었으며, 혈통귀족의 정치적 배제 이후 공화정의 세 요소인 민회와 정무관과 원로원은 서로 어떤 관계를 갖게 되었는가 하는 점이다.

민회 구성

시민들의 정규 민회는 여전히 국가 최고 권위와 주권을 갖고 있었다. 집정관과 호구감찰관 선거 등 백인대민회가 최종 결정을 하는 사안을 제외한 여타의 사안들에 대한 분구별 민회의 결정은 백인대민회의 결정과 동일한 효력을 가졌는데, 이는 로마 건국 305년(기원전 449년) 귀족과 상민의 민회에 대하여 발레리우스 호라티우스 법이 도입하고 로마 건국 415년(기원전 339년) 푸브릴리우스 법이 확대한 것이었고, 상민회 의결에 관한 사항은 로마 건국 467년경(기원전 287년경)의 호르텐시우스 법에 따라 결정된 것이었다. 이로써 일반적으로 한 시민이 두 가지 민회에서 투표하게 된 셈인데, 상민회에서는 혈통귀족들이 배제되었고 일반 구민회에서는 분구별로 투표를 함으로써 모든 유권자는 대등한 입장이 되었다. 이런 변화는 백인대민회의 투표권이 유권자의 재산 등급에 따라 주어졌던 것을 고려할 때, 분명 평등을 지향한 민주 개혁이라고 하겠다. 그런데 이 개혁이 더 중요한 의미를 지니는 것은 이 시기의 끝 무렵에 유권자의 자격요건인 토지 소유가 처음으로 문제시되었다는 점이다. 로마 역사상 가장 대담한 개혁자인 아피우스 클라우디우스는 로마 건국 442년(기원전 312년), 호구감찰관 권한으로 원로원 혹은 민회에 묻지도 않고 토지가 없는 사람들을 당사자의 선택에 따라 분구에 귀속시키고 재산 정도에 따라 그에 상응하는 백인대에 귀속시켜 시민 명부를 작성했다. 물론 이런 조치는 시대를 너무 앞서 간 것으로 그대로 수용되지는 않았다. 삼니움족을 물리친 퀸투스 파비우스 룰리아누스는 아피우스의 계승자 중 하나로 로마 건국 450년(기원전 304년), 그는 호구감찰관 권한으로 토지 소유자와 부자들이 민회에서 계속 힘을 발휘할 수 있는 선에서 아피우스의 조치를 받아들였다. 그는 토지가 없는 자들을 4개의 도시 분구에 등록시켰고, 대신 도시 분구들은 서열상 최우선 분구에서 최하위 분구로 강등시켰다. 반면에 농촌 분구는 로마 건국 367년(기원전 387년)과 로마 건국 513년(기원전 241년) 사이에 17개에서 31개로 늘어나면서 원래 컸던 투표권의 비중이 계속해서 커졌는바, 이들 분구에 모든 토지 소유자들을 등록시키도록 법제화했다. 백인대 참여자격은 토지 소유자들과 비소유자들 모두에게 아피우스가 조치한 그대로 유지되었다. 대신 이런 분구 조정에 따라 상민회는 토지 소유자들이 다수를 차지하게 되었다. 물론 백인대민회는 이미 부자들이 다수를 차지하고 있었다. 전쟁 공훈과 더불어 지혜롭고 현명한 행정 조치 덕분에 아피우스는 '위대한 자'(Maximus)란 별호를 얻게 되었는바, 한편으로 병역 의무는 토지 비소유자까지 공평하게 확대됐고, 다른 한편, 노예제를 가진 나라라면 유감스럽게도 불가피한 일이겠지만, 토지를 소유하지 못한 이들의 영향력을, 특히 대부분 토지가 없는 해방노예들의 영향

력을 제한할 방법을 강구했다. 나아가 개인 품성과 시민 명부를 결부
시키는 유의 특이한 도덕적 잣대를 적용, 나쁜 소문이 도는 부적절한
개인은 모두 시민 명부에서 제외함으로써 시민사회의 도덕적 정치적
정결함을 확보하려 했다.

시민 권력의 증대

이 시기, 민회의 권한은 점점 더 확대되는 경향을 보인다. 인민이 선
거로 뽑는 정무관 수가 늘어난 것도 이런 경향에 속한다. 특히 로마
건국 392년(기원전 362년) 이후 한 군단의 구대장들이, 그리고 로마 건
국 443년(기원전 311년)에는 첫 4개 군단들 각각에서 4명의 구대장들
이 사령관이 아닌 시민에 의해서 후보로 임명되었다. 이 기간에 민회
는 행정 전반에 개입하지는 않았다. 다만 선전포고의 권리가 당연히
민회에 있었고, 특히 평화협정을 대신하던 휴전협정기간이 종료되고
법적으로는 아니지만 사실적으로 전쟁이 재개될 경우에는 그 권리가
민회에 있었다(로마 건국 327년, 기원전 427년). 여타 행정 문제는 행정
주체들이 서로 충돌, 그 가운데 한 측이 이를 문의한 경우가 아니면
민회에서 다루지 않았다. 하지만 원로원이 로마 건국 305년(기원전
449년)에 전승을 거둔 온건한 귀족파의 지도자들, 그러니까 루키우스
발레리우스와 마르쿠스 호라티우스, 그리고 로마 건국 398년(기원전
356년)에 전승을 거둔 첫 상민 독재관 가이우스 마르키우스 루틸루스
의 개선식을 허락하지 않았을 때는 이를 민회가 결정했다. 또 로마

건국 459년(기원전 295년), 집정관이 서로 상대방 집정관의 권한에 대해 합의하지 못했을 때, 그리고 로마 건국 364년(기원전 390년), 원로원이 직무태만인 자를 갈리아 사절로 파견하기로 했을 때 집정관 권한 군사대장이 민회로 이 문제를 가져갔는데, 이것은 인민에 의해 원로원의 결정이 무효화된 사례인바, 민회는 이 문제를 단호하게 처리했다. 그 외 때때로 심각한 사안에 있어 당국이 인민에게 결정을 맡겼는데, 예를 들어 민회가 전쟁을 선포했지만 실제 전쟁이 시작되기 전에 카이레가 화친을 청해온 경우가 그랬다(로마 건국 401년, 기원전 353년). 또 원로원이 삼니움 종족의 무례한 화친 요구에 대해 이를 즉시 거절하길 주저한 때도 그랬다(로마 건국 436년, 기원전 318년). 그러던 것이 이 시기의 끝 무렵에 이르러 비로소 구민회가 행정에도 상당히 깊숙이 개입하는데, 특히 행정 수반들이 화친문제와 연맹문제에 대해 이를 문의했다. 이런 일은 아마도 호르텐시우스 법이 통과된 로마 건국 467년(기원전 287년)까지 거슬러 올라갔던 것으로 보인다.

민회 중요성의 감소

그러나 민회 권한의 이러한 확장에도 불구하고 국정에 대한 민회의 실질적 영향력은 특히 이 시기 말에 오히려 감소하기 시작했다. 그것은 무엇보다 로마 영토가 확대됨으로써 애초 민회의 본래 토대가 상실되있기 때문이다. 과거 토지 소유자들의 집회로서의 민회는 시민들이 충분히 모인 집회를 열 수 있었고 공동체가 원하는 것을 토론 없이

도 모두 공유할 수 있었다. 그러나 이제 로마는 작은 공동체가 아니라 국가였다. 같은 곳에 거주하는 자들이 함께 투표한다는 것은 적어도 분구별 투표의 경우에는 일정 정도의 시민 상호연대감을 조성할 수 있었고, 표결에 있어서도 곳곳에 활력과 독립성이 부여되었다. 그러나 대개의 민회는 회합이나 결정에 있어 한편으론 주재자의 개성과 우연적 사정에 의존했고, 다른 한편으론 수도에 거주하는 시민들에 의해 좌우되었다. 따라서 쉽게 이해할 수 있는바, 공화정의 첫 두 세기 동안 커다란 실질적 중요성을 가졌던 민회는 점차 주재 정무관에 의해 좌우되는 정무관의 도구로 전락하기 시작했다. 또한 주재 관리들이 매우 많았고 민회의 모든 결정이 민중 의지의 궁극적 법적 표현이었기 때문에 민회는 아주 위험한 도구이기도 했다. 그러나 민회의 권한은 시민들이 자신들의 의지대로 행동할 수 있을 만큼 그렇게 크게 확대되지 않았고, 더구나 로마에는 아직 선동가라는 말에 어울릴 만한 사람이 없었다. 만약 당시 선동가들이 있었더라면 이들은 민회 권한의 확대가 아니라 아예 정치 토론의 걸림돌을 제거하려고 했을 것이다. 하지만 정무관만이 민회를 소집할 수 있었고 정무관은 모든 토론과 모든 수정 제의를 배척할 권한이 있다는 과거의 규칙이 변함없이 유지되었다. 당시 시작하던 국가체제의 동요는 민회가 수동적인 자세를 취할 뿐 전반적으로 통치를 돕지도 방해하지도 않으면서 시작되었다고 하겠다.

정무관들: 집정관 권한의 분할과 약화

정무관 권한의 축소는 신구 시민 갈등의 종국적 목표가 아니라 다만 중요한 결과들 가운데 하나였다. 집정관 권력을 차지하기 위한 신구 갈등이 시작되었을 때, 집정관직은 단일한 불가분의 권력으로 막강함이 왕권과 같았고 집정관은 예전 왕처럼 여전히 모든 하급관리를 자유롭게 임명할 수 있었다. 그러나 신구 시민의 갈등이 마무리되었을 때, 집정관의 중요 권한은 다른 관리들에게 이전되었다. 사법권, 경찰권, 원로원 의원과 기사 선출, 호구조사와 재정관리 등은 민회가 선출한 관리들에게 넘어갔는데, 이들은 집정관의 하위가 아닌 동등한 위치를 차지했다. 예전 집정관은 공동체의 유일한 정규 정무관이었지만 이제 절대적으로 최고인 관직은 아니었다. 새롭게 확립되던 공동체 관직의 위계와 통상적인 승계 순위에서 집정관직은 법무관직, 안찰관직, 재무관직의 상위였지만, 호구조사기관(호구감찰관)보다는 하위였다. 호구감찰관은 가장 중요한 재정업무 이외에 시민과 기사와 원로원 의원의 명부 작성 및 최고 귀족과 최하층민을 가리지 않고 공동체 전체와 개인에 대하여 전권적인 풍기 단속을 담당했다. 어쨌든 이 시기에 최고 관직이라는 원래의 로마법 개념에 부합하지 않는, 제한 직권 또는 제한 권한이라는 개념이 점차 발전하기 시작했는데, 이로써 단일한 불가분의 대권이라는 옛 개념은 깨져버렸다. 그 단초는 앞서 보았던 상설 보조 정무관인 재무관의 도입이었고 그 완결은 리키니우스 법(로마 건국 387년, 기원전 367년)이었다. 리키니우스 법에 따라 공동체 최고 관직 세 개 가운데 처음 두 관직은 행정 업무와 전쟁 수행,

세 번째 관직은 사법 운영을 맡도록 정해졌다. 그리고 이것에 머무르지 않았다. 두 명의 집정관은 각각 법적으로는 무엇이든 어디에서든 완전하게 독자적인 직무를 수행할 수 있었지만, 사실 오래전부터 다양한 직무 영역(*provinciae*)을 자연스럽게 서로 분담했다. 원래 이것은 자유로운 합의를 통해서 혹은 합의가 없는 경우에는 추첨을 통해 정해졌다. 그러나 점차 공동체의 다른 통치기구들이 이러한 사실적 직무 분담에 개입하게 되었다. 원로원이 매년 직무 영역을 확정하여 곧바로 경합하는 관리들에게 분배한 것은 아니었지만, 자문과 요청을 통해 인사 문제에 결정적으로 개입하는 것이 일반적 관례가 되었다. 극단적인 경우, 원로원이 직무 문제를 최종적으로 결정하기 위해 민회 의결에 간여하기도 했는데, 물론 정부가 이런 식의 문제 해결을 택한 것은 아주 예외적인 경우였다. 더 나아가 예컨대 강화조약 체결과 같은 아주 중요한 사안의 처리는 집정관의 권한에서 배제되었고, 집정관은 다만 원로원에 조회하고 원로원의 지시에 따라 처리하도록 강제되었다. 마지막으로 원로원은 법적인 것은 아니었지만 사실상 확립된 관행에 따라 극단적인 경우 언제라도 집정관을 정직시킬 수 있었다. 원로원은 또한 원로원만의 결정으로 독재관 취임을 결정했는데, 누구를 독재관으로 임명할지를—국헌에 따르면 그것은 집정관의 권한이었지만—사실상 원로원이 정하는 것이 통상적이었다.

독재관직의 제한

과거 대권의 단일성과 무제약성은 집정관직보다 독재관직에서 더 오래 유지되었다. 비상임 정무관으로서 독재관직도 처음부터 사실상 특수 임무를 수행했지만, 법적으로는 집정관직과 비교할 때 훨씬 덜 특수했다. 그런데 로마법에 새로이 도입된 제한된 권한 개념이 점차 독재관직의 업무 영역에도 적용되었다. 로마 건국 391년(기원전 368년)에 최초로 명시적으로 종교의식을 거행하는 임무만을 맡은 독재관이 임명되었다. 하지만 이 독재관은, 물론 형식적으로 국헌에 부합한 일이었는바, 부과된 제한을 무효로 선언했고 군사명령권을 행사했다. 하지만 로마 건국 403년(기원전 351년)에 처음 그랬던 이래 아주 자주 반복되었던 이런 독재관 권한의 제한을 수반하는 임명에 대해 독재관들은 더 이상 불만을 품지 않았으며 자신들의 제한된 권한을 당연한 것으로 받아들이게 되었다.

겸직과 중임의 제한

로마 건국 412년(기원전 342년), 정규 고등 관직의 겸직 금지 규정과 동일한 자가 동일한 직을 10년 안에 다시 맡을 수 없다는 규정이 동시에 발령되었고, 로마 건국 489년(기원전 265년)에는 사실상의 최고 관직인 호구감찰관직은 결코 두 번 역임할 수 없다는 규정이 발령되는 등 아주 섬세한 정무관직 제한 조치가 내려졌다. 그러나 정부가 적임자들을 임명하지 못할 정도로 이런 규정들을 두려워한 것은 아니었다. 용감한 장군들은 매우 자주 예외를 인정받았다.[5] 퀸투스 파비우스 룰리아누스는 28년 동안 다섯 번 집정관직을 역임했다. 또 삼대에 걸쳐 동포의 보호자였으며 적들에게는 공포의 대상이었던 마르쿠스 발레리우스 코르부스(로마 건국 384~483년, 기원전 370~271년)는 첫 번째 집정관직을 23세에 역임한 이래 마지막 72세까지 집정관직을 모두 여섯 번 역임하고 100세를 일기로 사망했다.

호민관직의 변화

로마의 정무관직이 점점 더 완벽하게 그리고 점점 더 명확하게 무제약적 주인에서 민회의 구속을 받는 임무 수행자 및 업무 집행자로 변화하는 동안, 호민관처럼 이를 견제하는 공직도 유사한, 보다 내적인 변화를 겪는다. 호민관직은 공동체에서 이중적 목적을 갖고 있었다. 그것은 힘을 가진 정무관의 과도한 처분에 맞서 일종의 초법적 원조(*auxilium*)를 통해 약자와 무산자를 보호하려는 본래의 목적과 상민들

---

[5] 로마 건국 412년(기원전 342년) 전후로 집정관 명부를 비교한 사람은 앞서 언급한 집정관 중임 금지 관련 법률의 존재에 대하여 의심하지 않을 것이다. 이전에는 3~4년 뒤에 다시 집정관에 취임하는 것이 일반적이었지만, 이후로는 10년의 시간적 간격을 두고 다시 취임하게 된다. 하지만 로마 건국 434~443년(기원전 320~311년)의 힘겨운 전쟁 동안은 상당수의 예외가 나타난다. 다른 한편, 겸직도 엄격하게 금지된다. 세 개의 정규 고위 관직들(리비우스 39, 39, 4; 집정관, 법무관, 고등안찰관) 가운데 두 가지를 겸직한 예는 전혀 존재하지 않는다. 하지만 다른 식의 겸직은 여럿 발견되는데, 예를 들어 고등안찰관과 기병 장관의 겸직(리비우스 23, 24, 30), 법무관과 호구감찰관의 겸직(*Fast. Capitol.* a 501), 법무관과 독재관의 겸직(리비우스 8, 12), 집정관과 독재관의 겸직(리비우스 8, 12) 등이 그렇다.

의 권익 침해와 혈통귀족의 특권을 철폐하려는 또 다른 목적으로 사용됨으로써 혈통귀족의 특권을 없애는 데 성공을 거두었다. 그런데 이런 목적들은 그 자체, 정치적 가능성이기보다는 다만 민주주의적 이념이었는바, 실제 호민관직을 차지했던 상민귀족에게도 매우 불편한 것이었는데, 왜냐하면 호민관직은 신분적 평등에서 출발한 것이었기에 때로 어떤 부분에서는 이제까지의 혈통귀족보다 더욱 강한 귀족적 색채를 띠는 새로운 상민귀족들과 전혀 화합하지 않았기 때문이다. 물론 이는 혈통귀족에게도 매우 불편한 것이었고, 혈통귀족에 의한 집정관 체제와 부합하지 않는 것이었다. 하지만 사람들은 호민관직을 철폐하는 대신 민중 당파의 견제 장치에서 통치기구로 바꾸기를 택했으며, 그리하여 본래 모든 행정 참여에서 배제되어 정무관 혹은 원로원에 귀속되지 않았던 호민관을 통치기구의 일원으로 끌어들였다.

호민관은 애초부터 재판권에 있어 집정관과 동등했으며 신분 투쟁의 첫 번째 단계에서 이미 집정관과 마찬가지로 입법의 주도권을 획득했는데, 이제 이들은, 우리로서는 정확히 알 수는 없으나 추측건대, 신분적 평등이 확립되면서 혹은 그 직후에 사실적 통치기구인 원로원에 견주어 집정관과 동일한 지위를 확보하게 되었다. 과거의 호민관은 원로원 문 앞에 앉아 원로원 회의를 참관했지만 이제는 다른 정무관들과 대등하게 원로원에 출석했으며 회의 중에 발언할 권리도 갖게 되었다. 그러나 이들에게 투표권을 주지는 않았는데, 이는 로마법의 일반 규칙을 따른 것으로, 투표권 없이 참관하는 사람은 의견만을 제시할 수 있었고, 모든 공무를 수행하는 정무관들은 임기 동안에 오로지 공동체 회의에 참석할 뿐 투표하지 않는 것이 규칙이었다(제2권 21쪽). 하지만 이것이 전부는 아니었다. 여타 정무관들은 갖지 못하는 최고 정무관만의 권한을 호민관이 갖게 되었는바, 원칙적으로는 정규 정무관들 가운데 오직 집정관들과 법무관들에게만 허용된 것으로 원로원을 소집하고, 의견을 묻고, 원로원 의결을 촉구할 수 있는 권리였다.[6] 상민귀족 지도자들은, 혈통귀족 통치에서 신구통합귀족 통치로 이행하면서 원로원에서 혈통귀족 수장들과 동일한 위치에 있었음이 분명하다. 이와 함께 국가 운영의 모든 영역에서 원천적으로 배제되었던 견제기구 호민관은 이제—특히 수도 로마에 국한된 문제들에 대하여—제2의 최고 행정기구가 되었으며, 시민들을 통제하고 무엇보다 정무관의 월권행위를 통제하기 위해 정부 혹은 원로원이 사용할 수 있는 가장 일반적 정부기구의 하나가 되었다. 이로써 호민관직의 본래 성격은 정치적으로 소멸되었는데, 이런 일련의 과정은 실제로는 필연적인 것이었다. 로마 귀족 통치의 결함이 적나라하게 세상에 노출되었다는 것, 우세한 귀족 권력의 지속적 성장이 호민관직의 사실적 폐지와 결정적 연관성을 갖는다는 것 등과 함께 간과해서는 안 될 것은, 장기적으로 볼 때 무산자들의 불만을 억제하기 위한 기만술책으로 만들어진 무의미한 관직을 옆에 두고, 또한 정무관 혹은 정부기관 자체를 통제한다는 본래 무정부적인 역할을 가진 다분히 초법적 관직을 옆에 두고 국가 통치가 지속될 수는 없었다는 점이다. 모든 순

---

[6] 그러므로 원로원으로 보내는 긴급 공문에는 수신인으로 원로원 외에 집정관, 법무관, 호민관도 언급된다(키케로 *ad fam*. 15, 2 등).

기능과 모든 역기능을 보여주었지만, 민주주의의 이념은 로마인들의 마음속에서 호민관직과 아주 긴밀하게 연결되어 있었으므로, 설령 호민관이 인민 대중에게 가져다주는 이익이 아무리 작을지라도 호민관을 철폐하기 위해서는 커다란 국가적 변란을 치를 수밖에 없음을 이해하기 위해 콜라 리엔찌(*Cola Rienzi*)까지 상기할 필요는 없다. 따라서 로마인들은 최대한 눈에 띄지 않는 방식으로 사태를 해결하는 정치적 지혜에 만족했다. 근본적으로 호민관은 초법적 관직의 단순한 이름이었지만, 이는 여전히 당대에도 귀족 통치가 지속되고 있는 공동체의 내부적 모순을 보여주는 것이며, 장차 혁명적 당파의 손에 들어갈 경우 날이 시퍼런 위험한 무기가 될 수도 있음을 의미하는 것이었다. 현재와 미래를 위해서 귀족 통치는 호민관직을 장악함으로써 그들의 통치를 절대적이고 강력하며 완벽하게 작동시켰다. 이로써 원로원에 대항하는 호민관의 어떤 조직적 견제도 찾아볼 수 없었으며 정부는 호민관의 허망한 개별적 반대에 대하여 늘 힘들이지 않고 호민관직 자체를 이용하여 통제했다.

원로원의 변화

실제 공동체를 다스리는 것은 원로원이었는데, 신분 평등이 이루어진 이후에도 이에 대한 저항은 없었다. 원로원 자체가 다르게 변화되었기 때문이었다. 과거 씨족 대표 철폐 시에 일어났던 것과 유사하게(제1권 109쪽), 종신 공동체대표의 타도와 함께 최고 관직들의 고권이 근본적으로 제약되었다(제2권 21쪽).

원로원의 정무관 권력으로부터의 독립은 원로원 명단의 작성을 최고 정무관으로부터 다른 정무관에게, 즉 집정관으로부터 호구감찰관에게 넘김으로써 한 걸음 앞으로 나아가게 되었다. 그와 동시에, 그 즉시 혹은 그 직후에, 명부 작성 임무를 부여받은 정무관의 권한, 다시 말해 원로원 의원들 가운데 흠결이 확인된 몇몇 원로원 의원들을 명부에서 제외하여 원로원에서 축출하는 권한은 실제 집행되지는 않았지만 최소한 보다 명확하게 명시되었다.[7] 이로써 본격적인 도덕적 규범이 마련되었으며 호구감찰관은 높은 도덕적 명성을 누렸다(제2권 100쪽). 다만 이런 종류의 징계들은, 더욱이 두 명의 호구감찰관이 이에 합의해야 했기 때문에 원로원으로부터 원로원 명예에 부합하지 않는 몇몇 사람들 혹은 원로원의 대체적 의견에 적대적인 일부 인물들을 제거하는 데 기여할 수 있었을 뿐이며, 원로원 자체를 정무관에게 복속하도록 한 것은 아니었다.

---

[7] 이 권한 및 기사계층과 시민에 대한 이와 유사한 권한들은 공식적·법적으로 호구감찰관들에게 부여된 것은 아니었지만, 그럼에도 불구하고 사실상으로는 그들의 권한에 속해 있었다. 호구감찰관이 아닌 민회가 시민법을 정했지만 호구감찰관이 투표권자 명부에 등재하지 않거나 불리한 위치에 등재할 경우, 그 사람은 시민권을 잃지 않더라도 새로운 시민 명부가 작성될 때까지는 시민으로서의 권리를 전혀 행사할 수 없거나 행사에 상당한 위축을 받을 수밖에 없었다. 이는 원로원에 대해서도 마찬가지였다. 호구감찰관이 명부에서 배제한 원로원 위원은 해당 명부가 합법적인 것으로 인정받는 한에서 원로원으로부터 배제되었다. 그래서 원로원 회의를 주관하는 정무관이 새로운 명부를 거부하거나 과거의 명부를 다시 살려내는 일도 발생했다. 그리하여 관건이 되었던 점은 호구감찰관들이 법률에 의하여 무엇을 할 수 있느냐가 아니라, 자신이 작성한 명부에 따라 초치해야 했던 정무관에 대하여 호구감찰관이 얼마나 권위를 가질 수 있었는가 하는 것이다. 호구감찰관의 권한은 점차 강화되었으며, 위엄의 점진적 강화와 함께 호구감찰관의 제명조치에 일종의 사법적 심판 형식이 부가되었고 그 자체로 존중되었다. 원로원 명부 확정과 관련하여서는 분명 오비니우스가 주도한 상민회 의결이 아주 크게 작용했는바, 호구감찰관은 '각 신분 계층의 최고 인물들'을 원로원 명부에 넣어야 했다.

하지만 자신들의 판단에 따라 원로원 명부를 작성할 수 있는 정무관 권한은 오비니우스 법에 따라 결정적으로 제한을 받았는데, 이 법은 이 시기 중엽, 아마도 리키니우스 법 이후 곧 통과된 것처럼 보인다. 오비니우스 법에 따라 호구감찰관은 즉시 고등안찰관, 법무관 또는 집정관을 역임한 모든 자에게 원로원 의석과 발언권을 임시로 주어야 했고, 이들을 원로원 명부에 공식적으로 기재하거나—원로원에서 축출이 확실시된다면—명부에서 삭제해야 했다. 하지만 정무관 역임자들의 수는 원로원 의원 3백 명을 유지하기에는 턱없이 부족했다. 그러나 원로원 의원 숫자는 그 밑으로 내려가지 않도록 유지되어야 했는데, 원로원 명부가 동시에 심판인 명부였기 때문이었다. 그래서 호구감찰관은 명부 작성에 있어 재량권을 발휘할 수 있었다. 하여 공직을 역임했기 때문이 아니라 호구감찰관의 선발에 의해 원로원 명부에 등재된 사람, 고등 정무관직을 수행하지 않은 시민 혹은 전장에서 적들을 죽이거나 시민의 생명을 구하여 자신의 용기를 입증한 시민 등이 원로원의 토론은 아니지만 원로원의 표결에 참여했다. 오비니우스 법이 시행된 이후, 정치와 행정을 장악하는 원로원 핵심 의원들은 더 이상 정무관의 재량에 좌우되지 않았고, 인민들의 선출에 기초하게 되었다. 이렇게 해서 로마는 오늘날과 같은 위대한 대의기구는 아니지만 그것에 가까운 기구를 갖게 되었다. 한편 원로원 토론에 참여하지 않는 원로원 의원들은—통치기구에서 필요하기는 하지만 갖기는 어려운—투표는 하되 의견은 개진하지 않는 소수의 집단이었다.

원로원의 권한

원로원의 권한은 공식적으로 거의 어떤 변화도 없었다. 원로원은 반대 당파 혹은 야심가에게 시빗거리를 제공할 만한 일을 피했는바, 민심을 거스르는 국헌 개혁이나 명백한 국헌 위반은 삼갔다. 그래서 의도한 것은 아니었지만, 민주주의적 방향으로 시민의 권리가 신장하는 일이 일어나기도 했다. 하지만 민회가 가진 것은 외형적인 것이었을 뿐, 실질적인 권력, 그러니까 입법과 공직 선거 등 모든 통치권은, 원로원에 있었다.

입법에서의 영향력

새로운 법안마다 우선 원로원이 심의했고, 정무관은 감히 원로원의 의견 없이 혹은 원로원의 반대에도 불구하고 민회에 법안을 제출하지 않았다. 그런 일이 발생할 경우 원로원은 정무관의 거부권과 사제의 파면권 등 많은 수단을 동원하여 마음에 들지 않는 모든 법안을 미연에 방지하거나 사후에라도 제거했다. 극단적인 경우 원로원은 민회 의결 집행의 최고 행정기구로서 의결을 집행하지 않을 권한도 가지고 있었다. 뿐만 아니라 원로원은 민회의 암묵적 동의하에 급박한 경우 민회의 추인(追認)을 받는다는 조건으로 법 외적 행동을 취할 권리까지 주장했다. 추인은 원래 큰 의미가 없었지만, 점차 공식적 절차가 되었고, 나중에는 민회의 추인을 요청하는 수고조차 하지 않으려 했다.

선거에서의 영향력

정무관이 주관하고 정치적으로 중요한 선거인 경우 실제로는 원로원이 좌우했다. 이러한 맥락에서 원로원은 앞에서 이미 언급한(제2권 101쪽) 독재관 임명권을 갖게 된다. 물론 민회를 크게 존중했기에 공동체 관리를 뽑을 권한을 민회로부터 빼앗지는 않았다. 그러나 이미 살펴본 것처럼 관리 선출에 세심하게 간여해 특정직의 선출, 예를 들어 임박한 전쟁의 군통수권자의 선출을 민회에 맡겨두지는 않았다. 게다가 새로 도입된 제한 직권이라는 개념은 다른 한편 사실적으로는 원로원에 주어진 법 외적 행동권으로 원로원이 관리임명권을 장악하게 된 중요한 요소였다. 집정관이라는 주요 공직에 대하여 원로원이 행사하던 영향력에 관해서는 앞서 이미 언급했다(제2권 101쪽). 그 외 특면권의 하나로 관리가 법적 임기를 넘어 권한을 행사하는 경우가 있었는데, 이는 공동체의 기본법에 어긋나는 것으로 로마 국법에 따르면 도시 경계 내에서는 허용되지 않았고, 다만 도시 경계 밖에서 집정관이나 법무관이 임기 종료 이후 '전직 집정관'(pro consule) 혹은 '전직 법무관'(pro praetore)으로 임기를 연장할 때 적용되던 것이었다. 물론 임명 권한과 함께 임기 연장을 허여할 수 있는 가장 큰 권한은 법적으로 민회에 속해 있었고 처음에는 실제 그렇게 시행되었다. 하지만 로마 건국 447년(기원전 307년) 이후로 군통수권자의 명령권은 일반적으로 원로원의 결정만으로 연장되었다. 마지막으로 귀족들은 단합하여 영리하게 선거에 영향력을 행사, 항상은 아니지만 대개 정부에 순응하는 후보자들이 선택되도록 했다.

원로원 통치

마지막으로 행정과 관련, 전쟁, 화친과 연맹, 식민지 건설, 농지 분배, 건설 사업 등 지속적이며 포괄적인 중요성을 갖는 모든 사항, 특히 모든 국고 관리 업무 일체를 원로원이 좌우했다. 매년 모든 정무관에게 직무 영역을 확정해주고, 그들이 사용할 수 있는 병력과 예산을 정해주며 전반적인 지침을 내리는 것도 원로원이었으며, 모든 측면, 모든 중요한 사안에 관하여 원로원에 문의하도록 했다. 국고 관리자는 집정관을 제외한 모든 정무관과 모든 사인에게 어떤 경우에도 원로원 의결과 다른 방식으로 돈을 지급할 수 없었다. 다만 현재 진행 중인 당면 현안, 개별 사법 행정과 군대 행정 등에는 이 최고통치회의가 개입하지 않았다. 로마의 귀족은 정치적 판단력과 능력이 매우 뛰어나 국가에 대한 통제를 개별 관리에 대한 후견으로, 즉 도구를 자동기계로 바꾸는 것을 원치 않았다.

　새로운 원로원 통치는 기존의 형식을 그대로 유지하긴 했지만 그래도 옛 공동체에 대한 완전한 변화를 담고 있었음은 명백하다. 시민의 자유로운 활동이 저지되고 경직되었다는 점, 정무관들은 회합의 주재자와 집행위원회로 전락했다는 점, 심의 기능만 있던 원로원이 두 헌법 기관들의 지위를 승계했다는 점, 원로원이 미미한 형태이긴 하지만 공동체의 중앙정부가 되었다는 점 등은 가히 혁명적 권력 찬탈이라 할 수 있다. 그러나 모든 혁명과 찬탈이 독보적 통치 능력을 통해 역사의 심판대에서 정당했음을 보여주는 경우처럼, 역사의 엄정한 판결은 원로원이 큰 과제를 적시에 파악했고 제대로 수행했다는 점을 인정해야 한다. 원로원은 출신이라는 공허한 우연이 아니라 본질적으로 백성의 자유 선택에 의하여 소집되었고, 4년마다 열렸던 최고 권위(호구감찰관)의 엄격한 도덕 법정에서 검증되었으며, 종신직으로서 임기에 구애받지 않았기에 오락가락하는 인민 여론에 좌우되지 않았다. 원로원은 신분 평등이 도입된 이래 내부적으로 단합되어 있었고, 대중이 갖고 있던 정치적 지혜와 실제적 기술을 모두 갖고 있었으며, 재정 문제와 외교 정책에 관한 무제한의 처분권을 갖고 있었다. 게다가 원로원은 단기간 내에 신분 갈등을 없앤 후 원로원에 봉사하게 된 호민관의 거부권을 통해 행정권을 완전히 장악했다. 로마 원로원은 국가를 상징하는 가장 고귀한 존재로서 일관성과 현명함, 통일성과 조국애, 견고한 권력과 단호한 용기를 가진 인류 역사상 최고의 정치 기구였다. 원로원은 전제정의 기운을 공화정의 헌신으로 연결시킬 줄 알았던 '왕들의 회합'이었다. 원로원으로 대표되던 전성기의 로마는 대외적으로 역사상 어떤 나라보다 확고한 위엄을 갖춘 모습을 보여주었다. 물론 대내적으로는 원로원에 존재했던 금권 지배와 토지 지배 때문에 특수한 이익이 걸린 사안과 관련해서는 당파적이었고, 이러한 경우 원로원의 지혜와 힘이 종종 국가의 복리를 위하여 행사되지 않기도 했다. 그러나 모든 시민이 권리와 의무에 있어 법률 앞에서 평등하다는 원칙, 그리고 이와 관련해 원로원 진입이라는 정치 활동이 모든 시민에게 열려 있다는 원칙이 지난한 투쟁의 역사 가운데 확고해짐으로써 로마는 군사·정치적 성공은 물론 국가·민족적 단합까지 이룰 수 있었으며, 귀족과 싱민의 신분 차별에 기인하는 투쟁의 모든 고통과 증오를 해소할 수 있었다. 더불어 대외정책의 순항 덕분에 1세기 이상의 긴 시간 동안 부자들은 충분한 운신의 폭을 갖게 되었고, 따라서 중산층을 억압할 필요가 없었다. 이처럼 로마 인민은 원로원을 통해 다른 어떤 민족에게 허락되던 것보다 오랜 시간 동안 인류가 성취할 수 있는 가장 위대한 것을 누렸다. 그들은 지혜롭고 유복한 민족 자치를 누렸던 것이다.

제4장
에트루리아 패권의 몰락과 켈트족

에트루리아-카르타고의 제해권 장악

공화정 수립 이후 2세기 동안의 로마 국가체제 발전을 살펴보았으니 이제 공화정 초기로 돌아가 로마와 이탈리아의 대외 관계를 검토해보자. 타르퀴니우스 집안이 로마로부터 축출되던 시기에 에트루리아의 패권은 최전성기를 누리고 있었다. 이 시기, 에트루리아 사람들 및 이들과 연합한 카르타고 사람들이 튀레눔해의 제해권을 장악한 것은 이론의 여지가 없다. 마살리아(오늘날 마르세유)는 힘겨운 전투를 끊임없이 벌이며 스스로를 방어하고 있었지만, 캄파니아와 볼스키 지역의 항구들은, 그리고 알랄리아 전투(제1권 205쪽) 이후 코르시카는 에트루리아 사람들의 수중(手中)에 들어갔다. 사르디니아섬을 완전히 정복함으로써(로마 건국 260년, 기원전 504년) 카르타고 출신 장군 마고(*Mago*)의 후손들은 위대한 그들 집안과 도시의 토대를 마련했다. 희랍 식민지가 서로 싸우는 동안 시킬리아에서는 카르타고 사람들이 별 저항 없이 섬의 서쪽 절반을 점령했다. 에트루리아 함대는 아드리아해 또한 지배했는데, 에트루리아 해적들은 이탈리아 동해에서도 두려움의 대상이었다.

에트루리아의 라티움 복속

육지에서도 에트루리아의 패권은 상승세였다. 라티움 지역을 점령하는 것은 에트루리아 사람들에게는 매우 중요한 일이었다. 왜냐하면 중간에 끼어 있는 라티움 사람들은 볼스키 지역의 에트루리아 피호 도시들과 캄파니아의 에트루리아 재산들을 에트루리아 사람들로부터 격리시키는 유일한 걸림돌이었기 때문이다. 아직 로마의 성벽은 라티움 지역을 보호하기에 충분히 견고했으며 티베리스강의 국경선을 에트루리아로부터 훌륭하게 지키고 있었다. 하지만 타르퀴니우스 집안이 축출되는 과정에서 발생한 소요와 혼란을 틈타 에트루리아 동맹은 클루시움의 포르세나 왕이 지휘하는 가운데 어느 때보다 강력하게 로마를 공격했고, 이때 로마의 저항은 예전 같지 않았다. 로마는 항복했고 평화협정이 맺어졌다(로마 건국 247년, 기원전 507년). 티베리스강 우안의 모든 재산은 인접한 에트루리아 공동체에 양도되었으며, 로마는 티베리스강에 대한 배타적 지배권도 포기해야 했다. 뿐만 아니라 로마는 정복자들에게 모든 무기를 내주었으며 향후 철은 오로지 쟁기를 만드는 데 이외에는 사용하지 않기로 서약해야 했다. 에트루리아의 패권에 의한 이탈리아 통일이 머지않은 것처럼 보였다.

에트루리아-카르타고 연합의 몰락

에트루리아-카르타고 연합은 희랍인들은 물론 이탈리아인들까지 복속시킬 듯 보였지만, 다행히 로마는 이를 피할 수 있었다. 이웃한 같은 계통의 민족끼리 서로 도와 공동의 위협 앞에 하나가 되어 싸웠기 때문이다. 로마를 점령한 이후 라티움 지역으로 진군하던 에트루리아 군대는 아리키아의 성벽 아래에서 그동안 이어오던 승리를 마감해야 했다. 아리키아인들을 돕기 위해 쿠마이 사람들이 적시에 도착했기 때문이었다(로마 건국 248년, 기원전 506년). 우리는 이 전투가 어떻게 마무리되었는지 알지 못하며, 특히 로마가 그때 치욕스럽고도 치명적이었던 협정을 파기했는지 여부 또한 알지 못한다. 다만 분명한 것은 에트루리아 사람들이 티베리스강 좌안을 점령한 기간은 매우 짧았다는 것이다.

곧 범 희랍 민족은 서방과 동방의 이민족에 맞서 어느 때보다 크고 중요한 전쟁을 치러야만 했다. 페르시아 전쟁이 다가오고 있었던 것이다. 당시 페니키아 사람들과 페르시아 왕과의 관계를 주도한 것은 카르타고였는데, 카르타고는 페르시아의 노선을 따르고 있었으며—카르타고와 크세르크세스 연합은 매우 신빙성 있는 전승(傳承)에 속한다—에트루리아 사람들도 이런 카르타고의 노선에 동조하고 있었다.

아시아의 군대가 희랍 땅으로 진군한 것과 발을 맞추어 페니키아 군대가 시킬리아로 진군한 것은 참으로 놀라운 정치적 연합이라 하겠는바, 이들은 자유와 문명의 흔적을 지구상에서 단번에 지워버리고자 했다. 그러나 승리는 범 희랍 민족에게 돌아갔다. 살라미스 해전(로마 건국 274년, 기원전 480년)은 희랍 본토를 구해냈고 페르시아를 응징했다. 전해지는바, 같은 날 겔론과 테론이 이끄는 쉬라쿠사이와 아크라가스의 군대는 마고의 아들 하밀카르 장군이 이끄는 카르타고의 거대한 군대를 물리쳤다. 또 희랍 군대는 히메라에서 전쟁을 종식시키는 결정적인 승리를 거두었으며, 시킬리아 전체를 정복하려는 본래의 계획을 실현할 수 없게 된 페니키아 사람들은 계획을 바꿔 예전처럼 방어 정책을 펴게 되었다. 이 승리를 기념하는 커다란 은화가 겔론의 부인 다마레타 및 여타 귀족 부인들이 내놓은 장신구들을 녹여 만들어졌는데, 이들 가운데 일부는 아직도 남아 있다. 희랍 사람들은 아주 나중까지도 자비롭고 용감했던 쉬라쿠사이의 참주와 그가 거둔 놀라운 승리(시모니데스가 이를 노래했다)를 기념했다.

한편, 카르타고의 좌절은 에트루리아 해상 연합의 몰락으로 이어졌다. 레기온과 장클레의 왕 아낙시라스는 에트루리아 해적선을 막기 위해 시킬리아 해협을 상비 함대로 봉쇄했다(로마 건국 272년, 기원전 482년). 그리고 곧이어 쿠마이 사람들과 손잡은 쉬라쿠사이의 히에론이 쿠마이에서 결정적인 승리를 거둔다(로마 건국 280년, 기원전 474년). 이때 에트루리아 함대를 돕기 위한 카르타고 사람들의 노력은 허사로 끝나고 만다. 이 승전이 바로 핀다로스가 제1 퓌티아 찬가에서 노래한 바로 그 승전이다. 당시 히에론이 올림피아로 보낸 에트루리아 투구가 아직도 전해지는데, 투구에는 다음과 같은 글이 새겨져 있다. "데이노메네스의 아들 히에론과 쉬라쿠사이 사람들이 제우스께 에트루리아 투구를. 쿠마이로부터."[1]

쉬라쿠사이가 시킬리아의 희랍 식민 도시들을 선두에서 이끌며 카르타고와 에트루리아에 대항하여 괄목할 만한 성과를 거두는 동안, 도리아계의 타렌툼은 이탈리아 반도의 희랍 사람들 가운데 누구도 부정할 수 없는 일인자의 자리에 서 있었고, 아카이아계의 쉬바리스는 로마에서 왕이 축출될 즈음(로마 건국 243년, 기원전 511년) 이미 쇠퇴해 있었다. 타렌툼 사람들이 이아퓌기아 사람들에게 당한 처참한 패배(로마 건국 280년, 기원전 474년)는 그때까지 희랍인들이 당한 어떤 패배보다 심각한 것이었지만, 이것은 페르시아 전쟁 이후의 희랍세계가 그러했듯, 다만 시민정신이 적극적으로 민주정을 향해 진력하는 계기를 만들어주었을 뿐이었다. 이 시기부터 카르타고와 에트루리아는 이탈리아 바다에서 더 이상 주도권을 행사하지 못했다. 아드리아해와 이오니아해에서는 타렌툼 사람들이, 튀레눔해에서는 메사나 사람들과 쉬라쿠사이 사람들이 주도권을 쥐게 되었으며, 특히 쉬라쿠사이 사람들은 에트루리아 해적들의 활동무대를 차근차근 압박했다. 히에론은 쿠마이 승리 이후 이미 아이나리아(이스키아)섬을 정복했는데, 이로써 캄파니아의 에트루리아인들과 북쪽의 에트루리아인들의 왕래가 차단되었다. 로마 건국 302년(기원전 452년), 쉬라쿠사이 사람들은 에트루리아 해적들을 근본적으로 뿌리 뽑기 위해 자국 원정대를 파견

---

[1] "Ἱάρον ὁ Δεινομένεος καὶ τοὶ Συρακόσιοι τοῖ Δὶ Τύραν' ἀπὸ Κύμας."

했다. 이들은 코르시카섬과 에트루리아 해안 지대를 휩쓸어버렸고, 마침내 아이탈리아(일바)섬을 정복했다. 비록 에트루리아-카르타고 해적들을 완전하게 제압하지는 못했지만—예를 들어 안티움의 해적들은 로마 건국 5세기 초까지도 여전히 활동했던 것으로 보인다—강력한 쉬라쿠사이는 에트루리아와 카르타고 연맹에 대한 든든한 방어선이 되었다. 그러나 얼마 뒤, 쉬라쿠사이의 이러한 패권은 아테네 사람들에 의해 순식간에 괴멸될 위기에 처하게 되었다. 펠로폰네소스 전쟁 기간에 있었던 이 원정에서(로마 건국 339~341년, 기원전 415~413년) 아테네와 오랫동안 상업적 무역을 했던 에트루리아 사람들은 30척의 전함을 파견하여 아테네를 도왔다고 한다. 하지만 승리는 지중해 동쪽에서와 마찬가지로 지중해 서쪽에서도 궁극적으로 도리아 인들의 몫이었다. 아티카 원정함대의 불명예스러운 참패 이후 쉬라쿠사이는 이론의 여지 없는 희랍의 맹주가 되었으며, 쉬라쿠사이를 다스렸던 최고의 인물들은 이제 시킬리아와 남부 이탈리아, 그리고 그곳 바다의 지배권을 바라볼 수 있게 되었다. 이렇게 시킬리아에 대한 지배권이 심각하게 위협당하자 카르타고 사람들은 쉬라쿠사이 사람들을 제압하고 시킬리아섬 전체를 정복하려는 정책을 채택할 수밖에 없었고, 그래서 채택했다. 이후 시킬리아섬의 여러 도시를 상대로 정복전쟁을 벌이면서 세력을 확대해나가던 카르타고의 힘을 여기서 자세히 설명할 수는 없다. 한편, 에트루리아 사람들과 관련해 이들에게 심각한 타격을 가한 사람은 쉬라쿠사이의 새로운 지도자 디오뉘시오스(재위기간은 로마 건국 348~387년, 기원전 406~367년)였다. 세력 확장을 노렸던 이 새 참주는 무엇보다 이탈리아 동해로 식민지를 넓히려고 했는바, 동해의 북쪽 지역은 이때 처음 희랍의 해상 패권 아래 놓이게 된다. 로마 건국 367년(기원전 387년), 디오뉘시오스는 일뤼리아 해안 지역의 항구 리소스와 이싸섬, 이탈리아 동해안 지역의 거점 앙코나, 그리고 누마나와 아트리아를 정복하여 식민지를 건설했다. '필리스 토스의 무덤'은 이렇게 멀리 떨어진 지역에 대한 쉬라쿠사이의 지배를 기억하는 기념물이다. 이 무덤은 분명 본국에서 추방당한 시절 동안(로마 건국 368년, 기원전 386년 이후 계속) 파두스강 하구의 도시 아트리아에 살았던 디오뉘시오스의 친구이자 유명한 역사가였던 필리스 토스의 무덤이다. 또 다른 기념물은 이탈리아 동해의 명칭 변경이다. 동해를 부르는 아주 오래된 이름은 '이오니아만'(제1권 183쪽)이었는데, 이때 오늘날까지도 통용되는 '하드리아해'라는 이름이 등장하는바, 이 명칭은 이런 식민 사업의 결과로 보인다.[2] 이처럼 이탈리아 동해에서 에트루리아가 확보하고 있던 정착지들과 무역 항로를 공격한 디오뉘시오스는 이에 만족하지 못하고 카이레의 풍요로운 항구도시 퓌그리를 공격, 파괴했다(로마 건국 369년, 기원전 385년). 이로써 그는 에트루리아 세력의 중심부를 공격하기에 이르렀으며 에트루리아 세력은 이후로 더 이상 이전의 세력을 회복하지 못했다. 그러나 얼마 뒤 디오뉘시오스의 죽음으로 쉬라쿠사이 내부에 분열이 야기되었는데, 이는 카르타고 사람들에게 활로를 열어주는 계기가 되었고 이들은 다

---

[2] 헤카타이오스(로마 건국 257년, 기원전 497년 이후 사망)와 헤로도토스(로마 건국 270~345년, 기원전 484~409년)는 '하트리아스'(*Ilatrias*)라는 이름을 포강 삼각주와 그 연안의 바다를 가리키는 이름으로만 사용했다(K. O. Müller, *Die Etrusker*, Breslau 1828, Bd. 1, S.140; GGM 1, S.23). 이 명칭이 아드리아해를 가리키는 넓은 의미로 사용된 것은 스퀼락스라는 사람의 지리책이 처음이다(로마 건국 418년, 기원전 336년).

시 튀레눔해에서 영향력을 행사할 수 있었다. 짧은 기간 세력이 꺾이기는 했었지만, 카르타고 사람들은 꾸준히 세력을 유지했으며 이들은 희랍 사람들에게는 물론 에트루리아 사람들에게도 적지 않은 부담으로 작용했다. 그리하여 로마 건국 444년(기원전 310년), 쉬라쿠사이의 아가토클레스가 카르타고와의 전쟁을 준비했을 때, 에트루리아 사람들은 18척의 전함을 가지고 그의 편에 가담하기도 했다. 당시 아직 에트루리아 사람 자신들이 다스리고 있었던 코르시카를 지키길 원했기 때문이었다. 아리스토텔레스 시기까지도(로마 건국 370~432년, 기원전 384~322년) 유지되었던 오랜 에트루리아–카르타고 연합은 이 사건을 계기로 와해되었다. 에트루리아는 이제 더 이상 해상 패권을 회복할 수 없을 정도로 약화된 상태였다.

에트루리아에 대항한 로마인

에트루리아 해상 패권의 갑작스러운 붕괴는 시킬리아의 희랍인들이 해상을 통해 에트루리아를 공격하던 바로 그 시점에 육지에서도 그들에 대한 강력한 공격이 사방으로부터 가해졌다고 할 때만 설명이 가능하다. 살라미스, 히메라와 쿠마이에서 전투가 벌어지던 당시의 로마 연보에 따르면 로마와 베이이 사람들 사이에 수년간의 격렬한 전쟁이 있었다(로마 건국 271~280년, 기원전 483~474년). 이 전쟁에서 로마 사람들은 혹독한 패배를 경험했는데, 이때 파비우스 집안이 전멸(로마 건국 277년, 기원전 477년)한 것으로 전해진다. 당시 로마 내부의 갈등으로 인해 수도 로마를 떠나(제2권 53쪽) 에트루리아에 대항하는 국경 수비를 맡고 있었던 파비우스 집안은 이때 크레메라 강변에서 무장 가능한 마지막 한 사람까지 모두 살육당했다. 이 전쟁은 강화 대신 400개월의 휴전으로 중단되었고 에트루리아는 피데나이 등 티베리스강 우안의 점령 지역을 양도했는바, 이는 적어도 왕정시대의 국경을 회복했다는 점에서 로마에는 긍정적인 결과였다. 로마-에트루리아의 이 전쟁이 희랍-페르시아 전쟁, 그리고 시킬리아-카르타고 전쟁과 직접 관련되어 있는지를 확정하는 것은 불가능하다. 그러나 로마인들이 살라미스와 히메라의 승자들과 협력했던 동맹자였든 아니든 상관없이, 그 결과만큼이나 그들의 이해관계는 서로 부합했다.

에트루리아에 대항하는 삼니움 사람들

라티움 사람들처럼 삼니움 사람들도 에트루리아에 맞섰다. 캄파니아에 세워진 에트루리아 식민지는 쿠마이 전투 결과 본국과 단절되었고 이들 식민지는 더 이상 사비니 계통 종족의 공격을 이겨낼 수 없었다. 식민지의 주요 도시 카푸아가 로마 건국 330년(기원전 424년) 함락되었으며, 함락 이후 곧 에트루리아 계통 종족들은 삼니움 사람들에 의해 죽임을 당하거나 쫓겨났다. 물론 캄파니아의 희랍인들도 고립되고 약화된 채 삼니움의 침입을 힘겹게 이겨내야 했다. 로마 건국 334년(기원전 420년), 쿠마이는 결국 사비니 계통 종족에 의해 정복되었다. 그럼에도 불구하고 희랍 사람들은 특히 네아폴리스에서 살아

남았는데, 아마도 쉬라쿠사이의 도움을 입은 것 같다. 한편, 캄파니아에 있었던 에트루리아식 지명들은 역사에서 사라졌다. 에트루리아의 몇몇 공동체가 외톨이가 되어 가련한 생명을 이어간 경우도 있었지만 말이다.

켈트족

이보다 훨씬 더 의미심장한 사건들이 같은 시기 북부 이탈리아에서 벌어지고 있었다. 새로운 민족이 알프스산맥의 문을 두드리고 있었던 것이다. 이들은 바로 켈트족이었다. 켈트족의 첫 번째 상대는 에트루리아인이었다.

칼라타이 혹은 갈리아 사람들이라고도 불리는 켈트족은 이탈리아, 게르만, 희랍 민족 등과 함께 같은 어머니에게서 태어났지만, 이들과 다른 특징을 물려받은 민족이었다. 켈트족은 뛰어나고 훨씬 더 빛나는 특질들을 갖고 있었지만, 인간 역사 발전에 있어 모든 선하고 위대한 것들의 토대가 되는 심오한 인륜적, 정치적 성향은 없었다. 키케로가 전하는바, 자유로운 켈트족은 자신의 손으로 직접 땅을 경작하는 것을 창피스러운 일로 여겼다. 이들은 농경생활보다 목축생활을 선호했는데, 심지어 기름진 파두스강의 평야지대에서조차 돼지 사육에 전념하며 이들 가축을 양식 삼아 밤낮으로 떡갈나무 숲에만 머물렀다. 또한 이들은 이탈리아 민족과 게르만 민족처럼 고향 땅에 대하여 귀속감을 가지지는 않지만 도시와 마을에 함께 모여 살기는 좋아했다. 이들에게 도시와 마을은 이탈리아보다 이른 시기에 큰 규모와 중요성을 지니고 있었다. 하지만 이들의 국가 체계는 불완전했다. 모든 민족의 초기 발전 상태에서처럼 민족적 단일성이 약하게나마 연대의 계기로 존재하기는 했으나, 이들의 개별 공동체에는 단결심이나 확고한 통치기구도, 진지한 시민의식이나 일관된 목적 등도 나타나지 않았다. 이들이 가진 제도는 군사제도뿐이었는데, 군사제도 내의 훈련 조직은 개개인에게 극기의 노고를 요구했다. 역사학자 티에리가 말하는바, "켈트족의 탁월함은 개인적 용기에 있으며 이 점에 있어 이들은 다른 어떤 민족보다 우수하다. 자유롭고 폭풍 같으며 제멋대로인 성품을 가졌다. 머리가 좋으며 동시에 몸놀림이 민첩하지만 인내심은 부족하고 훈육과 규율에 강한 거부감을 갖고 있다. 과시적이며 끊임없이 싸움을 벌이는데, 이 모두는 끝을 모르는 허영심의 결과라고 하겠다." 노(老) 카토도 짧지만 이와 거의 동일한 말을 남겼다. "켈트족은 두 가지 일에 열심히 매달렸다. 하나는 전쟁과 관련된 것이고 다른 하나는 신랄하게 따지며 말하는 것이다."[3] 훌륭한 군인이었으되 형편없는 시민이었던 이들의 성품은 켈트족이 많은 나라를 유린했으면서도 어떤 나라도 세우지 않았다는 역사적 사실을 설명해준다. 또한 우리는 여러 가지 사례를 통해 그들이 언제든지 떠날 준비가 되어 있었음을, 다시 말해 행군할 준비가 되어 있었음을 발견한다. 켈트족은 부동산보다는 동산을 선호했고 특히 금붙이를 좋아했다. 이들은

---

[3] 'Pleraque Gallia duas res industriosissime persequitur: rem militarem et argute loqui.' (Cato, 연설문 단편 2, 2)

조직적 약탈 체제하에서 혹은 돈을 받고 일해주면서 무기를 제작했는데, 로마의 역사가 살루스티우스마저 무기 제작에 있어서는 로마인보다 켈트족이 더 탁월하다고 인정했을 정도로 대단했다고 한다. 그들은 고대사회의 용병이었다. 그들에 대한 다음의 묘사가 우리에게 이를 알려준다. 그들은 크지만 근육질은 아닌 체구를 가졌으며, 긴 머리카락과 덥수룩한 턱수염—이는 머리카락과 수염을 면도하던 희랍 사람들과 로마인들의 풍습과는 정반대다—을 길렀다. 전투 중에 뜯겨 나간 자리를 얼룩덜룩한 천으로 기운 옷을 입었으며, 목 주변에는 굵은 금목걸이를 둘렀다. 투구를 쓰지 않고 투척하는 종류의 무기를 쓰지 않는 대신 커다란 방패를 든 모습이었고, 금속가공 기술은 아직 크게 발전시키지 못해서인지 제대로 벼르지도 않은 장검과 단도와 창을 사용했는데, 모든 무기는 황금으로 치장되어 있었다. 이 모든 것들은 과시를 위해 사용된 것으로 심지어 상처마저도 이에 활용되었는바, 상처를 더 깊게 만들어 자랑거리로 삼고자 흉터를 남기기도 했다. 이들은 대개 보병으로 두 발을 땅에 딛고 싸웠으며 몇몇 부족은 말을 이용하기도 했는데, 이 경우 각 자유민은 두 명의 하인이 말을 타고 호위했다. 전차는 리뷔아와 희랍에서처럼 일찍이 아주 오래전부터 사용되었다. 많은 측면에서 중세 기사를 연상시키는 이들의 결투 풍습은, 특히 희랍과 로마에서는 낯선 것이었다. 전쟁 중에 그들은 적병을 개별적으로 불러 말과 몸짓으로 조롱하면서 싸움을 청하곤 했다. 평화시에는 그들끼리 서로 빛나는 무기를 걸고 생사가 달린 결투를 벌이곤 했다. 여기에서 술 시합이 빠지지 않았다는 것은 자명한 일이다. 그들은 이렇게 자국의 깃발 아래 혹은 타국에 고용되어 불안정한 용병의 삶을 살았으며, 아일랜드와 스페인으로부터 소아시아에 이르기까지 여기저기를 떠돌며 끊임없는 전쟁을, 소위 영웅적 위업을 감행했다. 하지만 그들이 무언가를 이룩했더라도 그것은 봄날의 눈처럼 사라져버렸는데, 그들은 어디에서도 커다란 단일국가나 고유한 문명을 만들어내지 않았기 때문이다.

켈트족의 민족 이동

옛사람들은 켈트족을 이상과 같이 묘사했다. 한편 그 기원에 관해 우리는 추측만 할 수 있을 뿐이지만, 켈트족은 희랍, 이탈리아, 게르만 민족과 모태를 공유하고 있으며, 같은 근원의 민족들과 마찬가지로 유럽 동쪽 지역에서 기원했다. 이들은 이른 시기에 유럽 서쪽 바다에 도달했으며, 오늘날의 프랑스를 주요 근거지[4]로 삼아 북쪽으로는 브리탄니아의 섬들에서 남쪽으로는 퓌레네산맥을 넘어 히스파니아계 민족들과 이베리아 반도를 놓고 다투었다. 켈트족의 첫 번째 커다란 민족 이동은 알프스산맥 옆을 스쳐 지나갔다. 하지만 서쪽에 이르자

---

[4] 언어 연구를 통해 최근에 주장된 바에 따르면 켈트족과 이탈리아 민족의 친연성이 이탈리아와 희랍 민족의 친연성보다 크다고 한다. 다시 말해 인도-게르만 민족 계통의 서남 유럽 민족들을 아우르는 커다란 줄기에서 우선 이탈리아와 희랍 민족의 가지가 갈라졌고 상당히 지난 후에 다시 이탈리아 민족과 켈트족으로 갈라졌다는 것이다. 지리학적으로 볼 때 이런 가정은 매우 신빙성이 있으며 역시적인 시실들도 어쩌면 이런 가정과 일치한다고 볼 수 있다. 그렇다면 이제까지 희랍-이탈리아어파라고 알려진 것은 희랍-켈트-이탈리아어파라고 정정해야 할 것이다. 하지만 우리는 초기 켈트족의 문화 수준을 전혀 알지 못한다. 언어학적 연구 성과도 아직 그 연구 결과를 초기 민족사에 적용하는 데까지는 이르지 못했다.

다시 반대 방향으로 이동함으로써 알프스산맥을 넘었고, 또 멀리 하이모스산맥을 넘고 보스포로스해협을 넘어갔다. 이들의 민족 이동은 고대의 모든 문명국가에 커다란 공포를 야기했으며, 그 세력은 수 세기 동안 이어져 카이사르가 이들을 무찌르고 아우구스투스가 국경선을 정비할 때까지 지속되었다.

이들이 남긴 민족 이동에 대한 이야기 대부분을 리비우스가 기록했는바, 반대 방향으로 진행된 후기의 민족 이동에 관해 그는 다음과 같이 전해주고 있다.[5] 당시에 그리고 이후에 카이사르 시대에도 켈트족 연맹의 중심지는 비투리게스 지역(오늘날의 보르도)이었는데, 여기서 암비아투스 왕의 영도 아래 두 개의 이주민단이 나뉘었고, 왕의 두 사촌이 각각의 이주민단을 이끌었다. 시고베수스라는 이름의 사촌은 라인강을 건너 흑림 방향으로 진출했고, 또 다른 사촌 벨로베수스는 그라이우스 알프스(작은 성 베른하르트)를 넘어 파두스강 계곡을 따라 내려갔다. 전자의 이주민단으로부터 도나우강 중부의 켈트족 식민지가

---

[5] 이 이야기를 리비우스(5, 34)뿐만 아니라 유스티누스(24, 4)가 전해주고 있으며 카이사르(《갈리아 전기》, 6, 24)도 동일한 이야기를 기초로 하고 있다. 벨로베수스가 이끄는 민족 이동과 마살리아의 건립을 연결시키는데, 후자에 근거하여 전자는 로마 건국 2세기에 있었던 사건이라 할 수 있다. 그런데 의심의 여지 없이 이 이야기는 켈트족이 남긴, 따라서 시점을 특정할 수 없는 사건이 아니라 후대의 연대기적 연구 성과일 뿐 전혀 신뢰할 만한 것은 아니다. 몇몇 침입과 이동들은 아마도 상당히 일찍 일어났을 것이다. 하지만 켈트족이 북이탈리아에 쏟아져 들어온 시점은 결코 에트루리아의 몰락 이전일 수 없다. 다시 말해 로마 건국 3세기 중반은 아니다.
또한 위쾸과 크레이머의 분명한 설명에 의하면 의심의 여지 없이 분명한바, 벨로베수스의 이동 경로는 한니발의 그것처럼 코티우스 알프스(제네바 지역)를 넘어 타우리니 부족의 영토를 통과하는 길이 아니라, 그라이우스 알프스(작은 성 베른하르트)를 넘어 살라시 부족의 영토를 통과하는 길이었다. 이들 지명을 리비우스는 전하는 이야기에 따라서 붙이지 않고 자기 추측에 의존하여 붙였다. 이탈리아의 보이이 부족이 펜니누스 알프스(큰 성 베른하르트) 협곡을 통해 이동했다는 것이 정확한 이야기 재구성에 따른 것인지 아니면 보이이 부족이 도나우강 북쪽에 살고 있었다는 점에 근거한 것인지는 불분명하며 미해결 상태다.

건설되었으며, 후자의 이주민단으로부터 오늘날 롬바르디아에서 가장 오래된 켈트족 인수브레스 부족의 정착지가 메디올라눔(오늘날의 밀라노)을 중심으로 만들어졌다. 곧이어 두 번째 이주민단이 이어졌는데, 이들은 브릭시아(오늘날의 브레시아)와 베로나 등의 도시를 근거로 한 케노마니 부족의 정착지를 건설했다. 민족 이동은 알프스산맥을 넘어 아름답고 넓은 평원을 찾아 끊임없이 계속되었다. 켈트족 계통의 부족들은(이들에 의해 쫓겨나 이동하게 된 리구리아 사람들도 가세하여) 에트루리아 사람들로부터 하나둘씩 정착지를 획득해갔고, 마침내 파두스강의 좌안 전체를 손에 넣었다. 파두스강 유역에 새로 이주한 켈트족은 앞서 정착한 켈트족과 연합하여(로마 건국 358년, 기원전 396년) 에트루리아 계통의 풍요로운 도시 멜품(아마도 밀라노 근처 지역)을 함락시킨 후, 다시 파두스강의 우안까지 쳐들어가 움브리아 사람들과 에트루리아 사람들을 아주 먼 옛날부터 살아온 그들의 근거지로부터 몰아내기에 이르렀다. 이런 일을 벌인 사람들은 다름 아닌 보이이 사람들이었다. 이들은 추측건대 앞서와 다른 경로를 통해, 즉 펜니누스 알프스(큰 성 베른하르트)의 협곡을 통해 이탈리아로 들어온 것으로 보인다. 보이이 사람들은 오늘날의 로마냐 지역에 정착했는데, 이곳은 과거 에트루리아의 옛 도시 펠시나(새로운 점령자들은 이 도시를 보노니아라고 개명했다)의 중심지였다. 마침내 켈트족 계통 대규모 이주민단 중 마지막 부족인 세노네스 부족이 알프스를 넘어왔고, 리미니에서 앙코나에 이르는 아드리아 해의 연안지역에 정착했다. 그러나 켈트족 성착지의 몇몇 집단들은 티베리스강 상류, 오늘날의 토디 지역에서 켈트족의 언어가 새겨진 비문들이 발견된 것으로 미루어 볼 때, 심지어 움브리아 지역 깊숙이, 다시 말해 에트루리아와 움브리아의 국경 지대에까지 이르렀음이 틀림없다. 에트루리아는 북쪽과 동쪽으로부터 차츰 국경이 줄어들었으며 로마 건국 4세기 중반에 이르러 에트루리아 민족은 그 이래로 오늘날까지 그들의 이름이 붙어 있는 이탈리아 서부지역(토스카나)만을 유지하게 되었다.

로마에 의한 에트루리아 공격

마치 약속이나 한 듯 쉬라쿠사이, 라티움, 삼니움, 특히 켈트족 등 여러 민족이 협공함으로써 에트루리아 민족은 그들이 라티움과 캄파니아 그리고 이탈리아의 동해와 서해를 장악할 때보다 훨씬 더 급격하고 빠르게 몰락하고 말았다. 에트루리아인들이 해상 패권을 상실하고 캄파니아 식민지를 빼앗긴 것은 인수브레스와 케노마니 부족이 파두스강에 정착하던 시기와 일치한다. 그리고 이와 비슷한 시기, 불과 몇 십 년 전만 해도 포르세나에 의해 철저하게 제압되어 거의 노예상태에 가까웠던 로마인들이 에트루리아를 공격하기 시작했다. 결국 베이이와의 휴전을 통해(로마 건국 280년, 기원전 474년) 빼앗겼던 땅을 다시 찾음으로써 로마는 왕정시대에 에트루리아와 유지하고 있던 상태를 상당 부분 다시 회복하게 되었다. 그러나 이런 상태는 오래가지 못하고 로마 건국 309년(기원전 445년)에 깨짐으로써 다시 전쟁이 시작되었는데, 이것은 다만 국경 충돌과 약탈 행위 정도였을 뿐 양쪽 모두에게 심각한 결과를 초래하지는 않았다. 에트루리아 사람들은 아직도 여전히 강하게 버티고 있었으며 로마는 의미 있는 공격을 감행할 수 없었다. 이후 피데나이 사람들이 로마 점령군을 내몰고 로마의 사신들을 살해한 뒤 베이이의 왕 톨룸니우스에게 투항하는 반란을 일으키면서 예전보다 의미 있는 전쟁이 시작되었는데, 이때의 전쟁은 로마인들에게 유리하게 전개되었다. 톨룸니우스 왕은 전투 중 로마의 집정관 아울루스 코르넬리우스 코수스(로마 건국 326년, 기원전 428년)에 의해 쓰러졌고, 피데나이는 함락되었으며, 로마 건국 329년(기원전 425년) 200개월의 휴전이 새롭게 체결되었다. 이 전쟁을 치르는 동안 에트루리아는 점점 더 어려워졌는데, 켈트족의 창끝마저 그때까지 적의 침입이 한 번도 없었던 파두스강 우안까지 밀려오고 있었다. 마침내 휴전기간이 끝났을 때(로마 건국 346년, 기원전 408년) 로마인이 먼저 에트루리아에 대한 정복전쟁을 감행했는데, 그전까지는 겨우 베이이를 막아내는 공격이었다면 이제는 베이이를 정복하려는 공격이 시작되었다.

베이이 정복

베이이, 카페나, 팔레리이와의 전쟁 그리고 베이이의 함락을 트로이아 전쟁처럼 10년 전쟁으로 기록한 역사는 신빙성이 전혀 없지만, 문학과 전설이 이 사건을 그렇게까지 묘사한 데는 그럴 만한 이유가 있는데, 전내미문의 지열함으로 진대미문의 전공을 디투었기 때문이다. 로마 군대가 여름부터 겨울까지 해가 바뀌도록 전장에 머물면서 정해

놓은 목표를 달성하기 위해 싸운 것은 이때가 처음이었다. 또 이때 처음으로 공동체가 공공재산에서 참전자들에게 급료를 지급했다. 그 무엇보다 로마인들이 외부민족을 정복하려고 시도한 것도, 무기를 들고 라티움 지방의 북쪽 경계를 넘어간 것도 이때가 처음이었다. 전투는 격렬했으며 그 결과는 분명했다. 로마는 라티움 사람들과 헤르니키 사람들로부터 지원을 받았는데, 위협적인 이웃의 몰락은 로마인들과 마찬가지로 이들 두 부족에게도 이익과 안전을 보장해주는 것이었기 때문이었다. 반면 베이이 사람들은 자신들 민족으로부터도 버림받아 카페나, 팔레리이, 타르퀴니이 등 인근 도시로부터 겨우 지원을 받을 수 있었을 뿐이다. 북부 에트루리아 공동체가 베이이 지원에 동참하지 못한 이유를 같은 시기에 있었던 켈트족의 공격만으로는 충분히 설명할 수 없다. 이에 덧붙여 이야기되는 이유가 있는데, 이를 의심할 아무런 근거도 없는바, 에트루리아 연합에 발생한 내분 때문이었다는 것이다. 내용인즉, 여타 에트루리아 도시의 귀족들이 베이이에서 유지되고 있던 혹은 부활된 왕정에 반발했고, 이런 이유에서 지원에 불참하게 되었다는 것이다. 여타 에트루리아 민족들이 전쟁에 참여할 수 있었고 참여하고자 했다면 로마 사람들은 당시 발달된 공성 기술이 없었으므로 튼튼하게 방어된 거대도시를 압박하는 엄청난 과업을 성공적으로 마치지 못했을 것이다. 어쨌거나 버려지고 고립된 베이이는 용감하게 맞섰음에도 불구하고 마르쿠스 푸리우스 카밀루스가 보여준 불굴의 영웅정신 앞에 마침내 항복(로마 건국 358년, 기원전 396년) 했고, 이 사내는 로마 민족의 빛나는 정복전쟁 역사의 처음을 장식했다. 이 위대한 성취에 대한 로마인들의 기쁨과 환호성은 이후 오랫동안 이어진 '베이이인들의 경매'라는 축제 놀이에서도 알 수 있는데, 이 놀이에선 희화화된 전리품 가운데 자색 외투와 황금 장식을 걸친 못생기고 늙은 불구자가 '베이이 사람들의 왕'으로 등장해 경매의 마지막을 장식한다.

베이이 시는 파괴되었고 토지는 영원한 황무지로 버려졌다. 팔레리이와 카페나는 휴전을 맺으려 서둘렀다. 에트루리아 연맹이 수수방관하는 가운데 베이이의 고통에 격앙되어 무기를 들었던 강력했던 볼시니 사람들도 몇 년 지나지 않아(로마 건국 363년, 기원전 391년) 휴전을 받아들였다. 에트루리아 민족의 두 성벽이었던 멜품과 베이이가 한날 한시에 하나는 켈트족에게, 다른 하나는 로마인들에게 굴복했다는 것은 가슴 아픈 전설일 수도 있다. 하지만 이 전설에는 분명한 역사적 진실이 깊이 뿌리내려 있다. 북쪽과 남쪽에서 동시에 침공이 시작되고 이에 에트루리아의 두 국경도시가 몰락한 사건은 위대했던 에트루리아의 몰락을 알리는 시작이었던 것이다.

켈트족의 로마 공격

위아래로 에트루리아 민족의 생존을 위협하던 두 민족이 서로 충돌하여 새로 꽃핀 로마의 힘이 낯선 이방인들에게 짓밟힐 것 같던 순간이 있었다. 자연스러운 정치적 흐름에 반하는 이런 사태 전환은 로마인들이 자초한 것으로 그들의 오민과 근시안적 단견에 기인한다.

멜품을 점령한 켈트족 무리는 파두스강을 건너 매우 빠른 속도로 북부 이탈리아를 휩쓸었고, 파두스강 우안의 평야와 아드리아해를 따라 길게, 더 나아가 아펜니노산맥에 이르는 에트루리아 본고장에까지 이르렀다. 그리고 몇 년 후(로마 건국 363년, 기원전 391년), 에트루리아의 심장부인 클루시움(오늘날 토스카나와 교황령의 경계에 위치한 키우시 *Chiusi*)에 켈트족 중 하나인 세노네스 부족이 들이닥쳤다. 에트루리아 사람들은 전의를 상실했고, 겁먹은 에트루리아는 급기야 베이이를 파괴한 로마에 도움을 청할 정도였다. 이때 도움을 주기로 승낙하고 켈트족은 무력으로, 에트루리아 사람들은 보호 명목으로 복속시키는 것이 로마로서는 현명한 조치였을지 모르며, 넓은 시각에서는 이런 개입을 통해 에트루리아의 북쪽 국경에서 본격적인 전쟁을 시작할 수도 있었을 것이다. 하지만 이는 당시 로마의 정책 지평 밖의 일이었는바, 아무런 개입도 하지 않기로 한 로마는 어리석게도 원군 대신 사절만을 보냈다. 더욱 어리석었던 것은 이들 사절이 과장된 몇 마디 말로 켈트족을 제압할 수 있으리라 생각한 것이며, 또 이것이 실패하자 아무런 대가를 치르지 않으리라 생각했는지 외교적 관례를 무시하고 야만족을 공격한 것이었다. 사절단은 클루시움 사람들을 편들어 야만족을 공격했고, 이들 중 한 명은 켈트족 장군 하나를 맞춰 낙마시켰다. 그럼에도 야만족들은 사려 깊고 차분하게 행동했는바, 로마 민회에 사람을 보내 관례를 어긴 사람들을 내놓으라고 요구했다. 켈트족의 이 요구에 로마 원로원은 합당한 조치를 취하려 했다. 그러나 자국민에 대한 대중들의 동정심이 이방인들에 대한 정의를 압도하기에 이르자 민회는 처벌을 거부했다. 게다가 몇몇 보고에 따르면, 조국을 위해 싸운 용감한 전사들을 집정관 권한 군사대장으로 지명했다고 하는데,

이 해, 로마 건국 364년(기원전 390년)[6]은 로마 연보에서 가장 저주스러운 해가 되고 말았다. 로마가 자신의 요구를 거부하자 켈트족 왕 브레누스는 클루시움의 주둔지를 정리한 다음 켈트족 전부를 이끌고—당시 병력이 7만 명에 이르렀다—로마로 향했다. 알지 못하는 지역으로의 원정은 켈트족에겐 흔한 일이었으며, 전투 이주민단인 그들은 방어와 후퇴 따위도 전혀 걱정하지 않았다. 하지만 로마에서는 어느 누구도 이런 갑작스럽고 파괴적인 기습이 가져올 위험을 예감하지 못한 것이 분명하다. 켈트족이 로마로 향하고 있을 때, 로마 군대도 티베리스강을 건너 그들의 진로를 가로막았다. 도시 성문에서 22킬로미터가 채 되지 않는 곳, 알리아강이 티베리스강과 합류하는 지점에서 양편의 군대는 조우했고, 로마 건국 364년(기원전 390년) 7월 18일 전투를 시작했다. 로마인들은 정규군이 아닌 도적 떼를 상대하듯 오만하고 건방지게 켈트족을 상대했고, 지휘관은 아무 경험이 없는 사람이었다(당시 카밀루스는 계층 갈등 때문에 이 전투에 참여하지 않았다). 하지만 로마 사람들이 상대해야 했던 것은 야수나 다름없었다. 진지나 유사시 후퇴할 피난처가 무슨 소용이 있었겠는가? 그 야만인들은 죽음을 두려워하지 않는 용맹함을 갖추고 있었고, 이들의 전투 방식은 이탈리아 사람들에게 매우 낯설고 끔찍한 것이었다. 칼 한 자루만을 손에 쥔 채 켈트족은 로마식 밀집방진(密集方陣)을 향해 무섭게 달려들어 처음 한 번의 가격만으로 대형을 무너뜨렸다. 완전한 패

---

[6] 오늘날의 환산으로는 기원전 390년이다. 그러나 실제로 로마 함락은 〈로마사〉 98, 1에 따르면 기원전 388년이다. 하지만 이것은 로마 연보의 오류에 기인하는 것이다.

배였다. 강을 등지고 싸우던 로마 병사 대부분은 강을 건너 도망치려다 죽임을 당했다. 살아남은 자들은 우회하여 베이이로 달아났다. 승리에 도취된 켈트족은 패잔병을 뒤로하고 로마를 향해 진군했다. 수도 로마는 아무런 희망도 없이 적에게 넘어갈 판이었다. 몇몇 도시에 남겨진 병사들, 혹은 전장에서 도망쳐온 병사들로는 도시 성벽을 지키기에도 충분하지 못했다. 알리아 전투 이후 3일째 되는 날, 승자들은 로마의 성문을 지나 도시로 들어왔다. 승자들이 첫날 했던 것처럼 최선을 다했다면 도시는 물론 로마 자체가 망해버렸을지도 모른다. 그러나 아주 짧은 틈이 주어졌는바, 로마인들은 요새에 성물을 숨기거나 땅에 파묻고 훨씬 더 중요한 일인 농성을 채비하고 생필품을 준비할 수 있었다. 무기를 잡을 수 없는 사람들은 요새에 들이지 않았는데, 모두를 먹일 식량이 없었기 때문이었다. 요새 밖에 남겨진 사람들은 이웃 도시로 피난했다. 그러나 높은 신분의 상당수 노인들은 도시의 몰락을 피해 달아나려 하지 않았고 각자의 집에서 야만인들의 칼에 죽기를 각오했다. 도시로 들어온 야만인들은 사람이건 물건이건 있는 대로 죽이고 약탈했으며, 마지막엔 카피톨리움 요새에서 농성 중인 로마인들 눈앞에서 도시 전체를 불태웠다. 다행히도 야만인들은 공성(攻城) 방법을 제대로 알지 못했고, 가파른 절벽요새의 방어는 완강하고 끈질겼다. 대군(大軍)을 위한 생필품은 오로지 무장 정찰대가 얻어온 것으로 충당되었는데, 이 무장 정찰대는 이웃 라티움 종족들, 특히 아르데아 사람들이 용감하게 그리고 성공적으로 막아냈다. 그럼에도 불구하고 켈트족은 유례가 없을 정도의 열정으로 7개월 동안이나 절벽요새 아래 버티고 있었다. 농성 중인 로마인들은 카피톨리움 신전에서 키우는 거위들 덕분에, 그리고 우연히 잠에서 깬 용감한 마르쿠스 만리우스 덕분에 겨우 야간 기습을 모면했다. 그러나 이미 그들의 식량도 바닥을 보이기 시작했다. 그때 켈트족에게 급보가 전달되었다. 베네티 사람들이 켈트족 중 하나인 세노네스 부족이 새로이 얻은 파두스강 유역으로 쳐들어오고 있다는 것이었다. 켈트족은 철수의 대가로 몸값을 요구했다. 켈트족이 칼을 조롱하듯 던지며 칼의 무게만큼 황금을 바치도록 했다는 이야기는 이런 사정을 정확히 반영하고 있다. 야만족의 무력은 승리를 거두었으나 이내 승리를 팔아버렸고, 팔아버렸기 때문에 결국 승리를 놓치고 말았다.

켈트족의 허망한 승리

패전과 방화의 끔찍한 파국, 7월 18일, 알리아강, 성물들을 파묻은 광장, 요새로의 잠입을 막아낸 현장—전대미문의 사건을 구성하는 이 모든 세부사항이 동시대인들의 기억에서 후대의 상상으로 옮겨졌으며, 세계사적인 거위들이 보초를 서던 병사들보다 똑똑히 정신을 차리고 있었던 이래 벌써 이천 년의 세월이 흘러갔다고는 생각할 수 없을 정도로 상세히 전해지고 있다. 이 사건의 결과로서 향후 켈트족이 침입할 경우 어떤 법률적 특권으로도 군역은 면제되지 않는다는 법이 생겼고, 도시가 함락된 해를 원년으로 새로운 기원을 삼았다. 그럼에도 불구하고 당시 문명 세계 전체로 전파되어 심지어 희랍의 연보에까지 기록된 알리아강 전투와 그 결과들이 역사적으로 중요한 사건으로 기록되지 않았고, 이 사건으로 인한 정치적 변화도 없었다. 켈트족이 몸값으로 받은 황금을 싣고 철수하자(영웅 카밀루스가 황금을 되찾아 왔다는 이야기는 후대의 누군가가 아무렇게나 지어낸 이야기일 뿐이다) 피난을 갔던 사람들이 다시 도시로 돌아왔다. 몇몇 심약한 정치가들은 도시를 베이이로 옮기자는 말도 안 되는 생각을 제안했는데, 이를 기백 넘치는 반대연설로써 물리친 카밀루스는 폐허가 된 건물들을 서둘러 아무렇게나 복구했다(로마의 좁고 굽은 골목길은 이때 생겨난 것이다). 그렇게 로마는 다시 옛날과 같이 명령하는 위치에 서게 되었다. 비록 이 사건이 처음에는 아니었지만 결과적으로 로마와 에트루리아의 대립을 완화시켰고, 특히 로마와 라티움 사이의 유대 관계가 더욱 공고해지는 데 기여했다는 이야기는 전혀 불가능한 것이 아니다. 로마와 켈트족의 분쟁은 로마와 에트루리아 혹은 로마와 삼니움 사이의 분쟁과 달리 상호 제약하며 규정하는 정치세력 간의 정면충돌이 아니었다. 그것은 마치 생명체에게 닥친 자연재해와 같은 것이어서 살아 있는 한 곧 예전과 같은 모습을 되찾는 생명체처럼 로마도 옛 모습을 되찾았다. 이후에도 켈트족은 종종 다시 라티움으로 쳐들어왔다. 로마 건국 387년(기원전 367년)에 카밀루스가 알바롱가에서 켈트족을 격퇴했을 때, 이는 집정관 권한 군사대장을 여섯 번, 독재관을 다섯 번 역임했고 카피톨리움 언덕에서 네 차례의 개선식을 거행했던 늙은 영웅의 마지막 승리였다. 로마 건국 393년(기원전 361년) 독재관 티투스 퀸크티우스 펜누스가 켈트족에 대항해 로마로부터 채 7.4킬로미터가 되지 않는 아니오강 다리에 진지를 구축했을 때 켈트족 이주민단은 캄파니아를 향해 이동해갔고, 로마 건국 394년(기원전 360년) 독재관 퀸투스 세르빌리우스 아할라는 콜리나 성문 앞에서 캄파니아에서 돌아오는 켈트족과 대치했으며, 로마 건국 396년(기원전 358년) 독재관 가이우스 술피키우스 페티쿠스가 켈트족에게 상당한 패배를 안겨주었다. 심지어 로마 건국 404년(기원전 350년) 켈트족이 겨울에 알바롱가산지에서 숙영하며 희랍 출신 해적들과 한패가 돼 해안도시를 약탈했을 때는 저 유명한 카밀루스의 아들 루키우스 푸리우스 카밀루스가 다음 해에 그들을 몰아냈는데, 이 사건은 아테네에 있던 동시대인 아리스토텔레스(로마 건국 370~432년, 기원전 384~322년)도 전해 들었다고 한다. 켈트족의 이런 약탈행위는 잔혹하고 끔찍하긴 했지만 정치적 사건이라기보다 일종의 우연한 사고에 지나지 않았다. 이런 사건의 가장 중요한 결과는 로마인들이 스스로를, 그리고 나아가 주변 이웃들이 로마인들을 이탈리아 문명 도시의 성벽 너머에서 사나운 야만족에 대항하는 방벽으로 생각하게 되었다는 것이다. 이로써 세계패권자 로마라는 표상이 사람들이 생각하는 것보다 넓게 퍼지게 되었다.

로마의 계속된 에트루리아 정복

에트루리아 사람들은 켈트족이 로마를 공격할 때를 이용해 베이이를 공격했지만 충분한 무력을 갖추지 못했기에 아무것도 얻을 수 없었나. 야만인들이 떠나자마자 라티움의 중무장한 보병은 예전 같은 힘으로 에트루리아와 대적했다. 에트루리아의 거듭된 패전으로 남부 에트루리아는 키미누스호수 주변 산간지역까지 로마인들의 손에 들어 갔다. 로마인들은 베이이와 카페나와 팔레리이 지역에 새롭게 네 개의 분구를 설치했으며(로마 건국 367년, 기원전 387년), 수트리움 요새(로마 건국 371년, 기원전 383년)와 네페테 요새(로마 건국 381년, 기원전 373년)를 건설하여 북쪽 국경을 방어했다. 로마 식민지 개척단이 점거한 비옥한 주변 지역은 빠른 속도로 완전히 로마화가 진행되었다. 로마 건국 396년(기원전 358년), 로마의 식민지 인근에 위치한 에트루리아 도시들(타르퀴니이, 카이레, 팔레리이)은 로마의 침입에 대항을 시도했는데, 에트루리아인들의 격분이 얼마나 컸는지는 첫 번째 원정에서 포로로 잡은 로마 병사 307명을 타르퀴니이 광장에서 살해한 일에서 잘 알 수 있다. 하지만 이는 무기력한 자들의 광분에 지나지 않았다. 휴전 당시(로마 건국 403년) 카이레(로마에서 가장 가까이 위치한)는 가장 무서운 응징을 당했는바, 영토의 절반을 로마에 양도할 수밖에 없었으며, 그나마 남은 영토를 유지하기 위해서는 에트루리아 연맹에서 탈퇴하여 로마에 귀속될 수밖에 없었다. 그런데 이런 귀속 관계는 그동안 몇몇 라티움 연맹에 대해서만 허용하고 있었다. 로마에서 멀리 떨어져 있고, 더구나 로마와는 민족을 달리하는 이 공동체에 근처의 라티움 공동체에만 허용하던 지역 독립권을 부여하는 것은 현명한 조치로 보이지 않았다. 그래서 로마는 카이레 공동체에 로마 시민권을 부여하되 로마에서의 선거권과 피선거권을 제한함은 물론 자치권도 배제했는데, 재판이나 인구조사 등은 해당 도시의 관리들을 대신해 로마에서 파견된 관리가 맡았고, 행정은 로마법무관을 대리하는 총독(*praefectus*)을 현지에 파견하여 감독했다. 이때 처음 이런 법률적 형태의 예속 관계가 등장했는바, 이제까지 독립국가였던 도시가 지속적인 행정 감독을 받아야 하는 공동체로 바뀌게 되었다. 카이레의 귀속 이후 머지않아(로마 건국 411년, 기원전 343년) 팔레리이(에트루리아의 지배 아래서도 원래의 라티움 정체성을 유지하고 있었다) 역시 에트루리아 연맹에서 탈퇴하여 로마의 영원한 동맹국이 되었다. 이로써 남부 에트루리아 전체가 이런저런 형태로 로마의 패권 아래 복속되었다. 로마인들은 타르퀴니이와 북부 에트루리아에 대해서는 400개월의 평화협정으로 에트루리아의 두 세력을 상당 기간 묶어놓는 것으로 만족했다(로마 건국 403년, 기원전 351년).

북부 이탈리아의 평화 정착

한편 북부 이탈리아에서 서로 뒤엉켜 충돌하던 민족들은 각자의 국경을 유지하면서 점차 안정을 찾아갔다. 알프스를 넘는 이주 행렬도 멈추었는데, 이는 에트루리아 사람들의 고향을 지키려는 절망적 방어와 로마인들의 강력하고 적극적인 공세 때문이었으며, 일정 부분 우리가 알지 못하는 알프스 이북의 어떤 변화 때문이었을 것이다. 켈트족은 알프스와 아펜니노산맥 사이, 아브루초산괴(山塊)에 이르는 지역 전반에 걸쳐 지배 민족이 되었는바, 이제 이들은 넓은 평야와 비옥한 초지의 주인이 되었다. 그러나 그들의 느슨하고 평면적인 거주 방식은 여전했고, 그들의 지배는 새로 획득한 정착지에 깊이 뿌리내리지 못했으며, 배타적인 소유의 형태를 취하지도 않았다. 알프스 지역에서, 그리고 새로 얻은 지역에서 켈트족 계통의 사람들이 예전 에트루리아 사람들 혹은 다른 계통의 민족들과 어떤 방식으로 섞여 살았는지는 알 수 없다. 왜냐하면 그 시기 알프스 지역 민족들의 정체성에 관해 현재 우리가 알고 있는 것이 충분치 못하기 때문이다. 다만 티롤과 라이티아 지역에 거주했던 사람들은 아마도 에트루리아 계통으로 분류할 수 있을 것이다. 아펜니노산맥의 계곡들은 여전히 움브리아 사람들이 유지하고 있었고, 파두스강의 북쪽 지방은 다른 언어를 쓰는 베네티 사람들이 차지하고 있었다. 북서쪽 산간지역에는 오늘날 피사와 아레쪼에 이르기까지 리구리아 계통이 거주했는데, 이곳은 켈트족의 본거지와 에트루리아가 나뉘는 경계 지역이었다. 켈트족은 중앙의 평야지대에서만 살았는바, 파두스강 이북에는 인수브레스 사람들과 케노마니 사람들이 살았고, 파두스강 이남에는 보이이 사람들이 살았다. 아리미눔과 앙코나에 이르는 아드리아 해안지대는 소위 '켈트족의 땅'(ager Gallicus)이라 하여 세노네스 사람들이 살았다(그밖에 소수 부족은 제외한다). 그러나 이때에도 에트루리아 거주지는 부분적으로 지속되었는바, 이는 페르시아 지배하에서도 에페소스와 밀레토스가 희랍인들의 정착지로 남아 있었던 경우와 같다고 하겠다. 적어도 만투아는 섬과 같은 지리 조건 때문에 제정기에도 여전히 에트루리아인들의 도시였으며, 또한 파두스강의 아트리아에서도(많은 수의 도자기가 발굴되었다) 에트루리아의 모습이 그대로 유지되고 있었던 것으로 보인다. 스퀼락스라는 저자로 잘 알려진, 로마 건국 418년(기원전 336년)에 편찬된 지리서에는 아트리아와 스피나가 에트루리아인들의 땅이라고 적혀 있다.

이로써 에트루리아 해적선들이 로마 건국 500년까지도 아드리아해를 불안하게 만들 수 있었던 이유도 설명된다. 쉬라쿠사이의 디오뉘시오스만이 아드리아해의 바닷가에 여러 개의 식민지를 설치했던 것이 아니라, 최근에 발견된 놀라운 문헌에 따르면 로마 건국 429년(기원전 325년)에 아테네 사람들까지 에트루리아 해적들로부터 상선을 보호하기 위해 아드리아해에 일종의 식민 개척지를 건립하기로 결정했던 것도 이 때문인 것이다.

이처럼 에트루리아 세력이 다소간 남아 있었지만, 그렇다 하더라도 그것은 막강했던 예전 세력의 고립된 파편에 지나지 않았다. 그들이 여기서 평화적인 거래 혹은 해양 전투를 통해 몇몇 사람들로부터 얻었던 것들은 에트루리아 민족 전체에게 어떤 힘을 가져다주지는 않았다. 그러나 이들 반(半) 자유의 에트루리아 사람들은 켈트족 등 알프스 종족들이 나중에 갖게 된(제1권 304쪽) 문명을 그들에게 전해주는 역할을 했던 것으로 보인다. 오늘날 롬바르디아 평야에 정착한 켈트족이, 스퀼락스의 말을 빌자면, 전사로서의 생활을 포기하고 한 곳에 정착하여 머물렀다는 사실은 부분적으로 이런 영향의 결과에 해당한다. 롬바르디아 평야의 켈트족, 그러니까 오늘날 슈타이어마르크 지역에 살았던 알프스 민족들에게 전해진 수공업과 예술과 알파벳은 에트루리아 사람들에 의한 것이다.

에트루리아 본토의 평화와 몰락

캄파니아를 비롯한 아펜니노 이북과 키미누스호수 이남의 북쪽 경계를 모두 상실한 에트루리아 사람들에게는 매우 협소한 땅만이 남게되었다. 패권과 확장의 시대는 이제 이들에게 영원히 지나가 버렸다. 이런 외형적 축소는 에트루리아 민족의 내적 몰락과 아주 밀접하게 연관되어 있었다. 몰락의 씨앗은 이미 오래전에 널리 뿌려져 있었다. 이 시대의 희랍 역사가들은 에트루리아 사람들의 방탕한 삶에 대하여 많은 기록을 남기고 있다. 로마 건국 5세기, 이탈리아 남부의 시인들은 에트루리아의 포도주를 칭송했으며, 동시대 역사가들인 티마이오스와 테오폼포스는 에트루리아인들의 음탕함과 방탕함을 기록했는바, 이 기록에 비하면 극히 심각했던 것으로 알려진 비잔티움과 프랑스의 도덕적 타락은 아무것도 아니었다. 이런 보고들 하나하나가 다 믿을 수 있는 것은 아니겠지만, 일반적으로 고대의 마지막 시기인 후기 로마의 타락이라고 할 검투사 경기에 대한 끔찍한 탐닉이 에트루리아 사람들에게서 시작되었다는 보고는 적어도 근거가 있는 것으로 보인다. 아무튼 이런 것들이 에트루리아 민족의 심각한 쇠퇴를 초래했다는 것에는 의심의 여지가 없다. 이런 경향은 정치적 상황에서도 진행되었다. 우리의 제한적 지식으로 파악한 것만으로도 로마와 마찬가지로 이들에게서도 귀족정의 경향이 두드러졌음을 알 수 있는데, 이들의 귀족정은 혹독하고 부패한 것이었다. 베이이의 함락을 전후한 시점에 이미 에트루리아 도시국가들에서 진행된 것으로 보이는 왕정철폐로 몇몇 도시에서는 귀족 지배가 성립되었는데, 귀족들은 느슨한 민족 연맹의 제한에 그다지 구애를 받지 않았다. 영토를 수호하기 위해 전체 에트루리아 도시들이 하나로 힘을 모으는 일은 드물었다. 볼시니 사람들의 명목상 패권은 로마를 중심으로 한 라티움 종족들의 강력한 힘과는 거의 비교되지 못할 만큼 현격한 차이를 보였다. 공동체의 관직과 공동체의 재산에 대한 시민들의 배타적 이기심도 갈등을 야기하는 주요한 요인인바, 로마도 이런 갈등에 의해 몰락했을 수도 있었으나, 억눌린 무산계급의 요구를 다른 민족들을 희생시켜 어느 정도 충족시킬 수 있었던 대외적 성공을 통해, 그리고 명예욕이라는 다른 통로를 만들어줌으로써 위기를 모면할 수 있었다. 반면 에트루리아는 이런 경제적·도덕적 갈등과, 에트루리아 사람들에게 두드러진 것인바, 귀족들의 종교 독점으로 인한 갈등을 해결하지 못했기에 결국 경제적·도덕적으로 타락하고 말았음은 분명하다. 엄청난 재산, 특히 토지 재산이 소수의 귀족에게 집중되었으며, 반면 대중들은 빈곤에 허덕였다. 이에 더해 이로부터 야기된 사회적 혁명들은 에트루리아인들이 해결해야 하는 문제를 더욱 크게 만들었다. 중앙 통제가 힘을 잃자, 예를 들어 로마 건국 453년(기원전 301년)의 아레티움, 로마 건국 488년(기원전 266년)의 볼시니에서 궁지에 몰린 귀족들에게 남은 유일한 방법은 로마에 도움을 청하는 것이었다. 이때 로마는 무질서를 바로잡았으며, 동시에 겨우 유지되던 에트루리아의 독립도 박탈했다. 에트루리아 민족의 내적인 역량은 베이이와 멜품이 함락되던 날 산산이 부서져 버렸다. 이후 로마의 지배에서 벗어나고자 한 몇몇 진시한 시도가 있었는네, 그런 시도에 자극을 준 것도 에트루리아의 외부, 다시 말해 다른 민족 계통의 이탈리아인 삼니움 사람들이었다.

제5장
로마에 의한 라티움과 캄파니아 복속

로마의 라티움 패권: 붕괴와 회복

왕정기 로마의 커다란 성과는 라티움 지역의 패권을 장악했다는 것이다. 이후 로마의 국가체제 변화가 라티움 지역과 로마의 관계뿐 아니라 라티움 지역 공동체들의 내적 관계에도 커다란 영향을 미쳤음은 의문의 여지가 없는 사실이며, 전승 또한 이를 확증해주고 있다. 로마의 혁명으로 인해 로마-라티움 연맹이 붕괴되었음을 입증해주는 것으로 레길루스호수에서 독재관 혹은 집정관이었던 아울루스 포스투미우스(로마 건국 255년 혹은 258년, 기원전 499년 혹은 496년)가 카스토르와 폴룩스의 도움으로 라티움 사람들을 대파했다는 보기 드물게 생생하게 그려진 이야기가 있고, 보다 확증적인 것으로 스푸리우스 카시우스가 자신의 두 번째 집정관직(로마 건국 261년, 기원전 493년)에 취임하여 로마와 라티움의 영원한 연맹관계를 회복했다는 이야기도 있다. 하지만 이런 이야기들은 본질적인 것에 대해서는, 다시 말해 라티움 연맹과 공화정 로마의 법적 관계에 대해서는 아무런 정보도 전해주지 않는다. 하지만 이와 같은 문제에 대하여 우리가 달리 알고 있는 것은 시간적 맥락 없이 전해진 이야기들 뿐이기에 우리는 다만 개연성에 따라 대략적인 선후 관계만을 정할 수 있을 뿐이다.

로마와 라티움의 법적 평등

상호 관계에 있어 패권이란 본질적으로 주도권에서 통치권으로 점차 변질되는 경향을 가지고 있다. 라티움 지역에 대한 로마의 패권도 이런 경향에서 예외는 아니었다. 로마의 패권도 기본적으로는 로마와 라티움 연맹의 법적 평등을 전제로 했다(제1권 144쪽). 하지만 통일국가 로마와 국가연합체 연맹의 상호 평등 관계에도 불구하고 적어도 전쟁 수행과 정복지 처분에 있어서는 로마가 패권적 지위를 차지하고 있었다. 애초의 연맹법에 따르면, 개전권 및 외국과의 조약체결권, 다시 말해 온전한 국가적 독립권은 로마뿐 아니라 라티움 연맹의 도시들에도 똑같이 주어졌으며, 전쟁의 공동 수행에 있어서도 로마와 라티움 연맹은 동일한 할당량을 책임졌는바, 각자 8,400명의 병사를 차출했다.[1] 하지만 최고 지휘권은 로마의 사령관이 행사했으며, 최고 지

---

[1] 양쪽 부대의 원초적 평등에 관해서는 리비우스 1, 52와 8, 8, 14 그리고 디오뉘시오스 할리카르

휘자는 자기 뜻에 따라 참모들, 다시 말해 예하 부대 지휘관(보병 구대장)들을 지명했다. 다만 승전의 경우에는 획득한 동산 및 정복한 토지를 로마와 라티움 연맹이 동등하게 나눠 가졌다. 정복지에 군사요새를 설치하기로 한 경우, 주둔군과 주민들도 일부는 로마에서 또 일부는 라티움 연맹에서 파송된 사람들로 채워졌다. 뿐만 아니라 이렇게 새로 설치된 공동체를 독립된 연맹국가로 라티움 연맹에 받아들였으며 라티움 연맹의회의 의석과 의결권을 부여했다.

법적 평등의 위축

이러한 원칙들은 아마도 왕정기에 이미, 공화정 시기에는 더 확실히 라티움 연맹에 불리한 방향으로 변화되었으며, 반면 로마의 패권은 더욱 확장되었다. 외국에 대한 라티움 연맹의 개전권 및 조약체결권이 가장 먼저 없어진 것은 의심의 여지가 없는데,[2] 이후 전쟁과 조약체결은 영원히 로마가 주관하게 되었다. 한편 라티움 연맹 부대의 고급 장교들은 예전에는 라티움 사람들도 동등하게 기용될 수 있었으나, 나중에는, 물론 라티움인들이 완전히 배제된 것은 아니지만, 로마시민들이 대다수를 차지했다.[3] 다른 한편 군비 할당에 있어서는 전과

나소스 8, 15에서 볼 수 있으며, 가장 뚜렷하게 이를 언급한 것은 폴뤼비오스 6, 26 이하다.

[2] 디오뉘시오스 할리카르나소스(8, 15)가 분명히 언급하고 있는바, 로마와 라티움 사이에 맺어진 이후의 연맹조약에 따르면 라티움 지방의 공동체들에는 그들의 할당 군대를 자체적으로 동원하는 것과 단독으로 파병하는 것이 금지되었다.

[3] 라티움 출신 고급 장교들은 12명의 연맹부대 사령관들이다. 이들은 과거의 밀집방진이 나중에

다름없이 라티움 연맹 전체로부터 로마 공동체가 이행하는 군비 부담 이상의 할당량을 요구하지 않았다. 로마 총사령관은 라티움의 할당 부대를 쪼개지 않고, 공동체별 독립 단위의 부대로 나눠 각 공동체가 파견한 지휘관[4] 아래 두었다. 노획한 동산 및 정복한 토지 일부에 대한 라티움 연맹의 청구권은 공식적으로 유지되었다. 그러나 실질적으로는 전쟁 획득물 대부분이 아무런 논란 없이 이미 일찍부터 패권국에 귀속되었다. 연맹의 요새 혹은 소위 라티움 식민지 건설에서도 추측건대 일반적으로 정착민 대부분 혹은 드물지 않게 전부가 로마 사람들로 채워졌고, 이들은 이러한 라티움 연맹 식민 도시의 시민이 되었다. 그런데 대체로 새로 조성된 도시에서는 특히 더 이런 로마 이주민들에게 실질적 모국인 로마에 대한 종속성이 크게 영향을 주었고, 이는 라티움 연맹에게는 불리했다.

보병군단과 기병대대로 재편되었을 때 연맹부대의 두 기병대에 각 6명씩 배치되었는바, 이는 로마 부대의 12명의 보병 구대장들이 두 개의 군단에 각 6명씩 배치된 것과 같다. 폴뤼비오스가 전하는바(6, 26, 5), 로마의 집정관이 로마 구대장들은 물론 라티움 장교들까지 지명했다고 한다. 누구나 군대를 책임지는 장교가 될 수 있다는 옛 법규에 따라(제1권 108쪽) 군단 총사령관은 로마 부대를 라티움 장교에게 맡기거나, 라티움 부대를 로마 장교에게 맡기는 재량권이 있었다. 하지만 실질적으로 보병 구대장은 모두, 그리고 연맹부대 사령관들은 전부는 아니었지만 대개는 로마인들이 차지했다.

[4] 이들은 기병중대장(*decuriones turmarum*)과 보병대대장(*praefecti cohortium*)을 가리킨다(폴뤼비오스 6, 21, 5; 리비우스 25, 14; 살루스티우스《유구르타 전쟁기》69 등). 로마 집정관이 법적으로 당연히 그리고 대체로 사실상 최고 사령관이 되는 것처럼, 언제나 이니면 적어도 아주 자주 복속 도시 공동체의 최고 관직자가 공동체 단위 부대의 지휘관이 되는 것은 자연스러운 일이었다 (리비우스 23, 19; Orelli 7022). 라티움 지역의 일반적인 최고 관직명(*praetores*: '선두에 서는 사람'=통솔관) 자체가 부대 지휘관의 의미를 갖는다.

개인의 권리

한편 연맹 규약이 모든 공동체에 속해 있는 시민 개개인에게 연맹도시 내에서 허용한 권리는 위축되지 않았다. 이 권리에는 특히 부동산 및 동산의 획득, 상업적 거래, 결혼과 유언 등의 활동에 대한 완전한 법적 평등이 포함되어 있었다. 이에 더해 무제한적 거주 이전의 자유도 이 권리에 포함되어 있었는데, 이로써 연맹도시에 등록된 시민이라면 다른 어떤 연맹 공동체에서든 거주할 권리를 가졌고, 이런 연맹시민권자(*municeps*)는 피선거권을 제외한 모든 사적, 공적인 권리와 의무를 가졌으며, 심지어 분구별로 소집된 민회에서, 물론 제한된 범위에서이지만, 표결에 참여할 권리도 가졌다.[5]

  공화정 초기, 로마 공동체와 라티움 연맹과의 관계는 아마도 대체로 이러했을 것이다. 이 중 무엇이 옛 규약에 따른 것인지, 무엇이 로마 건국 261년(기원전 493년)에 있었던 연맹규약개정에 따른 것인지를 분명히 구분하기는 어렵다.

---

[5] 이러한 영주민은 시민들처럼 어떤 한 분구에 영구히 귀속되지 않았으며, 영주민은 각각의 표결 직전에 그가 이번에 투표하게 될 분구를 제비뽑기로 결정했다. 구민회에서 라티움 연맹 시민들에게 허용된 표는 실질적으로 단 한 장이었다. 정식 백인대민회에서의 투표권은 어떤 구민회이든 의석을 갖고 있다는 것을 전제로 했기 때문에 영주민들도 백인대민회의 표결에 함께 참여할 수 있었을 테지만, 영주민들에게는 모르긴 몰라도 구민회와 비슷한 방법이 적용되었을 것이다. 동민회에는 영주민들이 상민들과 마찬가지로 참여할 수 있었다.

로마의 모범에 따른 라티움 연맹의 혁신

더욱 자신있게 단언하거니와 라티움 연맹에 속하는 몇몇 공동체의 제도 개혁은 집정관제 국가체제라는 로마식 모범에 따라 이루어진 일종의 혁신이라고 규정될 수 있는바, 이런 맥락에서 이해되어야 한다. 물론 상이한 공동체들이 서로 무관하게 왕정체제를 자체적으로 철폐할 수도 있었겠지만(제2권 4쪽), 로마와 마찬가지로 여타 라티움 공동체들이 매년 새로운 왕을 지명한 것은 외부의 영향을 받았음을 보여준다. 또 매우 독특한 제도인 동료제 원칙[6]이 널리 퍼져 있던 것도 이러한 영향 관계를 잘 보여준다. 이처럼 라티움 연맹의 국가체제가 집정관제의

---

[6] 널리 알려진 것처럼 라티움 공동체는 일반적으로 두 명의 통솔관(*praetores*)을 두었다. 일련의 공동체에는 단독 행정관들도 있었는데, 이들은 나중에 독재관이라는 직함을 사용했다. 알바롱가(Orelli-Henzen 2293), 투스쿨룸(제2권 154쪽 각주), 라누비움(Cic. Mil. 10. 27; 17, 45; Ascon. Mil. p. 32 Orelli, Orelli 2786, 5157, 6086), 콤피툼(Orelli 3324), 노멘툼(Orelli 208, 6138, 7032; W. Henzen in Bullettino dell' Instituto 1858, S. 169), 아리키아(Orelli 1455) 등의 공동체가 이러했다. 더불어 투표권 없는 도시인 카이레(Orelli 3787, 5772; Garrucci, Diss. arch. Bd. 1, S. 31. 수트리움을 여기에 잘못 포함시켰다)도 유사한 독재관을 두었다. 피데나이에도 같은 이름의 관리가 있었다(Orelli 112). 이런 모든 관직 혹은 관직에서 유래하는 사제직들(카이레의 독재관도 리비우스 9, 43에 따라 이에 속한다: *Anagninis—magistratibus praeter quam sacrorum curatione interdictum*)은 일 년 임기제였다(Orelli 208). 알바롱가는 몰락할 시점에 이르러 더 이상 왕정체제가 아니었으며 일 년 임기의 독재관이 다스렸다(디오뉘시오스 할리카르나소스 5, 74; 플루타르코스 《로물루스》 27; 리비우스 1, 27) 마케르를 인용한 연대기 작가들의 보고는, 추측건대 알바롱가의 사제직을 보고 마케르가 유추한 것에서 유래하는바, 이 사제직은 노멘툼의 그것과 마찬가지로 일 년 임기제였으며 '독재관'이라고 불렸다. 따라서 연대기 작가들의 보고는 작가들의 민주주의적 사고가 크게 작용한 것으로 유추의 타당성에 문제가 있다. 또한 비록 알바롱가가 몰락 당시까지 종신직 통치자가 다스리고 있었음에도 불구하고 이후 로마의 왕정 철폐 때문에 알바롱가의 '독재관'을 일 년 임기제 관직으로 변형하도록 영향을 주었을 것이기에 작가들의 보고에는 문제가 있다. 아무튼 이처럼 모든 라티움 연맹의 관직들은 실제와 명칭에 있어서 본질적으로 혁명 이후 로마에 확립된 제도와 일치하는바, 이는 정치제도의 단순한 동질성만으로는 충분히 설명되지 않는 것들이다.

체계를 본받아 정비된 때는 로마에서 타르퀴니우스 집안이 추방된 후 얼마 지나지 않았을 때임이 틀림없다. 물론 라티움 연맹의 국가체제가 패권국의 국가체제를 모방한 것은 좀 더 나중 시기에 속한 사건일 수도 있다. 하지만 내적인 개연성에 주목하면, 로마의 귀족은 종신직 왕정의 폐지를 실현한 뒤 라티움 연맹의 공동체에도 이런 국가체제 변화를 권고했으며, 로마와 라티움의 연맹까지도 위협하는 진지한 저항이 추방된 타르퀴니우스 집안에 의해, 다른 한편 여타 라티움 공동체에 아직 남아 있는 왕족과 왕정 지지자들에 의해 일어나자, 로마 귀족은 이런 저항을 무릅쓰고 마침내 모든 라티움 지방에 귀족정을 관철시켰던 것이 틀림없다. 또한 이와 같은 시기에 에트루리아 사람들의 엄청난 권력 확장이 진행되었는바, 베이이 사람들의 공격, 포르세나 왕의 원정 등과 같은 사건이 있었고, 이로 인해 아마도 라티움 민족은 이미 굳어진 통일 방식에 따라 단합하지 않을 수 없었을 것이다. 다시 말해 라티움 공동체들은 로마의 패권을 지속적으로 인정하는 방식을 채택했고, 로마의 모범에 따라 이미 라티움 공동체들 내에서도 다양한 형태로 준비되었을 국가체제의 변화를 꾀했으며, 어쩌면 이를 통해 패권 확장까지도 노렸을 수 있다는 것이다.

　항구적으로 통합된 민족은 그들의 권력을 지켜낼 수 있을 뿐 아니라 사방으로 이를 확장할 수도 있다. 에트루리아 사람들이 짧은 시간 라티움의 통치자 자리를 차지했을 뿐 곧 왕정기 상황으로 복귀했다는 점은 앞서 언급했다(제2권 122쪽). 물론 로마 국경의 본격적인 확장은 로마에서 왕이 추방되고도 백 년 이상의 시간이 지나서야 비로소 가능했다.

사비눔의 굴복

움브리아 경계로부터 티베리스강과 아니오강에 이르는 중부 산악지역을 차지하고 있던 사비눔 사람들은 로마 개국 초기에는 라티움 지방까지 공격하여 쳐들어오기도 했으나, 로마와는 직접적으로 국경을 맞대고 있었음에도 불구하고 상대적으로 접촉이 적었다. 로마 연보에서 확인할 수 있는바, 사비눔 사람들은 동쪽과 남쪽에 자리한 이웃 민족들이 보여주었던 저항에도 크게 참여하지 않았다. 이보다 중요한 것은 사비눔 지역에는 특히 볼스키 지역에 무수히 설치된 것과 같은 요새가 전혀 설치되지 않았다는 점인데, 아마도 이는 어쩌면 사비눔 종족이 이 시점에 남부 이탈리아로 내려간 것과 관련이 있을 듯하다. 사비눔 사람들은 티페르누스강과 볼투르누스강 유역의 안온한 지역에 이끌려 티베리스강 남쪽 지역에서 펼쳐진 전쟁에는 개입하지 않은 것으로 보인다는 것이다.

아이퀴 사람들과 볼스키 사람들의 굴복

훨씬 강력하고 지속적인 저항은 아이퀴 사람들과 볼스키 사람들의 저항이었다. 아이퀴 사람들은 로마의 동쪽으로는 투라노와 살토 계곡에 이르기까지 또 푸키누스호수의 북쪽 지역에 살고 있었으며, 사비눔 사람들과 마르시 사람들과 국경을 맞대고[7] 있었다. 볼스키 사람들은 아르

---

[7] 아이퀴 사람들의 영역은 티부르 위쪽의 아니오강 계곡과 나중에 라티움 식민지가 건설된 카르

데아 주변에 거주하던 루툴리 사람들과 남쪽으로 코라까지 뻗어 나간 지역에 거주하던 라티움 사람들의 남부에서, 해안으로는 근처 도서를 포함하는 리리스강 하구 근처와 내륙으로는 리리스강 유역 전체에 거주하고 있었다. 이 두 민족과 해마다 반복된 분쟁들은 로마의 연대기에 기록되어 있는데, 이 연대기는 전혀 중요하지 않은 갈등과 매우 중요한 전쟁을 무차별적으로 기록하고 있으며 역사적인 문맥을 전혀 고려하고 있지 않기 때문에 우리는 이런 분쟁들에 대한 언급은 여기서 생략하고, 다만 로마의 지속적인 승리만을 지적하고자 한다. 분명히 알 수 있는 것은, 로마 사람들과 라티움 사람들은 무엇보다 아이퀴 사람들과 볼스키 사람들을 단절시키기에 이르렀으며 소통의 주역을 맡게 되었다는 것이다.

볼스키 사람들은 알바롱가의 남쪽 구릉지대와 볼스키의 산악지대, 그리고 폼프티눔 소택지에 이르는 지역에서 처음으로 라티움 사람들과 접촉했고, 이후 서로 뒤엉키고 섞인 채 정착했던 것으로 보인다.[8] 이 지역에서 라티움 사람들은 자신들의 영역을 넘어 외부세계로 첫걸음을 내디뎠으며, 연맹 요새를, 소위 라티움 식민지를 알바롱가 산악지대 남쪽 벨리트라이 평야에 건설했다(전하는 바에 따르면 로마 건국 260년, 기원전 494년에). 폼프티눔 저지대에는 수에사를, 볼스키 사람들과

시올리(투라노 계곡 상류)와 알바(푸키누스호수 기슭) 등의 지역을 아우른다. 뿐만 아니라 아이퀴 사람들의 자치도시까지 아이퀴 영역에 포함되는데, 로마가 아이퀴 사람들을 복속하고 지역 대부분을 로마 혹은 라티움 식민지 개척단에게 할양한 이후 아이퀴 사람들에게 자치적 독립이 부여되었다.

[8] 외형적으로 보면 평원에 위치한 벨리트라이는 원래 볼스키 사람들의 거주지이고 따라서 라티움 식민지였으며, 반면 코라는 볼스키 지역에 위치하지만 원래 라티움 사람들의 거주지였다.

아이퀴 사람들을 연결하는 중간지대인 고지대에는 노르바(전하는 바에 따라 로마 건국 262년, 기원전 492년)와 시그니아(대체로 로마 건국 259년, 기원전 495년)를 건설했는데, 이런 일이 완수된 것은 헤르니키 사람들이 로마-라티움 연맹에 가입하게 되었을 때였다(로마 건국 268년, 기원전 486년). 헤르니키 사람들의 연맹 가입으로 인해 볼스키 사람들은 완전하게 고립되었으며, 헤르니키 사람들은 남동부에 사는 사비눔 종족을 막아내는 라티움 연맹의 방어벽이 되었는바, 이는 어째서 이렇게 작은 부족이 다른 두 부족과 함께 대등하게 연맹 의회와 노획물 분배에 참여하게 되었는지를 설명해준다. 한편, 약체였던 아이퀴 사람들은 이때 이후 전혀 위협적인 요인이 아니었는바, 때때로 이들에 대한 약탈적 원정만으로도 방어는 충분했다. 라티움 지방 남부에서 해안 평야 지대를 마주하고 있던 루툴리 사람들은 일찍이 복속되었으며, 그들의 도시 아르데아는 이미 로마 건국 312년(기원전 442년)에 라티움 식민지가 되어 있었다.[9] 보다 열심히 저항한 것은 볼스키 사람들이었다. 로마 사람들이 볼스키 사람들에 대하여, 앞서 언급한 것 이후에 거론할 만

---

[9] 그 얼마 후에 아리키아의 숲에 디아나 여신의 성지가 건설된 것이 분명하다. 카토의 보고에 따르면(《오리기네스》 p.12 Jordan) 투스쿨룸의 독재관이 옛 라티움 공동체들을 위해 이 성지를 조성했다고 한다. 옛 라티움 공동체들이란 투스쿨룸, 아리키아, 라누비움, 라우렌툼, 코라, 티부르 등과 두 개의 라티움 식민지(식민 도시였기 때문에 마지막에 언급되는데)인 수에사 포메티아 그리고 아르데아(populus Ardeatis Rutulus)였다. 프라이네스테와 여타 옛 라티움 도시들이 빠져 있다는 것은 당시 라티움 연맹에 속하는 모든 공동체가 성지 봉헌식에 참여한 것은 아니라는 사실을 알려준다. 한편 이런 봉헌식이 로마 건국 372년(기원전 382년) 이전에 있었다는 사실은 포메티아가 여기에 등장하는 것으로 증명된다(제2권 158쪽 각주). 이런 보고는 아르데아의 연맹 가입 직후 연맹의 상황을 다른 방식으로 전해주고 있는 또 다른 보고와 정확히 일치한다. 아주 오래된 전승들은 못 믿어도 전승된 건립 연대는 믿을 수 있다. 이탈리아의 도시들은 모두 '도시창건'(ab urbe condita) 연호를 사용했는데, 직접적인 전승을 통한 연수계산은 식민지의 건립 연대를 그대로 간직하고 있기 때문일 것이다.

한 최초의 성공은 매우 놀라운 일인바, 로마 건국 361년(기원전 393년)에 있었던 키르케이이의 건립이다. 이곳은 안티움과 타라키나를 손에 넣지 못하는 한 바닷길로만 도달할 수 있는 곳이었다. 안티움의 정복은 종종 시도되었고 로마 건국 287년(기원전 467년)에는 짧은 기간 동안 로마에 복속되기도 했다. 그러나 로마 건국 295년(기원전 459년), 이 도시는 다시 로마의 손에서 벗어났고, 로마는 켈트족 침입 이후 30년 동안의 격렬한 전쟁(로마 건국 365~377년, 기원전 389~377년)을 치르고 나서야 비로소 안티움과 폼프티눔 지역에 대한 결정적 우위를 장악할 수 있게 된다. 안티움에서 멀지 않은 사트리쿰에는 로마 건국 369년(기원전 385년)에 라티움 식민지가 건설되었으며, 이후 머지않아 안티움과 타라키나에도[10] 식민지가 건설되었다. 폼프티눔 지역은 세티움 요새(로마 건국 372년, 기원전 382년. 로마 건국 375년, 기원전 379년 확장됨)에 의해 보호받았으며, 로마 건국 371년(기원전 383년)부터 토지를 소유하지 못한 사람들과 시민 분구에 분배되었다. 이때 이후로도 볼스키 사람들은 여전히 저항했지만, 로마와의 전쟁을 감행하지는 않았다.

라티움-로마 연맹 내부의 갈등

로마와 라티움과 헤르니키 등의 연맹이 에트루리아, 아이퀴, 볼스키,

---

[10] 두 도시는 로마 건국 372년(기원전 382년) 무렵의 카시우스 목록에는 라티움 공동체로 등장하지 않는다. 그러나 로마 건국 406년(기원전 348년)에 맺어진 카르타고와의 협정에는 등장한다. 이 시기 사이에 두 도시는 라티움 공동체가 된 것이다.

루툴리 사람들에 대하여 결정적인 성공을 거둘수록, 연맹의 결속력은 점점 약화되었다. 원인은 앞서 설명했던바, 기존의 관계에서 필연적으로 발생할 수밖에 없는 라티움 사람들의 로마 패권 확장에 대한 커다란 부담감 때문이었다. 또 부분적으로는 지도적 공동체들이 심각한 불의를 자행했기 때문이기도 했는데, 그 예로는 특히 무엇보다 아리키아 사람들과 루툴리 사람들의 갈등을 조정한 저 악명 높은 중재 결정을 들 수 있다. 이 결정은 로마 건국 308년(기원전 446년)에 아르데아에서 있었던 것으로, 두 공동체 간의 영토 분쟁을 조정해달라는 요청에 대해 로마인들 자신이 문제가 된 영토를 취해버린 사건이다. 이 결정으로 인해 아르데아에서 내분이 생겨났으니 민중은 볼스키 사람들에게 가담할 것을 주장했고 귀족들은 로마를 지지했던 것이다. 더욱 창피스러운 일은 이런 갈등을 악용, 로마인들이 앞서 언급한 로마의 식민지 건설단을 이 지역에 파견하고, 반로마 당파의 토지를 식민지 건설단에 분배했다는 것이다(로마 건국 312년, 기원전 442년). 하지만 연맹이 내적으로 분열된 주요 원인은 이런 일들에 있었다기보다는 공동의 적이 사라졌다는 데 있었는바, 더 이상 상대방을 필요로 하지 않게 되면서 한쪽의 관용과 다른 쪽의 헌신을 찾아볼 수 없게 되었다. 헤르니키 사람들 등 라티움 연맹체 사람들과 로마 사람들의 공식적인 단절에 직접적인 계기를 제공한 것은 우선은 켈트족에 의한 로마 점령과 그에 따른 짧은 기간 동안의 로마의 약화였으며, 다음은 폼프티눔 지역의 확정적인 점령과 최종적 분배였다. 이제까지의 연맹도시들은 이 두 사건 이후 곧 전쟁터에서 맞서게 되었고, 라티움 지역의 자원자들 상당수는 그들에게 결정적 패배를 안겨준 안티움 전투에 참여했다. 이제 라티움 도시들은 로마의 무력 앞에 굴복할 수밖에 없었는데, 이 중 이름 있는 도시들로는 라누비움(로마 건국 371년, 기원전 383년), 프라이네스테(로마 건국 372~374년과 400년, 기원전 382~380년과 354년), 투스쿨룸(로마 건국 373년, 기원전 381년), 티부르(로마 건국 394년과 400년, 기원전 360년과 354년)가 있었으며, 그밖에 볼스키 지역에 세워진 로마—라티움 요새들, 예를 들어 벨리트라이와 키르케이이 등도 있었다. 심지어 티부르 사람들은 다시 한 번 쳐들어온 켈트족과 연맹, 로마에 대항하는 공동전선을 구축하는 데 주저하지 않았을 정도였다. 하지만 실제적인 집단 반발은 일어나지 않았고, 로마는 힘들이지 않고 몇몇 도시들을 제압했다. 투스쿨룸은 심지어 정치적 독립을 포기하고 로마 시민연합의 투표권 없는 공동체(*civitas sine suffragio*)가 될 수밖에 없었는바(로마 건국 373년, 기원전 381년), 투스쿨룸은 도시 성벽과 제한된 범위 내에서 자치권, 다시 말해 도시 행정과 민회를 유지하긴 했지만, 로마 시민으로서의 선거권과 피선거권은 부여받지 못했다. 이것은 시민공동체 하나가 통째로 국가인 로마의 예속공동체로 규정된 첫 번째 사례였다.

연맹의 재건

헤르니키 사람들과의 전쟁은 좀 더 격렬했고(로마 건국 392~396년, 기원전 362~358년), 최초의 상민 출신 집정관이자 사령관인 루키우스 게누키우스가 전사하기까지 한다. 하지만 전투는 로마 사람들의 승리로 끝난다. 이후 위기는 로마와 라티움과의 연맹 내지 헤르니키 사람들과의 연맹이 로마 건국 396년(기원전 358년)에 재건됨으로써 마무리된다. 연맹 재건에 관하여 이보다 자세한 내용은 알려지지 않았지만, 아마도 두 연맹은 로마의 더 강력해진 패권에 더 가혹한 조건으로 복속되었을 것이다. 로마가 같은 해에 두 개의 새로운 분구를 폼프티눔 지역에 설치했다는 것은 로마의 권력이 강력하게 확장되었음을 의미한다.

라티움 연맹의 폐쇄적 운영

로마와 라티움 간의 이런 위기와 분명히 연관되어 있는바, 로마 건국 370년(기원전 384년)부터 라티움 연맹은 폐쇄적으로 운영되기 시작한다.[11] 라티움 연맹의 폐쇄적 운영이 앞서 설명한 라티움의 반로마 투

---

[11] 우리가 현재 갖고 있는 기록은 디오뉘시오스(5, 61)가 보고하고 있는 라티움 연맹 목록이 유일하다. 라티움 연맹에 속하는 30개의 도시 가운데 이 목록에 언급된 도시는 아르데아, 아리키아, 보빌라이, 부벤타니(위치 미상), 코르니(혹은 코라), 카르벤툼(위치 미상), 키르케이이, 코리올리, 코르비오, 카바니(아마도 알바롱가 산악지대의 카바넨세스. *Bullettino dell' istituto*, 1861, S. 205), 포르티네이(위치 미상), 가비이, 라우렌툼, 라누비움, 라비니움, 라비키, 노멘툼, 노르바, 프라이네스테, 페둠, 퀘르퀘투라니(위치 미상), 사트리쿰, 스캅티아, 세티아, 티부르, 투스쿨룸, 텔레니이(위치 미상), 톨레리니(위치 미상), 마지막으로 벨리트라이 등이 있다. 라티움 연맹의 정회원 공동체로 아르데아(리비우스 32, 1), 라우렌툼(리비우스 37, 3), 라누비움(리비우스 41, 16), 보빌라이, 가비이, 라비키(키케로, Planc. 9, 23) 등이 언급되는바, 디오뉘시오스의 목록과 일치한다. 디오뉘시오스가 이 목록을 언급하는 것은 로마 건국 256년(기원전 498년) 라티움 연맹이 로마에 선전포고한 사건을 설명할 때다. 이 목록은 니부어(*Niebuhr*)가 주장한 것처럼 로마 건국 261년(기원전 493년)에 있었던 연맹 개혁 당시의 목록에서 유래한 것으로 보인다. 하지만 라티움이 알파벳 순시대로 기록된 이 목록에는 자음 g가 등장하는바, 이 글자는 12표법의 시대에는 분명 존재하지 않았고, 로마 건국 5세기 이전에는 존재한다고 보기 어렵다 (저자의 논문 *Die unteritalischen Dialekte*, Leipzig, 1850, S. 33). 따라서 이 목록의 출처는 그보다 훨씬 나중의 것임이 분명하다. 가장 단순한 가정은 나중에 정식으로 라티움 연맹의 회원들

쟁으로 인한 결과인지, 이보다 개연성이 높은, 반로마 투쟁을 일으킨 원인인지는 확정할 수 없다. 이제까지의 법에 따르면 로마와 라티움이 건설한 모든 주권 도시는 연맹 축제와 연맹 의회에 참여할 자격을 가진 공동체로 받아들여졌으며, 이와 반대로 다른 도시에 병합된 모든 도시 및 국가로서의 기능을 상실한 공동체들은 연맹회원에서 배제되었다. 하지만 라티움 관습에 따라 30개 공동체의 숫자는 언젠가

로 인정받는 지명들의 목록을 본 디오뉘시오스가 모든 것을 체계적으로 정리하는 그의 습관에 따라 애초의 연맹도시라고 설명했다는 것이다. 이 목록은, 그렇게 예상할 수밖에 없겠지만, 라티움 공동체에 속하지 않는 어떤 공동체도 언급하고 있지 않는 것처럼 보인다. 다만 처음 시기의 라티움 지명 혹은 라티움 식민지가 건설된 지명만을 열거하고 있다. 코르비오와 코리올리는 누구도 예외적이라고 생각하지 않았다. 이 목록을 라티움 식민지 목록과 비교한다면, 로마 건국 372년(기원전 382년)까지 수에사, 포메티아, 벨리트라이, 노르바, 시그니아, 아르데아, 키르케이이(로마 건국 361년, 기원전 393년), 사트리쿰(로마 건국 369년, 기원전 385년), 수트리움(로마 건국 371년, 기원전 383년), 네페테(로마 건국 371년 기원전 383년), 세티아(로마 건국 372년, 기원전 382년)가 건설되어 있었다. 마지막 세 개의 식민 도시는 아마도 동시에 건설되었을 것이지만, 에트루리아 지역에 세워진 두 개의 식민 도시는 세티아보다 약간 뒤늦게 기록되었을 수 있다. 도시의 건설이라는 것은 많은 시간을 필요로 하는 것이며 우리의 목록에 약간의 오류도 없다고 할 수는 없기 때문이다. 이를 받아들일 경우, 그렇다면 위의 목록은 전반적으로 로마 건국 372년(기원전 382년)까지 건설된 식민들을 포함하고 있다. 여기에는 나중에 목록에서 지워지는 두 도시가 포함되어 있는데 사트리쿰은 로마 건국 377년(기원전 377년)에 파괴되었으며, 벨리트라이는 로마 건국 416년(기원전 338년)에 로마법에서 벗어난다. 목록에 로마 건국 372년(기원전 382년)에 파괴된 수에사 폼메티아가 빠져 있는 것도 당연한 일이다. 시그니아는 29개의 도시만을 언급한 디오뉘시오스의 목록에는 빠져 있는데, ΣΗΤΙΝΩΝ 뒤에 있어야 할 ΣΙΓΝΙΝΩΝ이 누락된 것으로 보인다. 이와 완벽하게 부합하는바, 이 목록에는 로마 건국 372년(기원전 382년) 이후에 건설된 로마 식민지와, 오스티아, 안템나이, 알바롱가와 같이 로마 건국 370년(기원전 384년)에 로마 공동체에 병합된 지명들이 모두 빠져 있다. 이에 반해 나중에 편입된 투스쿨룸, 라누비움, 벨리트라이 등은 같은 목록에 등장한다.
플리니우스가 남긴 32개 도시의 목록은 플리니우스 당대에는 이미 사라진, 하지만 알바롱가 축제에는 참여했던 도시들과 관련된 것으로, 디오뉘시오스에도 등장하는 일곱 개의 도시를 제외하고(플리니우스가 언급한 쿠수에타니를 디오뉘시오스가 언급한 카르벤툼과 동일시하는 조건으로), 25개의 도시는 대부분 전혀 알려지지 않은 지명이며, 이중 특정할 수 없는 17개의 도시는 대부분 아마도 아주 오래된 지명으로 나중에 알바롱가의 연맹축제에 참여했던 지명들임이 틀림없으며, 파괴되거나 축출된 연맹회원 도시들의 상당수를 포함하고 있는 것으로 보인다. 후자의 도시들은 무엇보다 플리니우스도 언급한 알바롱가에서 멀지 않은 곳에 있었다.

한번 확정된 이래 그대로 유지되었고, 참여 도시들은 의결권을 30개로 유지하여 이보다 더 늘리지도 줄이지도 않았기 때문에 나중에 들어오는 공동체들과 미미한 역할 혹은 저지른 비행 때문에 자격이 박탈된 공동체들은 의결권을 갖지 못했다. 그리하여 로마 건국 370년(기원전 384년)에 이르러 연맹은 다음과 같은 상태를 유지했다. 옛 라티움 지명들 가운데, 이제는 사라지거나 위치가 알려지지 않은 곳을 제외하고 아직도 독립을 유지하고 의결권을 유지하고 있는 도시들은 티베리스강과 아니오강 사이의 노멘툼, 아니오강과 알바롱가산지 사이의 티부르, 가비이, 스캅티아, 라비키,[12] 페툼, 프라이네스테, 알바롱가산지의 코르비오, 투스쿨룸, 보빌라이, 아리키아, 코리올리, 라누비움, 볼스키 산악지대의 코라, 그리고 마지막으로 해안 평야지대의 라우렌툼 등이었다. 여기에 로마와 라티움 연맹이 건설한 식민도시들이 포함되었는데, 한때 루툴리 사람들에게 속했던 곳의 아르데아, 볼스키 사람들에게 속했던 곳의 사트리쿰, 벨리트라이, 노르바, 시그니아, 세티아, 키르케이이 등이 이에 속한다. 그밖에 17개의 다른 지명이 라티움 연맹 축제에 참여할 자격을 갖고 있었으며 이들에게는 의결권을 주지 않았는바, 이들의 명칭은 확실하게 알려지지 않

---

[12] 리비우스(4, 47)는 라비키 사람들이 로마 건국 336년(기원전 418년)에 식민도시가 되었다고 보고하고 있다. 디오도로스(13, 6)가 이점에 관하여 침묵하고 있는 점을 제외한다면, 라비키 사람들이 식민도시일 가능성은 없다. 이 도시는 해안지대에 위치하지 않으며, 다른 한편으로 나중에도 계속해서 독립을 유지했던 것으로 보이기 때문이다. 더군다나 라티움 식민지일 가능성도 없다. 라티움 본토에 세워진 라티움 식민지의 또 다른 예가 선혀 존재하고 있지 않기 때문이다. 가장 가능성이 높은 경우는 다른 곳에서와 마찬가지로 여기서도 일반 토지 분배를 식민지 분배와 혼동한 것이 아닌가 싶다(제1권 264쪽 각주). 일반 토지 분배에서 2유게룸의 토지가 분배되었기 때문에 더욱 그러하다.

았다. 어쨌든 이 47개의 축제 참여 자격을 갖춘 지명들과 30개의 의결권을 갖는 지명들이 라티움 연맹을 구성하고 있었고, 이 상태가 이때 이래로 변화되지 않았다. 나중에 건설된 라티움 공동체, 예를 들어 수트리움, 네페테(제2권 139쪽), 안티움, 타라키나(제2권 155쪽), 칼레스 등은 이 목록에 포함되지 않았으며, 나중에 독립권을 상실한 라티움 공동체, 예를 들어 투스쿨룸, 라누비움 등은 목록에서 제외되지 않았다.

라티움 연맹의 영역 확정

이러한 연맹의 폐쇄적 운영은 라티움 지방의 지리적 확정과도 연관을 가진다. 라티움 연맹이 아직 개방적으로 운영될 때까지만 해도 라티움의 경계는 새로운 연맹 회원의 가입과 함께 확장되었다. 그러나 나중에 건립된 라티움 식민지는 알바롱가 연맹 축제의 참가 자격을 갖지 못했고, 지리적으로도 라티움 지방의 한 부분으로 인정받지 못했다. 따라서 아르데아와 키르케이이는 라티움 지방으로 분류되었지만, 수트리움과 타라키나는 라티움 지방으로 분류되지 않았다.

나중에 건설된 라티움 도시들의 고립

로마 건국 370년(기원전 384년) 이후 라티움법에 따라 건립된 도시들은 라티움 연맹 공동체들과 개별적으로 왕래하지 않았을 뿐만 아니라, 사법적인 부분에서도 상당히 고립되었다. 상업 문제와 아마도 혼인 문제에 있어 이들 도시는 로마와의 거래라면 몰라도 여타의 라티움 연맹도시들과는 거래하는 것이 허락되지 않았다. 그리하여 예를 들어 수트리움의 시민은 로마에서는 몰라도 프라이네스테에서는 농지에 대한 완전한 소유권을 누릴 수 없었으며, 로마 여자라면 몰라도 티부르 여자와는 적법한 자식을 얻을 수 없었다.[13]

독립적 결속의 금지

이제까지 라티움 연맹은 내부적으로 상당히 자유로운 활동이 허락되었으며, 예를 들어 여섯 개의 옛 라티움 공동체 아리키아, 투스쿨룸, 티부르, 라누비움, 코라와 라우렌툼 그리고 두 개의 새로운 라티움 공동체 아르데아와 수에사 폼메티아 등은 아리키아의 디아나 여신의 신전을 공동으로 건립하기도 했다(제2권 154쪽 각주). 하지만 이후 로마의 패권을 위협하는 이런 독립적 결속의 예를 전혀 찾아볼 수 없게 된 것은 결코 우연이 아니다.

---

[13] 완전한 권리를 서로 인정하는 예전의 공동체 원리를 이렇게 제한한 것은 로마 건국 416년(기원전 338년) 연맹 계약을 개혁하는 과정에서 처음 생겨났다(리비우스, 8, 14). 하지만 권리 제한을 본질적인 부분으로 하는 배제의 체계는 로마 건국 370년(기원전 384년) 이후에 건설된 라티움 식민지에 처음 적용되기 시작했으며, 로마 건국 416년(기원전 338년)에는 이 배제의 체계가 널리 적용되었다. 여기서는 이런 변화를 언급해두어야 한다.

자치권의 개혁

라티움 공동체들의 또 다른 개혁 및 로마식 국가체제의 완벽한 도입
또한 이 시기에 있었던 일이라 할 수 있다. 라티움 관료 체제의 필수
요소인 두 명의 법무관들과 더불어 나중에 등장한, 시장 및 거리의 질
서를 유지하는 경찰권과 이와 관련한 심판권을 갖춘 두 명의 안찰관
들, 패권 국가의 간여 하에 모든 연맹 공동체들에서 동시적으로 경찰
관리가 등장한 때가 로마에 고등안찰관 제도가 생긴 로마 건국 387년
(기원전 367년) 이전이 아니라 바로 이 시기였다는 추측이 가능하다.
어쨌거나 이러한 제도들의 수립은 연맹 회원국들의 국가체제를 귀족
정에 준하여 개혁하려는, 이제 막 시작된 로마의 여러 조치 가운데 하
나였음이 분명하다.

로마의 독주

베이이의 함락 이후, 그리고 폼프티눔 지역 정복 이후 로마는 스스로
가 충분한 힘을 갖추었다는 사실을 명백히 느끼게 되었으며, 패권의
고삐를 바짝 쥐고 라티움 도시 전체를 종속시킴으로써 이들을 완벽하
게 복속시키고자 했다. 당시(로마 건국 406년, 기원전 348년) 카르타고
사람들은 로마와 맺은 무역협정에 따라 로마에 복속된 라티움 도시들
에 대하여, 그러니까 해안가 도시 아르데아, 안티움, 키르케이이, 타
라키나에 대하여 어떤 위해도 가하지 않아야 하는 의무를 갖고 있었

다. 하지만 어떤 라티움 도시가 로마 연맹으로부터 이탈할 경우 카르타고 사람들은 이 도시를 공격할 수 있었다. 다만 도시를 점령했을 경우 도시민을 끌고 가지는 못했고 로마에 넘겨주어야 했다. 이러한 사실은 로마 공동체가 어떤 방식으로 피호 도시들을 묶어두었는지, 또 피호 도시가 보호권을 이탈할 경우 어떤 보복과 위협을 가했는지를 우리에게 알려준다.

물론 최소한 라티움 연맹도시들은, 헤르니키 사람들은 아닐지라도, 형식적으로나마 전리품의 1/3을 받을 권리를 아직 유지하고 있었고, 예전에 평등했던 권리들 가운데 일부도 아직 갖고 있었다. 하지만 확인된 사실만으로도 당시 로마에 대한 라티움 사람들의 분노가 팽배해 있었음을 이해하기에는 충분하다. 로마가 전쟁을 벌이는 곳이면 어디서나 수많은 라티움 의용군들이 타국의 깃발 아래 그들의 패권국에 대항하여 싸웠을 뿐만 아니라, 급기야 로마 건국 405년(기원전 349년)에는 라티움 연맹 의회가 로마에 지원병을 제공하지 않기로 결의했을 정도였다. 모든 징후를 종합해보면, 멀지 않은 시점에 라티움 연맹도시 전체가 다시 한 번 로마에 대항해 무기를 들 것이 분명해 보였다. 그런데 바로 그 순간, 또 다른 이탈리아 민족과의 충돌 위험이 다가왔으며, 이들은 라티움 종족이 총결집한 힘에 맞설 만큼의 위력을 갖고 있었다. 볼스키 사람들의 북부지역을 복속한 후 로마는 남부 이탈리아에서 대항할 만한 세력을 만나지 못했다. 로마 군단은 이렇다 할 저항 없이 리리스까지 진출했고 로마 건국 397년(기원전 357년)에는 프리베르눔과의 전투에서 승리했으며, 로마 건국 409년(기원선 345년)에는 리리스 북쪽의 소라를 점령했다. 이로써 로마 군대는 삼니움의 국경 문턱에 서 있게 되었다. 로마 건국 400년(기원전 354년)에 맺은 이탈리아 민족들 가운데 가장 용감하고 강력한 두 민족의 우호관계는 이탈리아 지배권을 놓고 맞붙을 커다란 전쟁의 분명한 전조였는바, 이 전쟁은 라티움 민족 내부의 위기와 복잡하게 얽히며 점점 가까이 다가오고 있었다.

삼니움 사람들의 남부 이탈리아 점령

로마에서 타르퀴니우스 집안이 추방된 시점을 기준으로 이미 오랫동안, 아풀리아 평야와 캄파니아 평야의 중간 지역에 위치하면서 두 평야지대를 감싸고 있는 산악지대를 차지하고 있던 삼니움 종족은 한쪽으로는 아풀리아 사람들 때문에 다른 쪽으로는 희랍과 에트루리아 사람들 때문에 더 이상의 진출을 하지 못하고 있었다. 하지만 로마 건국 300년경(기원전 450년경) 에트루리아 세력이 몰락하고 로마 건국 400년경에 희랍의 식민지들이 쇠락하자(기원전 450~350년) 서쪽과 남쪽으로 삼니움 종족의 숨통이 트였고, 일군의 삼니움 종족들이 이 지역으로 하나둘 이동했으며, 심지어 남부 이탈리아의 바다를 건너기도 했다.

삼니움 종족은 로마 건국 400년 초부터 그렇게 불리던 캄파니아의 해안 평야지대에 처음 출현했다. 이 시기, 에트루리아 사람들은 물러났고 희랍 사람들은 위축되었으며, 전자는 카푸아(로마 건국 330년, 기원전 424년)를 포기했고, 후자는 쿠마이(로마 건국 334년, 기원전 420년)를 내주었다. 같은 시기에, 어쩌면 좀 더 일찍 루카니아 사람들이 대희랍 지역에 나타났는바, 이들은 로마 건국 400년 초에 테리나 사람들 및 투리이 사람들과 전쟁을 벌였고, 그 훨씬 이전인 로마 건국 364년 (기원전 390년)에는 이미 희랍의 식민지 라오스를 손에 넣었다. 이때 이들의 병력은 보병 3만 명, 기병 4천 기를 헤아렸다. 로마 건국 400년 말에 이르러 독립된 브루티움 연맹[14]이 처음 언급되는바, 이들은 여타 사비눔 종족들과는 달리 식민 도시를 건설한 것이 아니라 루카니아 사람들과의 전쟁을 통해 이들로부터 독립한 경우인데, 이들 브루티움 연맹에는 수많은 외래적 요소들이 혼합되어 있었다. 한편 남부 이탈리아의 희랍인들은 이런 야만인들의 침입을 물리치기 위한 시도를 했다. 로마 건국 361년(기원전 393년), 아카이아 식민지 연합이 재건되었는데, 이들 연합국들 가운데 하나가 루카니아 사람들에게 공격을 받으면 나머지 연합국들은 모두 지원 병력을 투입하고, 지원을 하지 않는 군대의 지휘관은 사형에 처한다는 법을 제정했다. 그러나 대희랍의 이런 연합은 별로 도움이 되지 못했다. 왜냐하면 쉬라쿠사이의 참주 디오뉘시오스가 이탈리아 사람들과 함께 자신의 동족에 맞서는 공동전선을 구축했기 때문이었다. 디오뉘시오스가 희랍 식민지의 해군으로부터 이탈리아 해안에 대한 지배권을 빼앗는 동안, 희랍 도시들은 하나둘씩 이탈리아 사람들에 의해 점령되고 파괴되어갔으며, 번영하던 도시들이 믿기지 않을 정도로 짧은 시기에 몰락하고 황폐해졌다. 그 결과 네아폴리스 등 극히 소수의 희랍 도시들만이 힘겹게 생존

---

[14] 이 명칭 자체는 아주 오래된 것으로 오늘날의 칼라브리아 지역에 거주했던 모든 종족 가운데 가장 오래된 명칭일 것이다(안티오코스 단편 5 Müller). 우리가 알고 있는 파생어는 분명 나중에 만들어낸 것이다.

과 정체성을 유지하는 데 성공했는데, 이는 군사력이 아닌 외교에 의한 성과였다. 오로지 타렌툼만이 강한 군사력을 통해 독립을 확보했는데, 이는 타렌툼이 워낙 멀리 떨어져 있었기 때문이기도 하고, 다른 한편 메사피아 사람들과의 지속적인 전쟁 때문에 항상 전투태세를 유지하고 있었기 때문이었다. 하지만 이런 타렌툼도 루카니아 사람들과 지속적으로 생존을 건 투쟁을 벌여야만 했으며, 희랍 본토로부터 지원과 용병을 계속 구해야만 했다.

베이이와 폼프티눔 평야가 로마화될 시점에 이미 삼니움 종족은 서로 연결되지 않은 몇몇 희랍 식민 도시들과 아풀리아, 그리고 메사피아 해안 지대를 제외한 남부 이탈리아 전체를 장악했다. 로마 건국 418년(기원전 336년)에 작성된 희랍의 항해 기록에 따르면, 삼니움 본토 사람들이 그들의 '다섯 갈래 혀'로써 바다를 하나둘씩 접수했다고 하면서 튀레눔 바다에서 북쪽으로는 캄파니아 사람들과 얽혔고, 남쪽으로는 루카니아 사람들과 얽혔으며, 종종 그랬던 것처럼 브루티움 사람들과도 얽혔는바, 튀레눔해의 파이스툼에서 이오니아해의 투리이까지 접수했다고 한다. 실제로 이탈리아의 두 위대한 민족, 라티움 종족과 삼니움 종족이 성취한 것들을 서로 비교하는 사람은 이들이 서로 충돌하기 이전 단계까지 삼니움 종족의 정복전쟁이 로마의 그것보다 훨씬 넓게 전개되었으며 훨씬 성공적이었음을 알게 될 것이다. 하지만 그 정복의 성격은 본질적으로 서로 상이했다. 로마에 확고한 중심 도시를 둔 라티움 종족은 그들의 지배권을 이곳으로부터 사방으로 천천히 확장했으며, 물론 상대적으로 협소한 지역에서이긴 하지만 그들이 발을 내디딘 곳에 확실한 발자취를 남겼는바, 부분적으로 로마화된 복속 도시를 건설하는가 하면 정복 지역을 완전히 로마화했다. 그러나 삼니움은 전혀 달랐다. 삼니움에는 구심점이 되어 전체를 이끌만한 공동체가 없었으며, 그렇기에 정복과 관련한 어떤 정책도 존재하지 않았다. 로마가 베이이와 폼프티눔 지역을 정복한 것은 실제적인 권력 확장이었던 데 반하여, 삼니움의 권력은 캄파니아에 도시를 건설함으로써, 루카니아와 브루티움에 연맹도시를 건설함으로써 강해지기보다 오히려 약화되었다. 왜냐하면 삼니움 종족의 각 무리는 새로운 근거지를 찾고 마련할 때마다 저마다 독자적인 길을 걸었기 때문이다.

삼니움 종족의 무리는 지나치게 광대한 공간을 차지했으며 이 공간을 완전히 자신들의 영토로 장악할 의사도 없었다. 상대적으로 큰 희랍 도시들, 타렌툼, 투리이, 크로톤, 메타폰티온, 헤라클레아, 레기온(레기움), 네아폴리스 등은 비록 약화되고 복속되긴 했지만 지속적으로 존립했다. 이에 더해 열린 평야지대와 보다 작은 도시들의 희랍인들도 잘 견뎌냈는데, 예를 들어 쿠마이, 포세이도니아, 라오스, 히포니온 등의 도시들은 앞서 언급한 항해 기록 및 주화 등이 알려주는바, 삼니움의 지배하에서도 아직 희랍의 도시로 남아 있었다. 그리고 그 덕분에 혼합 집단이 생겨났는바, 삼니움 요소와 희랍적 요소를 함께 가진 이중 언어의 브루티움 사람들이 생겨났다. 또한 루카니아와 캄파니아에서도 낮은 수준에서이긴 하지만 유사한 혼합 집단들이 생겨났다.

반대로 희랍 문화의 위험한 유혹에서 삼니움 종족도 벗어날 수 없다. 최소한 캄파니아에서는 그러했다. 캄파니아의 네아폴리스는 일찍이 이주민들을 호의적으로 받아들였는데, 캄파니아의 좋은 날씨도 야만인을 희랍화했다. 나아가 놀라, 누케리아, 테아눔 등 순수하게 삼니움 종족으로 구성된 도시에서도 희랍의 방식과 희랍식 국가정체를 수용했으며, 이런 변화된 국가정체 속에서 그들 고유의 부족 정체성은 더 이상 유지될 수 없었다. 그 한 예로, 당시 캄파니아의 삼니움 도시들은 동전을 주조하기 시작했는데, 부분적으로 희랍 명문을 새겨넣기도 했다. 더 분명한 예는 카푸아였다. 카푸아는 무역과 농업을 통해 크기에 있어 이탈리아 제2의 도시였고, 풍요와 향락에 있어서는 이탈리아 제1의 도시였다. 옛사람들의 보고에 따르면, 카푸아는 심각한 도덕적 타락에 있어 여타 이탈리아 도시들을 제치고 선두 자리를 유지했는데, 이는 특히 용병 사업과 검투사 경기가 반영된 결과인바, 이 두 가지 사업이 카푸아에서 특히 번창했다. 이 도덕적으로 타락한 거대 문명 도시만큼 용병 업자들이 많이 활동한 도시는 없을 것이다. 카푸아는 다가오는 삼니움의 침공 앞에 스스로를 보호할 방법을 몰랐는데 반해, 싸움에 능한 캄파니아 청년들은 자신들이 선발한 용병대장의 지휘 아래 집단을 이뤄 시킬리아로 달려갔다. 이런 용병들이 이탈리아의 운명에 얼마나 깊은 영향을 미치게 되는지는 나중에 설명할 수 있을 것이다. 이 용병만큼 캄파니아의 특징을 잘 보여주는 것은 검투사 시합이었다. 검투사 시합이 카푸아에서 시작된 것은 아니지만 여기서 완성된 것이라고는 말할 수 있다. 카푸아의 검투사 시합은 심지어 저녁 식사 자리에서도 열렸으며, 이때 펼쳐지는 맞대결의 횟수는 초대된 손님의 중요도를 반영했다. 삼니움의 가장 핵심적인 도시가 이렇게 타락한 것은 분명 그때까지도 여전히 영향을 미치고 있었던 에트루리아적 요소와 밀접한 관련이 있었던바, 이는 삼니움 종족 전체에게는 저주였음이 분명하다. 캄파니아의 귀족들은 이런 심각한 도덕적 타락에 대하여 귀족적 용기와 정신적 숭고함을 고취시키려고 했지만, 그들은 로마 귀족이 라티움 민족에게 했던 것과 같은 일을 자국민을 위해 할 수 없었다. 한편, 루카니아와 브루티움도 캄파니아에 비해 약하긴 하지만 희랍의 영향을 받았다. 이들 지역에서 발굴된 무덤들은 희랍적 예술이 야만인들의 사치에 어떻게 쓰였는지를 보여준다. 커다란 금장식 혹은 호박장식, 화려하게 채색된 그릇을 오늘날 우리가 망자의 무덤에서 찾아내고 있는바, 이것들은 당시 조상들의 도덕이 얼마나 심각하게 훼손되어 있었는가를 말해준다. 다른 영향의 흔적은 문자로 남아 있는데, 북방에서 남쪽으로 이주하며 가지고 왔던 문자를 루카니아 사람들과 브루티움 사람들은 이미 없애버리고 희랍문자로 대체했다. 반면 캄파니아에서는 고유한 알파벳과 언어를 희랍의 영향 아래서도 좀 더 선명하고 정교하게 발전시켰는바, 심지어 여기서는 희랍 철학의 몇몇 영향을 접할 수도 있다.

삼니움 연맹의 분열

오로지 삼니움 본토만이 이런 변화의 영향을 받지 않았다. 아름답고 자연스러운 일일 수도 있었던 이런 변화가 삼니움에서는 원래 느슨했던 민족적 단일성의 고리를 더욱 느슨하게 만드는 심각한 결과를 초래했다. 희랍 문물의 영향으로 삼니움 종족 내부에 깊은 골이 파이게 되었다. 교양을 갖춘 '친 희랍' 경향의 캄파니아 사람들은 마치 자신이 희랍인이라도 된 양, 거친 산악부족들에게 치를 떨었고, 산악부족들은 캄파니아로 내려와 달라진 이들을 불안하게 했다. 로마는 닫힌 국가였으며 라티움 전체의 역량을 통제했다. 피지배자들은 투덜대긴 했어도 국가에는 복종했다. 하지만 삼니움 종족은 나뉘고 갈라져 있었고, 삼니움 본토의 연맹도시들은 조상의 용기와 도덕을 그대로 지키고 있었던 반면, 여타의 삼니움 종족 및 삼니움 계통 도시민들은 이를 완전히 상실하고 말았다.

로마에 의한 카푸아 복속

평야의 삼니움과 산악의 삼니움 사이에 생겨난 이런 분열은 로마를 리리스로 불러들이는 계기가 되었다. 테아눔의 시디키니 사람들, 카푸아의 캄파니아 사람들은 계속해서 평야지대로 내려오며 그들의 영역을 약탈하고 위협하는 동족을 막아내기 위해 로마에 도움을 요청했다(로마 건국 411년, 기원전 343년). 연합 관계를 맺기를 희망했지만 이를 거절당하자, 사신단은 자국 도시를 로마의 지배권 아래 복속시키겠다는 제안을 했다. 로마로서도 이런 유혹을 물리칠 재주가 없었다. 로마는 사신단을 삼니움에 파견, 로마의 새로운 점령 지역을 통보하고 친선을 맺은 세력의 점령 지역을 존중해달라는 요청을 했다. 이후 사건이 어떻게 진행되었는지는 더 이상 확인할 수 없다.[15] 다만 우리

---

[15] 리비우스와 디오뉘시오스와 아피아누스가 기술하고 있는 것 혹은 기술했던 것에 비추어 보

건대, 제1차 삼니움-라티움 전쟁만큼 로마 연보에서 심각하게 왜곡된 부분은 없을지도 모른다. 이는 다음과 같다. 로마 건국 411년(기원전 343년)에 두 명의 집정관이 캄파니아로 진군했다. 이후, 먼저 집정관 마르쿠스 발레리우스 코르부스가 가우루스산에서 삼니움 사람들에 대항하여 많은 피를 흘린 끝에 힘겨운 승리를 거뒀다. 다음으로 동료 집정관 아울루스 코르넬리우스 코수스도 협곡에서 죽을 뻔한 뒤, 보병 구대장 푸블리우스 데키우스가 이끄는 부대의 헌신 덕분에 승리를 거뒀다. 세 번째 결정적인 승리는 수에술라 근처, 카우디눔 협곡 입구에서 두 명의 집정관에 의해 성취된다. 삼니움 사람들은 전멸했다. 이후 휴전이 요구되고 로마인들은 자진해서 로마에 투항한 카푸아를 손에 넣었고 삼니움은 테아눔을 손에 넣었다(로마 건국 413년, 기원전 341년). 축하 연락이 사방에서 도래했고, 카르타고에서도 왔다. 지원을 거부하고 로마에 대항하여 무기를 들었던 라티움 사람들은 그들의 무기를 로마가 아닌 파일리그니 사람들에게 돌렸고, 그 사이 로마는 우선은 캄파니아에 남겨두었던 군사 반역사건 때문에(로마 건국 412년, 기원전 342년), 다음은 프리베르눔의 점령 때문에(로마 건국 413년, 기원전 341년), 또 안티움과의 전쟁 때문에 분주했다. 그런데 상황이 갑작스럽고 이상하게 바뀌어버린다. 로마 시민권과 집정관 피선출권을 요구하던 라티움 사람들이 이를 거절당하자 시디키니 사람들과 캄파니아 사람들과 함께 로마를 공동으로 공격하기 시작했던 것이다. 시디키니 사람들은 로마에 복속되길 희망했지만 이를 거절한 뒤 삼니움 사람들에 대항하여 어떻게 싸워야 할지 알 수 없었고, 캄파니아 사람들은 로마의 지배에 벌써 지쳐 있는 상태였다. 라티움 지방에서 오직 라우렌툼 사람들과 캄파니아 귀족들만이 로마를 지지했고, 이로써 파일리그니 사람들과 삼니움 사람들과 맞서는 데 필요한 지원을 받았다. 라티움 연합군이 삼니움을 공격했고, 삼니움-로마 군대는 푸키누스호수로 진격하여 라티움을 거쳐 캄파니아로 진군하여, 캄파니아 군대를 포함한 라티움 연합군과 베수비우스 근처에서 결정적인 전투를 벌였다. 이때 집정관 티투스 만리우스 임페리오수스는 군율을 어긴 자기 아들을 처형시킴으로써 군대의 사기를 바로잡았고, 동료 집정관 푸블리우스 데키우스 무스는 자신을 신들의 제물로 바쳤으며 마지막 보충병까지 투입한 이후에야 로마는 승리를 거두었다. 그리고 트리파눔 근처에서 라티움 사람들과 캄파니아 사람들에 대항하여 집정관 만리우스가 펼친 두 번째 전투로써 전쟁은 끝을 맺었다. 라티움과 카푸아는 복속되었고 영토 일부를 빼앗기는 처벌을 받았다.

통찰력을 가진 뛰어난 독자들은 이런 보고가 전혀 불가능한 것들을 지껄이고 있다는 점을 파악했을 것이다. 우선 불가능한 것으로는 로마 건국 377년(기원전 377년) 항복한 안티움 사람들이 전쟁을 수행했다는 보고다. 라티움 사람들이 파일리그니 사람들에게 대항하여 독자적인 전쟁을 수행했다는 점 또한 로마와 라티움 간의 협정 내용과 완전히 모순된다. 라티움 전체가 로마에 반란을 일으킨 상황에서 로마 군대가 마르시 사람들과 삼니움 사람들의 영토를 누비며 카푸아로 진군했다는 것도 받아들일 수 없다. 로마 건국 412년(기원전 342년)의 군사반란에 관한 황당하고 감상적인 보고, 원하진 않았지만 군사반란을 어쩔 수 없이 이끌었던 지도자 티투스 퀸크티우스(로마의 괴츠 폰 베를리힝엔이라 하겠는바)에 관한 이야기 등은 말하지 않겠다. 더욱 심각한 문제점들은 증복들이다. 보병 구대장 푸블리우스 데키우스 이야기는 제1차 카르타고 전쟁에서 마르쿠스 칼푸르니우스 플라마 혹은 그와 유사하게 불리는 사람의 용감무쌍한 행동을 모방하고 있다. 가이우스 플라우티우스의 프리베르눔 정복은 다시 로마 건국 425년(기원전 329년)에 반복되고, 이 두 번째 정복만이 개선행진으로 축하된다. 푸블리우스 데키가 알고 있는 것은 로마와 삼니움이 전쟁을 치른 후였는지 혹은 어떤 전쟁도 없었는지는 알 수 없지만 아무튼 합의에 도달했고, 이로써 로마는 카푸아 주변을, 삼니움은 테아눔 근처를, 볼스키 사람들은 리리스 북쪽을 차지하게 되었다는 사실이다. 삼니움 사람들이 이에 동의했던 것은 당시 타렌툼 사람들이 이웃한 삼니움 사람들을 몰아내기 위해 엄청난 노력을 기울이고 있던 상황이라는 점을 고려하면 쉽게 이해된다. 로마에도 충분한 이유가 있었는바, 로마가 차지한 라티움 남부의 인접 지역에서 오랫동안 안으로 축적되어 오던 분노가 밖으로 표출될 지경에 이르렀고, 로마 시민연합에 수용된 투스쿨룸 사람들을 포함하여 본래의 라티움 도시들이, 유일하게 라우렌툼만을 제외하고, 모두 로마에 대항하여 무기를 들었던 것이다. 라티움 경계 밖에 세워진 식민 도시 중에서는 과거 볼스키 사람들의 도시였던 벨리트라이, 안티움과 타라키나가 이 반란에 참여했다. 그리고 이때, 카푸아 사람들은 애초 자진해서 로마에 복속하기로 한 것은 생각지도 않고 로마

우스의 자기 희생은 잘 알려진 바대로 로마 건국 459년(기원전 295년) 그의 아들에게서 반복된다. 일반적으로 이 부분의 서술은 모두, 믿을 만한 연대기 작가들의 보고와는 달리, 다른 시기에 다른 사람에 의해 있었던 사건을 이야기하는 것이다. 보고는 자세한 전투상황 묘사로 가득하다. 또 만들어낸 일화들로 가득하다. 예를 들어 세티아의 통솔관은 집정관을 너무 갈망하다가 의회 계단에서 목이 부러졌다는 이야기나 티투스 만리우스의 별명에서 유래한 다양한 이야기 등이 그것이다. 보고는 또 상세하고 부분적으로 문제 많은 고고학적 일탈성 일화들로 가득하다. 예를 들어 군단의 역사에 관한 이야기(리비우스 제1권 52에 전하는 두 번째 타르퀴니우스의, 로마와 라티움 사람들로 혼합 편재된 중대에 관한 이야기는 기껏해야 야사에 속하는 것으로 조각난 단편의 후반부이다), 로마와 카푸아의 협정에 대한 거꾸로 된 이해(로마 주화에 관한 나의 역사책을 보라. Breslau, 1860, S. 334, A.122), 항복 형식, 캄파니아의 주화, 라우렌툼 연합, 2유게룸의 토지 분배 등이 그것이다(제2권 154쪽 각주). 이런 상황에서 다음과 같은 사실은 매우 중요하다. 아주 오래된 보고를 종종 그대로 받아들인 디오도로스는 이런 모든 사건에 관해, 트리파눔의 전투 말고는 아무것도 알지 못한다. 트리파눔의 전투는 문학적 정의에 따라 실제 데키우스의 죽음으로 마무리되는 나머지 이야기들에 부합한다.

의 지배에서 벗어날 최초의 기회가 주어지자 이를 놓치지 않았으며, 로마와 협정을 맺은 귀족 당파들의 반대를 무릅쓰고 민회가 라티움 연맹과 행동을 같이하기로 했을 것임을 우리는 쉽게 짐작할 수 있다. 반면 아직까지도 독립을 유지하고 있던 볼스키 도시들, 예를 들어 푼디와 포르미아이, 그리고 헤르니키 사람들은 캄파니아의 귀족 당파와 마찬가지로 이번 봉기에 동참하지 않았다. 상황은 로마에 만만하지 않았다. 리리스로 내려가 캄파니아를 점령했던 군단들이 라티움 사람들의 봉기로 인해 본국과 연락이 단절되었으며 오로지 승전만이 이들의 생존을 보장해줄 뿐이었다. 트리파눔(민투르나이와 수에사와 시누에사의 중간지대)에서 결정적인 전투가 벌어졌고(로마 건국 414년, 기원전 340년), 집정관 티투스 만리우스 임페리오수스 토르콰투스는 라티움과 캄파니아 연합군에 대항하여 완벽한 승리를 거두었다. 이어 2년 동안 각각의 도시들은 반란에 참여한 정도에 따라 무조건 항복 혹은 공격을 받았으며, 해당 도시들 전체는 로마에 복속되었다.

라티움 연맹의 해체

이런 전승의 결과는 라티움 연맹의 해체였다. 라티움 연맹은 독립적인 정치적 연맹체에서 단순한 종교적 축제 연합체로 격하되었다. 군대 소집의 최대치와 전쟁 수익 분배에 관해 과거 명문화되었던 연맹의 권리는 이로써 완전히 소멸되었으며, 나중에 비슷한 것들이 다시 주어지긴 했지만 그것은 이제 시혜의 성격을 갖게 되었다. 한편에는 로마와 다른 편에는 라티움 연맹을 주체로 하는 계약 대신, 제일 양호한 경우에 한해 로마와 개별 지역을 주체로 하는 영구적 연방체가 만들어졌다. 그러나 이런 계약을 맺은 것은 옛 라티움 지역 내에서는 라우렌툼을 제외하고 티부르와 프라이네스테가 고작이었으며, 계약을 맺는 대신 영토의 일부를 로마에 양도해야 했다. 라티움법에 따라 라티움 지역 밖에 건설된 식민 도시들은 그들이 반란에 참여하지 않은 경우에만 동등한 권리를 유지했다. 건설된 지역에서 이미 오래전부터 시행되었던 로마 외의 도시공동체 간의 상호 단절이 로마 건국 370년(기원전 384년) 이래 전체적으로 광범위하게 확대되었다(제2권 161쪽). 그 밖의 지역에 선 그때까지의 특권과 자치권이 그대로 유지되었다. 하지만 나머지 옛 라티움 지역 공동체들은 물론 패배한 식민 도시들은 모두 독립을 상실 했으며, 이런저런 형태로 로마 시민연합의 일부가 되었다. 아주 중요 한 해안도시 안티움(로마 건국 416년, 기원전 338년)과 타라키나(로마 건국 425년, 기원전 329년)는 오스티아가 그랬던 것처럼 로마 완전시민권자 들로 채워지다시피 했으며, 한정된 지방 자치권만을 유지하게 되었다. 기존의 시민들은 로마 식민지 건설단 때문에 그들 토지의 상당 부분을 박탈당했고, 그럼에도 토지를 확보한 한에서는 완전시민권자 연합에 받아들여졌다. 라누비움, 아리키아, 노멘툼, 페둠은 투스쿨룸의 예에 따라(제2권 157쪽) 제한된 자치 행정을 유지하는 로마 시민공동체가 되 었다. 벨리트라이의 성벽은 철거되었고, 원로들은 무더기로 추방되어 에트루리아의 로마 도시에 격리되었으며, 도시 자체는 카이레에 준하 는 자격을 가진(제2권 139쪽) 예속공동체가 되었다. 획득 토지들 가운데 일부, 예를 들어 벨리트라이 원로원의 토지는 로마 시민들에게 분배되었는데, 이런 개별 분배는 로마 건국 422년(기원전 332년)에 새롭게 설치된 두 개의 분구와 관련이 있었다. 이러한 성공적인 획득이 로마에서 얼마나 큰 의미가 있었는지를 느끼게 해주는 것은 로마 건국 416년(기원전 338년)의 승전 독재관 가이우스 마이니우스를 위해 로마 광장에 건립한 승전비와 폐선 처분된 안티움 전함들에서 떼어내 로마 광장의 연설가 연단에 붙여놓은 충각들(Rostra)이다.

볼스키 지역과 캄파니아 지역의 완전 복속

남부 볼스키와 캄파니아 지역도 동일한 방식으로 로마의 지배가 관철되어 착실히 자리를 잡았다. 푼디, 포르미아이, 카푸아, 쿠마이와 여타 군소도시들은 자치 행정권을 갖는 예속 로마공동체가 되었다. 무엇보다 중요한 카푸아에 대해서는 그 지배를 확실히 하기 위해 인위적으로 귀족과 평민의 분열을 확대했고 도시정체를 로마의 이익에 맞추어 정비했으며, 도시 행정을 매년 캄파니아에 파견되는 로마 관리가 조정하게 했다. 동일한 조치가 몇 년 후에 볼스키의 프리베르눔 지역에도 관철되었고, 프리베르눔의 시민들은 푼디 출신의 과감한 저항군 대장 비트루비우스 바쿠스의 지원을 받아 자국 도시의 자유를 위해 최후의 결전을 벌이는 영광을 누렸다. 전쟁은 도시민들의 육탄전으로 마무리되었으며, 바쿠스는 로마의 감옥에서 처형되었다(로마 건국 425년, 기원전 329년). 이후 일부 로마 시민들을 이 지역에 이주시키기 위하여 전쟁으로 획득한, 특히 프리베르눔과 팔레르눔 지역에서 획득한 토지를, 토지를 소유하지 못한 로마 시민들에게 분배했고, 몇 년 후에는 이 지역에도 두 개의 분구를 설치할 수 있었다. 마지막으로 획득된 영토는 라티움법에 따른 식민도시로 삼아 두 개의 요새를 설치해 이를 수비했는데, 그중 하나는 칼레스(로마 건국 420년, 기원전 334년)로 캄파니아 평원 한복판에 위치하여 테아눔과 카푸아를 감시할 수 있었다. 또 하나는 프레겔라이(로마 건국 426년, 기원전 328년)에서 리리스로 넘어가는 지역을 관할했다. 두 식민요새 도시는 유례를 찾아볼 수 없을 정도로 강력했으며, 시디키니 사람들이 칼레스의 설치를 방해하고 삼니움 사람들이 프레겔라이의 설치를 방해했음에도 불구하고 빠른 속도로 번영에 이르렀다. 또한 소라 지역으로 로마군 주둔지를 이전했는데, 협정에 따라 이 지역을 넘겨받았던 삼니움 사람들이 이에 대해 정당한 이의를 제기했으나 아무 소용이 없었다. 로마는 흔들리지 않고 자신의 목표를 향해 다가갔으며, 획득 영토를 공고히 하기 위해 전쟁터에서 보여주었던 능력을 뛰어넘는 열정적이고 대담한 통치술을 보여줌으로써 정치적으로나 군사적으로 촘촘한 그물망을 획득 영토에 설치했다.

삼니움 사람들의 안주

삼니움 사람들이 위협적인 로마의 진출을 곱게 보지 않았다는 것은 분명하다. 그들은 로마인들의 진출을 막아서기도 했다. 충분한 시간적 여유와 당시 상황에 걸맞은 강력한 힘으로 로마의 새로운 정복 노선을 저지할 수도 있었을 테지만 삼니움 사람들은 그렇게 하지 않았다. 그들은 로마와의 협정에 따라 테아눔을 넘겨받아 강력하게 수비했던 것으로 보이는바, 일찍이 테아눔은 삼니움에 대항하기 위해 카푸아와 로마에 도움을 요청했지만, 나중의 전쟁들에서는 서쪽에 대항하는 삼니움 세력의 보루로 등장한다. 하지만 삼니움 사람들은 리리스 북부지방에 대해서는 정복과 파괴를 자행할 뿐 여기에 장기적으로 정착할 의사를 보이지 않았다. 그들은 볼스키 사람들의 프레겔라이를 파괴했는데, 이를 통해 앞서 언급한 로마의 식민요새 도시가 설치될 수 있게 해주었을 뿐이었다. 삼니움 사람들은 그 밖에도 두 개의 볼스키 도시들, 파브라테리아(오늘날 체카노)와 루카(위치 미상)를 위협했는데, 두 도시는 카푸아처럼 로마 사람들에게 자진해서 복속했다(로마 건국 424년, 기원전 330년). 삼니움 연맹은 캄파니아에 대한 로마의 정복에 진지하게 항의하지 않았으며 이를 기정사실로 받아들였다. 그 부분적인 이유는 희랍인들이 당시에 삼니움 종족을 공격했기 때문이었고, 더 큰 다른 이유는 태만하고 방만한 삼니움 연맹의 정책하에서 이런 사태를 접했기 때문이었다.

제6장
로마의 이탈리아 전쟁

삼니움과 타렌툼의 전쟁

로마인이 리리스와 볼투르누스에서 전쟁을 치르는 동안 이탈리아 남동부에서도 충돌이 발생했다. 상업을 통해 부를 쌓은 도시국가 타렌툼은 루카니아와 메사피아의 위협에 맞서 자체 군사력을 불신하고 감언이설과 금품으로 희랍 본국의 지도자들에게 원조를 요청했다. 이에 스파르타 왕 아르키다모스는 타렌툼인들이 도리아계 동포라는 이유로 강력한 군대를 이끌고 왔다. 하지만 그는 필립포스 왕이 카이로네이아를 정복하던 날 루카니아에게 패배하고 만다(로마 건국 416년, 기원전 338년). 신을 두려워했던 희랍인들은 그것이 19년 전 아르키다모스와 그의 부하들이 델포이 신전 약탈에 참여한 벌이라고 생각했다.

몰로시아의 알렉산드로스는 아르키다모스의 빈자리를 맡았는데,

그는 알렉산드로스 대왕의 어머니 올림피아스의 동생이었다. 알렉산드로스는 자신의 군대를 중심으로 희랍 연합군을 지휘했으며, 거기에는 타렌툼 군대와 메타폰티온 군대도 포함되었다. 포이디쿨리(지금의 루보Ruvo 근처) 사람들도 이에 합류했는데, 이들은 다른 대희랍 사람들처럼 삼니움 족에 위협을 받고 있었다. 루카니아의 추방자들도 상당수 연합군에 합류했는데, 이들이 상당수 존재했다는 사실 자체가 삼니움 연맹의 취약성을 증명해준다. 몰로시아의 알렉산드로스는 곧 적들을 섬멸할 것으로 생각했다. 그는 대희랍에 정착한 삼니움 동맹의 수도로 기능했던 콘센티아(오늘날 코센차)를 장악했다. 루카니아를 돕기 위해 온 삼니움인들의 원조도 헛된 일이었다. 그는 파이스툼 근처에서 이들 연합군을 격파했다. 그러고는 시폰툼 주변에서 다우니아인들을, 이탈리아의 남동부 끝자락 반도에서 메사피아인들을 복속시켰다. 이로써 이탈리아의 서해안에서 동해안까지를 호령하게 된 그는 로마인들과 연합해 삼니움 종족의 본거지를 공격하려 했다. 하지만 이런 뜻밖의 전개는 타렌툼 상인들이 원하지 않던 것이어서 그들은 매우 놀랐다. 그리고 전쟁은 그들과 연합군 사령관의 싸움이 되고 말았다. 타렌툼 상인들이 그저 용병일 뿐이라고 생각한 사령관은 동방에서 조카 알렉산드로스가 이룬 것과 같은 제국을 서방에 건설하려는 포부를 가진 자였다. 초반은 알렉산드로스가 우세했다. 그는 타렌툼 사람들에게서 헤라클레아를 빼앗았고, 투리이를 회복했으며, 곧 타렌툼에 대항하여 이탈리아의 다른 희랍계를 자신의 보호 아래 연합시킬 것 같았다. 동시에 그는 삼니움 종족과의 평화가 유지될 수 있도록 노력하기도 했다. 하지만 그의 원대한 계획은 당시 타락하고 비겁한 희랍인들의 지지를 얻지 못했고, 이제까지 자신을 지지하던 루카니아마저 어쩔 수 없는 그의 노선변경으로 인해 사라져버렸다. 결국 그는 판도시아에서 루카니아계 이주민의 손에 죽었다(로마 건국 422년, 기원전 332년).[1] 알렉산드로스의 죽음은 실질적으로 모든 것을 원래 상태로 되돌려 놓았다. 희랍계 도시들은 다시 분열되었고, 각자 자신들이 할 수 있는 한에서 보호조약이나 공물 혹은 외부 원조에 기대어 살아남고자 했는데, 예를 들어 크로톤은 로마 건국 430년(기원전 324년)경에 쉬라쿠사이의 도움으로 브루티움 사람들을 물리쳤다. 이후 삼니움 종족은 다시 역량을 확보, 희랍인에 대한 염려를 떨쳐버리고 캄파니아와 라티움 쪽으로 눈을 돌릴 수 있었다.

하지만 짧은 기간 동안 커다란 변화가 일어났다. 라티움 연맹은 분열되어 해체되었고, 볼스키 종족의 마지막 저항은 격파되었으며, 반도에서 가장 부유하고 아름다운 캄파니아 지역은 다툼의 여지 없이 확고하게 로마인들의 손에 들어갔다. 이로써 이탈리아의 두 번째 도시는 로마의 피호령이 되었다. 희랍계와 삼니움 종족이 서로 다투고 있는 동안 로마는 거의 어떤 저항도 받지 않고 패권국으로 성장했는바, 반도에 있는 어떤 민족도 로마를 흔들만한 힘을 갖지 못했고, 로마에 종속될지도 모른다는 위협을 받았다. 로마에 저항하는 사람들이 공동전선을 폈었다면 아마도 로마의 지위가 확고하게 굳어지기 전에

---

[1] 불필요한 언급은 아니라고 믿는바, 아르키다모스 및 알렉산드로스에 관한 정보는 희랍 연보에서 유래하며, 로마 연보와 희랍 연보의 동시성이 문제가 되는 시대에 관해 대략적으로만 확인되었다. 따라서 이탈리아 서부와 동부에 있었던 사건들의 관련성은 큰 틀에서는 분명하지만, 세부적인 데까지는 일치하지 않는다는 점에 주의해야 한다.

굴종의 사슬을 끊어버릴 수 있었을지도 모른다. 그러나 대개는 서로 적대적이었거나 적어도 서로 교류가 없었던 수많은 민족과 도시에선 연합을 위해 요구되는 분명한 사태 인식도, 용맹함이나 자기희생도 전혀 찾아볼 수 없었고, 있더라도 너무 때늦은 것이었다.

로마에 대항한 이탈리아 연맹

에트루리아 세력의 붕괴와 희랍 도시들의 약화 이후, 이탈리아 삼니움 연맹은 의심할 여지 없이 로마 다음으로 강력한 세력이자 로마의 침입에 가장 먼저, 그리고 가장 직접적으로 위협을 받는 존재였다. 로마에 대항해 민족 자유와 민족 정체성을 지키려 하는 이탈리아의 선봉에 서서 가장 큰 부담을 졌던 삼니움 사람들은 군소 동족 부족들, 그러니까 베스티니족, 프렌타니족, 마루키니족 등의 지원에 의존해야 했는바, 산속에 묻혀 농업에 종사하는 군소 부족들도 공동의 재산을 방어하기 위해 무기를 들자는 삼니움인들의 호소에 귀를 기울이지 않을 수 없었다. 물론 캄파니아의 희랍계와 대희랍(특히 타렌툼인들), 그리고 강력한 루카니아인들과 브루티움인들의 지원군이 무엇보다 중요했지만, 타렌툼 지도자들의 과오와 무능, 시킬리아 도시들의 분규, 루카니아 연합 내부의 분란, 그리고 무엇보다도 수세기 동안 이탈리아 남부의 희랍계와 루카니아 침입자들 사이에 지속된 뿌리 깊은 적대감 등은 삼니움을 돕는다는 명목으로 이들이 서로 연합하는 것을 허락하지 않았다. 이에 더해 로마의 이웃으로 오랫동안 로마와 평화로운 관계를 유지했던 사비눔 일족들, 예를 들어 마르시인들에게는 소극적 참여 혹은 중립 이상은 기대할 수 없었던 반면, 고대로부터 사비눔을 강하게 적대시했던 아풀리아는 자연스레 로마와 동맹 관계에 있었다.

그럼에도 불구하고, 만일 초기에 좋은 성과를 거두었다면 멀리 떨어진 에트루리아도 연맹에 참여했을 것이고 라티움, 볼스키, 헤르니키 지역의 반란도 불가능하지 않았을 것이다. 따라서 이탈리아의 아이톨리아 사람인 삼니움 종족은 도저히 상대가 되지 않는 상대와의 싸움에서 민족적 역량을 유지하며, 주변의 다른 민족들이 스스로를 부끄럽게 생각하고 조용한 심사숙고 끝에 마침내 힘을 보태기로 결정할 때까지, 상당 시간을 스스로의 힘에 의지해 버려야 했다. 단 한 번의 승리가 로마 주위 민족들이 떨쳐 일어나는 투쟁과 항거의 도화선이 될 수 있었는바, 역사는 저 고결한 민족이 자신의 의무를 이행했고 실천했음을 증언해야만 한다.

삼니움 전쟁

로마의 침입으로 인해 로마와 삼니움의 불화는 이미 몇 년째 계속되고 있었다. 리리스에 침입한 이후 로마 건국 426년(기원전 328년)에 프레겔라이 요새를 설치한 것이 로마의 전쟁 직전 마지막 주요 침입이었다. 전쟁이 발발한 계기는 캄파니아의 희랍인들이었다. 쿠마이와 카푸아가 로마에 편입된 이후에도 네아폴리스 만 근처의 섬들을 지배하던 희랍계 도시 네아폴리스는 로마 세력권 내에서 유일하게 로마에 복속되지 않은 도시였다. 타렌툼과 삼니움 사람들은 네아폴리스를 복속하려는 로마의 계획을 알고 이 도시를 점령하기로 결정했다. 다만 타렌툼은 계획을 수행하기에 너무 멀리 떨어져 있었다기보다는 오히려 적극성이 떨어졌던 반면, 삼니움은 실제로 강력한 점령군을 투입했다. 그러자 로마인들은 즉시, 명목상으로는 네아폴리스에, 실제적으로는 삼니움에 선전포고를 한 뒤(로마 건국 427년, 기원전 327년) 네아폴리스를 공격했고, 이후 대치 상황이 지속되었다. 그러자 캄파니아의 희랍계 도시들은 상업적 손실 때문에 삼니움 점령군에 염증을 느꼈고, 로마인들은 곧 있을 제2등급 내지 제3등급의 희랍 도시들과 삼니움의 병합을 저지하기 위한 협상을 서둘렀다. 희랍인들은 곧 협상에 응했고 로마는 특별 조약을 통해 이들에게 매우 유리한 조건, 즉 완전 평등권과 군 복무 면제, 동맹과 영구 평화를 제시했다. 이에 네아폴리스인들은 속임수로 삼니움 점령군을 따돌린 뒤 조약을 체결했다(로마 건국 428년, 기원전 326년).

전쟁 초기, 볼투르누스 남쪽에 있는 사비눔 도시들, 그러니까 놀라, 누케리아, 헤르쿨라네움, 폼페이는 삼니움 편에 가담했다. 하지만 삼니움에 닥친 커다란 위기 때문에, 온갖 권모술수로 이 도시들의 귀족 당파를 자기편에 끌어들이려는 로마인들의 공작 때문에, 그리고 이 공작에 대한 강력한 지지자로 카푸아가 나섬으로써 이들 도시는 로마의 네아폴리스 획득 이후 곧 로마를 지지하거나 중립을 선언했다.

로마와 루카니아의 연맹

로마인들은 루카니아에서 또 하나의 중요한 성과를 거두었다. 그곳 민중은 본능적으로 삼니움과의 연대를 지지했다. 하지만 삼니움과의 동맹은 타렌툼과의 우호 관계를 의미했고, 루카니아의 지배계급은 많은 이익을 가져다주는 타렌툼 약탈 원정을 그만둘 마음이 없었다. 이로 인해 로마인들은 루카니아와 동맹을 체결하는 데 성공했는바, 이는 값을 매길 수 없을 만큼 큰 가치를 지니고 있었다. 왜냐하면 이로써 타렌툼은 놓아두고 삼니움을 무찌르는 데 로마의 모든 병력을 투입할 수 있었기 때문이다.

카우디움 강화조약

이렇게 삼니움은 어떤 곳에서도 지원을 받지 못했다. 동부 산악 지역 일부가 지원군을 파견했을 뿐이었다. 로마 건국 428년(기원전 326년)에 삼니움 지역에서 전쟁이 발발했고, 캄파니아 국경의 일부 도시, 그러니까 루프라이(베나프룸과 테아눔 사이)와 알리파이가 로마인에게 점령되었다. 이듬해 로마군은 삼니움으로 진격, 전쟁과 약탈을 벌이며 베스티니 족의 영토, 심지어 아풀리아 근처까지 나아갔는데, 아풀리아는 그들을 환영했다. 로마군은 어디서나 압도적인 우세를 보였고 삼니움의 용기는 산산이 부서졌다. 그들은 로마군 포로들을 되돌려 보내면서 지휘관 브루툴루스 파피우스의 시신도 함께 딸려 보냈는바,

그는 로마의 사형집행인들을 만나기 전에 스스로 목숨을 끊었던 것이다. 이는 삼니움 종족 회의가 적에게 강화조약을 요청하되, 그들의 용맹한 장군을 보냄으로써 관대한 처분을 얻어보기로 결정한 직후였다. 하지만 자존심을 버린 거의 읍소에 가까운 이 탄원을 로마 민회가 들어주지 않자(로마 건국 432년, 기원전 322년), 삼니움 종족은 새로운 장군 가비우스 폰티우스의 지휘 아래 필사항전을 준비했다.

이듬해(로마 건국 433년, 기원전 321년) 두 명의 집정관 스푸리우스 포스투미우스와 티투스 베투리우스의 지휘 아래 칼라티아(카세르타와 마달로니 사이) 근처에 주둔해 있던 로마 군대는 수많은 포로의 진술을 통해 삼니움 종족이 루케리아를 근접 공격했으며 아풀리아의 재산이 걸린 주요 도시가 큰 위험에 빠졌음을 알게 되었다. 이에 로마 군대는 단숨에 달려갔는데, 적의 영토 한가운데를 지나는 것 말고는 달리 방법이 없었다. 그런데, 카푸아에서 출발하여 베네벤툼을 경유하고 아풀리아에 이르는, 나중에 아피우스 대로의 연장선이 된 이 행군로는 오늘날의 아르파자(Arpaja)와 몬테자르키오(Montesarchio)를 지나 전체적으로 높고 가파른 산들로 둘러싸인 늪지를 통과하는 길인데, 카우디움 협곡을 통해서만 들어가고 나올 수 있었던 여기에 삼니움 종족이 매복해 있었다. 어떤 장애도 없이 협곡으로 들어간 로마군은 곧 출구가 가시덤불로 빽빽하게 차단되어 있는 것을 발견했고, 이내 회군을 했으나 입구마저 막혀버린 뒤였으며, 삼니움 군대는 주변 고지대에서 로마군을 포위한 상태였다. 로마군은 뒤늦게 매복에 걸려들었음을 깨달았다. 삼니움 군대는 루케리아가 아니라 가우디움 협곡에서 기다리고 있었던 것이다. 로마군은 승리의 가망도, 뚜렷한 목표도 없었지만 저항했다. 그러나 전혀 군단을 전개할 수 없었던 로마군은 변변한 전투도 하지 못하고 완전히 섬멸되었다.

로마 장군은 무조건 항복을 제안했다. 로마군의 방면이냐 아니면 도륙이냐의 선택은 삼니움 장군에겐 어리석은 말장난에 지나지 않았다. 그가 할 수 있는 최선은 무조건 항복의 제안을 수용, 조금 전까지만 해도 의기양양하던 로마 전투군단을 두 명의 지휘관까지 포함하여 포로로 잡아두는 것뿐이었다. 그랬다면 삼니움 장군에게는 캄파니아와 라티움으로 향하는 길이 열리고, 볼스키와 헤르니키, 라티움의 상당 부분이 삼니움 장군을 환영할지도 모를 상황을 맞음으로써, 로마의 정치적 입지는 아주 심각한 위기에 직면했을지도 모른다. 하지만 삼니움 장군 가비우스 폰티우스는 군사적 맞대결을 벌이는 대신 공정한 강화조약을 통해 모든 갈등을 단번에 종식시킬 수 있을 것으로 생각했다. 전년도에 브루툴루스 파피우스를 희생시켰던 동맹 강화의 어리석은 열망을 가비우스 폰티우스도 갖고 있었기 때문이든, 아니면 그가 전쟁에 지친 동포들을 설득할 힘이 없었기 때문이든, 이로써 그는 역사상 유례없는 자신의 승리에 오점을 남기는 장군이 되었다.

강화의 조건은 상당히 합리적이었는바, 로마는 협정에 반하는 칼레스와 프레겔라이 요새를 철거하고 삼니움과 대등한 동맹관계를 맺는다는 것이었다. 로마 사령관들은 강화 조건에 동의했고, 6백 명의 기병을 볼모로 제공했으며, 자신들과 휘하 장교들 모두 강화 조건을 지키겠노라 맹세했다. 이로 인해 로마군은 그곳을 무사히 벗어날 수 있었다. 하지만 명예에 큰 상처를 입었다. 승리에 취한 삼니움 군대가 로마군으로 하여금 무기를 내려놓고 멍에를 통과하는 치욕적인 항복절차를 수행케 했던 것이다.

　로마 원로원은 로마 장교들의 맹세나 인질의 목숨은 아랑곳하지 않고 이 강화조약을 무효화했다. 그러고는 조약을 체결한 사람들이 개인적으로 책임지도록 그들을 적에게 내주었다. 로마의 법률고문들과 성직자의 법 해석이 과연 법의 정신을 지킨 것인지, 로마 원로원이 법의 정신을 훼손한 건 아닌지는 공정한 역사 기술에서 중요하지 않을 수 있다. 인간적이고 정치적인 측면에서 보더라도 로마인들을 비난할 수는 없다. 다만 로마법의 공식적 입장에서 민회의 인준 없이 강화조약을 체결할 권한이 지휘관에게 있었는지 여부는 논의 대상 자체가 아니다. 국헌의 정신과 관행에 따르면, 순수한 군사 문제가 아닌 국가 간의 조약은 전적으로 민회 권한이며, 원로원과 시민의 인준 없이 맺은 지휘관의 조약은 명백한 월권행위이기 때문이다. 최후통첩을 과감하게 물리치지 못한 로마 사령관들보다, 로마 사령관들에게 월권을 해서라도 군대를 구하도록 선택을 강요한 삼니움 장군에게 더 큰 잘못이 있었다. 로마 원로원이 강화조약을 거부한 것은 정당하고 당연한 것이었다. 위대한 민족은 상당한 필연성이 없는 한 자신이 가진 것을 양여하지 않는 법이다. 모든 양여조약은 이런 필연성이 인정될 때이지 도덕적 책임에서가 아니다. 그런 면에서 모든 민족이 무력에 의한 늑약의 파기를 정당한 명예로 여기는 것으로 볼 때, 카우디움에서처럼 도덕적으로 어쩔 수 없었던 상황에 처한 불운한 사령관이 맺은 조약을 용인하고 수용하는 것은, 만약 당한 치욕이 아직도 생생하고 민족 역량이 여진히 건재하다면, 명예로운 일이 아니라 할 수 있다.

로마의 승리

카우디움의 강화조약은 강화조약 지지자들의 어리석은 열망과 달리 평화를 가져다주지 못했고 오로지 전쟁만을, 그리고 다시 전쟁만을 가져다주었을 뿐이다. 파기된 엄숙한 약속, 실추된 군의 명예, 적에게 내준 전우 등 어긋나버린 상황 때문에 양측 모두에서 격분이 크게 고조되었다. 삼니움 종족은 자신들에게 보내진 로마 장교들을 받아들이지 않았다. 이는 부분적으로는 불행한 이들에게 보복행위를 보탠다는 것이 자신들이 생각하기에도 너무 잔인한 일이었기 때문일 것이며, 무엇보다 이 강화조약은 국가 로마가 아니라 그것을 맹세한 자들에게만 구속력을 가진다는 로마의 항변이 받아들여질 것이기 때문이었다. 전쟁이 그들의 삶을 결정하도록 볼모로 잡혔던 기병대도 살려두는 대범함을 보인 삼니움 사람들은 이후, 즉각적인 전투태세에 돌입했다.

삼니움 사람들은 루케리아를 빼앗았고 프레겔라이도 쳐들어가 함락했다(로마 건국 434년, 기원전 320년). 로마인들은 군대의 흐트러진 전열을 미처 재정비하지도 못하고 있었다. 이때 사트리쿰 사람들이[2] 삼니움에 가담했는데, 이는 삼니움 사람들이 자신들이 가진 유리한 조건을 제대로만 활용했다면 대단한 일을 성취했을 것임을 가히 짐작케 한다. 하지만 로마는 힘을 잃지 않았으며 다만 잠시 마비되었을 뿐이었다. 로마인은 수치심과 분노에 북받쳐 병사와 군대를 총동원했고, 새

---

[2] 여기 사트리쿰은 안티움 부근의 사트리쿰 사람들이 아니라(제2권 155쪽), 볼스키인들의 다른 도시로서 당시 투표권 없는 로마공동체로 아르피눔 근처에 있었다.

로 조직한 군대의 지휘관으로 루키우스 파피리우스 쿠르소르를 임명했다. 그는 경험이 상당히 풍부한 군인이자 장군이었다. 군대는 둘로 나뉘어 하나는 사비나와 아드리아 해안지역을 통과하여 루케리아로, 다른 하나는 삼니움을 거쳐 같은 목적지로 진군했다. 후자의 군대는 성공적으로 삼니움 군대를 몰아붙였다. 얼마 후 두 군대는 루케리아의 성벽 아래 집결하여 대대적인 공성전을 벌일 준비를 했다. 아풀리아인들, 특히 아르피 사람들이 로마 군대에 군수물자를 조달하는 중요한 지원을 아끼지 않았다. 루케리아 공격은 매우 급박한 일이었는데 왜냐하면 포로로 잡힌 로마 기병대가 거기에 있었기 때문이었다. 삼니움 군대는 포위를 뚫기 위해 치열한 전투를 벌였지만 결국 패배했고 마침내 루케리아를 로마에 넘겼다(로마 건국 435년, 기원전 319년). 파피리우스의 기쁨은 두 배였다. 적의 수중에 있던 전우들을 되찾은 한편, 루케리아를 함락시킴으로써 카우디움의 패배를 설욕할 수 있었기 때문이다.

루케리아 함락 이후 로마 건국 435년(기원전 319년)에서 437년(기원전 317년)까지는 삼니움 본토보다는 인접 지역에서 더 많은 전쟁이 벌어졌다.[3] 우선 로마인들은 아풀리아와 프렌타니아에서 삼니움 연합군들을 내몰았고, 아풀리아의 테아눔, 카누시움 등과 새로운 연맹을 체결했다. 이때 사트리쿰은 예속공동체로 강등됨으로써 배반에 대한 혹독한 벌을 받았다. 이후 전쟁은 캄파니아로 옮겨갔고, 로마는 삼니움

---

[3] 로마 건국 436~437년(기원전 318~317년) 사이에 로마와 삼니움이 2년 동안의 공식적인 휴전 조약을 맺었다는 주장은 신빙성이 떨어진다.

의 국경도시 사티쿨라(아마도 오늘날의 산타가타 데 고티)를 정복했다(로마 건국 438년, 기원전 316년). 하지만 그때 전쟁의 명운은 로마인들에게 등을 돌리는 것처럼 보였다. 삼니움 종족이 다시 누케리아를 정복하고(로마 건국 438년, 기원전 316년), 곧이어 놀라를 자기들 편으로 끌어들였기 때문이었다. 리리스 위쪽에서는 소라 사람들이 로마군을 몰아내기도 했고(로마 건국 439년, 기원전 315년), 아우소니아인들도 세력을 확장해 로마의 주요 거점인 칼레스를 위협했다. 심지어 카푸아에서는 로마에 반대하는 세력이 격렬한 봉기까지 일으켰는데, 이에 삼니움 군대는 캄파니아로 진군하여 카푸아 바로 앞에다 진을 쳤는바, 이는 카푸아의 민족해방세력에 힘을 실어주기 위해서였다(로마 건국 440년, 기원전 314년). 그러나 전쟁의 명운은 로마 편이었다. 로마는 곧 소라를 공격, 삼니움 보조 부대를 몰아내고 이를 다시 함락시켰다(로마 건국 440년, 기원전 314년). 아우소니아인들의 소요는 반란이 본격화되기 전에 잔혹하게 진압했고, 진압과 동시에 특별 독재관을 임명해 카푸아의 삼니움 지지자들에 대한 정치 재판을 감독하고 판결하도록 했다. 이때 삼니움 지지자 중 저명한 자들은 로마 사형집행인에게 끌려가기 전, 스스로 목숨을 끊었다(로마 건국 440년, 기원전 314년). 카푸아에서 패배한 삼니움 군대는 캄파니아에서 철수할 수밖에 없었다. 로마는 적을 추격해 마테세산맥을 넘었고, 로마 건국 440년(기원전 314년) 겨울, 삼니움 수도인 보비아눔 앞에 진을 쳤다. 이때 놀라가 동맹국들에 의해 버려졌다. 그러자 로마는 네아폴리스를 삼니움과 영원히 떼어놓기 위해 체결했던 것과 같은 아주 호의적인 조약을 맺음으로써 놀라를 삼니움에서 영원히 분리시켰다(로마 건국

441년, 기원전 313년). 카우디움 참패 이후 로마 반대파에게 장악되었던 리리스의 프레겔라이도 삼니움 점령 8년 만에 다시 로마에 점령당했다(로마 건국 441년, 기원전 313년). 프레겔라이의 민족해방세력 지도자 2백 명은 로마로 압송되었고, 로마를 반대하는 각국 민족해방세력에 경각심을 불러일으키기 위한 목적으로 로마 광장에서 공개적으로 처형되었다.

아풀리아와 캄파니아의 새로운 요새

이렇게 해서 아풀리아와 캄파니아는 로마인의 손에 들어갔다. 로마 건국 440~442년(기원전 314~312년) 사이, 로마는 정복한 영토의 확고한 안전과 지속적 통치를 위해 점령 지역 여러 곳에 새로운 요새를 설치했다. 아풀리아의 루케리아는 위험한 고립지역으로 로마 군단의 절반이 수비대로 파견되었다. 폰티아이(오늘날 폰짜*Ponza*섬)는 캄파니아 해역을 경비하기 위한 곳이었다. 캄파니아와 삼니움 국경의 사티쿨라는 삼니움을 막기 위한 보루였다. 마지막으로 인테람나(오늘날 몬떼까시노 근처)와 수에사 아우룽카(오늘날 세싸*Sessa*)는 로마에서 카푸아에 이르는 도로 상에 위치했다. 그 밖에도 수비대는 카이아티아(오늘날 까자쪼*Cajazzo*), 소라 등 주요 군사요충지들에 파견되었다. 로마에서 카푸아에 이르는 최고의 군사도로는 호구감찰관 아피우스 클라우디우스가 로마 건국 442년(기원전 312년)에 건설했는데, 도로 건설에 필수적인 제방을 폰티니 늪을 가로질러 놓음으로써 캄파니아의 수비를 확고히 다졌다. 이로써 로마인들의 의도는 더욱 분명해졌는바, 해마다 조금씩 요새들을 연결하는 도로망을 건설하여 이탈리아 전체를 복속시키는 것이었다. 삼니움은 이미 로마의 도로망에 둘러싸여 있었다. 로마에서 루케리아에 이르는 군사도로가 이탈리아를 남북으로 나누었는데, 이는 과거 노르바 요새와 시그니아 요새가 볼스키 사람들과 아이퀴 사람들을 둘로 나눠놓았을 때와 같았다. 당시 로마는 헤르니키 사람들의 지원을 받았었고 이제는 아르피 사람들에게 지원을 받고 있었다. 이탈리아인들은 이때 삼니움의 굴복이 자신들 모두의 자유에도 영향을 미친다는 사실을 깨달았어야만 했다. 이때는 너무나 막강한 로마를 상대로 15년을 외롭게 싸우고 있는 용감한 산악 종족을 돕기 위해 이탈리아인들의 역량을 총결집할 가장 좋은 순간이기도 했다.

타렌툼 사람들의 개입

삼니움 종족의 가장 가까운 동맹국은 타렌툼이었다. 삼니움과 이탈리아 종족 모두의 불운은 미래를 좌우할 이런 중대한 순간에 결정권이 이탈리아의 아테네, 즉 타렌툼에 있었다는 것이다. 타렌툼의 국체는 원래 옛 도리아 방식에 따른 귀족정을 엄격하게 유지하다가 이후 완전한 민주정으로 변모했고, 선원과 어부, 직공들이 주로 거주하는 도시 생활은 믿을 수 없을 만큼 분주했다. 귀족적이라기보다는 윤택했던 이곳 주민들의 생각과 행동은 발랄하고 분주한 일상 속에서 진지한 가치를 멀리했으며, 한편으론 엄청난 무모함과 천재적 자신감 사이를, 다른 한편으론 창피스러운 경박함과 유치한 변덕 사이를 오락가락하고 있었다.

천재적 재능과 명성을 누렸던 옛 민족들의 생사가 갈렸던 엄중한 상황을 타렌툼도 직면했기에, 지금 타렌툼에 관한 다음의 기록을 검토하는 것은 의미 있는 일이다. 플라톤은 이 사건이 일어나기 약 60년 전(기원전 389년)에 타렌툼을 방문했는데, 그는 디오뉘소스 축제로 도시 전체가 술에 취해 있었다는 자신의 목격담과 함께 해학적 익살극인 '희비극'이 바로 삼니움 전쟁 시기 타렌툼에서 만들어졌다는 사실을 전한다. 타렌툼의 지식인과 사교계가 즐긴 이런 방종한 삶과 음탕한 문학은 타렌툼의 정치가들이 보여준 변덕과 오만에 따른 근시안적 정책의 보충물이다. 이들 정치가는 간섭할 필요가 없는 문제에 계속해서 관여했으며 최우선의 관심사가 되어야 할 문제에는 냉담했다. 그 대표적인 예가 카우디움 사건 이후 로마인들과 삼니움 종족이 아폴리아에서 대립했을 때, 타렌툼 정치가들이 사절을 파견하여 양측이 무기를 내려놓도록 권했던(로마 건국 434년, 기원전 320년) 사건이다. 이탈리아인들의 끝장 전쟁에 끼어든 이런 외교적 개입은 이성적으로 따져볼 때, 타렌툼이 지금껏 유지한 중립을 포기한다는 선언에 지나지 않았다. 그리고 이 선언으로 타렌툼은 전쟁에 연루되었는바, 이것이 얼마나 험난하고 위험한 일인지를 보여주는 충분한 이유는 다음과 같다.

타렌툼의 국력은 나만 해군에만 집중되어 있있고 대희립의 해군 중 단연 최강이었던 타렌툼 해군은 타렌툼의 해양무역에 크게 이바지했다. 그러나 당시 상황에서 가장 필요했던 육군과 관련해서는 매우 열악했던바, 용병에 의존해야만 했다. 이러한 상황에서 타렌툼이, 로마의 정책이 의식적으로 조장하고 있던 타렌툼과 루카니아의 골치 아픈 갈등은 접어두고라도, 로마와 삼니움의 갈등에 끼어든 것은 결코 간단한 문제로 치부할 수 없는 것이었다.

물론 이러한 장애물들은 강력한 의지로 극복될 수도 있었다. 로마와 삼니움 양측은 타렌툼 사절의 요구를 전쟁을 중지하라는 의미로 해석했고, 보다 열세에 있었던 삼니움은 요구를 받아들일 용의를 보였다. 하지만 로마는 공격으로 회답을 대신했다. 이에 타렌툼 사람들의 이성과 명예심은 사절의 무모한 요구를 거절한 로마에 대한 선전포고를 요구했다. 하지만 타렌툼 정부는 이성도 명예심도 저버린 채 매우 심각한 문제를 유치하게 다루었다. 로마에 대한 선전포고는 없었다. 대신 그들은 아가토클레스와 싸우는 쉬라쿠사이의 과두정을 지원했다. 쉬라쿠사이의 아가토클레스는 예전에 타렌툼에서 공직을 역임하다 불미스러운 일로 추방됐던 자였다. 타렌툼은 스파르타의 예를 따라 시킬리아로 함대를 보냈다(로마 건국 440년, 기원전 314년). 이 함대는 캄파니아 해안에서 훨씬 훌륭한 역할을 할 수 있었는데도 말이다.

에트루리아의 연방 가입

북부와 중부 이탈리아 사람들은 특히 루케리아 요새의 설치에 자극을 받아 보다 적극적인 행동을 개시했다. 에트루리아가 제일 먼저 칼을 뽑아들었는데(로마 건국 443년, 기원전 311년), 이미 몇 해 전인 로마 건국 403년(기원전 351년)에 휴전이 끝나 있는 상태였다. 수트리움의 로마 국경 요새는 2년 동안 이어진 에트루리아의 포위 공격을 견뎌내야 했다. 그리고 이 기간에 성벽 아래서 벌어진 격렬한 충돌에서 로마는 늘 열세를 면치 못했다. 하지만 로마 건국 444년(기원전 310년), 삼니움 전쟁에서 경험을 쌓은 집정관 퀸투스 파비우스 룰리아누스가 투입되면서 로마는 로마령 에트루리아에서 주도권을 회복했다. 그러나 그 집정관은 여기서 멈추지 않고 에트루리아 본토에 대한 과감한 공격을 감행했다. 에트루리아 본토는 언어 차이와 교역 부족 때문에 당시까지 로마인에게 알려진 바가 없었지만, 집정관은 로마 군단이 한 번도 통과한 적이 없는 키미누스 숲을 가로질러 진군했다. 오랫동안 전쟁의 두려움 없이 살던 부유한 지역이 약탈당하자 에트루리아는 전군을 무장시켰다. 상황이 이렇게 되자 로마 정부는 과감한 원정대를 비난했고, 국경을 건넌 무모한 지휘관을 늦게나마 탄핵했으며, 예상되는 에트루리아의 공격을 막기 위해 서둘러 새로운 군단을 소집했다. 하지만 이런 일련의 일들이 모두 불필요해졌는바, 그즈음 바디모니스호수 전투에서 룰리아누스가 승리를 거뒀던 것이다. 이 시기적절하고 결정적인 승리로 무모한 도전은 영웅적 공적이 되었고, 오랫동안 로마 민족의 기억 속에서 잊히지 않았다.

에트루리아인들의 저항은 이렇게 좌절되었다. 그때까지 18년 동안 전쟁을 이어가던 삼니움 종족과 달리, 가장 강력한 에트루리아인들의 도시였던 페루시아와 코르토나와 아레티움은 첫 패배 직후 300개월의 강화조약을 받아들였다(로마 건국 444년, 기원전 310년). 그리고 이듬해 로마인들이 다시 한 번 페루시아에서 나머지 에트루리아인들을 물리쳤을 때, 타르퀴니이 사람들도 400개월의 강화에 동의했다(로마 건국 446년, 기원전 308년). 이후 다른 도시들도 투쟁을 중단했고, 곧 에트루리아 전역에 휴전이 이루어졌다.

마지막 삼니움 원정

이런 일련의 사건들이 벌어지는 동안에도 삼니움 전쟁은 중단되지 않았다. 로마 건국 443년(기원전 311년)의 원정도 과거와 마찬가지로 몇몇 삼니움 요새를 포위 공격을 하는 데 국한되었다. 지지부진하던 전쟁은 하지만 이듬해 다시 활기를 띠기 시작했다. 에트루리아에서 룰리아누스가 처한 위험한 상황과 로마 북부군단의 전멸 소문이 퍼지면서 삼니움 종족은 새롭게 싸울 용기를 얻었다. 삼니움 종족은 로마의 집정관 가이우스 마르키우스 루틸루스를 공격하여 심각한 상처를 입혔다. 하지만 에트루리아 전선의 급변은 삼니움의 불붙은 전의를 무너뜨렸다. 로마는 루키우스 파피리우스 쿠르소르가 이끄는 로마 군단을 파견하여 삼니움 종족을 공격했고, 그는 이 위대하고 결정적인 전투에서 승리를 거두었다(로마 건국 445년, 기원전 309년). 삼니움 동맹은 이 전투에 마지막 힘을 쏟아부었다. 그러나 황금 방패를 들고 색깔 있는 투니카를 입거나 혹은 은색 방패를 들고 하얀 투니카를 입고 있던 삼니움 정예부대는 섬멸되었고, 그들의 무기들은 이후 축제 때마다 로마 광장에 늘어선 상점들을 장식하는 데 쓰이게 되었다. 전황은 삼니움 종족에 더욱 불리하게 전개되었고 그들의 고민도 늘어갔는바, 이듬해(로마 건국 446년, 기원전 308년) 에트루리아인들이 무기를 내려놓았다. 하지만 같은 해, 그때까지 삼니움과 동맹이었던 캄파니아의 마지막 도시 누케리아가 유리한 상황에서 육지와 바다에서 동시에 로마를 공격했다. 이에 더해 삼니움은 이탈리아 북부에서 움브리아인들을, 중부에서 마르시인들과 파일리그니인들을, 심지어 헤르니키에서는 수많은 지원자를 새로운 동맹으로 얻었다. 이때 만약 에트루리아가 무장을 유지하고 있었다면 전황의 저울은 로마에 불리하게 기울었을 것이다. 하지만 에트루리아를 걱정할 필요가 없는 상황이었기에 로마가 승리할 가능성이 점차 높아졌다. 삼니움 군대와 함께 로마로 진군할 기미를 보인 움브리아인들을 룰리아누스가 티베리스강 상류에서 저지했다. 이것은 움브리아 군대를 해산시키기에 충분한 승리였고, 열세에 빠진 삼니움 군대는 이를 막을 수 없었다.

그 사이 전쟁 지역은 다시 이탈리아 중부로 옮겨졌다. 파일리그니인들과 마르시인들이 로마에 항복했다. 몇몇 사비눔 종족이 아직 명목상 로마의 적으로 남아 있었지만, 삼니움인들은 점차 실질적으로 고립되기 시작했다. 하지만 티베리스강 지역으로부터 예기치 않은 도움이 있었다. 로마가 삼니움 포로들 사이에 섞여 있던 헤르니키 사람들에 대한 해명을 요구하자, 헤르니키 동맹이 로마와의 전쟁을 선포했던 것이다(로마 건국 448년, 기원전 306년). 하지만 이것은 심사숙고한 끝에 내린 결정이 아니라 오히려 절망감에서 생겨난 최후의 발악이었는바, 아직 전쟁에 대해 신중한 입장이었던 몇몇 헤르니키 공동체들마저 헤르니키 동맹의 제1도시 아가그니아에 이끌려 함께 선전포고를 했던 것이다. 그럼에도 로마군은 짧은 순간 의심할 여지 없이 매우 심각한 상황에 놓이게 되었는데, 삼니움 요새를 포위 공격하던 로마군의 후방에 예기치 않은 습격이 있었기 때문이다. 이때 소라와 카이아티아가 삼니움의 손에 들어왔다. 이로써 삼니움 군에게 다시 한 번 전쟁의 행운이 찾아왔다. 하지만 그것도 잠시, 아가그니아인들은 예상 외의 빠른 속도로 무너졌고, 삼니움 주둔 로마군은 적절한 시기에 숨통이 트이게 되었다. 그리고 삼니움은 곧 모든 것을 잃었다. 강화를 요청했지만 헛수고였다. 타협의 여지가 없었다. 로마 건국 449년(기원전 305년)의 원정으로 모든 게 결정 났다. 두 명의 집정관이 이끄는 두 개의 로마 군단이 진군해 들어갔다. 하나는 티베리우스 미누키우스가 지휘를 맡았다가 곧 후임 마르쿠스 풀비우스에게 지휘권을 넘겼다. 다른 하나는 루키우스 포스투미우스가 지휘를 맡아 아드리아 해의 해안선을 따라 남하, 티페르누스강을 거슬러 삼니움으로 쳐들어갔다. 두 부대는 삼니움의 수도 보비아눔 앞에 집결했고, 이내 삼니움의 장군 스타티우스 겔리우스를 포로로 잡았으며, 마침내 보비아눔을 점령했다.

삼니움과의 강화조약

수도를 점령함으로써 22년간의 전쟁은 종식되었다. 삼니움족은 소라와 아르피눔에서 수비대를 철수시켰고 로마에 사절을 보내 강화를 청했다. 사비눔 계통의 마르시족, 마루키니족, 파일리그니족, 프레타니족, 베스티니족 그리고 피케눔족도 삼니움의 뒤를 따랐다. 로마가 제시한 조건은 관대했는데, 몇몇 종족에는, 그러니까 예를 들어 파일리그니에는 일부 영토를 로마에 양도하도록 요구하기도 했지만 그런 요구가 별로 과도해 보이지는 않았다. 사비눔 종족들과는 예전과 동일한 동맹관계가 다시 체결되었다(로마 건국 450년, 기원전 304년).

타렌툼과의 강화조약

거의 같은 시기에, 분명 삼니움 강화조약의 여파로, 로마와 타렌툼 사이에도 강화조약이 체결되었다. 타렌툼 사람들은 로마-삼니움 전쟁 내내 시종일관 방관자적 입장을 취했기에 로마와 직접적 충돌은 없었지만, 살렌티니 사람들과 함께 로마의 동맹 루카니아인들과는 충돌했고, 삼니움 전쟁 막바지에는 몇 가지 적극적인 행동의 기미를 보였다. 루카니아인들의 끊임없는 공격으로 열세에 몰린 상황 때문에, 다른 한편 삼니움의 완전한 패배가 자신들의 독립을 위태롭게 할지 모른다는 위기의식 때문에 타렌툼 사람들은 우선 알렉산드로스와의 불쾌한 경험에도 불구하고, 희랍의 용병 사령관에게 다시 한 번 기탁하기로 했다. 삼니움의 요청에 스파르타 왕자 클레오뉘모스가 5천 명의 용병과 함께 도착했다. 그는 거기에 메사피아와 몇몇 군소 희랍 도시들의 지원군 및 특히 타렌툼 시민군 2만 2천 명을 보태 하나의 군대를 만들었다. 대군의 사령관을 맡은 그는 곧 루카니아인들에게 타렌툼과 우호관계를 맺도록 강요하여 친 삼니움 정부를 설치하고 그 대가로 메타폰티온을 맡겼다. 이런 일들이 전개되는 동안에도 로마와 삼니움 종족은 여전히 전쟁 중이었기에 스파르타 사람들에게는 타렌툼을 돕지 못할 장애물은 없었는바, 대군과 함께 이탈리아와 이탈리아 민족의 자유를 위해 전쟁술을 발휘할 수도 있었다. 하지만 타렌툼은 로마가 비슷한 상황에 처해 있었다면 취했을 만한 행동을 하지 않았다. 또한 클레오뉘모스도 알렉산드로스나 퓌로스처럼 행동하지 않았다. 그는 전리품 따위를 노리지 않았고, 전쟁을 서두르는 대신 커다란 타격을 가할 기회를 엿봤으며, 루카니아인들과 연합하여 메타폰티온을 공격했다. 메타폰티온에 머물면서 쉬라쿠사이의 아가토클레스를 공격해 시킬리아 희랍계를 해방시킬 계획을 세웠다. 그러는 동안 로마와 삼니움 종족은 강화조약을 맺었다.

삼니움과 조약을 체결한 이후 로마는 반도 남동쪽에 대해 진지하게 걱정하기 시작했다. 예를 들어 로마 건국 447년(기원전 307년), 살렌티니 지역을 약탈한 로마 군단은 더 나아가 이 지역을 좀 더 높은 강도로 정찰했다. 그때 스파르타의 사령관은 부하들과 코르퀴라섬으로 건너갔는데, 이 섬은 희랍과 이탈리아에서 해적질하는 데 아주 훌륭한 전초기지였다. 그리하여 지휘관들이 떠나버린, 동시에 이탈리아 중부의 동맹국을 잃은 타렌툼 사람들과 그 동맹들인 루카니아인들이나 살렌티니인들에게는 관대한 조건으로 로마와 관계를 개선하는 것 말고는 선택의 여지가 없었다. 그 직후(로마 건국 451년, 기원전 303년)에 클레오뉘모스가 살렌티니 지역에 상륙하여 우리아를 포위 공격하기도 했으나 로마의 도움을 받는 지역 주민들에 의해 쫓겨나고 말았다.

이탈리아 중부에서 로마의 지배 강화

로마는 완벽한 승리를 거두었고 승리를 완벽하게 이용했다. 삼니움 종족이나 타렌툼인들, 그밖에 멀리 떨어져 사는 종족들에게 너그러운 조건을 제시한 것은 정복자의 관용이 아니라—로마인들은 이런 것을 모른다—영리하고 분명한 계산 때문이었다. 이탈리아 남부 정복에 있어 로마인들의 제1목표는 이탈리아 중부에서처럼 힘으로 몰아붙여 가능한 한 빨리 로마의 패권을 수용하도록 하는 것이 아니었다. 로마의 최우선 목표는 최근 전쟁 기간 동안 캄파니아와 아풀리아에 군사도로와 요새를 설치함으로써 이탈리아 남부를 정복하기 위한 토대가 마련되었는바, 이제 이를 보강하고 완성함으로써 이탈리아 남부와 북부를 군사적으로 단절시키는 것이었다. 이를 위해 로마인들은 일련의 최우선 작업들을 열정적으로 수행해나갔다. 로마는 무엇보다 한때 티베리스 강 지역의 경쟁자였으며 아직도 완전히 제압되지 않은 아이퀴와 헤르니키 동맹을 제거할 기회를 만들고자 했다. 삼니움과 강화조약이 있었던 해(로마 건국 450년, 기원전 304년), 집정관 푸블리우스 셈프로니우스 소푸스는 아이퀴인들과 전쟁을 벌여 승리했다. 40개 지역이 50일 만에 항복했고, 오늘날까지 아직도 옛 거주민들의 이름(치꼴라노Cicolano)으로 불리는 산간벽지를 제외한 영토 전체가 로마의 손에 들어왔다. 로마는 푸키누스호수의 북쪽 국경에 알바 푸켄스 요새를 설치하고 6천 명의 수비대를 배치했다. 또한 용감한 마르시인을 방어하기 위한 방벽을 세우고 이탈리아 중부를 통제했다. 2년 후에는 투라노상류 로마에 가까운 쪽에 카르시올리를 설치했다. 두 도시는 라티움과 같은 권한을 갖는 공동체로 연맹에 귀속되었다.

헤르니키인들의 경우, 아나그니아가 삼니움 전쟁의 막바지에 참전했다는 사실은 옛 연방 관계를 끊을 좋은 이유가 되었다. 아나그니아의 운명은 한 세대 전 똑같은 이유로 라티움 공동체들이 겪었던 운명보다 가혹했다. 그들은 라티움 공동체들처럼 투표권 없는 로마 시민권을 갖게 되었으며, 카이레인들처럼(제2권 139쪽) 자치권을 잃게 되었다. 더군다나 그들 영토인 트레루스(오늘날 사코Sacco)에 새로운 로마 분구가 설치되었으며, 동시에 아니오강 하류에도 또 다른 로마 분구가 새롭게 설치되었다(로마 건국 455년, 기원전 299년). 아나그니아 다음으로 중요한 3개의 헤르니키 공동체인 알레트리움, 베룰라이 및 페렌티눔은 봉기하지 않았다. 그리하여 로마는 자유의사에 따라 로마 시민권을 부여받을 것을 그들에게 제안했다. 그러나 그들은 이를 정중하게 거절했고, 로마도 제안을 강요할 어떤 핑계도 찾지 못했는바, 그들에게 자치권을 부여해야 했으며, 민회와 혼인의 권리를 허용해야 했다. 로마로서는 과거 헤르니키 동맹의 영향력이 그림자처럼 계속 남아 있게 된 것 정도가 유감스러운 일이라면 유감스러운 일이었다.

로마는 지금까지 삼니움 종족이 차지하고 있던 볼스키 지역에는 이러한 배려를 하지 않았다. 로마는 아르피눔과 프루시노를 복속 도시로 삼았고, 프루시노 농지의 1/3을 빼앗았으며, 리리스강 상류의 프레겔라이 근처와 이미 이전부터 수비대를 주둔시켰던 소라에 영구적인 요새를 설치, 4천 명의 병력을 배치시켰다. 이런 식으로 로마는 옛 볼스키 지역을 완전히 굴복시켰고 신속하게 로마화했다. 한편, 에트루리아와 삼니움의 국경 지역을 통과하는 두 개의 군사도로 모두에 새로운 요새들을 설치하여 안전을 보강했다. 두 도로 중 이후 플라미니우스 대로로 불리게 되는 북쪽 도로는 티베리스강을 따라 뻗어 나가 로마와 동맹 관계에 있었던 오크리쿨룸을 경유, 나르니아로 이어졌다. 나르니아는 로마인들이 옛 움브리아의 요새 네퀴눔에 군사 식민지를 건설하면서 붙인 이름이었다(로마 건국 455년, 기원전 299년). 나중에 발레리우스 대로로 불리게 되는 남부 군사도로는 방금 언급한 카르시올리와 알바 푸켄스 요새를 지나 푸키누스 호수로 뻗어 있었는데, 이 도로 주변의 작은 부족들은, 그러니까 네퀴눔을 끝까지 방어했던 움브리아인, 두 번이나 알바 푸켄스를 습격했었던 아이퀴인, 그리고 카르시올리를 공격했었던 마르시인들은 로마의 행보를 막을 수 없었다. 이렇게 삼니움과 에트루리아 사이에 두 개의 강력한 방어선이 거의 저항 없이 만들어졌다. 아풀리아와 특히 캄파니아의 영구적 안전을 확보하기 위해 큰 도로와 요새들을 세운 사실은 앞서 언급되었다. 이제 삼니움은 로마 요새들을 연결하는 도로망에 의해 동쪽과 서쪽이 완전히 포위되었다. 에트루리아가 상대적으로 약체였다는 주요한 증거는 키미누스 숲의 통행로를 확보하기 위해서 이런 식으로 요새들과 도로망을 설치하지 않았다는 점이다. 수트리움 국경요새는 계속해서 로마 군사도로의 에트루리아 종착점이었고, 아레티움으로 이어지는 도로에 대하여 로마인들은 지역 주민들에 의해 군사적으로 이용 가능할 정도로 유지되는 것만으로 만족했다.[4]

---

[4] 로마 건국 537년(기원전 217년)의 출정 준비, 그리고 더 분명하게는 로마 건국 567년(기원전 187년) 아레티움에서 보노니아까지의 군사도로 건설이 말해주는바, 그 이전에도 로마에서 아레티움까지 도로가 연결되어 있었지만 이 도로가 당시까지는 로마의 군사도로로 쓰이지 않았다.

삼니움 전쟁과 에트루리아 전쟁의 재발

좀처럼 기가 죽지 않는 삼니움 민족은 위와 같은 식의 평화가 파괴적인 전쟁보다 치명적이란 것을 인식했으며, 나아가 그런 인식에 따라 행동했다. 당시 이탈리아 북부에서는 긴 휴전을 끝낸 켈트족이 다시 도발을 시작하고 있었다. 또한 몇몇 에트루리아 공동체들은 여전히 로마에 대항해 무기를 들고 있었는바, 결판나지 않는 격렬한 전쟁과 짧은 휴전이 되풀이되고 있었다. 한편, 당시 이탈리아 중부는 전체적으로는 여전히 들끓고 있었고, 부분적으로는 반란이 일어나고 있었으며, 로마의 요새는 아직 건설 중이었고, 에트루리아와 삼니움을 오가는 도로는 아직 완전히 차단되지는 않은 상태였다. 자유를 되찾기에, 아마도 아직 너무 늦은 건 아니었다.

그렇다고 시간을 지체할 수는 없었다. 공격의 어려움은 커져갔고, 공격자의 힘은 평화가 지속되면서 매년 줄어들었다. 5년이 채 지나지 않은, 그리고 과거 22년의 전쟁으로 삼니움 농민들이 입은 상처가 채 아물지도 않은 로마 건국 456년(기원전 298년)에 삼니움 동맹은 전쟁을 재개했다. 지난번 전쟁은 본질적으로 루카니아와 로마 간의 동맹 및 그로 인한 타렌툼과의 소원한 관계 때문에 로마의 승리로 끝났었다. 이것을 파악한 삼니움 종족은 먼저 전력을 다해 루카니아를 공격,

---

'카시우스 대로'라는 이름은 나중에 붙여진 것으로 판단되는데, 로마 건국 583년(기원전 171년) 이전에는 집정관 대로(via consularis)가 건설되었을 것 같지 않기 때문이다. 로마 집정관과 호구감찰관 명부에 나타나는바, 카시우스라는 이름을 가진 사람은 로마 건국 252년, 261년, 268년 (기원전 502년, 493년, 486년)의 집정관 스푸리우스 카시우스(물론 이 사람은 당연히 아니다)와 로마 건국 583년(기원전 171년)의 집정관이었던 가이우스 카시우스 롱기누스 등 두 명이다.

루카니아를 실질적으로 통제할 수 있는 위치에 자신들의 세력을 배치함으로써 삼니움과 루카니아 동맹을 이끌어내는 데 성공했다. 물론 로마인은 즉시 삼니움에 선전포고를 했는데, 달리 어떤 조치를 취할 수도 없었다. 삼니움 정부는 로마 사절에게 삼니움 땅에 발을 들여놓을 경우 안전을 보장할 수 없음을 분명히 했는바, 이것은 당시 삼니움의 분위기를 그대로 보여준다.

이렇게 전쟁이 재발되었고(로마 건국 456년, 기원전 298년) 2군이 에트루리아에서 싸우는 동안 로마의 주력부대는 삼니움을 뚫고 들어가 루카니아인들에게 강화조약과 인질을 강요했다. 그리하여 다음 해에는 두 집정관이 삼니움으로 진군할 수 있었다. 룰리아누스는 티페르눔에서 승리를 거두었고, 그의 충실한 동료 푸블리우스 데키우스 무스는 말레벤툼에서 승리했다. 두 로마 군대는 5개월 동안 적지에 진을 쳤는데, 그렇게 할 수 있었던 이유는 에트루리아 도시국가들이 자발적으로 로마에 강화 협상을 제안했기 때문이다.

삼니움 종족에 유일한 승리의 기회는 애초 범 이탈리아 연합이 로마에 대항했을 때밖에 없었다. 그렇기에 삼니움 종족은 진행되고 있는 에트루리아와 로마의 강화를 가능한 한 저지하려고 최선을 다했다. 그리고 마침내 에트루리아 동맹은 에트루리아인들에게 도움을 제공하겠다는 삼니움 지휘관 겔리우스 에그나티우스의 제안을 받아들여 다시 무장하기로 뜻을 모았다. 세 군대를 동시에 전쟁에 투입하려 안간힘을 쓰고 있던 삼니움은 첫 번째 군대는 영토 방위에, 두 번째 부대는 캄파니아 공격에, 가장 강력한 세 번째 부대는 에트루리아로 이동하기로 결정했다. 로마 건국 458년(기원전 296년), 에그나티우스는 부대를 이끌고 마르시인과 움브리아인의 동의를 얻어 그들의 영토를 통과, 에트루리아에 안전하게 도착했다. 그러는 동안 로마인들은 삼니움 지역에서 몇몇 강력한 도시들을 점령했고, 루카니아에서 삼니움 지지 세력을 몰아냈다. 그러나 로마인들은 에그나티우스가 이끄는 군대의 이동은 저지할 수 없었다. 북부 이탈리아와 남부 이탈리아를 갈라놓으려는 로마의 엄청난 노력이 헛수고가 되었다는 소식이, 그리고 삼니움 군대가 에트루리아에 도착한 일이 모두에게 로마에 대항하여 봉기하라는 신호가 될 것이라는 소식이, 그리고 자체적인 전쟁 준비를 마친 에트루리아 공동체가 켈트족 용병을 고용했다는 소식이 로마에 전해지자 로마는 모든 촉각을 곤두세웠고 해방노예들과 기혼자들까지 차출했다. 결정적 사태가 가까웠음을 느꼈던 것이다.

로마 건국 458년(기원전 296년)은 일단 군 소집과 행군으로 마무리된 것으로 보인다. 그러나 최고의 두 장군, 푸블리우스 데키우스 무스와 노년의 퀸투스 파비우스 룰리아누스가 에트루리아 주둔 로마군 사령관으로 임명된 이듬해(로마 건국 459년, 기원전 295년)에는 캄파니아에서 차출한 병력이 투입되어 적어도 6만 명의 군대가 구성되었는바, 이는 로마 시민의 1/3을 넘는 인원이었다. 여기에 더해 두 개의 예비부대가 추가로 편성되었는데, 첫 번째 부대는 팔레리이에, 두 번째 부대는 수도 성벽 아래에 배치되었다. 봉기한 이탈리아인이 모여든 결전지는 갈리아, 에트루리아, 사비눔으로 향하는 길들이 만나는 움브리아였다. 로마의 집정관도 주력부대를 티베리스강 좌안과 우안을 거슬러 움브리아 쪽으로 이동시켰다. 이와 동시에 첫 번째 예비부대를 에트루리아로 이동시켰는데, 이는 에트루리아인들이 조국 방어를 위한 결전지를 이탈하도록 만들기 위해서였다. 첫 교전은 로마의 패전이었다. 선발대가 켈트족과 삼니움 연합군에게 키우시 지역에서 격퇴당한 것이다. 하지만 방해 작전은 성과가 있었다. 로마 예비부대가 에트루리아로 진군한다는 소식이 전해지자 끝장을 보기 위해 고향 도시가 폐허가 되는 것도 버려둔 채 결전지에 모여들었던 삼니움 종족과 달리 소심한 에트루리아 군대는 대규모로 동맹군에서 이탈했다. 그리하여 아펜니노산맥의 동쪽 센티눔 근처에서 결정적 전투가 벌어졌을 때 에트루리아 병력은 크게 줄어 있었다.

센티눔 전투: 에트루리아와의 강화조약

결전의 날이 왔다. 룰리아누스가 두 개 군단을 지휘, 로마군의 우익에서 삼니움에 대항해 싸웠고 전투는 장기전으로 돌입했다. 한편 좌익에서는 푸블리우스 데키우스가 지휘하는 로마 기병대가 켈트족 전차 때문에 혼란에 빠져 밀리기 시작했다. 그러자 집정관 데키우스가 나서 사제 마르쿠스 리비우스를 불러 로마군 사령관의 머리와 적군을 바치겠다는 약속을 하계의 신들에게 올리게 하고는 켈트족의 대열로 돌진해 들어가 싸우다 전사했다. 절망적 상황에서 벌어진, 병사들에게 사랑받던 사령관의 이런 영웅적 행동은 헛된 희생이 아니었던바, 후퇴하던 병사들은 다시 전열을 가다듬었고, 용감한 자들은 지휘관을 따라 죽거나 복수를 위해 석진으로 돌진했다. 바로 그 순간, 룰리아누스가 파견한 전직 집정관 루키우스 스키피오가 로마 예비 병력을 이끌고 열세에 몰린 좌익에 나타났다. 우수한 캄파니아 기병대는 켈트족의 측면과 후면을 무너뜨리는 활약을 했다. 결국 켈트족은 도망쳤고, 삼니움 종족 또한 무너졌으며, 그들의 지휘관 에그나티우스는 군영 입구에서 최후를 맞았다. 비록 로마군 9천 명이 전장에서 스러져 갔지만 로마는 그 희생의 대가로 값진 승리를 얻었다. 동맹군이 붕괴하자 동맹 자체도 그렇게 되었다. 움브리아인들은 로마의 힘에 굴복했고, 켈트족은 달아났으며, 남은 삼니움 종족은 뿔뿔이 흩어져 아브루초를 통해 고향으로 물러갔다. 에트루리아와의 전쟁 동안 삼니움 종족이 몰려들었던 캄파니아 지역도 종전 직후, 어려움 없이 다시 로마인들의 손에 들어왔다. 에트루리아는 로마 건국 460년(기원전 294년)에 강화를 청했고, 볼시니, 페루시아, 아레티움 등과 로마에 대항하여 동맹을 맺었던 모든 도시가 4백 개월 동안 적대 행위를 중단할 것을 약속했다.

삼니움과의 마지막 전쟁

하지만 삼니움 종족의 생각은 달랐다. 이들은 자유민의 용기로써 희망 없는 전쟁을 준비했다. 용기가 승리를 가져다줄 수는 없지만, 이들에게 승리는 전혀 문제가 되지 않았다. 로마 건국 460년(기원전 294년), 집정관 두 명의 지휘 아래 다시 삼니움으로 진군한 로마 군대는 도처에서 극렬한 저항에 부딪혔다. 삼니움 종족은 실제로 루케리아 근교에서 마르쿠스 아틸리우스에게 타격을 입혔고, 캄파니아에 침입하는

가 하면 리리스 지역의 로마 식민지 인테람나를 황폐하게 만들기도 했다. 이듬해 제1차 삼니움 전쟁의 영웅의 아들 루키우스 파피리우스 쿠르소르와 스푸리우스 카르빌리우스가 아퀼로니아 근처에서 삼니움 군대와 대규모 전투를 벌였다. 흰색 투니카를 입은 1만 6천 명의 삼니움 핵심 전력은 목숨을 걸고 싸우기로 신에게 맹세한 상태였다. 하지만 냉혹한 운명은 맹세에도, 절망의 탄원에도 귀를 기울이지 않았다. 로마는 이들을 물리쳤고, 삼니움 종족이 자신들의 재산을 챙겨 도망해 있던 요새들을 공격했다. 그러나 이런 커다란 타격을 입은 후에도 삼니움 연맹은 수년간 점점 강력해지는 적군에 맞서 그 유례를 찾아볼 수 없을 정도로 끈질기게 그들의 도시와 산악지대에서 저항했으며 부분적으로는 승리를 거두기도 했다. 카우디움 승전을 이루어낸 자의 아들일 가능성이 큰 가비우스 폰티우스가 이끈 삼니움은 다시 한 번 투입된(로마 건국 462년, 기원전 292년) 노장 룰리아누스의 노련한 군대를 맞아 마지막 승리를 거두는데, 이후 로마는 이에 대한 저열한 보복을 하게 되는바, 그를 포로로 잡아 감옥에 가둔 뒤 사형에 처했던 것이다(로마 건국 463년, 기원전 291년).

상황이 이렇게 진행되었음에도 불구하고 이탈리아의 여타 지역에서는 어떤 소요의 징후도 없었다. 로마 건국 461년(기원전 293년)에 팔레리 사람들이 시작한 전쟁은 전혀 전쟁이라는 이름에 부합하지 않는 것이었다. 삼니움 종족은 타렌툼에 애원의 눈길을 보냈고, 타렌툼만이 유일하게 삼니움을 지원할 수 있는 곳이었지만 그들은 과거와 같은 이유로 아무런 행동도 취하지 않았다. 한편으론 내부적인 실정 때문이었고, 다른 한편으론 루카니아인들이 로마 건국 456년 다시 한 번 로마 편에 가담했기 때문이었다. 이에 더해 쉬라쿠사이의 아가토클레스에 대한 두려움도 한몫했다. 권력의 절정에 있을 당시 이탈리아로 눈길을 돌리기 시작하여, 로마 건국 약 455년(기원전 299년) 무렵에는 데메트리오스에 의해 클레오뉘모스가 추방된 코르퀴라섬을 확보한 그는 이제 이오니아해뿐만 아니라 아드리아해에서도 타렌툼인들을 위협하고 있었다. 로마 건국 459년(기원전 295년), 에페이로스의 퓌로스 왕에게 넘어가면서 분명 타렌툼은 많은 걱정을 덜었지만, 그래도 코르퀴라섬의 상황은 타렌툼인들의 신경을 건드렸는바, 로마 건국 464년(기원전 290년)에는 데메트리오스에 대항해 섬을 지키려는 퓌로스 왕을 지원했다. 아가토클레스는 이탈리아 정책을 유지함으로써 타렌툼인들에게 끊임없이 불안을 주었다. 물론 그의 죽음과 함께(로마 건국 465년, 기원전 289년) 이탈리아에서 쉬라쿠사이의 세력은 사라졌지만, 그때는 이미 너무 늦어버린 뒤였다. 37년간의 전쟁에 지친 삼니움이 그로부터 일 년 전(로마 건국 464년, 기원전 290년) 로마 집정관 마니우스 쿠리우스 덴타투스와 강화조약을 맺어 로마와 형식상의 동맹을 새롭게 체결했던 것이다. 이 조약에서 로마인들은 로마 건국 450년(기원전 304년)의 강화조약과는 달리 용감한 삼니움 사람들에게 모욕적이거나 치명적인 조건을 전혀 제시하지 않았다. 영토의 양도도 요구하지 않았던 것으로 보인다.

로마의 정치적 지혜는 지금까지 지켜온 정책을 이어가길 선호했는바, 내륙을 직접 정복하기 전에 먼저 캄파니아와 아드리아의 해안 지역을 확보, 로마와의 연결망을 강화하는 쪽을 택했다. 사실 캄파니아는 오랫동안 복속 상태에 있었지만 로마는 장기 정책에 의거, 캄파니아 해안의 안전을 확고히 하기 위해 민투르나이와 시누에사 두 곳에 해안 요새를 설치했다(로마 건국 459년, 기원전 295년). 두 요새의 새로운 시민들에게는 해안 식민지를 위해 만들어진 법규에 따라 완전시민권이 주어졌다.

이탈리아 중부에서의 로마의 패권은 비약적으로 확대되었다. 아이퀸들과 헤르니키인들의 정복이 제1차 삼니움 전쟁의 결과였던 것처럼 제2차 삼니움 전쟁의 결과는 삼니움의 정복이었다. 삼니움 종족을 최종적으로 정복했던 지휘관 마니우스 쿠리우스는 같은 해(로마 건국 464년, 기원전 290년)에 삼니움의 짧은 저항을 무너뜨리고 무조건 항복을 받아냈다. 정복된 영토 대부분은 바로 승리자의 소유가 되었고 로마 시민들에게 분배되었다. 쿠레스, 레아테, 아미테르눔, 누르시아와 같은 공동체에는 투표권 없는 로마 시민권이 부여되었다. 로마와 동등한 시민권을 가진 도시가 없었던 이 지역들은 로마의 직접 통치를 받았으며, 이는 아펜니노산맥과 움브리아산악까지 확대되었다. 확대는 비단 아펜니노의 동쪽에만 국한되지 않았는바, 로마는 마지막 삼니움 전쟁을 통해 서해부터 동해까지 영토를 확장하면서 이탈리아 중부의 지배를 공고히 다져나갔다. 아펜니노산맥 너머까지 확대된 로마 지배는 로마 건국 465년(기원전 289년) 피케눔 평원을 마주한 아브루초의 북쪽 사면에 강력한 하트리아(오늘날 아트리) 요새를 설치하면서 시작되었다. 해안에 붙어 있지 않아 라티움의 권리를 누렸으나 바다에 가까운 편이어서 이탈리아 북부와 남부를 분리하는 강력한 마지막 쐐기였다. 같은 종류로서 더 중요한 요새는 로마 건국 463년(기원전 291년)에 설치된, 전례 없이 2만 명의 식민지 주민이 이주한 베누시아였다. 삼니움과 아풀리아와 루카니아의 경계, 타렌툼과 삼니움 사이의 군사 대로 위에 세워져 지정학적으로 대단히 중요했던 이 요새는 주변 부족들을 제어하는 구속력을 지니고 있었고, 특히 이탈리아 남부에서 로마의 가장 강력한 두 적들 간의 연결을 저지할 힘을 가지고 있었다. 당연하게도 아피우스 클라우디우스가 카푸아까지 놓았던 남행 도로도 이 베누시아까지 연장되었다.

삼니움 전쟁이 끝날 무렵, 로마법 또는 라티움법이 적용되는 공동체들로 구성된 배타적인 로마 영토는 북쪽으로 키미누스 숲, 동쪽으로 아브루초와 아드리아해, 남쪽으로 카푸아까지 확대된 한편 동쪽과 남쪽에서 적들의 연결을 저지하는 두 개의 전진기지 루케리아와 베누시아가 적들을 완전히 고립시켰다. 로마는 이미 단순히 일등 국가가 아닌 반도 전체를 지배하는 최강 국가가 되어 있었다. 이로써 로마 건국 5세기 말, 신들의 가호와 본인들의 능력으로 각자의 지역에서 최강을 자랑하는 민족들이 지혜와 군사력을 놓고 로마와 겨루게 되었다. 올림피아 경기에서 잠정적 승자가 다시 더욱 엄정한 결투를 준비하듯, 로마는 더 넓은 각축장에서 카르타고 및 마케도니아와 겨룰 최종 결승전을 준비하고 있었다.

제7장
퓌로스 전쟁과 이탈리아 통일

동서 관계

로마가 세계의 확고한 지배자로 군림하던 시대에 희랍인들은 그들의
주인 로마를 화나게 하곤 했는데, 제국 로마가 가능했던 것이 마케도
니아의 알렉산드로스가 로마 건국 431년(기원전 323년) 6월 11일에 바
빌론에서 열병으로 죽은 덕분이라고 말했기 때문이다. 사건을 되짚어
보는 것만큼 사람에게 위로가 되는 것도 없는바, 희랍 사람들은 만일
알렉산드로스 대왕이—그것이 왕의 생각이었다고 사람들이 말하는
대로—서쪽으로 진군하여 바다에선 함대로 카르타고와 싸우고 육지
에선 밀집방진으로 로마와 싸웠다면 과연 어떻게 되었을까를 상상하
길 좋아했다. 실제 알렉산드로스가 그런 생각을 했을 수도 있기에 이
런 상상이 불가능했던 것만은 아니다. 이런 가능성을 설명하기 위해

군대와 함대를 갖춘 전제군주는 전쟁 수행의 한계를 모른다는 주장을 떠올리는 것조차 사실 불필요하다. 카르타고로부터 시킬리아인을 보호하고 로마로부터 타렌툼인을 보호하며, 양쪽 바다에서 해적을 척결하는 것이야말로 희랍의 위대한 왕이 했을 법한 일이기 때문이다. 브루티움 종족과 루카니아 종족, 에트루리아 종족[1] 등 바빌론을 찾아온 여러 이탈리아 사절단은 그가 반도의 상황을 알고 관계를 맺을 충분한 계기를 제공했을 것이다. 여러 경로로 동방과 관계를 맺고 있던 카르타고는 위대한 왕의 시선을 끌었음이 틀림없다. 또한 페르시아의 정복자는 튀로스의 식민시 카르타고에 대한 명목상의 통치권을 실제로 행사하고 싶었을 수도 있다. 따라서 알렉산드로스의 측근에 카르타고의 첩자가 있었던 것도 이유가 전혀 없었던 것은 아니다. 이런 포부와 계획이 있었지만, 서쪽 문제를 다룰 기회도 없이 왕은 죽었고 그와 함께 그의 포부도 땅에 묻혀버렸다. 짧은 기간이었지만 이 위대한 희랍인은 희랍의 모든 지적 역량과 동방의 모든 물질적 풍요를 한 손에 거머쥐었었다. 알렉산드로스가 죽었을 때, 그가 평생 펼친 사업, 즉 동방에 건설한 희랍 세계가 전부 붕괴된 것은 아니었다. 다만 결코 통합되지 않던 제국은 이내 분할되고 갈라졌고, 이런 끊임없는 갈등

[1] 로마인도 사절단을 바빌론에 있는 알렉산드로스에게 보냈다는 이야기는 클레이타르코스의 증언(Plin. *nat.* 3, 5, 57)에 따른 것이다. 의심할 여지 없이 그는 이런 사실을 전하는 여타 다른 증언들(Arrian 7, 15, 5의 〈Aristos und Asklepiades〉; Memnon c. 25)의 출처다. 클라이타르코스는 분명 이 사건이 일어난 시대에 살았다. 하지만 그가 기록한 알렉산드로스의 생애는 그럼에도 불구하고 역사라기보다 역사적 소설에 가깝다. 우리는 신뢰할 수 있는 전기 작가들의 침묵(Art. a. a. O.; Liv. 9, 18)과 보고 내용 속 허구적인 세부 묘사를 볼 때, 예를 들어 로마인들은 황금 왕관을 알렉산드로스에게 선사했는데 왕은 로마인들에게 미래의 위대한 로마를 예언했다는 등의 묘사를 볼 때, 다른 많은 것들에 섞여 있는 이런 이야기는 역사에 끼워 넣은 가공의 이야기라는 사실을 알 수 있다.

속에서 생겨난 후계자 나라들은 희랍 문명의 동방 전파라는 사명을
포기하진 않았지만, 그들의 힘은 약화되고 위축되어 있었다.

상황이 이러했기에 희랍의 후계자들과 아시아와 이집트의 후계자
들은 서방으로 발걸음을 옮긴다거나 로마인들과 카르타고인들을 상
대할 엄두조차 내지 못했다. 얼마 동안 동방과 서방의 나라들은 정치
적으로 충돌하지 않으며 공존했다. 이 시기 로마는 알렉산드로스의
후계자들 간의 알력 관계에 상당한 거리를 두고 있었다. 상업 교역만
은 유일하게 시행했는데, 예를 들자면 로마 건국 448년(기원전 306년)
에 영원한 전쟁의 시기에 일반적 중개자로서 희랍의 중립적 상업 정
책을 대표했던 자유도시 로도스와 로마가 조약을 맺었다. 이는 카이
레나 캄파니아 해안의 지배자들과 로도스라는 상업 민족이 맺은 무역
협정이었다. 당시 상품 시장이던 희랍과 이탈리아, 특히 타렌툼 사이
의 무역에 있어, 예를 들자면 타렌툼과 모도시(母都市) 스파르타가 맺
었던 것과 같은 정치적 관계는 다만 부차적인 것이었다. 물론 일반적
으로 무역은 단순한 교역만의 문제는 아니었다. 하지만 이탈리아와의
전쟁을 수행하는 타렌툼에 장군들을 정규적으로 보냈던 스파르타도
무역에선 이탈리아인들을 적대시하진 않았다. 그것은 마치 미국의 독
립 전쟁 당시 독일 영방들이 자국 병사들을 미합중국의 반대세력들에
게 팔았던 것과 같은 경우라 하겠다.

퓌로스의 역사적 위치

에페이로스의 왕 퓌로스는 모험심이 강한 군인이자 행운을 쫓는 사람이었는데, 자신의 혈통이 아이아코스와 아킬레우스로부터 유래한다고 여겼다. 만일 평화를 원했다면, 그는 아마도 마케도니아의 지배를 받는 작은 민족의 왕으로서 기껏해야 제한된 자유를 누리며 살다 죽었을지도 모른다. 하지만 마케도니아의 알렉산드로스와 비교되는 그는 에페이로스와 대희랍과 시킬리아를 중심으로 서쪽에 희랍 제국을 세우고, 이탈리아의 양쪽 바다를 지배하여 로마와 카르타고를 변방으로 몰아내 켈트족이나 인도인들처럼 주변부 종족으로 만들겠다는 포부를 갖고 있었다. 퓌로스의 이런 야망은 헬레스폰토스해협을 건넜던 마케도니아 왕만큼이나 대담하고 용맹한 것이었다. 하지만 두 사람의 차이는 동방원정이냐 서방원정이냐 하는 단순한 것이 아니었다. 알렉산드로스는 뛰어난 보좌진들이 돋보이는 마케도니아 군대를 거느렸기에 동방의 대왕에게 대항할 수 있었다. 하지만 마치 프로이센 옆의 헤센처럼 마케도니아 옆의 에페이로스를 다스리던 퓌로스 왕은 우연한 정치적 연합으로 얻은 동맹군과 용병을 통해서만 변변한 군대를 가질 수 있었다. 알렉산드로스는 정복자로 페르시아 제국에 등장했던 반면, 퓌로스는 군소도시국가들의 연합군을 이끄는 장군으로 이탈리아에 등장했다. 알렉산드로스가 희랍의 절대적 복종에 의해 확고해진 제국과 안티파트로스의 지휘를 받는 강력한 군대를 유산으로 남겼다면, 퓌로스는 자기 조국의 안전을 위해 의심스러운 이웃과의 약속 말고는 어떤 것도 남기지 못했다. 두 정복자의 계획이 성취되었더라도 그들의 조국은 분명 새로운 제국의 중심이 되지 못했을 것이다. 물론 마케도니아 군사 제국의 수도를 바빌론으로 이전시키는 것이 타렌툼이나 쉬라쿠사이에 군인 왕조의 수도를 건립하는 것보다는 실현될 가능성이 높았다. 하지만 영원한 고민거리였던 희랍 도시국가들의 민주정을 경직된 군인정 형태로 돌려놓을 수는 없었는바, 필립포스 왕도이 때문에 희랍 공화국들을 제국에 편입시키지 않았다. 동방에서는 민족적 저항이 일어나지 않았을 것이다. 그곳에서는 지배하고 지배당하는 종족들이 오랫동안 공존하며 살아왔고, 전제 군주가 바뀌어도 대중은 이에 무관심했으며, 심지어 환영하기도 했다. 서방에서도 정복자는 로마인과 삼니움인과 카르타고인들을 제압할 수 있었을 것이다. 하지만 정복된 이탈리아인들을 이집트의 농부로, 로마의 농부들을 희랍 귀족의 소작농으로 만들 수는 없었을 것이다. 두 사람의 능력, 동맹관계, 상대해야 할 적들의 역량 등 모든 면에서 알렉산드로스의 계획은 실현 가능성이 있었지만, 퓌로스의 계획은 아니었다. 전자는 위대한 역사적 사명을 수행했고, 후자는 큰 오점을 남겼다. 전자는 새로운 국가체제와 문명의 새로운 국면을 정초(定礎)했고, 후자는 단순한 역사적 이야깃거리만을 제공했다. 알렉산드로스의 업적은 자신의 사후에도 오래 지속되었지만, 퓌로스는 죽기 전에 자신의 눈으로 자신의 계획이 무너지는 것을 봐야 했다. 두 인물 모두 용감무쌍했지만, 퓌로스는 일개 장군이었을 뿐이고, 알렉산드로스는 당대의 탁월한 정치가였다. 영웅과 모험가를 구분하는 것이 가능하다면 퓌로스는 모험가였을 뿐, 부르봉의 대원수를 루이 11세와 비교할 수 없는 것처럼 도저히 그의 친족인 영웅 알렉산드로스와는 비교할 수 없는 사람이었다.

하지만 에페이로스 사람의 이름은 놀라운 매력을 가진다. 분명 어느 정도 용감하고 사랑스러운 개성 때문이기도 하겠지만 가장 큰 이유는 그가 로마인과 전쟁을 감행한 첫 번째 희랍인이라는 점 때문이다. 그로부터 로마와 희랍의 직접적 충돌이 시작되었는데, 여기서 고대 문명의 향후 전개와 근대 문명의 본질적 부분이 결정되었다. 보병대와 밀집방진의 충돌, 시민군과 용병의 충돌, 원로원 정치와 군사 독재의 충돌, 국가 역량과 개인 역량의 충돌 등 로마와 희랍의 충돌은 퓌로스와 로마 장군들의 전투에서 처음 시작되었다. 패자는 계속 새로운 대결을 요구했고, 이어진 접전은 다만 그날의 승자만을 정했을 뿐이었다. 희랍이 정치와 전쟁에서 제압당했을 때, 희랍인들의 위력은 정치적 경쟁의 영역이 아닌 다른 모든 영역에서 확인되었다. 우리는 이제 희랍을 제압한 로마의 승리가 갈리아나 카르타고를 제압했던 로마의 승리와는 다른 의미를 가짐을, 아프로디테의 매력은 창이 부러지고 투구와 방패가 벗겨질 때 비로소 확인되는 것임을 안다.

퓌로스의 성격과 초년 경력

퓌로스 왕은 몰로시아(오늘날 야니나Janina 근처)의 지배자 아이아키데스의 아들이었는데, 아이아키데스는 알렉산드로스의 친족이자 봉신으로 보호를 받다가 알렉산드로스 사후 마케도니아의 정치적 소용돌이에 휘말려 자신의 왕국과 생명을 모두 잃게 된다(로마 건국 441년, 기원전 313년). 당시 6살이던 퓌로스는 일뤼리아 타울란티이족 지배자였던 글라우키아스에 의해 구출된다. 이후 아직 소년의 몸이었음에도 불구하고 물려받은 왕국을 놓고 벌인 마케도니아와의 싸움에서 승리, 왕위를 공성자 데메트리오스에 의해 되찾는다(로마 건국 447년, 기원전 307년). 하지만 몇 년 후 반대파에 의해 다시 조국을 잃게 된(로마 건국 452년, 기원전 302년 무렵) 그는 왕자 신분의 망명객이 되어 마케도니아 장군들을 쫓아다니게 되는데, 이로써 그의 군인 경력이 시작된다. 얼마 지나지 않아 두각을 나타내게 된 퓌로스는 안티고노스와 함께 그의 마지막 원정에 참여했는데, 이때 알렉산드로스의 노장 안티고노스는 퓌로스의 타고난 군인자질에 기뻐했는바, 노장의 판단에 따르면 그는 최고의 장군이 되기에 다만 나이가 몇 살 어릴 뿐이었다. 이후 입소스 전투에서 패전한 그는 볼모로 알렉산드리아에 끌려갔고, 거기서 라구스 왕조의 창시자 프톨레마이오스의 궁전에 들어가게 된다. 이곳에서 퓌로스는 용감하고 솔직한 성격, 군과 관련되지 않은 것은 철저하게 경멸하는 군인다운 기질 덕분에 프톨레마이오스의 주목을 받았을 뿐만 아니라 잘 생긴 외모로 왕실 여인들의 호감까지 사게 되는데, 거칠고 과격한 행동거지도 그의 미모를 퇴색시키지 못했다.

당시 데메트리오스는 과감하게도 마케도니아에 다시 한 번 새로운 왕국을 세우고자 했다. 이는 알렉산드로스 군주정을 부활시키려는 의도에서였다. 데메트리오스의 이런 야심 찬 계획을 막기 위해 그를 마케도니아 땅에 붙들어놓는 것이 절실했던 프톨레마이오스는 이를 위해 불타는 영혼을 보여주었던 에페이로스 청년을 이용할 줄 알았던

바, 자신의 목적을 이루기 위해 왕비 베레니케의 뜻에 따라 양녀 안티고네 공주를 그와 결혼시키고, 자신의 사랑하는 '아들'이 본국으로 귀환할 수 있도록 지지하고 원조했다(로마 건국 458년, 기원전 297년). 조국에 돌아온 퓌로스는 곧 모든 사람을 불러 모았다. 용감한 에페이로스인과 고대의 알바니아인들은 그들이 '독수리'라 부르는 이 과감한 젊은이에게 조상대대로의 충성심과 새로운 열정을 바쳤다. 이후 퓌로스는 카산드로스가 죽은 후(로마 건국 457년, 기원전 297년) 왕위 계승을 둘러싸고 벌어진 마케도니아의 혼란을 틈타 영토를 확장했고, 암브라키아 만을 포함, 중요 도시 암브라키아, 코르퀴라섬(제2권 211쪽), 마케도니아 영토 일부를 점차 획득해갔다. 그는 상대적으로 열등한 군사력을 가지고서도 데메트리오스 왕에게 성공적으로 대항했고, 이는 마케도니아인들을 놀라게 했다. 하여 데메트리오스가 실로 어리석은 짓으로 마케도니아 왕좌에서 쫓겨났을 때 마케도니아인들은 알렉산드로스의 친족인 퓌로스에게 왕좌를 제의했다(로마 건국 467년, 기원전 287년). 사실 퓌로스는 필립포스와 알렉산드로스의 왕관을 이어받기에 누구보다 적합한 인물이었다. 왕족과 비열함을 똑같이 여기기 시작한 매우 부패한 시대에 퓌로스의 인간적이고 흠결 없는 도덕적 순수성은 돋보였다. 당시 비록 수적으로도 감소하고 가난하기도 했지만, 희랍과 아시아의 알렉산드로스 후계자 정권들이 도덕적으로 붕괴된 시점에도 도덕적으로 타락하지 않고 용맹성을 잃지도 않았던 마케도니아 본국의 자유농민들은 퓌로스가 왕으로 적합하다고 생각했다. 퓌로스는 알렉산드로스처럼 자기 집에서, 친구들과의 모든 인간적 관계에서 마음을 열었고, 마케도니아인들이 그토록 혐오하던 술탄적 모습을 멀리했다. 그는 또한 알렉산드로스처럼 당대에 제일가는 전술가로 이름을 떨치기도 했다. 하지만 과거 알렉산드로스의 후예로서 가장 훌륭했던 장군인 카르디아 출신의 에우메네스를 배척했던, 매우 유능한 외국인보다 아주 무능한 마케도니아 출신을 선호했던 마케도니아인들의 과도한 국수주의, 비마케도니아 출신 장군에 대한 마케도니아 병사들의 비이성적 반감은 에페이로스 왕의 통치 또한 순식간에 끝내버렸다. 마케도니아인들의 뜻에 반해 마케도니아 통치권을 행사하기에는 너무 세력이 약했고, 또한 싫다는 백성들을 억지로 다스리기에는 너무도 자존심이 강했던 퓌로스는 칠 개월의 통치를 접고 마케도니아를 마케도니아 출신의 무능한 정부에게 넘겨주고 자신에게 충성하는 에페이로스로 돌아왔다(로마 건국 467년, 기원전 287년). 하지만 알렉산드로스의 왕관을 썼던 사나이, 데메트리오스의 처남, 프톨레마이오스와 쉬라쿠사이의 아가토클레스의 사위, 군사학에 관한 비망록과 학적 연구서를 쓴 상당히 잘 훈련된 군사 전략가인 이 자가 왕실의 가축 관리에 대하여 매년 정기적으로 회계감사를 하고, 황소와 양을 충성스러운 에페이로스 신민들로부터 진상 받고, 제우스 제단에서 그들의 충성 서약을 들으며 법을 준수하겠다는 서약을 되풀이하고, 이런 자신의 서약에 힘을 싣기 위해 백성들과 밤새 술을 마시는 등의 일들로 평생을 허비할 수는 없었다. 마케도니아 왕좌에 오를 여지가 없어졌는바, 그는 더 이상 자신이 태어난 고향에 머물 이유가 없었던 것이다. 그는 항상 일인자였기에 차석에 만족할 수는 없었다. 결국 그는 눈을 외부 세계로 돌렸다. 마케도니아를 사지하기 위해 각축을 벌이던 왕들은 자신들의 위험천만한 적이 자진해서 떠나겠다고 하자 모두 그를 돕는 데 동참했다. 퓌로스에게는 또한 자신이 가는 곳이 어디든 따를 것이라 확신할 수 있는 신실한 전우들이 있었다. 그리고 바로 그때 이탈리아의 상황은, 아버지의 사촌 알렉산드로스가 40년 전에 생각했고(제2권 179쪽), 최근에는 장인 아가토클레스(제2권 211쪽)가 기획한 것을 실현할 수 있는 상황이었다. 그래서 퓌로스는 마케도니아에 대한 계획을 버리고 서쪽에 자신과 희랍 민족을 위한 새로운 나라를 세우기로 결정했다.

이탈리아의 반(反) 로마 세력: 루카니아인들

로마 건국 464년(기원전 290년) 삼니움과의 강화조약으로 이탈리아에 찾아온 평화는 오래가지 못했다. 로마의 패권에 대항해 새로운 세력을 형성하려는 시도가 루카니아인들에 의해서 시작되었기 때문이었다. 루카니아인들은 삼니움 전쟁 당시 로마에 가담해 타렌툼을 꼼짝 못 하게 했던바, 로마는 그 결정적 기여와 공로를 인정해 루카니아인들에게 희랍계 도시들을 맡겼다. 이에 루카니아인들은 위의 강화조약 체결 이후, 브루티움인들과 함께 희랍계 도시들을 하나씩 복속시켜나갔다. 루카니아의 장군 스테니우스 스타틸리우스에게 거듭 공격을 받은 투리이인들은 극한 상황에 몰리자 이전에 캄파니아인들이 삼니움에 대항하면서 로마에 원조를 청했던 것처럼 루카니아에 대항하기 위해 자유와 독립을 희생하면서까지 로마 원로원에 도움을 청했다. 이에 로마인들은 베누시아 요새가 완성되었기에 루카니아인들과의 동맹이 더 이상 절대적인 것이 아니었던바, 투리이인들의 요구를 들어주었고, 맹방이었던 루카니아인들에게 스스로를 로마에 기탁한 도시에서 손을 뗄 것을 권고했다. 그러자 전리품 분배에 있어 강력한 동맹국에게 기만당한 꼴이 되고 만 루카니아인들과 브루티움인들은 이런 로마의 권고에 대항, 삼니움과 타렌툼의 반대파와 교섭해 새로운 이탈리아 연맹을 세우려 했다. 이를 눈치챈 로마인들은 그 즉시 사절을 보내 루카니아인들과 브루티움인들에게 경고했다. 그러나 그들은 사절들을 감금하고 투리이인을 공격함으로써 로마와의 전쟁을 시작했다(로마 건국 469년경, 기원전 285년경). 동시에 그들은 삼니움과 타렌툼뿐 아니라 이탈리아 북부의 에트루리아와 움브리아, 켈트족까지 자유를 위해 하나로 힘을 합칠 것을 호소했다. 이 호소에 에트루리아 동맹은 실제로 봉기, 수많은 켈트족 용병을 고용했다. 이에 법무관 루키우스 카이킬리우스가 봉기하지 않은 아레티움인들을 돕기 위해 로마 군단을 인솔해갔지만, 아레티움 성벽 아래서 용병으로 고용된 세노네스 부족에 의해 전멸, 카이킬리우스를 포함해 1만 3천 명의 로마 병사들이 전사했다(로마 건국 470년, 기원전 284년). 세노네스 부족은 로마의 동맹국에 속해 있었다. 로마는 세노네스 부족에 사절을 보내서 로마에 대항한 전쟁에 용병을 파견한 것에 대해 불만을 표시했고, 배상금 없이 로마인 포로를 돌려줄 것을 요구했다. 하지만 세노네스 부족장 브리토마리스는 로마인 사절들을 참수, 자기 아버지의 죽음에 대한 복수를 한 뒤 공개적으로 에트루리아 편에 가담했다. 그렇게 이탈리아의 북부의 모든 세력, 그러니까 에드루리아, 움브리아, 켈트족은 로마를 상대로 무기를 들었다. 그 순간 아직 로마에 선전포고를 하지 않은 남부 이탈리아의 종족들까지 가세했다면, 상황은 걷잡을 수 없는 지경으로 전개될 수 있었다. 실제로 삼니움 부족은 자유를 위해 전쟁을 준비했으며, 로마를 향해 선전포고를 하기도 했다. 하지만 그들은 약화되고 고립되어 있었기에 자신의 동맹들에 어떤 지원도 해주지 못했다. 타렌툼은 늘 그렇듯 망설이고 있었다.

로마에 대항한 자들이 서로 동맹을 맺고 군자금을 조성하고 용병을 모으는 동안, 로마는 행동을 개시했다. 우선 로마인을 공격하는 것이 얼마나 위험한 일인지를 세노네스 부족이 절실하게 느끼게 해야 했다. 집정관 푸블리우스 코르넬리우스 돌라벨라는 강력한 군대를 이끌고 이 부족의 영토로 진군해 들어갔다. 모든 이가 칼에 죽거나 추방되었고, 부족의 이름은 이탈리아 민족 목록에서 없어졌다(로마 건국 471년, 기원전 283년). 주로 유목생활에 의존하는 민족들에겐 이런 대규모의 추방도 있을 수 있는 일이었다. 어쨌든 이탈리아에서 추방된 세노네스 부족은 이후 도나우 지역과 마케도니아, 그리고 희랍과 소아시아로 넘어들어간 켈트족의 일원이 되었다.

보이이 부족

세노네스 부족과 이웃하고 있던 같은 혈통의 보이이 부족은 무섭게 진행된 재앙에 놀라고 격분한 나머지 그 즉시 로마와 싸우고 있던 에트루리아인들과 합류했다. 에트루리아에 고용돼 싸우고 있던 세노네스 부족민들은 이미 보수를 위해서가 아니라 조국에 대한 복수를 위

.

해 싸우고 있었다. 이렇게 에트루리아와 켈트족이 합심한 강력한 군대는 세노네스 부족의 원수를 갚기 위해 적의 수도 로마로 진군했고, 과거 세노네스 족장이 과거 원했던 것보다 훨씬 철저하게 로마를 지구상에서 없애려고 했다. 하지만 이 동맹군은 허무하게도 바디모니스 호수 근처에서 티베리스강을 건너다 로마인에 의해 격파되었다(로마 건국 471년, 기원전 283년). 보이이 부족은 이듬해 포풀로니아 근처에서 한 번 더 위험을 무릅쓴 전투를 감행했다. 그러나 앞서와 같은 결과를 얻자 동맹국을 버리고 로마와 강화조약을 체결했다(로마 건국 472년, 기원전 282년). 이렇게 반로마 동맹이 채 완성되기도 전에 이들 중 가장 강력했던 켈트족이 하나씩 굴복했고, 때문에 로마는 몇 년 동안(로마 건국 469~471년, 기원전 285~283년) 어떤 중대한 충돌도 일어나지 않았던 남부를 손볼 여유를 갖게 되었다. 로마 군단이 투리이에서 루카니아인과 브루티움인들을 약한 전력으로 힘겹게 막아내고 있었던 그때(로마 건국 472년, 기원전 282년), 집정관 가이우스 파브리키우스 루스키누스는 강력한 군대를 이끌고 등장해 루카니아인들을 섬멸했고, 장군 스타틸리우스를 포로로 잡았다. 그러자 로마를 구원자로 생각한 비(非)도리아계의 군소 희랍 도시들이 사방에서 자발적으로 몰려와 로마에 합류했다. 로마 수비대는 로크리, 크로톤, 투리이를 비롯, 특히 더 중요했던 레기온 등의 지점에 주둔했는데, 레기온은 카르타고인들이 노리고 있던 도시였다. 모든 곳에서 로마는 이득을 보았는데, 여기에는 세노네스 부족을 섬멸함으로써 얻은 아드리아 해안의 상당 지역도 포함되어 있었다. 타렌툼과의 꺼지지 않은 불씨 때문에, 이미 위협적이었던 에페이로스의 침입 때문에 로마인들은 아드리아 해안뿐 아니라 이곳의 해안도 서둘러 확보하고자 했다. 로마는 세노네스 부족의 옛 수도 세나(오늘날 시니갈리아)에 로마 시민을 보내 식민지를 건설했다(로마 건국 약 471년, 기원전 283년). 이때 로마 함대는 튀레눔해를 출발하여 아드리아해로 항해를 시작했는바, 동해에 주둔하면서 그곳의 로마 영토를 수비하고자 한 것이 분명하다.

타렌툼과 로마 조약의 파기

로마 건국 450년(기원전 304년)에 체결된 조약 이후 타렌툼은 로마와 평화를 유지하고 있었다. 타렌툼인들은 삼니움의 오랜 전쟁이나 세노네스 부족의 갑작스러운 멸망에도 방관자적 자세로 일관했다. 그들은 베누시아, 아트리아, 세나가 건설될 때나 투리이와 레기온이 점령될 때도 이의를 제기하지 않았다. 하지만 튀레눔해에서 아드리아해로 항해 중이던 로마 함대가 타렌툼 근해의 동맹국 항구에 닻을 내리자 오랫동안 쌓였던 분노가 드디어 폭발했다. 대중 선동가들은 로마 전함은 라키니아곶 동쪽으로 항해할 수 없다는 과거의 조약(제2권 262쪽)을 민회에 들고 나왔다. 이에 흥분한 주민들은 로마 함대를 습격했고, 로마 함대는 강하게 저항했지만 결국 굴복하고 만다. 이 급작스러운 습격으로 로마는 다섯 척의 함선을 잃고, 포로로 잡힌 선원들은 처형되거나 노예로 팔렸으며, 장군은 교전 중에 전사했다.

　군중의 대단한 어리석음과 대단한 몰염치만이 이 사건을 설명할 수 있을 것이다. 조약은 이미 오래전에 지나가 버린 시대에 만들어진 것이었던바, 적어도 아트리아와 세나를 건설할 시점에는 더 이상 어떤 의미도 없었고, 그랬기에 로마인들은 최근의 동맹관계만을 굳게 믿고 항구에 입항했을 것이라는 점은 분명했다. 로마 측은 물론, 사건의 전개 과정에서 드러난 것처럼, 타렌툼인들에게 선전포고의 구실을 제공할 생각이 전혀 없었다. 사실 타렌툼 정치가들이 로마에 선전포고를 했을 때, 그것은 그들이 진작 오래전에 해야 했던 일을 한 것뿐이었다. 그들이 다른 실제적 이유가 아닌 조약 위반이라는 형식적 이유로 선전포고의 근거를 마련하고자 했을 때 별다른 반대가 없었는데, 외교란 자고로 품위를 지키면서 단순한 사실을 단순한 언어로 전달하는 일이기 때문이었다. 다만 문제는 함대 사령관에게 회항을 권고하지도 않고 별도의 경고도 없이 공격을 가한, 야만 행위에 가까운 어리석은 행동에 있었다. 세상이 갑자기 도덕적 잣대를 상실하고 노골적 저열함을 드러낼 때 나타나는 이런 끔찍한 문명의 야만성은, 문명이 인간 본성의 야수성을 제거할 것이라고 믿는 어린아이 같은 우리에게 경각심을 불러일으킨다.

그럼에도 불구하고 타렌툼인들은 마치 그것만으로는 충분하지 못했다는 듯 그 영웅적 행동 직후 투리이를 공격했고, 불시의 공격을 받은 로마 수비대는 항복할 수밖에 없었다(로마 건국 472~473년, 기원전 282~281년 겨울). 그 결과 타렌툼의 정책에 의하여 루카니아인들에게 넘겨졌고, 로마에 투항하지 않을 수 없었던 투리이인들은 희랍에서 야만인들에게로 돌아섰다는 이유로 타렌툼인들에 의한 가혹한 처벌을 받아야 했다.

강화의 시도

야만인들은 이런 폭력과 도발에 경악했지만, 자신의 힘을 고려하여 우선은 감정을 억제하며 행동했다. 타렌툼이 최대한 오랫동안 중립을 유지하는 것이 로마의 우선적 관심사였는데, 흥분한 소수가 제출한 타렌툼에 대한 선전포고 제안을 로마 지도부가 거부한 것은 이 때문이다. 로마로서는 로마의 명예에 부합하면서도 가장 온건한 조건으로 평화를 유지할 수 있기를 절실히 바랐는바, 포로 석방과 투리이 반환 및 함대 공격 주동자 인도 등이 그 조건이었다. 이런 조건을 들고 로마 사절이 타렌툼에 갔고(로마 건국 473년, 기원전 281년), 이 사절단에 힘을 실어주기 위해 집정관 루키우스 아이밀리우스가 지휘하는 로마 군대가 삼니움으로 행군했다. 로마는 이 호전적이지 않은 부유한 상업 도시가 독립을 빼앗기지 않으면서도 이 조건을 수용할 수 있었기에 이를 받아들일 것이라 생각했다. 하지만 평화를 유지하기 위한 로마의 시도는, 조만간 반드시 무장하고 로마의 간섭에 맞서야 할 것이라는 사실을 깨달은 사람들의 반대 때문이든, 희랍적 방종함으로 외교 사절을 비신사적으로 모욕한 도시 폭도들 때문이든, 실패로 끝나고 말았다. 이제 로마의 집정관은 방향을 돌려 타렌툼으로 진군했다. 하지만 그는 즉시 전쟁을 시작하지 않고 다시 한 번 동일한 강화 조건을 제시했다. 그러나 이마저 헛수고가 되자 집정관은 대대적인 공격을 감행, 시민군을 격파하고 농지와 주택을 파괴했다. 그러나 한편으로 로마는 포로로 잡은 타렌툼 귀족들을 몸값 없이 석방했는데, 전쟁의 압박이 타렌툼 귀족 당파를 움직여 강화를 받아들도록 할 것이라는 희망을 포기하지 않았던 것이다. 로마의 이런 소극적 태도는 무엇보다 타렌툼을 에페이로스 왕의 군대에 기대게 하지 않기 위해서였는바, 에페이로스의 왕 퓌로스가 가진 이탈리아에 대한 야망은 더 이상 비밀이 아니었고, 더구나 타렌툼 외교 사절이 이미 에페이로스에 파견되었기 때문이었다. 그러나 타렌툼 시절단은 합의에 이르지 못하고 돌아왔다. 퓌로스가 타렌툼이 제시한 것 이상을 요구했던 것이다. 타렌툼은 결단을 내려야만 했다. 시민군은 로마인들 앞에서 도망 다니기에 급급하다는 사실을 사람들은 충분히 알고 있었다. 로마와의 강화냐, 퓌로스와의 동맹이냐는 선택만이 남아 있었다. 로마와 강화한다면 로마는 여전히 좋은 조건을 제시할 것이었고, 퓌로스와 동맹한다면 그가 좋다고 하는 조건으로 동맹을 맺어야 했다. 선택은 로마의 패권에 복종하느냐 아니면 희랍 군주에게 복종하느냐였다.

이탈리아로 들어온 퓌로스

타렌툼의 귀족 당파들은 두 가지 선택을 놓고 팽팽히 맞섰다. 그러다 마침내 민족해방세력이 판세를 압도했다. 이왕 주인을 모셔야 한다면 야만인보다는 희랍인이 낫지 않겠느냐는 합당한 이유 때문 외에도 로마가 지금은 어쩔 수 없이 호의적인 조건을 제시하지만 상황이 호전되면 적당한 때를 봐 타렌툼 폭도가 저질렀던 만행에 대한 보복을 가할 것이라는 생각 때문이었다. 티렌툼은 퓌로스와 조약을 맺었다. 이로써 퓌로스는 타렌툼 군대를 포함하여 로마에 대항하는 다른 모든 이탈리아 군대의 최고 명령권 및 타렌툼 수비대 지휘권을 얻었다. 물론 전쟁 비용도 타렌툼에서 댔다. 이때 퓌로스는 필요 이상으로 오래 이탈리아에 머물지는 않을 것이라는 약속을 했는데, 아마도 속으로 이탈리아가 자신을 필요로 할 기간을 계산해두고 있었던 것 같다. 한편, 퓌로스는 손에 넣다시피 한 사냥감을 놓칠 뻔하기도 했다. 타렌툼 매파의 수장이 에페이로스에 외교사절단으로 방문하는 동안, 로마의 강한 압박에 시달리던 타렌툼이 결정을 뒤집는 바람에 최고 명령권이 로마에 호의적인 아기스에게 맡겨졌던 것이다. 하지만 이때 매파 사절이 퓌로스와 조약을 체결하고 퓌로스가 신임하는 부하 키네아스와 함께 돌아왔고 매파가 실권을 되찾았다.

퓌로스의 상륙

매파는 확실히 고삐를 쥐었고 불안한 동요는 마무리되었다. 로마 건국 473년(기원전 281년) 퓌로스의 장군 밀론은 3천 명의 에페이로스군을 거느리고 타렌툼에 상륙, 도시 요새에 주둔했다. 뒤이어 로마 건국 474년(기원전 280년) 초에는 퓌로스 왕이 폭풍으로 많은 인명을 희생시키며 바다를 건넜다. 그가 타렌툼으로 인솔한 군대는 연합군이었는데, 일부는 몰로시아, 테스프로티아, 카오니아 및 암브라키아인들로 구성된 왕실 군대였고, 일부는 마케도니아의 왕 프톨레마이오스 케라우노스가 조약에 따라 내준 마케도니아 보병대와 테살리아 기병대로 구성돼 있었으며, 나머지 일부는 아이톨리아, 아카르나니아, 아타마니아 인 용병으로 구성되었다. 2만 명의 중무장보병과 2천 명의 궁수, 5백 명의 투석병과 3천 명의 기병 및 20마리의 코끼리 등으로 구성된 이 군단은 50년 전 알렉산드로스가 헬레스폰토스해협을 건널 때 데리고 있었던 병사들에 조금 못 미치는 숫자였다.

퓌로스와 동맹군

퓌로스 왕이 타렌툼에 도착했을 때, 동맹군의 정세는 그렇게 유리한 상황이 아니었다. 타렌툼 시민군 대신 밀론의 군대가 전장에 나타나자 로마 집정관은 타렌툼 공격을 접고 아풀리아로 퇴각했다. 타렌툼을 제외한 거의 모든 이탈리아는 로마의 통제하에 있었다. 반면, 퓌로스 왕이 도착하기 전까지 동맹군은 이탈리아 남부 어디에서도 군대를 가지지 못했고, 이탈리아 북부에서는 에트루리아인들만이 아직 무기를 들고 있었는바, 그들도 마지막 전장에서의 패배 외에는 어떤 것도 얻지 못했다(로마 건국 473년, 기원전 281년). 타렌툼 동맹군은 퓌로스 왕이 상륙하기 전, 이미 그에게 군 통수권을 이양했고, 35만 명의 보병과 2만 명의 기병을 배치할 수 있다고 선언했다. 그러나 이런 대단한 공언은 참혹한 현실과 대조되었다. 퓌로스가 통수권을 행사할 군대는 모집을 해야 하는 상황이었고, 잠정적으로 타렌툼의 보조병들이 주축을 이루고 있었다. 이에 퓌로스는 조약에 의거하여 이탈리아 용병을 모집할 것과 용병들의 급여를 지급할 것을 타렌툼에게 명령했고 군 복무를 할 수 있는 시민을 징집했다. 하지만 타렌툼인들은 조약을 그렇게 이해하지 않았는바, 다른 상품처럼 승리를 구입했다고 생각했다. 그리하여 왕이 자신들에게 싸움을 강요하는 것은 일종의 계약 위반이라고 생각했다. 그랬었기에 밀론이 도착한 뒤 방어의 노역이 사라진 것을 크게 기뻐했던 시민들은 왕의 깃발 아래 복무하는 데 더욱 비협조적이었다. 퓌로스로서는 명령을 거부하는 자들에게 죽음의 형벌을 받게 될 것이라고 위협할 수밖에 없었다. 상황이 이렇게 되자 모두에게 비둘기파가 옳았던 것으로 보였다. 급기야 로마와 접촉하는, 아니 적어도 그런 것처럼 보이는 상황까지 벌어지자 퓌로스는 이런 저항에 맞서 타렌툼을 자신이 정복한 도시처럼 대했고, 군인을 성내에 주둔시켰으며, 집회와 사교모임(sussitia)을 금지시키고 극장 문을 폐쇄했다. 이와 함께 산책로가 폐쇄되었고, 성문은 에페이로스 군대가 장악했으며, 많은 지도층 남성들이 바다를 건너 볼모로 끌려갔다. 어떤 이들은 로마로 도망쳐 볼모의 신세를 면하기도 했다. 이러한 엄격한 조치는 불가피했는바, 어떤 의미에서든 타렌툼을 타렌툼인에게 맡겨둘 수는 없었기 때문이었고, 그제야 비로소 퓌로스 왕은 그 중요 도시를 장악하고 전장에서 작전을 시작할 수 있었다.

로마의 준비

한편, 어떤 전쟁을 치르게 될지 잘 알고 있었던 로마인들은 연방들의, 다시 말해 복속국들의 충성을 확실히 하기 위해 신뢰할 수 없는 도시에는 수비대를 배치했다. 불가피할 경우에는 민족해방세력 지도자들을 구금 내지 처형하기도 했는데, 프라이네스테의 원로원 상당수가 여기에 해당되었다. 전쟁 자체를 위해 상당한 노력을 했던바, 전쟁 세금이 부가되어 모든 복속국들과 동맹국들에 분담금 납부를 독촉했다. 심지어 군 복무가 면제된 무산자까지 징집했다. 로마 군단 하나는 예비부대로 수도에 남아 있었다. 다른 하나의 군단은 집정관 티베리우스 코룽카니우스의 지휘 아래 에트루리아로 진격해 볼스키인과 볼시니인들을 궁지로 몰아넣었다. 주력부대는 당연히 이탈리아 남부로 이동했다. 이들은 퓌로스와 타렌툼 영토에서 대적하기 위해 행군을 최대한 서둘렀는데, 퓌로스와 그의 군대가 삼니움족 및 이탈리아 남부의 용병과 연합해 로마에 맞서는 것을 막기 위해서였다. 그동안 이탈리아 남부는 그곳 희랍계 도시들에 임시로 배치된 로마 수비대들이 퓌로스에 대한 방어를 맡고 있었는데, 레기온 주둔 수비대, 그러니까 로마의 캄파니아 복속국들로부터 차출한 데키우스 휘하의 부대들 가운데 일부가 반란을 일으켜 로마인들로부터 중요 도시를 빼앗은 상태였다. 그러나 도시가 아직 퓌로스의 손에 넘어가지는 않았는바, 희랍인들을 지키고 보호하기 위해 바다를 건너온 퓌로스의 입장에서는 로마인에 대한 캄파니아인들의 민족적 반감이 반란에 영향을 미쳤을 것이라는 사실을 분명하게 알고 있었음에도 자신들의 고용주를 학살한 부대를 연합군에 받아들일 수는 없었다. 그런 이유로 캄파니아 군대는 같은 혈통이자 반란의 공범인 마메르 용병들(이들은 아가토클레스에게 고용된 캄파니아 용병들로서 해협 건너편의 메사나를 비슷한 방식으로 차지했었다)과 함께 고립되었고, 이후 나름의 생각에 따라 로마 수비대를 물리치면서 크로톤 및 카울로니아 등 인접한 희랍계 도시들을 약탈하고 파괴했다. 한편 루카니아 국경을 따라 진군한 로마의 소규모 부대와 베누시아 수비대는 루카니아와 삼니움이 퓌로스와 연합하는 것을 성공적으로 막아내고 있었다. 그리고 4개 군단으로 보이는, 최소 5만 명에 상응하는 로마의 주력부대는 집정관 푸블리우스 라이비누스의 지휘 하에 퓌로스와 맞서게 되었다.

헤라클레아 근처 전투

퓌로스 왕은 타렌툼의 식민지 헤라클레아를 방어할 목적으로 자신의 군대와 타렌툼 군대를 헤라클레아와 판도시아[2] 사이에 주둔시켰다(로마 건국 474년, 기원전 280년). 이에 로마군은 기병대의 엄호 아래 시리스를 지나가는 통로를 압박했는데, 기병대의 돌격으로 성공적인 개전(開戰)을 했다. 퓌로스 왕은 기병대를 통솔하던 중 말에서 떨어졌고, 지휘관이 사라지자 혼란에 빠진 희랍 기병대는 적에게 전장을 내주고 후퇴했다. 하지만 얼마 뒤, 퓌로스 왕은 보병대의 선두에 서 있었고, 다시 결정적 전투가 시작됐으며, 로마 군단과 퓌로스의 밀집방진이 일곱 차례나 격돌했지만 결판은 나지 않았다. 하지만 격렬했던 그 날 왕의 최고 장교 중 하나인 메가클레스가 쓰러졌고, 그가 왕의 갑옷을 입고 있었기 때문에 군대는 왕이 다시 한 번 쓰러졌다고 믿었다. 승리

---

[2] 지금의 앙글로나*Anglona* 근처. 코센차*Cosenza* 지역에 있는 같은 이름의 더 유명한 도시와 혼동하지 말라.

를 확신한 라이비누스는 기병대 전체를 희랍군 공격에 투입했다. 하지만 퓌로스가 보병대와 함께 나타나 행군하면서 가라앉았던 희랍군의 사기는 되살아났다. 반면 로마 기병대를 맞이한 것은 지금까지 물러서 있던 코끼리 부대였던바, 말들은 코끼리에 겁을 먹었고 거대한 짐승과 어떻게 맞서야 하는지 알지 못했던 병사들은 결국 후퇴를 해야 했다. 혼란에 빠진 기병대와 쫓아오는 코끼리 부대 때문에 로마 보병대의 밀집대형은 이내 무너졌고, 탁월한 테살리아 기병대와 연합한 코끼리 부대는 도망가는 이들을 닥치는 대로 살육했다. 만약 이때 로마 제4군단의 용감한 창병 가이우스 미누키우스가 코끼리 한 마리에게 상처를 입히지 못했다면, 이 때문에 추격하던 부대가 혼란에 빠지지 않았다면 로마군은 전멸했을지도 모른다. 패퇴한 로마군은 시리스를 지나 퇴각했다. 로마군의 손실은 대단했는데, 전장에서 발견된 사상자만 7천 명에 이르렀고, 2천 명은 포로로 잡혀갔다. 로마인들의 자체 추정에 따르면 전장에서 후송된 부상자를 포함해 병력 손실이 1만 5천 명에 달했다. 반면 퓌로스 군대의 손실은 이보다 훨씬 적었다. 대략 4천 명의 최고 병사들이 전장에서 쓰러졌고, 유능한 장교 몇몇이 사망한 정도였다. 하지만 이후 퓌로스는 비판적 전략가답게 로마 시민군처럼 쉽게 대체될 수 있는 병사들이 아닌 자신의 노병들을 잃은 점과 코끼리의 기습 공격 덕분에 얻은 승리는 되풀이될 수 있는 것이 아니라는 것을 생각할 때, 이때의 승리는 사실 패배나 다름없는 것이었다고 말했다. 물론 그는 나중에 로마 시인들이 지어낸 것처럼 이런 자기비판을 타렌툼에서 자신이 봉헌한 비문에 새겨 대중에게 공개적으로 전달할 만큼 어리석지는 않았다.

하지만 이 승리에서 어떤 정치적인 희생을 치렀느냐는 중요하지 않았다. 로마에 대항해 거둔 첫 번째 전쟁의 승리가 퓌로스에게 가늠할 수 없을 정도의 큰 성공을 가져다주었기 때문이다. 장군으로서 그의 재능은 이 새로운 전투에서도 아주 훌륭하게 입증되었다. 또한 이번 헤라클레아 승리의 즉각적인 효과는 대단했고 또 오래 지속되었는바, 시들해지던 이탈리아 동맹에 화합과 활력을 불어넣었고, 로마는 루카니아를 잃었으며, 라이비누스는 주둔한 군대를 이끌고 아풀리아로 후퇴를 해야 했다. 퓌로스는 또한 브루티움, 루카니아, 삼니움과도 손쉽게 연합할 수 있었고, 캄파니아 폭도의 억압 속에서 고생하는 레기온을 제외한 모든 희랍계 도시들과 연합했으며, 로크리는 자진해서 로마수비대를 퓌로스에게 바쳤다. 이들은 모두 퓌로스 왕에게 설득되어, 그가 당연히 자신들을 이탈리아인들에게 넘기지 않을 것이라고 굳게 믿었다. 따라서 사비눔 사람들과 희랍 사람들도 퓌로스에게 가담했다. 그러나 이번 승리가 낳은 성과는 여기까지였다. 라티움 사람들은 로마의 지배가 제아무리 힘겨워도 외국인의 도움을 받으면서까지 이로부터 벗어나려 하지는 않았다. 베누시아는 적들에게 완전히 포위되어 있었지만, 로마에 대해 흔들리지 않는 충성심을 보였다. 용감한 퓌로스는 시리스에서 사로잡은 포로들에게 그들의 용기를 명예로운 처우로 보상하고자 희랍의 방식대로 자신의 군대에 입대할 것을 제안했다. 하지만 퓌로스가 알게 된 것은 자신이 용병과 싸우고 있는 것이 아니라 한 민족과 싸우고 있다는 사실이었다. 로마인이나 라티움인 누구도 그의 편에 가세하지 않았던 것이다.

강화조약의 시도

상황이 이렇게 돌아가자 퓌로스는 로마인에게 강화를 제안했다. 그는
자신이 가진 불리한 점을 간파할 줄 아는 아주 현명한 군인이었고, 강
화조약을 체결하기에 유리한 기회를 활용할 줄 아는 아주 노련한 정
치가였다. 그는 로마와 벌였던 큰 전투에서 얻은 첫인상에 근거, 이탈
리아의 희랍계 도시들의 자유를 보장받고 이 도시들과 로마 중간에
위치한 군소 도시들을 종속적 동맹자들로 묶어 새로운 희랍 패권을
만들 수 있을지도 모른다고 생각했다. 그의 요구는 다음과 같았다. 캄
파니아 및 루카니아를 포함한 모든 희랍계 도시들을 로마의 지배로부
터 해방시킬 것, 삼니움과 아풀리아와 루카니아로부터 빼앗은 영토를
반환할 것, 특히 루케리아와 베누시아를 포기할 것. 그가 보기에 만일
로마와의 전쟁을 피할 수 없다면 서지중해의 희랍계 사람들을 한 명
의 통치자 아래 통합한 뒤 시킬리아를 정복하고, 아프리카까지 정복
한 시점에 전쟁을 개시하는 것이 바람직했던 것이다.

이런 지시를 받은 테살리아인 키네아스는 퓌로스 왕의 사절로 로마
에 갔다. 연설가가 정치가에 비교될 수 있고 왕의 신하가 민중선동가
에 비교될 수 있다는 전제 하에, 동시대인들에 의해 데모스테네스에
비교되던 이 유능한 협상가는 헤라클레아의 승자가 패전한 적들에게
실제로 느꼈던 존경심을 모든 수단을 동원해 전달할 것과, 왕이 직접
로마에 방문하고 싶어 한다는 점을 알릴 것과, 심지어 적들도 따라 외
울 만한 칭송 연설과 진지한 찬양 연설과 가능한 한 시의적절한 선물
로써 왕에 대한 적들의 호의를 얻어낼 것을, 간단히 말해 알렉산드리

아와 안티오코스의 왕궁에서 경험한 모든 궁중 정치술을 로마인들에게 시도할 것을 명령받았다. 원로원은 주저했다. 몇몇 사람들에게 그들의 위험한 적이 더 깊이 말려들거나 더 이상 머물지 않을 때까지 일단 양보하고 지켜보는 것이 현명한 행동으로 보였던 것이다. 그런데 그때 고령의 나이와 시력을 잃은 눈 때문에 국정에서 오랫동안 물러나 있던 전직 집정관 아피우스 클라우디우스(로마 건국 442년, 기원전 312년의 감찰관, 로마 건국 447년, 기원전 307년과 로마 건국 458년, 기원전 296년의 집정관)가 결정적 순간에 원로원에 나와 열띤 연설로써 젊은 이들의 영혼에 강인한 사람만이 가지는 불굴의 힘을 불어넣었다. 로마인들은 왕의 사절에게 당당하게 답했다. 이때 처음 등장하여 이후 국가의 원칙으로 자리 잡은 그 대답은, 로마는 이탈리아 땅에 외국 군대가 주둔하는 한 결코 협상하지 않는다는 것이었다. 이 대답과 함께 사절은 그 즉시 도시 밖으로 내보내졌다. 임무에 실패한 능변의 사절은 그토록 심각한 패전 후에도 로마인들이 보여준 사내다운 용기에 큰 감명을 받았다. 그는 귀환 후 로마의 모든 시민이 왕처럼 보였다고 전했다. 절대군주 신하의 눈에는 자유시민이 그렇게 보였던 것이다.

로마에 대항한 퓌로스의 행군

협상이 진행되는 동안 캄파니아까지 와 있던 퓌로스는 협상이 결렬되었다는 소식을 듣고는 에트루리아에 로마에 대항하는 동맹을 제안했다. 이는 로마의 연방들을 동요케 했고 로마 자체를 위협했다. 그러나 로마인들은 동요하지도, 겁을 집어먹지도 않았다. 오히려 헤라클레아 전투로 인해 생긴 결원을 보충하기 위한 소집 명령에 대거의 젊은이들이 입대하기 위해 길을 재촉했다.

라이비누스는 새로 조직된 두 개의 군단과 루카니아에서 철수한 군대가 합쳐져 이전보다 더 강력해진 군단을 이끌고 퓌로스 왕을 추격, 퓌로스에 대항해 카푸아를 방어했고, 네아폴리스와 연합하려는 퓌로스의 시도 또한 좌절시켰다. 로마의 이러한 확고한 태도에 이탈리아 남부의 희랍인을 제외하고는 감히 로마 연방에서 탈퇴하려는 국가가 없었다.

상황이 이렇게 되자 퓌로스는 로마에 직접 대항하는 쪽으로 방향을 돌렸다. 그 찬란함에 감탄하며 곡창지대를 통과한 퓌로스는 프레겔라이를 기습 점령하고 리리스를 돌파, 로마에서 약 59킬로미터 정도 떨어진 아나그니아에 도착했다. 그 사이 어떤 군대도 퓌로스를 가로막지 않았고, 모든 라티움 도시들은 성문을 닫아걸었다. 한편 라이비누스는 일정한 간격을 두고 캄파니아로부터 그를 뒤쫓았다. 에트루리아와 시기적절하게 강화조약을 맺은 집정관 티베리우스 코룽카니우스는 다른 하나의 로마 군단을 데리고 북쪽에서 내려왔다. 로마에서는 독재관 그나이우스 도미티우스 칼비누스가 자체 예비 병력을 준비하고 있었다. 이러한 상황에서 퓌로스가 할 수 있는 것은 철수 이외에는 아무것도 없었다. 그는 잠시 동안 캄파니아에서 지체하며 두 집정관의 군대와 맞섰으나 치명타를 가할 기회를 얻지 못했다. 겨울이 되자 퓌로스 왕은 적의 영토에서 철수하여 우호적인 도시들에 군대를 배치하고 자신은 타렌툼의 숙영지에서 겨울을 보냈다. 그러자 로마인들도 군사행동을 중지했다. 로마 군대는 피케눔의 피르뭄 근처 지역에 군영을 마련했는데, 여기는 시리스에서 패배한 로마 군단이 원로원의 처벌 명령에 따라 천막을 치고 겨울을 보냈던 곳이었다.

전쟁 2년째

로마 건국 474년(기원전 280년)의 전쟁은 끝났다. 결정적인 순간에 체결된 에트루리아와 로마의 특별강화조약으로 인해 이탈리아 동맹의 높은 기대를 저버릴 수밖에 없었던 퓌로스의 예기치 못한 후퇴는 헤라클레아의 승리가 가져다준 강력한 인상을 많은 부분 지워버렸다. 이탈리아인들은 전쟁부담금에 대하여 불평했고, 특히 전체의 1/4이나 되는 용병들의 불량한 행동에 불만을 표했다. 퓌로스 왕은 사소한 논쟁은 물론 동맹군들의 비정치적이며 비군사적인 태도에 지쳐 있었고, 모든 전술적 성공에도 불구하고 자신에게 맡겨진 과업이 정치적으로는 해결 불가능한 문제가 아닐까 생각하기 시작했다. 그래서 퓌로스는 투리이를 정복했던 가이우스 파브리키우스를 포함한 세 명의 전직 집정관들이 사절로 도착했을 때 잠시나마 강화조약을 기대했다. 하지만 그들은 포로 석방이나 교환 문제를 해결할 수 있는 전권만을 가졌음이 곧 드러났고, 퓌로스는 그런 그들의 요구를 거부했다. 대신 그는 사투르날리아 축제일에 포로들로부터 약속을 받고는 이들을 모두 석방했다. 이와 관련하여 포로들이 약속을 지켰다는 둥 로마 사절이 뇌물을 거부했다는 둥의 이야기는 선대의 명예로운 행동을 기리기 위해서라기보다는 다만 후대의 파렴치한 행동을 고발하기 위해 아주 부적절한 방식으로 널리 원용되었다.

아우스쿨룸 전투

로마 건국 475년(기원전 279년) 봄에 퓌로스가 다시 공격을 시작하여 아풀리아로 진군하자 로마 군대도 같은 곳에 진을 치고 그와 대적했다. 결정적인 승리를 거두어 로마 연방군을 무너뜨리고자 했던 퓌로스는 여러 차례 공격을 감행했지만, 로마군은 물러서지 않았다. 얼마 뒤, 양편의 군대는 아우스쿨룸(아스콜리 디 풀리아) 근처에서 교전하게 되었다. 그리고 그날 에페이로스와 마케도니아 군대는 물론 이탈리아 용병과 하얀 방패라 불리는 타렌툼 시민군, 루카니아와 브루티움 및 삼니움 연합군 등으로 구성된 군대가, 희랍인과 에페이로스인 1만 6천 명을 포함해 도합 7만 명의 보병 및 8천 명 이상의 기병과 코끼리 19마리가 퓌로스의 지휘 아래 전장에 있었다. 라티움, 캄파니아, 볼스키, 사비눔, 움브리아, 마르키니, 파일리그니, 프렌타니 및 아르피 등의 지원을 받은 로마 연합군은 로마 시민군 2만 명을 포함하는 총 7만명의 보병과 8천 명의 기병으로 구성되어 있었다.

양편은 전투 배치를 바꾸었다. 퓌로스는 군인의 예리한 눈으로 로마 중대 대형의 장점을 간파, 이를 모방해 자신의 군대 양쪽 날개에 배치된 커다란 밀집방진 대형을 대대 대형에서 중대 대형으로 바꿔 세웠고, 군사적 이유 못지않게 정치적 이유에서 자기 군대의 대형들 사이에 타렌툼인과 삼니움인 군대를 끼워 넣었으며, 중앙에는 에페이로스인으로만 구성된 밀집방진을 배치했다. 한편 로마인들은 코끼리를 막기 위해 일종의 전차를 고안해 전면에 배치했는데, 끝에 화로가 달린 쇠막대기와 올렸다 내렸다 할 수 있게 설계된 쇠꼬챙이가 달린 돛대가 붙어 있었다. 이 돛대는 아마도 제1차 카르타고 전쟁에서 맹활약했던 '갈고리 상선교'(corvus)의 원형일 것이다.

우리가 보는 로마인의 기록보다 덜 편파적인 희랍인의 전투 보고에 따르면, 전투 첫날 희랍인들은 상당히 불리했다. 어쩔 수 없이 전투를 벌여야 했던 곳이 가파르고 늪이 많은 강둑이었는데 이를 따라 전투 대형을 전개하는 것에 실패한 한편 기병대와 코끼리 부대를 전투에 활용하지 못했기 때문이다. 하지만 둘째 날에는 로마군에 앞서 교차 지역을 점령했고, 퓌로스는 밀집방진을 펼칠 수 있는 평원에 아무런 손실 없이 도착할 수 있었다. 곧이어 개시된 전투에서 로마군은 헛수고라는 것을 알면서도 칼을 손에 든 채 희랍 장창병(Sarissa)들에게 돌진했고, 어떤 공격에도 꿈쩍도 하지 않는 퓌로스의 밀집방진에 굴복하지 않고 싸웠다. 그러나 수많은 코끼리의 호위를 받는 퓌로스의 병사들이 전차에서 활과 투석기로 싸우고 있던 로마 병사들을 몰아세우고, 마차의 고삐를 끊고, 코끼리를 이용해 대형을 압박하자 결국 로마군은 흔들리기 시작했다. 로마 전차 수비대의 후퇴는 로마군 모두에게 퇴각의 신호가 되었다. 전투 희생자는 그리 많지 않았다. 병사들이 가까운 주둔지로 재빠르게 피신했기 때문이다.

이 전투에 대해 로마인들은 양측 군대의 충돌이 있는 동안, 로마 주력부대에서 빠져나온 아르피인들의 부대가 경비 병력이 많지 않은 에페이로스 진영을 공격하고 불태웠다는 점만을 전하고 있다. 이 부분은 사실일지 모른다. 하지만 승부를 가리지 못했다는 보고만큼은 로마인들의 주장이 부당하다. 양측 보고에서 일치하는 점은 로마 군대는 강을 건너 퇴각했고 퓌로스는 전장을 지배하고 있었다는 것이다. 사상자 수는 희랍 보고에 따르면 로마 측이 6천 명, 희랍 측이 3천 505명이었다.[3] 한편 이 전투의 부상자 중에는 퓌로스 왕도 포함되어 있었는데, 치열한 접전 중에 창이 그의 팔을 관통했다.

아무튼 퓌로스는 승리했고, 이 승전은 장군이나 병사들에게 그런 것처럼 왕에게도 명예로운 일이었다. 하지만 이 승전은 그에게 성공적인 월계관만은 아니었는바, 정치적 목적은 달성하지 못했기 때문이다. 퓌로스는 아주 성공적인 승전이 필요했었다. 로마 군대가 와해되고 로마 연방국들이 동요해 로마의 반대편에 서게 할 만큼 성공적인 승전 말이다. 하지만 로마군과 로마 연방군에겐 어떤 분열도 없었다. 반면, 지휘관 없이는 아무것도 할 수 없던 희랍군은 왕의 부상으로 상당 기간 움직이지 못했다. 결국 퓌로스 왕은 진격을 포기하고 타렌툼의 겨울 숙영지로 가야만 했고, 로마군은 아풀리아 겨울 숙영지로 갈 수 있었다.

퓌로스의 군사 자원이 로마보다 열세라는 점과 정치적으로 느슨하고 다루기도 힘든 퓌로스의 연합군이 로마 연방군에게는 비교도 되지

---

[3] 이 수치는 믿을 만하다. 로마 측 보고에 따르면, 사상자는 양편 모두 합해 1만 5천 명이었다. 후대의 어떤 로마 측 보고에서는 심지어 로마의 전사자는 5천 명, 희랍의 전사자는 2만 명이었다고 주장한다. 여기에서 연대기 작가들이 과장을 위해 부풀린 이러한 숫자들은 거의 예외 없이 신빙성이 떨어진다는 점을 확인할 수 있다.

않는다는 점이 점차 분명해졌다. 희랍인들의 놀랍고 강력한 전쟁 수행력과 사령관의 천재성만 놓고 보면, 그들은 헤라클레아와 아우스쿨룸의 승전과 같은 또 한 번의 승리를 거둘 수 있었다. 하지만 새로운 승리를 거둘 때마다 이어질 전쟁에 소요될 왕의 자원은 줄어든 반면, 로마인들은 점차 자신들이 더 강하다는 사실을 분명하게 느끼면서 인내하며 최종 승리를 확신하고 있었다. 사실 이번 전쟁은 희랍 귀족들이 알고 있고 수행하던 것과 같은 섬세한 전술 대결이 아니었다. 로마 시민군의 충만하고 엄청난 기세 앞에서 그 모든 전략적 합체와 전술은 무기력했다. 퓌로스는 상황이 어떻게 될지 직감했다. 승리에도 싫증을 느끼고 동맹국들도 꼴 보기 싫었지만, 퓌로스는 그저 버티고 있었다. 야만인들의 공격에서 동포를 구할 때까지는 이탈리아를 떠날 수 없다는 군인의 자존심이 그를 붙들고 있었기 때문이었다. 하지만 그의 조급한 기질을 생각할 때, 아마도 그는 이런 부담스러운 의무에서 벗어나고 싶어 아무것이나 구실이 주어지기만을 기다리고 있었을 것이라고 가정할 수 있는데, 곧 시킬리아의 상황이 그에게 그런 구실을 제공해주었다.

시킬리아, 쉬라쿠사이, 카르타고의 관계

아가토클레스 사후(로마 건국 465년, 기원전 289년) 시킬리아의 희랍인에게는 어떤 지도자도 없었다. 한편, 여러 희랍 도시에서 무능한 대중선동가와 무능한 참주들이 서로 분열되어 있는 동안, 지중해 서쪽의 오랜 지배자 카르타고인들은 막힘없이 자신들의 세력을 확장하고 있었다. 카르타고인들은 아크라가스를 굴복시킨 후, 몇 세기 동안 희망하던 일인바, 자신들의 영향력 아래 섬 전체를 장악할 때가 왔다고 믿었다. 마침내 카르타고인들은 쉬라쿠사이를 공격했다. 쉬라쿠사이는 육군과 해군을 기반으로 시킬리아 섬을 카르타고와 공동 점유할 정도로 강력했지만, 내부 갈등과 통치력 부재 때문에 쇠락해져서 당시에는 도시성벽 정도나 방어하고 외국의 군사원조까지 받아야 하는 형편이었다. 쉬라쿠사이는 어쩔 수 없이 퓌로스 왕에게 원조를 청했다. 퓌로스는 쉬라쿠사이의 왕이었던 아가토클레스의 사위였고, 당시 16세였던 아들 알렉산드로스는 아가토클레스의 손자였는데, 둘 다 모든 면에서 쉬라쿠사이 왕의 야심 찬 계획을 상속받은 자연스러운 후계자들이었다. 또한 쉬라쿠사이는 자유를 잃는다 하더라도 서부 희랍 제국의 수도가 되는 것으로 보상받을 수 있었다. 그래서 쉬라쿠사이인들은 타렌툼인들과 마찬가지로, 그리고 그들과 유사한 조건으로 퓌로스 왕에게 자발적으로 주권을 이양했다(로마 건국 약 475년, 기원전 약 279년). 상황의 오묘한 전개 덕분에 에페이로스 왕이 세운 원대한 계획이 타렌툼과 쉬라쿠사이를 얻음으로써 거의 성취되는 것처럼 보였다.

로마와 카르타고의 동맹

한 사람의 통치 아래 이탈리아와 시킬리아의 희랍인들이 연합하자 이에 대한 즉각적 반응으로 그들의 경쟁자들 또한 하나로 뭉쳤다. 카르타고와 로마가 그들의 옛 무역 협정을 퓌로스에 대항한 군사동맹으로 바꾼 것이다(로마 건국 475년, 기원전 279년). 이 동맹협정을 통해 양측은 퓌로스가 로마나 카르타고 영토를 침공하는 경우 공격받지 않은 쪽은 자신의 영토가 공격당할 때처럼 원군을 준비하고 그 비용도 자체 부담하기로 했다. 또한 이런 상황이 되면 카르타고는 수송을 맡고 로마에 해군을 지원하기로 했으되 선원들이 상륙해 전투에 참여할 필요는 없었다. 마지막으로 양국은 퓌로스와 독자적인 강화를 체결하지 않기로 서약했다. 동맹협정을 통해 로마가 이루고자 했던 것은 퓌로스를 타렌툼에서 떠나보내고 타렌툼을 공격할 수 있게 되는 것이었는바, 이를 위해서는 카르타고 해군과의 연합 작전이 불가피했다. 한편 카르타고 측은 쉬라쿠사이에 대한 그들의 계획이 차질 없이 진행될 수 있도록 퓌로스 왕을 이탈리아에 붙들어 두는 것을 노리고 있었다.[4] 따라서 로마와 카르타고 양국의 주된 관심은 우선 이탈리아와 시킬리아 해역을 장악하는 것이었다. 마고 장군이 이끄는 강력한 카르타고 전함 120척은 협정 체결을 위해 오스티아 항구를 서둘러 방문한 뒤 시킬리아해협을 향해 떠났다. 이때 퓌로스가 시킬리아와 이탈리아의 지배자가 될 경우 자신들이 메사나의 희랍 주민들에게 저지른 만행에

---

[4] 이후 로마인들과 그들을 따르는 현대인들은 마치 로마인들이 고의로 이탈리아에서 카르타고의 원조를 피했던 것처럼 그 두 국가 사이의 동맹에 잘못된 변형을 가했다. 이것은 납득하기 어려운 것일 뿐만 아니라 사실은 그것과 반대였을 것이다. 이는 마고가 오스티아에 상륙하지 않은 상황이 그가 조심성이 있어서가 아니라 라티움이 퓌로스에 의해 전혀 위협받지 않았기 때문에 카르타고의 원조가 필요하지 않았던 사실로부터 설명될 수 있다. 카르타고인들은 레기온 앞바다에서 분명 로마를 위해 싸웠다.

대한 대가를 치르리라 생각한 마메르 용병들은 로마와 카르타고 편에 가세했고, 카르타고를 위해 시킬리아 쪽 해안을 지키고 있었다. 로마와 카르타고는 반대편 해안의 레기온 또한 손에 넣고 싶었을 것이다. 다만 로마는 캄파니아 용병들로 이 도시를 차지하는 것을 원치 않았을 것인데, 어쨌든 군사력으로 레기온을 정복하려는 로마와 카르타고 연합군의 계획은 성사되지 않았다.

전쟁 3년째

카르타고 전함들은 쉬라쿠사이로 항해해 바다에서 도시를 봉쇄했고, 그와 동시에 강력한 카르타고 육군도 육상에서 포위 공격을 시작했다(로마 건국 476년, 기원전 278년). 이제 퓌로스가 나타나야 할 시점이었다. 하지만 이탈리아의 전황은 그와 그의 군대가 쉬라쿠사이로 갈 수 없도록 만들었다.

로마 건국 476년(기원전 278년)의 집정관 가이우스 파브리키우스 루스키누스와 퀸투스 아이밀리우스 파푸스는 둘 다 경험 많은 장군으로서 열정적으로 새로운 전투를 시작했다. 이번 전쟁에서 지금까지 계속 전투에 패배한 것은 로마인들이지만, 정작 전쟁에 싫증을 느끼고 평화를 원했던 것은 승자였다. 퓌로스는 어지간하면 협정을 맺으려고 다시 한 번 시도했다. 집정관 파브리키우스는 돈을 주면 왕을 독살하겠다고 제안한 자를 왕에게 넘겼다. 이에 퓌로스 왕은 감사의 표시로 몸값을 받지도 않고 모든 로마 포로들을 풀어주었다. 뿐만 아니라 상대편이 보인 관대함에 감동한 나머지 개인적 보답 차원에서 아주 공평하면서도 적에게 유리한 강화조약을 제안했다. 키네아스는 한 번 더 로마를 방문했었던 것 같으며, 아마도 카르타고는 로마가 강화조약을 받아들이면 어쩌나 우려했었던 것 같다. 하지만 원로원은 완강했고 앞서의 대답을 되풀이할 뿐이었다.

쉬라쿠사이를 카르타고인들 손에 넘기지 않으려면, 그러니까 자신의 원대한 야심을 포기하지 않으려면, 퓌로스 왕에게 남은 선택은 자신의 이탈리아 동맹국들을 포기하고 잠정적으로 가장 중요한 항구, 특히 타렌툼과 로크리만을 지키는 데 전력을 다하는 것뿐이었다. 루카니아와 삼니움은 퓌로스에게 자신들을 지켜달라고 애원했지만 헛수고였다. 타렌툼인들은 사령관의 의무를 준수하거나 아니면 도시의 통치권을 자신들에게 반납하라고 요구했지만 그 역시 헛일이었다. 퓌로스 왕은 탄원과 비난을 미래의 즐거운 날들로 위안 삼거나 아니면 무뚝뚝하게 거절해버렸다. 밀론은 타렌툼에 남았고 퓌로스 왕의 아들 알렉산드로스는 로크리에 남았다. 그리고 퓌로스는 주력부대와 함께 로마 건국 476년(기원전 278년) 봄에 타렌툼에서 쉬라쿠사이로 출항했다.

이탈리아의 전황

퓌로스가 출항하자 이탈리아는 로마인의 손에 놓이게 되었는데, 감히 아무도 로마인들에게 대항하지 못했고, 적들은 모두 요새나 숲에서 몸을 사리고 있었다. 하지만 전쟁은 기대한 것만큼 신속하게 끝나진 않았다. 한편으로는 산악 전투와 공성전의 성격상 그럴 수밖에 없었고, 다른 한편으로는 로마 건국 473~479년(기원전 281~275년) 사이의 인구 감소 때문이었다. 1만 7천 명이라는 엄청난 희생으로 인해 시민 명부의 숫자가 급감했던 것이다. 로마 건국 476년(기원전 278년), 집정관 가이우스 파브리키우스는 독자적으로 헤라클레아에 정착해 있던 상당수의 타렌툼인들과 상당히 유리한 조건의 강화협정을 맺는 데 성공했다. 로마 건국 477년(기원전 277년)에는 삼니움에서 산발적인 전투가 있었는데, 쉽게 여긴 이 전투에서 로마인들은 경솔한 공격 탓에 많은 로마 병력을 잃었다. 하지만 이후 루카니아와 브루티움으로 방향을 돌려 그 둘 모두를 제압했다.

한편 타렌툼에 머물고 있던 밀론은 크로톤을 기습 공격하려는 로마의 계획을 예상했고, 덕분에 그곳을 지키던 에페이로스 수비대는 적의 포위를 뚫고 성공적으로 빠져나올 수 있었다. 하지만 그것은 로마의 유인책이었는바, 집정관 가이우스 파브리키우스는 마침내 무방비 상태의 도시를 정복하는 데 성공했다(로마 건국 477년, 기원전 277년). 좀 더 중요한 사건은 이전에 로마 수비대를 퓌로스 왕에게 넘겼던 로크리인들이 배신을 배신으로 속죄하며 에페이로스 수비대를 공격한 일이었다. 이로써 레기온과 타렌툼을 제외한 남부 해안 전체는 로마인의 손에 들어갔다. 하지만 이런 성공이 결정적인 것은 되지 못했다. 남부 이탈리아 자체는 무장 해제된 상태였지만, 아직 타렌툼이 퓌로스의 손에 있었고, 따라서 그가 원한다면 언제든 다시 전쟁이 시작될 수 있었기 때문이다. 더구나 로마인들은 타렌툼을 포위 공격할 엄두를 내지 못하고 있었는데, 마케도니아의 필립포스와 폴리오르케테스 데메트리오스가 발전시킨 공성전에 있어 노련하고 단호한 희랍 사령관을 이길 수 없었을 뿐만 아니라, 해군력도 갖추고 있지 못했기 때문이다. 물론 바다에서 로마를 지원하기로 약속한 카르타고인들이 있었지만 시킬리아의 상황 때문에 그들은 약속을 지킬 수 있는 형편이 아니었다.

퓌로스의 시킬리아 정복

카르타고 전함에 막히지 않고 성공적으로 시킬리아에 상륙한 퓌로스는 단번에 국면을 역전시켰다. 시킬리아 동맹의 수장으로서 그는 즉시 쉬라쿠사이를 안심시켰고, 잠깐 만에 모든 희랍 도시들을 하나로 단결시켰으며, 카르타고인들로부터 동맹의 재산을 거의 모두 수복했다. 경쟁자 없이 지중해를 독차지한 카르타고 함대의 도움을 받고 있던 릴뤼바이움의 카르타고인들과 메사나의 마메르 용병들은 계속되는 퓌로스의 공격을 더는 버텨낼 수가 없었다. 상황이 이렇게 되자 로마 건국 475년(기원전 279년)의 조약에 따라 카르타고가 타렌툼 정복에 나선 로마에 전함을 지원하는 것보다 그 반대, 그러니까 로마가 시킬리아에 주둔한 카르타고인들을 지원하는 것이 시급해졌다. 하지만 어느 쪽도 동맹국의 전력을 지켜주거나 보강해 주려 하지 않았다. 이후 카르타고가 로마에 원군을 보낸 것은 급박한 위험이 지나간 뒤였다. 로마인들도 카르타고를 공격하기 위해 이탈리아를 떠나는 퓌로스왕을 막지 않았다. 나아가 로마는 공공연히 동맹조약을 위반하기도 했다. 그러자 카르타고는 단독으로 강화조약을 제안하기도 했는바, 릴뤼바이움을 자신들이 계속 지배하는 조건으로 시킬리아의 다른 지역을 양보하고, 왕에게 군자금과 전함들을 제공하며, 이탈리아로 돌아가 로마와 전쟁을 계속할 수 있도록 돕는다는 조건을 내걸었다.

하지만 이들에게 릴뤼바이움 지배를 허락하고 이탈리아로 떠나고 나면, 퓌로스 자신이 시킬리아로 오기 전과 거의 같은 상황으로 되돌아갈 것이 자명했다. 그렇게 되면 카르타고인들은 무기력한 희랍 도시들을 공격해 잃어버린 영토를 쉽게 되찾게 될 것이었다. 이에 퓌로스는 카르타고의 이중적 속임수 제안을 거부하고 직접 전함을 구축했다. 어리석음과 근시안적 소견을 가진 자들은 나중에 이를 비난했지만, 이는 섬에서 조달할 수 있는 자원으로 쉽게 실현할 수 있는 일이었으며, 나아가 필수적인 일이었다. 암브라키아, 타렌툼, 쉬라쿠사이의 통치자로서 그는 해군력을 포기할 수 없었으며, 릴뤼바이움을 정복하고 타렌툼을 보호하기 위해서도, 그리고 아가토클레스와 레굴루스와 스키피오가 그보다 먼저 혹은 나중에 성공적으로 감행했던 것처럼 카르타고 본토를 공격하기 위해서도 전함 구축은 꼭 필요한 일이었다.

로마 건국 478년(기원전 276년) 여름, 퓌로스 왕은 자신의 야심에 그 어느 때보다 근접해 있었다. 카르타고는 왕 앞에서 전의를 상실한 듯 보였고, 시킬리아는 제압했으며, 이탈리아 정복의 확고한 발판인 타렌툼도 확보했다. 그리고 이런 모든 성공을 하나로 연결해 더욱 굳건하게 해줄 함대가 항구에서 출항 준비를 하고 있었다.

퓌로스의 시킬리아 통치

퓌로스의 가장 큰 취약점은 내치를 잘하지 못했다는 것이었다. 그는 이집트에서 프톨레마이오스에게서 보고 배운 대로 시킬리아를 통치했다. 그는 각 공동체의 국헌을 존중하지 않았고, 수시로 측근들을 각 도시의 정무관으로 배치했으며, 자기가 원하는 대로 현지인이 아닌 자신의 신하들을 사법 장관으로 임명했고, 심지어 그를 시킬리아로 모셔오는 데 열심이었던 사람들에게까지 임의로 재산을 몰수하거나 국외 추방을 하거나 사형을 언도했다. 마을마다 수비대를 배치해 시킬리아를 통치했는바, 그는 동맹국의 사령관이 아니라 말 그대로 왕이었다. 그는 아마도 동방-희랍 정신에 따라 선하고 현명한 통치자가 될 수 있다고 생각했거나 그렇게 되길 희망했을 테지만, 희랍인들은 쉬라쿠사이로 이식된 알렉산드로스의 후계자 체제를 견뎌내고는 있었지만, 오랫동안 자유를 위해 투쟁한 그들에게 복종은 결코 익숙해지지 않았다. 그리하여 곧 어리석은 몇몇 이들은 차라리 카르타고인들의 멍에를 지는 것이 새로운 군사정권보다 훨씬 낫겠다는 생각을 했고, 주요 도시들은 이 생각에 따라 카르타고인들과 심지어 마메르 용병들에게도 선을 대기 시작했다. 얼마 지나지 않아 강력한 카르타고 군대가 위험을 무릅쓰고 다시 섬에 나타났고, 어디서나 희랍인들의 지원을 받으며 빠른 속도로 진군했다. 이들과 퓌로스의 전투에서는 언제나처럼 '독수리'에게 승전이 돌아갔지만, 왕이 섬을 떠나고 나면 섬에 어떤 일이 생길지, 그리고 생길 수밖에 없는지가 점차 분명해졌다.

이탈리아로 출정하는 퓌로스

이런 심각한 잘못에 더해 퓌로스가 저지른 두 번째 잘못은 전함을 이끌고 릴뤼바이움이 아니라 타렌툼으로 진격했다는 것이다. 그는 이탈리아로 관심을 돌리기 전에 시킬리아인들의 동요를 봤어야 했고, 다른 무엇보다 우선 카르타고인들을 시킬리아에서 완전히 몰아냈어야 했으며, 그럼으로써 불만을 가진 자들에게 불만거리를 주지 말았어야 했다. 그렇게 한다고 해서 그가 손해 볼 것은 전혀 없었던 것이 그는 타렌툼을 충분히 확고하게 확보하고 있었고, 다른 동맹국들의 경우도 그가 그들을 이미 포기한 이상 그리 중요한 존재가 아니었기 때문이다. 하지만 로마 건국 476년(기원전 278년)의 불명예스러운 철수를 화려한 복귀를 통해 만회하려는 군인의 자존심이 그를 타렌툼으로 향하도록 몰아갔고, 이에 더해 루카니아인들과 삼니움족의 탄원이 그의 피를 끓게 했음이 분명하다. 퓌로스가 품은 것과 같은 야망은 사실 냉철한 정신을 가진 사람만이 이룰 수 있었던바, 동정심과 명예욕을 제어할 수 있어야 했다. 하지만 퓌로스는 그런 사람이 아니었다.

시킬리아 왕국의 붕괴, 이탈리아 전쟁의 재발

로마 건국 478년(기원전 276년) 말, 불행의 출항이 시작되었다. 쉬라쿠사이의 새로운 함대는 항해 도중 카르타고의 해군과 전투를 벌여야 했고 상당수의 전함을 잃었다. 왕의 출항과 패전의 소식은 시킬리아 왕국의 멸망으로 이어졌는바, 이에 섬의 모든 도시는 부재중인 왕에게 자금과 군대를 지원하길 거부했고, 찬란한 국가가 세워질 때보다 빠른 속도로 무너졌다. 이는 왕이 공동체의 존립 기반이라 할 백성들의 신뢰와 사랑을 잃었기 때문이고, 다른 한편 사람들이 민족해방을 위해 짧은 시간이나마 자신의 자유를 포기할 수 있는 희생정신이 부족했기 때문일 것이다. 결국 퓌로스의 모험은 실패로 돌아갔고 인생을 건 야망은 무너져버렸다. 그는 한때 위대했지만 이젠 아무것도 아니라는 걸 스스로 느끼고 있었다. 하지만 그는 여전히 모험가였다. 이제 그에게 있어 전쟁은 목표를 이루기 위한 수단이 아니라 다만 거친 운명의 도박 속에서 자신의 처지를 잊기 위한, 그리고 전투의 소용돌이 가운데서 군인으로 죽기 위한 방법이었다. 이탈리아 해안에 도착한 퓌로스 왕은 레기온을 정복하려 시도했다. 하지만 캄파니아인들은 마메르 용병들의 도움을 받아 공격을 막아냈고, 퓌로스는 격렬한 전투에서 적장을 말에서 떨어뜨리다가 자신도 부상을 입고 말았다. 그러나 그는 멈추지 않았다. 그는 로크리인들을 기습 공격했고, 주민들은 끔찍한 복수를 당했는바, 에페이로스 점령군에게 처참하게 살육당했다. 퓌로스는 또 바닥난 국고를 보충하고자 로크리의 페르세포네 신전을 약탈하기도 했다. 전하는 바에 따르면, 그는 보병 2만 명과 기병 3천 명을 데리고 타렌툼에 도착했다고 한다. 하지만 이들은 더 이상 이전의 노련한 군인들이 아니었고, 이탈리아인들도 더 이상 이들을 구원자로 환영하지 않았다. 왕이 5년 전 받았던 신뢰와 희망은 사라졌고, 동맹군은 자금과 병력이 턱없이 부족한 상태였다.

베네벤툼 전투

로마 건국 479년(기원전 275년) 봄, 로마인들이 로마 건국 478년부터 479년(기원전 276~275년)까지 겨울 숙영지로 삼으면서 심각한 위기에 몰렸던 삼니움을 돕기 위해 돌아온 퓌로스는 베네벤툼 근처 아루시누스 평원에서 집정관 마니우스 쿠리우스와 전투를 벌였다. 퓌로스는 루카니아에서 오고 있는 자신의 동료와 합류하기 직전이었고, 측면에서 로마인을 공격하기 위해 숲 속 야간 행군을 감행한 부대가 도중에 길을 잃고 결정적 순간에 나타나지 못했던 때였다. 격렬한 충돌 후 뒤늦게 나타난 코끼리 부대가 승리를 거머쥐는 듯했지만, 결과는 로마인들에게 유리하게 끝나고 말았다. 군영을 보호하기 위해 배치된 궁수들 때문에 혼란에 빠진 코끼리 부대가 자기편으로 달려들었기 때문이었다. 승리자들은 적진을 점령했고, 1천 3백 명의 포로와 로마인들이 처음 보는 코끼리 네 마리, 그리고 기타 엄청난 전리품들을 획득했는데, 로마는 나중에 전리품 중 일부를 가지고 아니오 강을 티부르에서 로마까지 끌어들이는 수로를 건설하는 데 사용한다.

전장을 지킬 군대와 자금이 부족해지자 퓌로스는 이탈리아 전쟁에 자금을 대주었던 동맹국들은 물론 마케도니아와 아시아의 왕들에게까지 협조를 요청했다. 하지만 그는 이제 심지어 본국에서조차도 더 이상 두려운 존재가 아니었는바, 요구는 거절되었다. 로마와의 전쟁에 대해 확신을 잃고 고향의 거절에 실망한 퓌로스는 타렌툼에 수비대를 남겨 둔 채 직접 고향을 찾는바(로마 건국 479년, 기원전 275년), 절망적 상황에서 이 도박사는 상황이 안정되고 예측 가능해진 이탈리아에서보다는 오히려 그곳에서 약간의 희망을 보았던 것이다. 그는 잃었던 왕국을 재빨리 회복했을 뿐 아니라 마케도니아의 왕위를 성공적으로 다시 한 번 갖게 되지만, 그때는 안티고노스 고나타스의 침착하고 신중한 정책 때문에, 아니 오히려 오만함을 억제하지 못한 그의 어리석음 때문에 마지막 계획마저 수포로 돌아가고 만다. 이후 그는 여전히 전쟁에서 승리했지만 그것은 더 이상 지속적인 승리가 아니었다. 그는 펠로폰네소스의 아르고스에서 있었던 초라한 시가전에서 최후를 맞이했다(로마 건국 482년, 기원전 272년).

이탈리아의 마지막 투쟁: 타렌툼의 정복

이탈리아 전쟁은 베네벤툼 전투에서 끝을 맺었는바, 민족해방세력의 마지막 저항도 천천히 끝나가고 있었다. 강력한 무기로 운명을 좌지우지하던 전사 퓌로스는 살아 있는 동안에는 물론 심지어 자신이 부재중일 때도 로마에 맞서 타렌툼을 지켜냈다.

퓌로스 왕의 부재 시에 왕을 대리하던 밀론은 주도권을 쥐고 있던 비둘기파의 제안을 거부하고 로마와 강화조약을 맺지 않았다. 다만 친로마파 시민들이 타렌툼 영토 내에 별도로 건설한 요새에 모여 자신들의 뜻대로 로마와 강화조약을 체결하는 것은 허용했다. 하지만 퓌로스 사후, 카르타고 함대가 타렌툼에 상륙하자 밀론은 시민들이 도시를 카르타고인들에게 이양했다고 생각하고 자신과 자신의 군대 철수를 보장받는 조건으로 로마 집정관 루키우스 파피리우스에게 도시를 넘겼다(로마 건국 482년, 기원전 272년). 이는 로마인들에겐 굉장한 행운이었다. 왜냐하면 페린투스와 비잔티움에서 필립포스 왕이, 로도스에서 데메트리오스가, 릴뤼바이움에서 퓌로스가 얻은 경험에 따르면 요새화와 방비가 잘 되고 동시에 바다로 출입할 수도 있는 도시를 항복시키는 것은 당시 전술로는 어렵다는 것이 일반적인 생각이었기 때문이다. 만일 이탈리아의 타렌툼이 시킬리아의 릴뤼바이움처럼 카르타고에 넘어갔다면 이후의 역사는 어떻게 달라졌을까? 하지만 이런 일은 벌어지지 않았다. 카르타고 함대의 지휘관은 로마인의 손에 타렌툼 성채가 들어간 것을 확인하고는 조약에 따라 동맹국이 도시를 공격하는 걸 돕기 위해 왔다고 설명한 뒤 곧 아프리카로 돌아갔다. 반면 로마는 타렌툼 점령 시도에 항의하고 그에 대한 해명을 듣기 위해 카르타고로 사절을 보냈고, 언필칭 동맹관계의 엄숙한 확인을 받아내고는 잠정적이나마 안심할 수 있게 되었다. 이후 타렌툼은 아마도 타렌툼 이주민들의 중재로 로마로부터 자치권을 얻었던 것 같다. 그러나 그들은 무기와 전함들을 포기해야 했고 성벽을 철거해야 했다.

남부 이탈리아의 항복

타렌툼이 로마에 정복된 같은 해에 삼니움과 루카니아와 브루티움도 결국 항복했다. 특히 브루티움 사람들은 배를 만드는 데 필요했고 동시에 중요한 수입원이 되었던 실라 숲의 절반을 양도해야 했다.

마침내 로마는 지난 10년 동안 레기온을 점령했던 패거리들을 충성

서약을 어긴 점과 레기온 시민을 살해한 점, 그리고 크로톤을 점령한 점 등의 죄를 물어 처벌했다. 로마의 이러한 처리는 패거리들에 대한 희랍인들의 이해와도 맞아떨어졌다. 그래서 쉬라쿠사이의 새로운 통치자 히에론은 레기온으로 지원군과 보급품을 보내 로마인들을 지원했고, 동시에 로마 원정대와 합류해 레기온 점령군의 동포이자 공범들인 메사나의 마메르 용병들을 공격했다. 메사나 성읍의 공방전은 이후로 오랜 기간 지속되었다. 한편 레기온은 비록 폭도들이 오랫동안 끈질기게 저항했지만 로마 건국 484년(기원전 270년)에 결국 정복당했는데, 점령군 생존자들은 로마의 광장에서 태형이나 사형에 처해진 반면, 옛 주민들은 다시 돌아가서 가능한 경우 재산을 다시 찾았다.

　로마 건국 484년(기원전 270년), 마침내 이탈리아는 로마에 모두 복속되었다. 다만 삼니움족만이 공적인 강화조약에도 불구하고 '산적'이 되어 전쟁을 이어갔는바, 결국 로마 건국 485년(기원전 269년), 두 집정관이 이 끈질긴 적들에 대항하기 위해 다시 한 번 급파되어야 했다. 이후 가장 고결했던 민족정신도, 자포자기의 심정으로 보여주었던 그들의 용기도 곧 최후에 이르렀다. 삼니움 산악지대에 고요를 가져다준 것은 결국 칼과 교수대였다.

새로운 요새와 도로의 구축

대규모 정복 결과 일련의 새로운 식민지들이 건설되었다. 루카니아의 파이스툼과 코사(로마 건국 481년, 기원전 273년)를 시작으로 삼니움을 억제하는 성채로 베네벤툼(로마 건국 486년, 기원전 268년)과 아이세르니아 (로마 건국 491년, 기원전 263년경)가, 갈리아에 대항하는 전초기지로 아리미눔(로마 건국 486년, 기원전 268년)이, 피케눔의 피르뭄(로마 건국 490년, 기원전 264년경)과 요새 카스트룸 노붐 등이 연이어 세워졌다. 또한 카푸아와 베누시아 사이, 베네벤툼 요새를 새로운 정거장으로 한 남부 고속대로가 멀리 타렌툼과 브룬디시움의 항구까지 연장되었고, 로마가 정책상 상업 중심지 타렌툼과의 경쟁 내지는 후계도시로 선정한 브룬디시움을 식민화할 준비도 끝마쳤다. 새로운 요새와 도로 구축 과정에서 작은 부족과의 추가 전쟁이 발발하기도 했는데, 이 부족들의 영토는 축소되었다. 피케눔인들과 전쟁이 있었고(로마 건국 485, 486년, 기원전 269, 268년) 이들 대부분에게 살레르눔으로의 이주 조치가 이루어졌다. 브룬디시움의 살렌티니 부족(로마 건국 487, 488년, 기원전 267, 266년) 및 세노네스족 추방 이후 아리미눔 지역을 점령한 것으로 보이는 움브리아의 사르키나인들(로마 건국 487, 488년, 기원전 267, 266년)과의 전쟁도 있었다. 이러한 식민지 건설로 인해 로마 영토가 남부 이탈리아 내륙과 이오니아해에서 켈트족의 국경까지 이르는 이탈리아 동부 해안 전체로 확장되었다.

해양관계

이탈리아를 점령한 로마가 수립해나간 정치 질서를 살펴보기 전에 잠깐 로마 건국 4~5세기의 해양 관계를 먼저 살펴보도록 하자. 이 시기 쉬라쿠사이와 카르타고는 지중해 서부의 제해권을 놓고 다투고 있었는데, 디오뉘시오스(로마 건국 348~389년, 기원전 406~365년), 아가토클레스(로마 건국 437~465년, 기원전 317~289년), 퓌로스(로마 건국 476~478년, 기원전 278~276년)가 해양에서 일시적으로 대단한 성공을 거두긴 했지만 전반적으로 카르타고의 제해권이 우세했다. 해양에서 에트루리아의 힘은 완전히 사라졌고, 지금까지 에트루리아에 속해 있던 코르시카섬은 카르타고의 해상 패권 아래 놓였다. 잠시 동안 상당한 영향력을 가졌던 타렌툼은 로마의 점령으로 제해권을 잃었으며, 용감한 마살리아 사람들이 자신들의 앞바다에서 두각을 나타내긴 했지만 그것은 이탈리아에서 벌어졌던 사건들에는 아무런 영향도 끼치지 못했다. 그 밖에 눈여겨볼 만한 해양 세력은 없었다.

로마의 해군 전력

해군력에 있어서는 로마도 같은 운명에서 벗어나지 못했는데, 로마의 앞바다도 외국 전함들이 지배하고 있었다. 하지만 로마는 애초 해양도시였던바, 강성해질 무렵부터는 해군력을 완전히 소홀히 할 만큼 자신의 오랜 전통을 도외시하지 않았고, 대륙 패권으로만 남고자 할 만큼 어리석지도 않았다. 게다가 라티움 지방은 선박 건조에 적당한 최고의 목재를 제공했다. 이는 이탈리아 남부의 목재를 훨씬 능가하는 것이었다. 로마에서 지속적으로 유지된 조선소만으로도 증명되는바, 로마는 자체 전함 확보를 포기한 적이 없었다. 하지만 왕들의 추방, 로마-라티움 연방의 내적 분열, 에트루리아인과 켈트족과의 불행한 전쟁이 로마에 영향을 미치자 로마인들은 지중해 문제에 거의 신경을 쓰지 못했고, 로마의 정책이 이탈리아 반도의 제압에 역점을 두게 되면서 해군이 성장하는 것은 불가능해졌다. 베이이인들의 전리품을 델포이의 봉헌물로 실어 날랐던(로마 건국 360년, 기원전 394년) 선박을 제외하면 로마 건국 4세기 말(기원전 350년경)까지 라티움 선박에 관한 언급은 전혀 보이지 않는다. 물론 안티움 사람들은 줄곧 무장 전함을 이용해 상업에 종사했고, 기회가 되면 때때로 해적 활동도 했는데, 티몰레온이 로마 건국 415년경(기원전 339년경)에 사로잡은 '튀레눔 해적' 포스투미우스는 분명 안티움 사람이었을 것이다. 그러나 안티움인들을 당대의 해상 세력이라고 볼 수는 없으며, 설령 그렇게 보더라도 로마에 대한 안티움의 입장을 생각할 때, 이는 로마에 이익이었을 것이다. 로마 해군력이 약해진 로마 건국 400년경(기원전 350년경) 라티움 해안은 희랍의 전함에 의해 약탈당하는 지경에 이르렀고, 로마 건국 405년(기원전 349년)에는 결국 시킬리아 전함에 의해 약탈당했다. 이때 라티움 내륙은 켈트족이 휩쓸고 지나가고 있었다. 이런 일련의 심각한 사건들을 겪은 로마 공동체는 이듬해(로마 건국 406년, 기원전 348년), 카르타고와 각자 스스로의 이익을 위한 동맹을 맺으면서 상거래 및 항해 조약을 체결했는바, 이 조약문서는 비록 희랍어 번역이지만, 우리에게 전해지는 가장 오래된 로마 문서다.[5] 이 조약에서 로마인들은 피치 못

---

[5] 나는 폴리비오스(3, 22)가 보고하는 이 문서가 로마 건국 245년(기원전 509년)이 아니라 로마 건국 406년(기원전 348년)에 속하는 것이라고 나의 저작 *Die Römische Chronologie bis auf Caesar*(2. Aufl. Berlin, 1859, S. 320 이하)에서 증명했다.

할 경우가 아니면 아름다운 곳(Cap Bon) 서쪽의 리뷔아 해안을 항해하지 않겠다고 약속했다. 반면 로마인들은 시킬리아에서 카르타고인들과 마찬가지로 원주민처럼 자유롭게 교역할 수 있는 특권을 얻었고, 아프리카와 사르디니아에서 자신들의 상품을 카르타고 관리가 동의하고 카르타고 공동체가 보장해주는 가격에 처분할 권리를 갖게 되었다. 대신 카르타고인들에게는 최소한 로마에서, 어쩌면 라티움 지방 전체에서 자유롭게 교역할 특권이 주어진 것으로 보인다. 이때 카르타고인들이 약속한 것은 그들에게 호의적인 라티움 공동체에 위해를 가하지 않는다는 것(제2권 163쪽)과 라티움 강역(疆域)에 적대적으로 발을 딛게 되더라도 거기에 숙영지를 만들지 않는다는 것, 즉 해적 행위를 내륙까지 확대시키지 않는다는 것, 그리고 라티움 내륙에 어떤 요새도 세우지 않는다는 것 등이었다. 아마도 같은 기간에 앞서 언급한 로마와 타렌툼 간의 조약이 있었을 것인데(제2권 227쪽), 이 조약의 체결 시기는 로마 건국 472년(기원전 282년) 이전일 것이다. 이 조약을 통해 로마인들은 라키니움곶 동쪽으로는 항해하지 않기로 약속하는바(이에 대해 타렌툼 측이 무엇을 양허했는지는 언급되어 있지 않다), 이로써 로마인들은 동부 지중해로부터 완전히 배제된다.

로마의 해안 요새

로마에 있어 이 두 조약은 알리아 강변의 패배와 맞먹는 굴욕이었다. 로마 원로원은 적어도 그렇게 느낀 것으로 보이며, 카르타고와 타렌툼과의 치욕적인 조약 이후 이탈리아 사정이 로마에 유리하게 돌아가자 열악한 해상 지위를 개선하고자 총력을 기울였던 것 같다.

이 시기 이래 주요한 해안 도시들은 거의 모두 로마의 식민지가 되었다. 아마도 이즈음 식민지가 된 카이레의 퓌르기 항구를 시작으로 서쪽 해안을 따라 로마 건국 415년(기원전 339년)에는 안티움(제2권 175쪽)이, 로마 건국 425년(기원전 329년)에는 타라키나(제2권 175쪽)가, 로마 건국 441년(기원전 313년)에는 폰티아이섬(제2권 192쪽)이, 그리고 아르데아와 키르케이이가 식민지 건설단을 받아들임으로써 루툴리인들과 볼스키인들의 영토에 있는 모든 항구도시가 라티움 식민지 또는 로마 식민지가 되었다. 나아가 로마 건국 459년(기원전 295년)에는 아우룽키 지역의 민투르나이 및 시누에사(제2권 212쪽)가, 로마 건국 481년(기원전 273년)에는 루카니아 지역의 파이스툼과 코사(제2권 259쪽)가, 로마 건국 471년경(기원전 283년)에는 아드리아 해안 지역의 세나 갈리카와 카스트룸 노붐(제2권 226쪽)이, 그리고 로마 건국 486년(기원전 268년)에는 아리미눔(제2권 260쪽)이 식민지가 되었고, 덧붙여 퓌로스 전쟁 직후에는 브룬디시움이 식민지가 되었다. 이들 식민지의 반 이상은 로마 식민지 혹은 해안 식민지로[6] 이곳 청년들은 군 복무를 면제받는 대신 해안을 지키는 임무를 부여받았다. 한편 사비눔 사람들보다 많은 혜택이 남부 이탈리아의 희랍인들에게, 특히 네아폴리스, 레기온, 로크리, 투리이, 헤라클레아 등의 공동체에 주어졌는데, 마찬

---

[6] 여기에는 퓌르기, 오스티아, 안티움, 타라키나, 민투르나이, 시누에사, 세나 갈리카 및 카스트룸 노붐이 있었다.

가지로 그들은 군대 파견을 면제받았고 다만 이탈리아 해안을 연결하는 로마의 교통망으로 기능하게 되었다.

하지만 다음 세대들이 교훈으로 삼을 수도 있을 정치가적 확신을 가진 로마 공동체의 지도자들은 이런 해안 성곽들과 해안 요새들은 분명 접근이 어려워질 것으로 생각했다. 국가의 해군력이 다시 막강해지지 않는다면 말이다. 이 해군력의 토대는 안티움 정복(로마 건국 416년, 기원전 338년)이 끝난 후 아직 쓸 만한 전함들을 로마 부두로 옮겨놓음으로써 이미 마련되었다. 하지만 같은 시기에 안티움인들에게 모든 해상 교역을 금지한 조치[7]에서 아주 분명해지는바, 로마인들은 자신들 스스로 바다에서는 아무런 힘을 쓸 수 없다고 느꼈고, 그래서 그들의 해상 정책은 주요 해안 도시들을 점령하는 것에 집중되어 있었다. 그러나 그 후, 남부 이탈리아의 희랍 도시들과—맨 먼저 로마 건국 428년(기원전 326년) 네아폴리스가—피호관계를 맺게 된 로마는 이 도시들이 전쟁 지원 의무 때문에 제공한 전함들을 얻었는바, 이 전함들로부터 로마 해군이 다시 시작되었다. 로마 건국 443년(기원전 311년)에 민회의 결정을 통해 2인의 '해군 제독'(duoviri navales)을 임명한 것도 이로 인해 가능해진 일이었다.

---

[7] 이런 보고는 본질적으로 신뢰할 수 있다(Liv. 8, 14: interdictum mari Antiati populo est). 왜냐하면 안티움에는 단순히 식민지 주민들뿐만 아니라 로마에 적대감을 지닌 예전 시민권자들이 아직 거주하고 있었기 때문이다(제2권 175쪽). 물론 이것은 알렉산드로스 대왕(로마 건국 431년, 기원전 323년에 사망)과 폴뤼오르케테스 데메트리오스(로마 건국 471년, 기원전 283년에 사망)가 로마에 안티움 해적에 대한 불만을 표했다는 희랍의 보고와는 모순된다. 알렉산드로스 대왕 관련 보고는 바빌론으로 간 로마 사절들을 언급한 출처와 동일한 출처에서 왔다. 데메트리오스는 칙령을 내려 결코 본 적도 없는 튀레눔 해적을 금지했다고 한다. 안티움이 로마 시민 자격으로 금지 조치를 무시하고 잠시 동안 과거의 무역을 비밀스러운 방식으로 했을지도 모른다. 하지만 두 번째 이야기는 그리 신빙성이 있지는 않다.

로마 해군은 누케리아를 포위 공격한 삼니움 전쟁에서 진가를 발휘했다(제2권 197쪽). 테오프라스토스가 로마 건국 446년(기원전 308년)에 저술한 식물지에는 로마 전함 25척이 아마도 식민지 건설의 중대한 임무를 띠고 코르시카를 항해했다는 사실이 언급되어 있는데, 따라서 이 원정은 같은 시기일 것이다. 하지만 로마 건국 448년(기원전 306년)에 카르타고와 조약을 갱신했다는 사실은 이 원정의 성과가 얼마나 미미했는지를 알려준다. 갱신된 조약에서는 로마 건국 406년(기원전 348년)의 이탈리아와 시킬리아 관련 조약 내용은 변경되지 않은 반면, 로마인들은 지중해 동부뿐만 아니라 이전에는 허용되었던 대서양에서의 항해도 금지되었다. 뿐만 아니라 사르디니아와 아프리카에 있는 모든 카르타고 식민지들과의 교역이 금지되었고, 코르시카와의 관계도 금지되었다.[8] 교역은 다만 카르타고 본국과 친카르타고 성향의 시킬리아에만 국한되었다. 우리는 여기서 로마 영토가 연안을 따라 점차 확장되자 해상 패권 세력이 이를 점차 견제했다는 사실을 알 수 있다. 카르타고는 자신들의 제한 조치를 로마인들에게 강제했고, 로마를 지중해 동부 및 서부의 무역도시들과 갈라놓았다. 대서양을 항해하는 로마의 선박을, 심지어 자신의 선박이 파손되는 것을 감수하고라도, 모래톱에서 침몰시키는 카르타고 뱃사람에게는 공적 보상이 주어졌다는 이야기는 이런 맥락에서 생겨났다. 카르타고는 로마의

---

[8] 세르비우스에 따르면(*Aen.* 4. 628) "로마와 카르타고의 조약에 따라 로마인 누구도 카르타고인의 땅에 발을 들이거나 점유할 수 없고 카르타고인도 그럴 수 없었다고 한다. 하지만 코르시카는 두 세력 사이에서 중립이었다(*ut neque Romani ad litora Carthaginiensium accederent neque Carthaginienses ad litora Romanorum …… Corsica esset media inter Romanos et Carthaginienses*)." 본문의 내용은 이 조약을 가리킨다. 이 조약으로 코르시카의 식민화가 저지된 것 같다.

해상 교통을 서부 지중해의 한정된 지역으로 국한해 제한했다. 그럼에도 로마는 해안 도시들을 약탈에서 보호하는 한편 시킬리아와의 오래되고 중요한 무역 관계를 유지하기 위해 이를 받아들여야 했다. 로마인들은 조약을 수용했다. 하지만 무능을 벗어나기 위한 노력은 멈추지 않았다.

로마와 카르타고 간의 불화

해군력의 취약함을 탈피하기 위한 포괄적인 대안으로 로마 건국 487년(기원전 267년) 4인의 '함대 재무관'(*quaestores classici*) 제도가 실행되었다. 제1함대 재무관은 로마의 관문인 오스티아에 주둔했다. 제2함대 재무관은 당시 캄파니아의 수도 칼레스에 주둔하며 캄파니아와 대희랍을 관리했다. 제3함대 재무관은 아펜니노산맥 너머의 항구도시들을 관리했고 아리미눔에 주둔했다. 제4함대 재무관의 주둔지는 알려져 있지 않다. 새로운 상설 정무관들은 독자적으로 행동한 것이 아니라 해안 도시들을 감시하고 이들의 안전을 유지하는 임무를 맡은 해군 조직의 창설을 위해 함께 움직였다. 로마 원로원의 목적은 해양 주권의 회복이었는바, 한편으로 타렌툼과의 관계를 청산하고 다른 한편 에페이로스 전함을 아드리아 해에서 차단하며, 마지막으로 카르타고의 주도권에서 벗어나는 것이었음이 분명하다. 앞서 설명한 이탈리아 전쟁 말미의 로마–카르타고 관계는 이런 야심의 흔적을 보여준다. 당시 퓌로스 왕 때문에 어쩔 수 없이 로마와 카르타고 두 도시는 다시

한 번 마지막으로 동맹을 맺을 수밖에 없었다. 하지만 강화의 미온적 태도와 불신, 레기온과 타렌툼을 차지하려는 카르타고의 시도, 종전 후 로마인의 브룬디시움 점령 등은 두 도시의 이해관계가 얼마나 첨예하게 충돌했는지를 보여준다.

로마와 희랍 해군력

로마는 당연히 카르타고에 대항하기 위해 희랍 해군의 지원을 얻고자 했는데, 이를 위한 마살리아와의 오래되고 긴밀한 우호 관계는 계속되고 있었다. 베이이를 점령한 뒤부터 로마는 델포이에 보내는 봉헌물을 마살리아인 창고에 보관했다. 마살리아에서는 켈트족의 침입으로 잿더미가 된 로마를 위한 모금이 있었고, 이에 도시 금고가 앞장섰다. 로마 원로원은 이에 대한 답례로 마살리아 상인들에게 상업적 편의를 제공했고, 축제 때는 광장의 원로원 좌석 옆에 희랍귀빈대 (*graecostasis*)를 마련해주었다. 로마인들이 로도스인들과 로마 건국 448년(기원전 306년)에 상거래 및 우호 조약을 체결한 것이나 곧이어 에페이로스 해안의 커다란 상업도시 아폴로니아와의 조약을 체결한 것도 같은 이유에서였다. 퓌로스와의 전쟁을 끝낸 직후부터 로마와 쉬라쿠사이의 관계는 매우 친밀한 관계로 발전했다.

상황이 이렇게 변하자 카르타고와의 긴장이 고조되었다(제2권 257쪽). 로마 육군이 육지에서 엄청난 성장을 거듭하는 동안 로마의 해군력은 멀찍이 뒤처져 있었고, 도시의 지리적, 상업적 입지에 비추어 반드시 있어야 했을 해군도 존재하지 않았으며, 로마 건국 400년경(기원전 354년)에도 마찬가지로 해군력은 실로 전무한 상태였다. 그랬던 로마가 이제 이를 벗어나기 위해 서서히 노력하고 있었다. 그리고 카르타고인들은 이런 로마의 노력을 이탈리아의 풍부한 해양자원을 염두에 둔 채 불안한 눈으로 지켜보고 있었다.

이탈리아 주변의 해상 패권을 놓고 결전의 시점이 다가오고 있었다. 육지에서의 전쟁은 이미 결과가 나왔다. 우선 이탈리아는 로마 주도하에 단일국가로 통일됐다. 로마 공동체가 다른 모든 이탈리아 공동체로부터 어떤 정치적 권리를 빼앗고 어떻게 이를 독점했는지, 그러니까 이런 지배체제는 어떤 국가 개념과 연결될 수 있는지에 대한 명시적 언급은 어디에서도 찾아볼 수 없다. 이런 국가 개념을 일반적으로 표현할 만한 탁월하고 현명한 방법 자체가 없기 때문이다.[9] 분명한 사실은 전쟁 선포권과 조약 체결권 그리고 화폐 주조권은 국가의 권리에 속했다는 것이고, 따라서 이탈리아의 어떤 지방 공동체도 외국을 상대로 전쟁을 선포하거나 조약을 맺거나 유통시킬 화폐 주조를 할 수 없었다. 반면 로마 공동체에 의한 전쟁 선포 및 국가 간 조약 체결은 이탈리아의 다른 지방 공동체에서도 법적 구속력을 가졌으며, 로마의 은화는 이탈리아 전역에 합법적으로 유통되었다. 지배적 공동체의 이런 공식적 특권은 아마도 이 이상으로 확장되지는 않았을 것

---

[9] 복속된 사람들이 "로마 인민의 존엄을 예양(禮讓)에 기하여 보존함(*maiestatem populi Romani comiter conservare*)" 의무를 부담한다는 문구는 분명 이러한 가장 온화한 방식의 지배에 대한 기술적 표현인바, 이는 상당히 늦은 시기에 비로소 등장했다(Cic. Balb. 16.35). 피호민이라는 사법(私法)적 명칭은 불명확하기는 하지만 이 관계를 적절히 표현했는데(*Dig.*=로마법대전 학설휘찬, 49, 15, 7, 1), 물론 먼 옛날에는 이런 관계에 이 용어가 공식적으로 사용되지는 않았다.

이다. 하지만 로마의 통치권은 실제적으로는 상당히 크게 확대되었고 이는 필연적인 것이기도 했다.

로마 시민권의 확대

통치하는 공동체와 이탈리아인들의 관계는 세부적으로 아주 불평등한 관계였다. 이런 관점에서 볼 때, 로마의 피지배층은 완전시민권 계급 외에 세 가지 계급으로 구분되었다. 우선 로마 사회는 단일한 도시 공동체라는 개념을 그대로 유지한 채 완전시민권이 최대한 확장되었고 시민 구역은 대개 개별적 지정을 통해 확장되었다. 카이레와 팔레리까지의 남부 에트루리아(제2권 247쪽), 헤르니키인들로부터 빼앗은 사코강과 아니오강 유역(제2권 203쪽), 사비눔 지역 대부분(제2권 211쪽), 이전 볼스키인들의 지역, 특히 폼프티눔 소택지 등이 로마의 농경지가 되었고, 이 지역의 거주민들을 위해 시민 분구가 설치되었다. 이 같은 방식은 볼투르누스강에 의해 카푸아와 구분되는 팔레리이 부족 지역까지 확장되었다(제2권 176쪽). 도시 로마 밖에 거주하는 이런 모든 로마 시민권자들은 독자적인 민회와 행정기관을 갖지 못했다. 이렇게 지정된 지역에는 기껏해야 시장과 집회장소(*fora et concilia-bula*)가 있었을 뿐이다. 앞서 언급한, 소위 해안 식민지로 이주한 시민들의 사정도 이와 크게 다르지 않았는바, 이들은 완전시민권을 유지하기는 했으나 자치 행정은 할 수 없었다. 이 시기 로마 공동체는 또 완전한 시민권을 근처의 투표권 없는 공동체에 부여하기 시작했는데, 시민권을 부여받은 시민들은 가까운 동족이었다. 이것은 아마도 투스쿨룸에서 가장 먼저 이루어졌고,[10] 다음으로 원래는 라티움 지방의 또 다른 투표권 없는 공동체들에 주어진 것으로 추정되며, 이 시기 말(로마 건국 486년, 기원전 268년)에는 지난 힘겨운 전쟁에서 로마에 충성했던, 이미 라티움화가 상당히 진행된 사비눔 도시까지 확대된 듯하다. 이 도시들은 과거 그들의 법적 지위에 따라 그들에게 허용된 제한된 자치 행정을 로마 연방에 받아들여진 후에도 그대로 유지했다. 해안 식민지들보다는 이 지역에서 주로 완전시민권 범위 내의 개별 민회가 만들어졌으며, 이는 나중에 자치도시법 형성의 토대가 된다. 이 시기 말에는 로마의 완전시민권이 북쪽으로는 카이레 부근, 동쪽으로는 아펜니노산맥, 남쪽으로는 타라키나까지 확대되었음이 틀림없다. 물론 엄밀한 의미의 경계를 언급할 수는 없다. 티부르, 프라이네스테, 시그니아, 노르바, 키르케이이 등 라티움 권리를 가진 연방도시들이 이 경계 안에 들어왔고, 경계 너머에는 민투르나이, 시누에사, 팔레리이 지방, 세나 갈리카 등의 몇몇 도시들이 이에 포함되었는데, 이들 도시는 모두 완전한 로마 시민권을 가졌던바, 이제 로마 시민권을 가진 가문들이 단독으로든 아니면 촌락으로든 벌써 이탈리아 전역에 흩어져 있게 되었다.

---

[10] 투스쿨룸은 애초 투표권 없는 시민권을 갖고 있었는데(제2권 157쪽), 이것을 최초로 완전시민권으로 바꾸었던 것으로 보인다. 키케로가 투스쿨룸을 '가장 오래된 자치도시'(*municipium antiquissimum*)라고 부른 것은 아마도 전자가 아닌 후자의 경우를 이름한 것인 듯하다(*Mur.* 8, 19).

예속공동체

예속공동체는 '투표권 없는 공동체'(*cives sine suffragio*)가 있었는데 선거권과 피선거권을 제외하고는 권리와 의무에 있어 시민들과 동일했다. 이들의 법적 지위는 로마 민회의 결정과 예속공동체 총독의 법령에 따라 규제되었는데, 그 근거는 의심할 여지 없이 본질적으로 이전 동맹조약에 따른 것이었다. 예속공동체에서는 로마에서 각 공동체에 매년 파견되는 총독(*praetor*)이나 '총독 대리인'(*praefectus*)이 주민을 위한 법을 집행했다. 예속공동체 중에는 카푸아처럼 더 나은 지위를 갖고 자치 행정을 유지하며, 지속적으로 지방 언어를 사용하고 직접 사람을 세워 세금과 인구조사를 담당하는 곳도 있었다(제2권 176쪽). 또 카이레처럼 보다 낮은 권리를 갖는 공동체는 자치 행정권을 박탈당했는데 이는 복속 형태 중 의심할 여지 없이 가장 심각한 것이었다. 하지만 위에서 언급했듯, 적어도 이런 공동체들도 실질적으로 라티움화가 된 경우에는 완전시민권을 부여하려는 노력이 이 시기 말에 이미 뚜렷하게 드러났다.

라티움 권리의 공동체

예속공동체 중 가장 많은 특권을 누린 주요 공동체는 라티움 권리를 갖는 공동체들이었다. 이런 공동체들은 이탈리아 내부나 외부에서 로마에 의해 세워진 자치 공동체, 소위 라티움 권리의 식민지들을 중심으로 상당히 증가했는데, 이런 종류의 식민지들이 지속적으로 새롭게 건설되면서 계속 확대되었다. 라티움 권리를 가지고 있었지만 애초 로마에 뿌리를 둔 이들 공동체는 이탈리아를 지배하는 로마의 버팀목이었다. 이들은 더 이상 레길루스호수 전투와 트리파눔 전투에서 맞상대했던 그 라티움 지역 공동체들이 아니었다. 더 뛰어나지는 않더라도 본래부터 로마 공동체와 대등했던 이들은 또 퓌로스 전쟁 초기에 프라이네스테에 취해진 끔찍할 정도로 엄격한 방어책이, 특히 프라이네스테인들과 오랫동안 계속된 무력 충돌들이 분명히 증명하는 것처럼 로마의 지배권을 힘겨워하던 알바롱가 동맹의 옛 구성원들도 아니었다. 이들 오래된 라티움 지역 공동체는 대부분 로마에 예속되거나 병합되어 없어졌는바, 티부르와 프라이네스테를 제외하고는 정치적으로 자립한 공동체는 극소수였고 정치적으로도 중요하지 않았다. 라티움 권리의 공동체는 공화정 후기에 이르러 거의 전부, 로마를 수도와 모도시로 모시는 그런 공동체들로만 구성되었다. 이들은 이질적인 언어와 다른 풍속을 가진 지역에 위치하면서도 언어와 법과 관습을 통해 로마와 결속되어 있었으며, 마치 주력부대에 의지한 전초부대처럼 자신들의 존립을 로마에 기댄 채 자신들의 주변 지역에 대해 작은 폭군 행세를 했다. 마지막으로 이들은 로마 시민권이 가져다주는 물질적 이익이 증가함에 따라 로마 시민권과 비교해 제한되긴 했지만 거의 대등한 권리로써 상당한 이익을 얻었다. 예를 들어 그들은 로마 국유지 일부를 사용할 수 있는 권리를 가졌고, 로마 시민과 마찬가지로 이에 대한 임차 및 계약에도 참여할 수 있었다.

물론 이들에게 보장된 자치의 결과가 전혀 없었던 것은 아니었다.

로마 공화정 때 세워진 베누시아 비문 및 최근 발견된 베네벤툼 비문[11] 을 통해 알게 된 사실은 로마와 마찬가지로 베누시아에도 상민과 호민관이 있었다는 점과 베네벤툼의 수석 정무관은 적어도 한니발 전쟁을 즈음해서는 집정관이라는 이름으로 불렸다는 점이다. 두 공동체는 오래된 권리를 가진 라티움 식민지 중에 가장 늦게 세워진 도시들이었다. 따라서 로마 건국 5세기 중엽, 이들 도시에서 어떤 요구가 있었는지를 알 수 있는바, 이들 라티움 권리의 공동체 시민들은 자신들이 로마 시민체로부터 기원하는 자들로서 모든 관계에서 로마인과 동일하다고 느끼고 있었기에 자신들의 종속된 권리에 불만을 품기 시작했고 완전한 평등을 위해 노력했다. 그러나 원로원은 이들 라티움 공동체들이 로마를 위해 늘 중요한 존재였음에도 불구하고 가능하면 이들 공동체의 특권과 권리를 축소하고 그 지위를 낮추고자 했다. 다만 그런 갈등 이후에도 라티움 공동체와 비라티움 공동체 간의 차별이 유지되는 한에서 그렇게 했다.

우리는 앞서 라티움 동맹의 해체, 과거 대등했던 권리의 박탈, 그들에게 있었던 가장 중요한 정치적 특권의 상실에 관해 기술했었다. 로마는 이탈리아를 완전히 복속한 시점에선 한 걸음 더 나아가, 지금까지 손대지 않던 라티움 공동체의 개개인이 누리던 사적 권리, 특히 중요한 거주 이전의 권리를 제한하기 시작했다. 로마 건국 486년(기원전 268년)에 건설된 아리미눔과 이후에 세워진 모든 자치 공동체의 경우, 그들의 특권은 상거래와 상속 등 로마 시민들과의 사법적 영역의 평

---

[11] *V Cervio A. f. cosol dedicavit* 및 *Iunonei Quiritei sacra. C. Falcilius L. f. consol dedicavit.*

등으로 국한되었다.[12] 아마도 동시에, 지금까지 라티움 공동체에 허용되었던 거주 이전의 권리가 시민 개개인으로 하여금 로마로 이주해 완전한 시민권을 얻도록 하는 것이었다면, 나중에 세워진 라티움 식민지에서는 공동체의 가장 높은 공직을 얻은 사람들에게만 이런 권리가 주어졌는바, 이들에게만 자신들의 식민지 시민권을 로마 시민권으로 변경하는 것이 허용되었다. 여기서 우리는 로마 지위가 완전히 변했다는 사실을 분명히 알 수 있다. 로마가 비록 선두이긴 했지만 여전히 이탈리아의 많은 도시공동체 중 하나였을 때는 로마 시민권의 무제한적 허용이 일반적으로 공동체에 이익으로 간주되었고, 이런 시민권을 획득하는 것이 모든 면에서 비시민권자에게도 어렵지 않았으며, 심지어는 종종 형벌로서 주어지기도 했다. 하지만 로마 공동체가 독자적으로 군림하고 다른 모든 공동체가 복속하게 된 이후로 상황은 크게 달라졌다. 로마 공동체가 로마 시민권을 아끼기 시작했고 결국

[12] 키케로의 증언에 따르면(*Caecin*. 35) 술라는 볼라테라이인들에게 아리미눔이 이전에 가졌던 권리, 즉 '열두 식민지의 권리'를 부여했다. 이것은 로마 시민의 권리가 아니라 로마인들과 완전한 '통상권'(*commercium*)을 가졌다는 것만을 의미한다. 열두 도시의 권리관계가 어떤 것인지에 관한 것만큼 논란이 많은 것도 없다. 하지만 합의점이 멀리 있지만은 않다. 이탈리아와 알프스 이남 갈리아에, 이내 사라진 몇몇 장소를 제외하고, 모두 34개의 라티움 식민지가 건설되었다. 이들 중 여기서 언급되는 도시는 이런 도시 중에 가장 늦게 세워진 12지역, 그러니까 아리미눔, 베네벤툼, 피르뭄, 아이세르니아, 브룬디시움, 스폴레티움, 크레모나, 플라센티아, 코피아, 발렌티아, 보노니아, 아퀼레이아다. 이 중 아르미눔이 가장 오래된 도시이고 새로 제정된 법이 처음 적용된 곳이기 때문에, 그리고 아마도 부분적으로는 이탈리아 밖에 세워진 첫 번째 로마 식민지이기 때문에 이들 식민지의 권리는 아리미눔 권리라는 이름을 갖게 되었을 것이다. 덧붙여 이미 여러 가지 다른 이유로 매우 신빙성이 높은 것으로 여겨지는바, 아퀼레이아 건설 이후에 (넓은 의미의) 이탈리아에 생겨난 모든 식민지는 시민 식민지에 속한다.
더 늦게 세워진 라티움 도시들의 권리가 이전보다 어느 정도 줄어들었는지를 우리는 완벽하게 확정할 수 없다. 불가능한 일도 아니었고 협정보다 적을 수 없었는바(제1권 145쪽; Diod. p. 590, 62. Frg. Vat. p.130 Dind.), 통혼권이 근본적으로 연방공동체의 평등한 권리 중 하나였다면, 늦게 세워진 식민지들에서는 이것이 인정되지 않았다.

과거처럼 완전한 거주이전의 권리는 없어졌다. 물론 당시 로마 정치가들은 적어도 예속공동체 최고의 성원 중 명성과 능력을 갖춘 자들에게는 로마 시민권을 법적으로 허용할 만큼 충분히 현명했다. 그러나 대부분의 라티움 권리를 갖는 시민들은 자신들의 도움으로 이탈리아를 정복한 로마가 정복이 끝나자 더 이상 자신들을 예전처럼 필요로 하지는 않는다고 느꼈다.

비(非)라티움 연방

마지막으로 개별 조약으로 맺어진 비라티움 동맹체에도 당연히 다양한 법적 규정들이 적용되었다. 몇몇 영구적 동맹들 가운데, 예를 들어 헤르니키 공동체(제2권 154쪽)는 라티움 공동체와 완전히 대등한 권리를 가졌다. 이 경우에 해당하지 않은 다른 공동체들, 그러니까 네아폴리스, 놀라, 헤라클레아 같은 도시들은 비교적 매우 포괄적인 권리를 누렸다. 반면 타렌툼과 삼니움 같은 경우는 거의 전제정 치하에 있는 것과 비슷했다.

민족동맹의 해체

일반적 원칙으로 받아들여질 수 있는바, 라티움과 헤르니키뿐만 아니라 모든 이탈리아 민족공동체, 특히 삼니움과 루카니아 동맹은 법적으로 해소되었거나 혹은 전혀 의미 없는 것으로 약화되었으며, 일반적으로 어떤 이탈리아 공동체도 다른 공동체와 교류나 통혼, 교섭 및 결의 등을 통한 공동체 결성을 할 수 없었다. 나아가 모든 이탈리아 공동체들의 군사력과 자금은 다양한 형태로 로마가 마음대로 사용할 수 있었다. 시민 병력과 '라티움의' 차출 병력이 로마군의 주력으로 간주되었고, 따라서 라티움이라는 민족 정체성이 유지되었다. 다만, 투표권 없는 공동체의 시민들만 군역에 참여한 것이 아니라, 비라티움계 공동체들도 군역에 참여했다. 예를 들어 희랍계 도시들은 전함을 조달할 의무를 지고 있었고, 아풀리아, 사비눔, 에트루리아 등의 이탈리아계 도시들은 한번에 혹은 점차적으로 '장정 명부'(*formula togatorum*)에 이름을 올릴 의무를 지게 되었는데, 차출 인원은, 물론 필요한 경우 로마가 인원을 늘리는 것이 불가능하지는 않았지만, 대체로 라티움 공동체의 경우처럼 확정되어 있었다. 그 밖에도 군역에는 간접적인 과세도 포함되어 있었는데, 모든 공동체는 자비로 군대를 무장시키고 급료도 자비로 지급해야 했다. 로마 공동체는 다분히 의도적으로 비용이 많이 소요되는 전쟁물자는 주로 라티움 공동체나 비라티움 공동체에 전가했는데, 전함의 경우 대부분은 희랍 도시들에 맡겨졌고, 기병대의 경우 나중에는 로마 공동체보다 세 배나 많은 부담이 연방도시들에 지워졌다. 반면 보병의 경우 연방 차출 병력이 로마 시민보다 많아서는 안 된다는 오랜 규정은 그대로 오랫동안 적어도 원칙으로는 남아 있었다.

통치 체제

현재 우리에게 전해진 자료로는 이런 것들이 세부적으로 어떤 체계에 따라 조직되고 유지되었는지 더 이상 확인되지 않는다. 세 범주로 나누어진 이런 예속공동체들이 서로에 대하여 혹은 완전시민권에 대하여 어느 정도의 비율이었는지도 더 이상 확인되지 않는다.[13] 심지어 각 범주에 속한 공동체들이 이탈리아에서 지리적으로 어떻게 분포했는지도 다만 불완전하게만 알려져 있다. 하지만 이런 조직과 체계를 세울 때의 기본적인 생각은 특별하다고 할 수 없을 만큼 단순명료하

---

[13] 통계 숫자에 대한 만족스러운 정보를 주지 못해 유감스럽다. 왕정 말기 군역을 감당할 수 있는 로마 시민은 약 2만 명 정도였던 것으로 추정된다(제1권 135쪽). 알바롱가의 정복에서 베이이의 정복까지 로마의 직접적 영토는 기본적으로 크게 확장된 것은 아니었다. 어떤 의미 있는 영토의 확장도 없었던 로마는 로마 건국 약 259년(기원전 495년) 21개 분구를 처음 설치한 때(제2권 54쪽)로부터 로마 건국 367년(기원전 387년)까지 새로운 분구를 전혀 추가하지 못했다. 그런데 사망률보다 높은 출생률과 이민 및 노예해방을 통한 큰 폭의 인구증가를 고려할지라도, 약 1,650제곱킬로미터의 좁은 영토 안에 전승된 인구조사에서 볼 수 있는 수의 인구가 살았다는 것은 거의 불가능한 일인바, 한 인구조사에 따르면 로마 건국 3세기 후반에 군역을 감당할 수 있는 인구가 10만 4천 명에서 15만 명에 이르며, 로마 건국 362년(기원전 392년)에는 단편적인 숫자지만 인구수가 15만 2,573명에 이르렀다고 한다. 이런 인구수는 세르비우스의 인구조사에서 나타나는 8만 4,700명이라는 숫자와 비교할 수 있다. 즉 일반적으로 세르비우스 툴리우스의 4번째 재계식(齋戒式)까지 굉장히 큰 숫자들이 등장하는 과거의 총인구조사 목록은 분명히 자세한 부분에 있어서는 숫자를 임의로 조작하는 공문서 작성의 전통 때문이다.

영토 확장이 시작된 건국 4세기 후반, 명부에 기록된 시민의 수가 갑자기 증가했음이 분명하다. 신뢰할만 한 보고에 따르면, 로마 건국 416년경(기원전 338년) 로마 시민권자는 16만 5천 명이었다. 이는 10년 전 라티움 및 켈트족과 싸우기 위해 모든 시민을 군대에 징집했을 때, 병사가 10군단 5만 명에 이르렀다는 것과 모순되지 않는다. 더 나아가 에트루리아, 라티움, 캄파니아로 영토가 확장되면서 로마 건국 5세기에 병역을 담당할 수 있는 시민은 평균 25만 명, 제1차 카르타고 전쟁 직전에는 28만 명에서 29만 명에 이르렀다. 이 숫자는 분명 확실하지만 다른 이유에서 이를 역사적으로 사용하는 것은 불가능하다. 즉 여기에는 아마 완전한 로마 시민의 숫자와 함께, 예를 들어 캄파니아 인들같이 출신지 군단에서 복무하지 않는 자들과 카이레 사람들과 같은 '투표권 없는 시민들'의 숫자가 섞여 있기 때문일 것이다. 사실 맨 마지막의 경우는 예속공동체에 들어갔어야 했다(*Römische Forschungen*, Bd. 2, S. 396).

다. 우선 앞에서 말했던 것처럼 통치 공동체 로마와 인접한 곳에는 한 편으론 완전시민권자들을 정착시켰고 다른 한편으론 투표권 없는 시 민권을 부여했는데, 다만 일찍이 도시였고 도시로 유지되어야 할 로 마 공동체가 중심지로서의 기능을 상실하지 않는 한에서만 그렇게 했 다. 나아가 이런 합병 체계가 자연·지리적 경계에 다다르고 그 경계 너머로 확대되자 로마는 이후에 추가된 공동체들과는 주종 관계를 취 했는데, 왜냐하면 동등한 관계에 기하여 영구적인 통치는 불가능하기 때문이었다. 그리하여 로마가 자의적으로 권력 독점을 해서가 아니 라, 불가피한 상황에 의해서 통치 계층 밑에 복속된 제2계급이 생기 게 된 것이다.

이탈리아 동맹의 해산을 통한 피통치자들의 분산, 최대한 많은 중 소규모 공동체들의 설치, 그리고 등급에 따른 통치 강도의 조절은 통 치 수단 가운데 당연히 최고의 방법에 속한다. 집안 관리에 있어 노예 들이 서로 단결하지 못하게 하고 그들 사이에 파벌과 알력을 의도적 으로 조장하도록 한 카토의 권고를 로마 공동체는 국가에 확대 적용 했다. 그리고 이것이 아름다운 방법은 아니었지만 효과는 있었다.

이탈리아 공동체의 귀족정 개혁

광범위하게 적용된 통상적 통치수단 중 하나는 종속된 각 공동체의 체제를 로마의 선례에 따라 바꾸고, 부유한 권문세가로 구성된 정부 를 세우는 것이었다. 이렇게 세워진 정부는 자연스럽게 대중과 다소

간 격한 대립관계를 갖게 되고, 자신들의 물질적 혹은 정치적 이해관계에 따라 로마에 기대게 되었다. 이와 관련해 가장 주목할 만한 사례는 카푸아다. 카푸아는 이탈리아에서 유일하게 로마에 대적할 만한 도시였는바, 애초 매우 신중한 예방책을 써야 할 것으로 보였다. 그래서 로마는 캄파니아 귀족들에게 사법적 특권과 별도의 집회 장소 등 모든 면에서 특별한 지위를 부여했다. 또 상당한 개인연금—1천 6백 명이 각자 매년 450스타테라(약 200탈러)를 받았다—을 캄파니아 국고를 통해 지급했다. 로마 건국 414년(기원전 340년)의 라티움-캄파니아 반란이 실패로 끝난 결정적 이유가 바로 이들 귀족이 참가하지 않았기 때문이며, 이들은 로마 건국 459년(기원전 295년)에 센티눔에서 로마인들을 위해 용맹하게 싸우기도 했다(제2권 207쪽). 한편 캄파니아 보병은 퓌로스 전쟁 당시 레기온에서 로마 측으로부터 이탈한 첫 번째 부대였다.

로마의 통치 방법 가운데 또 다른 주목할 만한 사례는 귀족정 후원으로 인해 예속공동체 내부에서 발생한 내분을 로마의 이익을 위해 악용한 것으로, 로마 건국 489년(기원전 265년)에 볼시니인들이 이런 일을 당했다. 로마와 마찬가지로 거기서도 신구 시민들이 서로 대립했고 신시민들은 법적인 방법으로 정치적 평등을 쟁취했었다. 그 결과 볼시니의 구시민은 국가체제를 과거로 복귀시킬 것을 청원하기 위해 로마 원로원으로 향했다. 볼시니의 통치 당파에 그것은 분명 반역죄로 여겨졌고 청원에 대한 법적인 처벌이 가해졌다. 하지만 로마 원로원은 구시민 편을 들었고 시 당국이 로마의 처분에 복종할 기미를 보이지 않자 군사력을 동원해 당시 볼시니의 공식적 체제를 폐지하고 에트루리아의 옛 수도 볼시니를 파괴해버렸다. 이로써 로마는 이탈리아 인들에게 로마가 지배자란 것을 확실히 각인시켰다.

정부의 감독

하지만 로마 원로원은 현명하게도 권력을 영원히 유지하는 유일한 방법은 권력자의 절제라는 사실을 간과하지 않았다. 이 절제의 결과, 예속공동체에는 자치권이 허용되거나 부여되었으며, 자치권에는 독립의 그림자, 로마의 군사-정치적 성과에 대한 참여, 무엇보다 자유로운 자치 정체가 포함되었다. 이탈리아 동맹이 지속되는 한 피압박 공동체는 없었다. 절제와 관련하여 로마는 처음부터, 아마도 역사상 유례없는 분명함과 대범함으로 모든 통치권 가운데 가장 위험한 권리인 신민에 과세할 권리를 포기했다. 기껏해야 점령된 켈트족 지역에나 세금이 부과되었을 것이다. 이탈리아 동맹이 지속되는 한 세금을 내는 공동체는 없었다. 절제와 관련한 마지막 통치 방법은 병역의무를 복속국들과 공유한 것으로, 통치자 로마도 결코 병역을 면제받지는 않았다. 아니 오히려 로마가 연방공동체들보다 상대적으로 훨씬 큰 병역의무를 졌을 것이고, 또 동맹국 안에서도 아마 라티움 공동체가 비라티움 공동체보다 훨씬 더 큰 병역을 부담했을 것이다. 따라서 전리품 분배에서 로마가 최우선권을 갖고 로마 다음으로는 라티움 공동체들이 가장 좋은 것을 취하는 것이 어느 정도 공정한 일이었다.

관리들

군역의 의무를 진 이탈리아 공동체 전체를 감독하고 통제하는 힘겨운 임무를 위해 로마의 중앙행정부는 4명의 이탈리아 재무감찰관 (*quaestor*)을 두었으며, 다른 한편 로마의 인구조사를 전체 복속 도시들로 확대했다. 함대 재무관들(제2권 267쪽)은 그들의 업무와 병행하여 새로 획득한 지역에서 국고 수익을 확보함과 동시에 새로운 연방 공동체들의 징병을 관장해야 했다. 이들은 로마 정무관으로는 처음으로 법적인 임지와 관할 구역을 로마 국경 밖에 가지고 있던 관리로서 로마 원로원과 이탈리아 공동체 간의 중재자 역할을 했다. 이 밖에도 나중의 자치도시법에서처럼 각 이탈리아 공동체들에는[14] 여러 이름으로 불리는 최고 관청이 있었는데, 이들은 4년 혹은 5년마다 재산 조사를 수행했다. 이것은 분명 로마의 제안에 의해 설치된 것으로 로마의 호구감찰관을 도와 원로원이 전체 이탈리아의 병역의무자와 납세의무자들을 관리하는 데 기여했다.

이탈리아와 이탈리아인

이런 군사적·행정적 통일성은 이아퓌기아곶과 레기온해협에까지 아

---

[14] 모든 라티움 공동체들만이 아니었다. 이른바 '4년 주기 조사'(*quinquennalitas*)로 알려진 인구조사는 라티움의 국가체제를 따르지 않는 공동체들에서도 시행되었다.

펜니노산맥 남쪽에 사는 전체 민족들에게 관철되었으며, 그 결과 이들 모두를 통칭하는 새로운 명칭이 생겨났다. 국법에 따른 가장 오래된 로마식 명칭이었던 '토가 입은 사람들'(togati) 혹은 희랍인들이 애초에 사용하던 이름으로 이후 널리 사용된 명칭인 '이탈리아인'이 그것이다. 이탈리아 땅에 거주한 다양한 민족들은 한편으로 희랍과의 대립 가운데, 다른 한편 무엇보다 켈트족을 막는 공동 전선을 통해 어쩌면 최초로 스스로를 하나로 느끼고 하나 된 모습을 발견했을지도 모른다. 물론 어떤 이탈리아 공동체는 켈트족과 힘을 합쳐 로마에 공동으로 대항했을 수도 있고 자신들의 독립을 되찾을 기회로 삼았을 수도 있지만, 장기적으로는 이 시기를 시작으로 건전한 민족의식이 형성되었음이 틀림없다. '갈리아 농부'가 나중까지 이탈리아 농부에 대한 적절한 대조가 되었던 것처럼 '토가 입은 남자' 또한 켈트족의 '바지 입은 남자'(braccati)와 대조되었는데, 아마도 이는 이탈리아 방어체제가 로마를 구심점으로 집중화되는 과정에서 켈트족에 대한 방어가 그 이유이자 빌미로 작용했기 때문인 듯하다. 로마인들이 큰 민족전쟁의 선두에 서서 앞으로 이탈리아라고 부르게 될 경계 안에서 에트루리아, 라티움, 사비눔, 아풀리아 및 대희랍을 하나의 깃발 아래서 싸우도록 만들었을 때, 그때까지 아직 동요하며 명확히 드러나지 않았던 단일성이 오히려 확고해져 국가적 단합을 성취할 수 있었는바, 심지어 로마 건국 5세기경의 희랍 저자들도(예를 들어 아리스토텔레스) 오늘날의 칼라브리아만을 가리키는 말로 사용했던 이탈리아라는 이름이 그때부터 토가 입은 남자들의 땅 전체로 확장되었다.

초기 이탈리아 동맹의 경계선

로마가 주도하던 거대한 군사동맹의 초기경계선, 그러니까 신생 이
탈리아의 경계선은 서쪽으로는 아르누스 남쪽의 리보르노 해안이었
고,[15] 동쪽으로는 안코나의 북쪽 아이시스였다. 그 경계 너머에 이탈
리아인들이 세운 식민 도시들이 있었는데, 예를 든다면 아펜니노산
맥 너머에는 세나 갈리카와 아리미눔이, 시킬리아에는 메사나가 있
었다. 아리미눔 같은 곳은 동맹의 일원이었고, 세나 갈리카 같은 곳
은 로마 시민공동체였지만 지리적으로는 이탈리아 밖에 있었다. 아
펜니노산맥 너머의 켈트족 마을들은, 아마도 이들 중 일부는 이미 로
마와 피호 관계를 맺고 있었지만, 더더욱 토가 입는 사람으로 간주될
수 없었다.

새로운 이탈리아의 정치적 통일

새로운 이탈리아는 정치적 통일을 이루었다. 이것은 또한 민족적 통
일을 이루는 과정이기도 했다. 이미 지배적이었던 라티움 민족이 사
비눔 종족과 볼스키인들을 동화했으며, 개별 라티움 공동체들은 이탈

---

[15] 이 오래된 국경은 아마도 두 개의 작은 도시를 잇는 선이다. 하나는 피렌체로 가는 길 아레
초 북쪽에 있는 도시이며, 다른 하나는 리보르노 근처 해안에 있는 도시다. 후자의 남쪽에 있
는 바다(Vada)의 시냇물과 계곡은 오늘날도 *fiume della fine, valle della fine*라고 불린다(Targioni
Tozzetti, Viaggi. Bd. 4, S. 430).

리아 전역에 퍼져 있었다. 이런 조그마한 싹들이 성장하면서 이후 라티움식 토가를 입은 사람들 개개인은 라티움어를 모국어로 삼게 되었다. 로마인들이 민족적 통일을 이미 이때부터 분명한 목표로 삼았다는 것은 모든 병역의무를 가진 이탈리아 동맹들에 라티움이라는 명칭을 거리낌 없이 확장시켰다는 점에서 잘 드러난다.[16] 이런 위대한 정치적 구조물이 보여주는 것은 이를 설계한 이름 없는 건축가의 대단한 정치적 안목이다. 이 덕분에 그렇게 많고 그렇게 다양한 건축 요소들은 하나로 연결되고 연합되어 이후 커다란 위기 속에서도 흔들리지 않는 완벽한 견고함을 갖추게 되었고, 이러한 위대한 작품에 성공이라는 인장이 찍히게 되었다. 이탈리아 전체를 둘러싼 섬세하고도 강력한 그물을 구성하는 씨실과 날실이 로마 공동체의 능숙한 손에서 하나로 짜인 이래, 로마는 거대 권력이었고, 타렌툼과 루카니아 및 기타 마지막 전쟁을 통해 정치권력을 상실한 일련의 군소 도시들을 대신하여 지중해 국가로 진입한 나라였다. 로마는 두 번의 축하 사절단을 통해 자신의 새로운 지위를 공인받게 되는바, 그것은 로마 건국 481년(기원전 273년) 알렉산드리아에서 로마로, 다시 로마에서 알렉산

---

[16] 엄격한 공식 용어는 물론 그렇게 사용되지 않았다. 이탈리아 사람이라는 가장 완전한 명칭은 로마 건국 643년(기원전 111년)의 농지법 21조에서 발견된다. [ceivis] Romanus sociumve nominisve Latini quibus ex formula togatorum [milites in terra Italia imperare solent]. 또 같은 곳 29조에서 peregrinus를 Latinus와 구분했다. 원로원은 로마 건국 568년(기원전 186년) 바쿠스 축제 때 ne quis ceivis Romanus neve nominis Latini neve socium quisquam이라고 선포했다. 하지만 일반적 용례로 이러한 세 가지 구분 중 두 번째 또는 세 번째는 자주 생략되고 오직 라티움이라는 이름(Latini nominis)만이, 또는 오직 동맹(socii)이라는 이름만이 로마와 함께 언급되었다(W. Weissenborn zu Liv. 22, 50, 6). 그러나 그 의미에 있어서는 별다른 차이가 없었다. omines nominis Latini ac socii Italici(Sall. Iug. 40)라는 용어는 그 자체로는 맞는 말이지만 공식 용어에서 '이탈리아'(Italia)는 익숙한 반면 '이탈리아 사람들'(Italici)은 낯설었다.

드리아로 파견된 사절단을 통해서였다. 물론 이들 사절단은 상업 관계를 우선 논의했지만, 분명 정치적 동맹을 준비했을 것이다. 퀴레네를 놓고 이집트 정부와 싸우고 있었던 카르타고는 곧 시킬리아를 놓고 로마와 싸우게 될 것이었고, 마케도니아는 희랍에서의 지배적인 영향력을 놓고 카르타고와 싸우는 한편, 아드리아 해안 영토를 놓고 로마와 다투게 될 것이었다. 곳곳에서 새로운 전쟁이 발발할 기미가 보였고, 이탈리아의 안주인 로마는 알렉산드로스 대왕의 승리와 그 후계자들의 야망이 각축을 벌였던 넓은 경기장으로 들어가고 있었다.

제8장
법, 종교, 전쟁, 경제, 민족

법의 발전

이 시기 로마 공동체 법에서 가장 중요한 실질적 발전은 아마도 풍기 단속이라는 특이한 점인데, 민회와 민회로부터 권리를 위임받은 하위 기관이 시민들을 단속하기 시작했다. 그 맹아는 질서 위반에 벌금(*multae*)을 부과하던 정무관의 권리에서 찾을 수 있다(제1권 214쪽). 양 2두와 소 30두를 초과하는 모든 벌금, 또는 가축 벌금을 금전 벌금으로 전환한 로마 건국 324년(기원전 430년)의 민회 결정 이후, 3020세스테르티우스(218 탈러)를 초과하는 모든 벌금은 왕정 폐지 이후에는 민회 상소를 통해 확정되었는바(제2권 24쪽), 이로써 벌금 부과 절차는 과거에는 없었던 새로운 중요성을 갖게 되었다. 질서 위반이라는 모호한 개념에 사람들은 원하는 모든 것을 포함시켰고 고액의 벌금을 통해 원하는 모든 것을 달성했는데, '액수가 법률로 확정되어 있지 않을 경우 벌금은 벌금 대상자 재산의 절반에 이르지 않도록 한다'는 완화 조치는 자의적 절차에 대한 우려를 불식시키기보다 오히려 심화시켰다.

오래전부터 로마에 존재했던 아주 많은 단속법은 풍기단속을 위한 것이었다. 12표법의 규정들은 사람을 고용하여 망자의 시신에 향유를 바르는 것, 보료 하나 또는 자색 장식, 이불 세 개를 초과하는 부장품이나 황금 혹은 긴 화관 등을 부장하는 것, 화장목으로 가공된 목재를 사용하는 것, 유향이나 몰약으로 향을 피우거나 뿌리는 것 등을 금지했고, 장례 행렬에서 피리 부는 자를 최고 10인으로 제한했으며, 곡하는 여인과 장례식에서의 주연을 금지했다. 이것들이 아마도 가장 오래된 로마의 사치 금지법일 것이다. 더 나아가 부당한 금전적 이득, 공동목초지의 과도한 이용, 점유 가능 국유지의 과도한 점유 등을 금지하는 법률들이 신분 투쟁 결과로 생겨났다. 그런데 위법 행위와 형량을 규정했던 법률이나 유사한 벌금 부과 법률보다 훨씬 더 우려스러웠던 것은 이런 행위에 벌금을 부과할 수 있었던 모든 관리의 일반적 권한이었다. 벌금 액수가 상소를 제기할 수 있을 정도에 이르고 벌금 대상자가 납부를 거부하는 경우, 관리들은 부여된 권한에 따라 사안을 민회에 회부할 수 있었다. 로마 건국 5세기를 지나면서 이미 남자건 여자건 도덕적 문란함이나 곡물 부당이득(매점매석), 주술 및 유사행위 등으로 인해 흡사 형사소추 같은 것을 당했다. 이 시기에 등장한 호구감찰관들의 유사 사법권은 이런 상황과 밀접한 관련을 갖는 것으로 로마의 예산을 편성하고 로마 시민의 명부를 작성할 권한을 가진 호구감찰관들은 때로 사치 처벌법과 형식만 다르고 실질적으로는 같은 사치세를 부과했고, 특히 미풍에 반하는 행위로 고발된 시민에 대해서는 정치적 권리를 축소하거나 박탈했다. 이런 단속이 얼마나 광범위하게 이루어졌는지 알려주는 예 중에는 자신의 농지를 소홀히 경작했다는 이유만으로 형벌이 부과된 경우가 있는가 하면, 심지어 3360세스테르티우스(240탈러) 가치의 은 식기를 가졌다는 이유만으로 로마 건국 479년(기원전 275년) 푸블리우스 코르넬리우스 루푸스(로마 건국 464년과 477년, 기원전 290년과 277년의 집정관)가 호구감찰관들에 의해 원로원 명부에서 이름을 삭제당한 경우도 있다. 물론 관리의 처분과 관련된 일반 규칙에 따라(제2권 24쪽) 호구감찰관의 처분은 그들의 임기인 5년간만 법적 효력이 있었고 전임 호구감찰관의 처분은 후임자에 의하여 개정될 수도 안 될 수도 있었다. 그러나 그럼에도 불구하고 호구감찰관직은 순위와 권위에 있어 로마 전체 관직 중 최고 관직이 되었을 정도로(제2권 72쪽) 그 처분 권한의 의미는 대단한 것이었다. 원로원 지배는 본질적으로 공동체(=민회)와 공동체 관리(官吏)에 의한 이중적 상하 감시·감독체계에 기초했는데, 그 감시·감독체계는 강한 권력을 갖추고 있었음에 더 나아가 다소 자의적이었다. 그래서 이런 감시·감독체계는 모든 여타의 자의적 지배들이 그런 것처럼 이익은 물론 피해도 많았다. 아니 오히려 손해가 압도적이었다는 견해를 부정해서는 안 된다. 다만 본질적인 두 가지, 즉 표면적이긴 하지만 그래도 이 시대에는 엄격한 윤리관과 강력한 시민정신이 있었기에 이런 제도들이 비열하게 남용되지 않았다는 점과 주로 이런 제도들에 의해 개인의 자유가 억압되었으며 비록 강압적이기도 했지만 공동체적 상식과 전통적 미풍양속이 강력하게 지켜질 수 있었던 것은 바로 이러한 제도들 덕분이라는 점, 이 두 가지는 결코 잊어서는 안 된다.

법의 변화

이런 변화와 동시에 느리긴 하지만 로마법 발전에 있어 명백한 인간화와 현대화 경향이 나타났다. 솔론의 법과 일치하며 따라서 충분히 실질적 변화로 볼 수 있는 12표법 규정들 대부분은 이런 특징을 보인다. 그 예로는 자유로운 결사권과 이에 따라 결성된 단체의 자율권 보장, 쟁기질로 넘어설 수 없다는 토지 경계 규정, 현행범으로 체포된 경우가 아니면 절도액의 2배를 배상하고 석방될 수 있도록 한 형벌 감경 등이 있다. 물론 1세기가 지난 후이긴 하지만 포이텔리우스 법에 따른 채권법의 완화도 이와 같은 흐름의 변화다(제2권 88쪽). 이 밖에도 개인의 재산에 대해 생전에만 자유 처분을 인정하고 사망할 경우에는 민회의 승인을 받도록 규정한 옛 로마법의 제한 조치가 없어졌고, 새롭게는 12표법 자체에 의하여 또는 12표법의 유권해석에 의하여 과거 동민회가 승인한 유언에 주어졌던 동일한 효력이 사인이 임의로 작성한 유언에도 부여되었는바, 이것은 재산법과 관련해 씨족 단체의 와해와 개인 자유의 완전한 실행으로 가는 중요한 발걸음이었다. 또 엄격하고 절대적인 부권도 제한되었는데, 가부장에 의해 3회 매각된 아들은 가부의 권력하에 있지 않고 영구히 자유롭게 된다는 규정이 만들어졌다. 물론 비합리적이지만 이 규정을 극단적으로 해석하자면 이런 부권면제행위를 통해 가부가 자의적으로 부권을 포기할 가능성도 있었다. 한편 혼인법에도 변화가 있었는데, 민사혼이 인정되었다는 것이다(제1권 124쪽 각주). 혼인의 완전한 효력은 정규 시민들의 제대로 된 종교적 혼인으로 발생했지만, 이런 효력 없는 결합도 혼인으로 인정되었는바(제1권 83쪽 각주), 이로써 혼인의 주인으로서 시아버지 또는 남편이 가지던 완전한 권한도 약화되기 시작했다. 혼인법과 관련하여 혼인을 법으로 강제하기 시작한 노총각세(*aes uxorium*)의 도입도 변화 중 하나였는데, 바로 그 유명한 카밀루스가 호구감찰관으로서 이 세법을 로마 건국 351년(기원전 403년)에 도입하면서 공적 경력을 시작했다.

사법: 새로운 사법 관리들

정치적으로 보다 중요하고 대체로 더욱 가변적인 사법 체계가 법 자체보다는 더 포괄적인 변화를 겪었는데, 이런 변화 중 지방법들의 채록(採錄)과 고등법관 권한의 제한이 무엇보다 중요한 것이었는바, 민사 및 형사 사건을 판결하는 데 있어 관리의 임의적 판단이 아닌 명문화된 국법의 규정을 따르도록 의무화된 것이다(로마 건국 303년과 304년, 기원전 451년과 450년). 한편, 로마 건국 387년(기원전 367년)에는 오로지 사법만을 담당하는 고급 관리가 창설되었고, 로마와 로마를 모방한 모든 라티움 공동체들에서 특수한 경찰행정 관리가 창설되었는데, 이로써 사법의 신속성과 확실성이 제고되었다(제2권 81쪽과 163쪽). 이 경찰 담당 고급 관리 즉 안찰관은 당연히 어느 정도의 사법 기능도 담당했던바, 공공시장, 특히 가축과 노예 시장에서 체결된 매매계약에 대해서는 정규 민사 재판관 역할을, 과태료와 벌금 처분에서는 제1심 재판관 또는—로마법에 따르면 어차피 동일한 것이지만—공적 소추자 역할을 담당했는데, 그 결과 과태료 관련 법률 해석은 물론 정치적으로 중요하고 그만큼 불확정적인 과태료 처분 전반을 안찰관이 좌우하게 되었다. 또 다른 한편, 주로 하류층을 상대하는 유사 하위직에는 로마 건국 465년(기원전 289년)에 최초로 임명된 3인 야경관(tres viri nocturni) 혹은 3인 극형집행관(tres viri capitales)이 있었는데, 이들은 범죄 및 방화 등과 관련한 치안 업무 및 극형 집행 감독을 담당했으며, 이들이 주재하는 간이재판제가 관직 창설 시부터 혹은 얼마 후에 마련되었다.[1] 이후 로마의 점진적 확장과 더불어—분쟁당사자들을 배려하여—적어도 사소한 민사사건 정도는 담당할 수 있는 독립 재판관직 설치가 마침내 원격지에도 필요하게 되었다. 이러한 재판관직 설치는 투표권 없는(sine suffragio) 공동체에서 일반적이었고(제2권 277쪽), 아주

---

[1] 이 3인관이 아주 오래전에 이미 설치되어 있었다는 견해가 예전에 있었다. 이는 잘못된 생각인데, 아주 오래된 국가체제에서 관리 동료들이 홀수로 묶였던 적이 없었기 때문이다(*Römische Chronologie bis auf Caesar*. 2. Aufl. Berlin 1859, S. 15, A. 12). 3인관이 로마 건국 465년(기원전 289년)에 최초로 임명되었다는 잘 입증된 기사(Liv. *ep.* 11)를 믿어야 할 것이고, 로마 건국 450년(기원전 304년)으로 보고 있는 곡해자 리키니우스 마케르의 문제 있는 추론(Liv. 7, 46)은 배척해야 할 것이다. 3인관도—하급 관리들(*magistratus minores*)의 경우가 대부분 그러하듯— 처음에는 의심의 여지 없이 상급 관리에 의하여 임명되었다. 3인관 임명권을 민회로 이관한다는 파피리우스 평민회의결(Festus v. *sacramentum*, p. 344 M)에는 시민 담당 법무관(*praetor qui inter civis ius dicit*)이 언급되고 있는 점을 볼 때, 이 평민회의결은 어찌 됐든 외인 담당 법무관(*praetor peregrinus*) 창설 후이며, 아무리 일러도 로마 건국 6세기 중반에야 비로소 반포된 것이다.

멀리 떨어진 완전시민권 공동체까지 점점 확대되었는데,[2] 이것들은 로마 본국의 사법제도와는 별도로 발전한 로마 자치도시 사법제도의 기원이 되었다.

사법 절차의 변화

당시 동료 시민들에 대한 범죄 대부분을 포괄했던 민사소송 절차는 아마도 이미 진작부터 널리 적용되던 것으로 크게 둘로 나뉘었는데, 첫째는 법률문제 확인을 위해 정무관이 주재하는 쟁점결정절차(*ius*)였고 다음은 정무관이 선임한 사인(私人) 심판인이 주재하는 판결절차(*iudicium*)였다. 절차의 이런 분할은 왕정 폐지와 함께 법적으로 규정되었는바(제2권 12쪽), 이런 분할에 의해 비로소 로마 사법(私法)에 논리적이고 실천적인 엄밀함과 확실성이 확보되었다.[3] 이후, 소유권 소송에

---

[2] 도시 안티움 창설 20년 후에 있었던 식민시 안티움의 재편에 관해 리비우스가 기술한 바에 의할 때 그러하다. 오스티아 사람들에게는 소송 일체를 로마에서 처리하도록 법적으로 강제했지만, 안티움이나 세나 등의 지역에서는 그렇지 않았다는 점은 아주 분명하다.

[3] 사람들은 통상 로마인들이 법학에 특권을 가진 민족이라고 상찬하고 그들의 탁월한 법을 하늘이 준 신비한 천재성의 결과라고 경탄한다. 아마도 사람들은 특히, 자신들의 법 상황의 지리멸렬함에 대한 부끄러움을 감추기 위하여 그렇게 말했을 것이다. 그러나 '건강한 국민은 건강한 법을 가지고 병든 국민은 병든 법을 가진다' 는 원칙은 너무도 명백한 것이라고 생각하는 사람들도 유례없이 불안정하고 미숙했던 로마 형법을 본다면 로마에 대한 칭송은 더 이상 지탱될 수 없음을 쉽게 알 수 있을 것이다. 법학이 특히 의존하는 일반적인 국가의 상황을 논외로 한다면, 로마 민법이 우월성을 갖는 원인은 주로 두 가지다. 하나는 원고와 피고가 채권을 주장하고, 또 마찬가지로 그러한 주장에 대한 이의를 제기하며, 정식화된 언어로 이를 표명하도록 강제되었다는 사실이다. 두 번째는 법률의 제정으로 법을 발전시키기 위한 상설 기관을 창설하고 이러한 기관이 실무를 직접 담당했다는 사실이다. 로마인들은 전자로써 변호의 지나친 억지를, 후자로써 무능한 법률의 제정을 가능한 한 배제했다. 바로 이 두 가지 사유로 인하여 로마인들은 법이

서 그때까지 관리의 무제한적 자의에 속절없이 복속되던 판결이 점차 법적 규율에 따르게 되었고, 그 전제 하에서 소유권 외에 점유권이 발전하기 시작했으며, 이에 따라 정무관은 다시금 권한의 주요 부분을 상실하게 되었고, 형사 절차상 과거 사면 법정이었던 민회는 이제 법적으로 확고한 상소심 법정이 되었다. 그에 따라 피고인 신문(quaestio) 이후 관리가 유죄판결을 내리면 피고는 민회에 상소할 수 있었고, 그 경우 정무관은 민회에 나와 피고인을 재신문(anquisitio)해야 했다. 해당 정무관이 3차에 걸친 신문을 통해 제1심 판결을 되풀이한 경우, 제4차 신문에서 민회는 판결을 승인하거나 아니면 거부했는데, 이때 형량 감경은 논의사항이 아니었다. 공화정 정신을 보여주는 법적 원칙들로는 그밖에 집 안에서 시민은 보호되며 인신 체포는 집 바깥에서만 가능하다는 원칙, 수사를 위한 구금을 기피한다는 원칙, 유죄가 확정되지 않은 모든 피고인은—재산이 아니라 그의 인격이 처벌되는 한—시민권 포기를 통해 유죄판결 결과를 면할 수 있다는 원칙 등이 있다. 이런 원칙들은 비록 법률로 규정되어 있지 않았고 따라서 소추 담당 관리를 법적으로 구속하지는 않았지만, 예컨대 도덕적 압력으로 작용했으며, 특히 사형의 제한과 관련해 상당히 큰 압력으로 작용했다.

이 시기 로마 형법이 강력해진 시민정신과 확산된 인도주의의 징후를 뚜렷하게 보여주는 가운데, 신분 투쟁은 로마 형법을 특히 심각하게 훼손시켰다. 신분 투쟁 이후, 공동체 관리들 모두가 제1심 형사재

언제나 확실해야 한다는, 그리고 법이 언제나 시의적절해야 한다는 대립된 두 요구에 대처할 수 있었다.

판권을 갖게 됨으로써(제2권 48쪽) 형사소송을 지시하고 감독할 확고한 주체가 사라졌고, 철저한 사전 수사도 이루어지지 않았다. 또한 최종심의 형사 판결이 입법 형식으로 입법 기관들에 의하여 이루어짐으로써, 상소 절차가 사면 절차였던 애초의 성격을 유지함으로써, 나아가 경찰 목적의 벌금형이 외형적으로 매우 흡사한 형사재판절차를 침해함으로써, 재판관이 확고한 법률이 아닌 호불호의 자의에 따라 형사 사건을 판결하더라도 이는 명목상 직권남용이 아닌 합법적 행위가 되었다. 이로써 로마의 형사소송절차는 완전히 원칙을 상실한 채 정치 당파들의 도구로 전락했다. 더욱 용서할 수 없는 것은 주로 순수한 정치 문제에 적용되던 이런 불공정한 절차가 나중에는 살인이나 방화와 같은 범죄들에도 적용되었다는 점이다. 덧붙이자면, 이런 형사소송절차의 불공정성은 비시민들에 대한 공화정적 우월감과 결합해 노예와 하층민 관련 사안은 정식 절차가 아닌 간이 형사 절차로 처리하거나 심지어 재판이 아닌 경찰 처분으로 마무리하는 관행이 점차 확대되기도 했다. 여기에서도 정치 과정의 격렬한 투쟁이 그 자연적 한계를 넘어서면서 확고한 사회적 법질서의 관념에서 로마인들을 점차 멀어지게 만드는 데 크게 기여한 제도들이 생겨났다.

종교: 새로운 신들

이 시기 로마의 종교 관념과 그 발전을 추적하는 일은 어렵다. 일반적으로 그렇듯 로마인들도 다만 조상들에 대한 소박한 경건을 견지하고 미신과 불신을 경계했을 것이라는 추측 정도만을 할 수 있는데, 다만 로마 건국 485년(기원전 269년)에 은화의 도입과 함께 오래된 '동전 신' (Aesculanus)의 아들로 '은전 신'(Argentinus)이 새로이 모셔진 사건을 통해 로마 종교의 기초가 되었던 '현세의 사물을 신격화한다'는 생각이 이 시기 말에도 여전히 아주 생생하게 살아 있었다는 점 정도는 확인할 수 있다.

외국 종교와의 관계는 이전과 마찬가지였으나 특히 희랍의 영향이 현저하게 증대되어 로마에서도 이제 희랍 신들의 신전이 세워지기 시작했다. 그중 가장 오래된 신전은 로마 건국 269년(기원전 485년) 7월 15일에 봉헌되었다고 전해지는 카스토르와 폴룩스의 신전으로 이들은 레길루스 호수 전투(제2권 145쪽)에서 크게 받들어졌다. 신화에 따르면 아름답고 위대한 청년 영웅들이었던 카스토르 형제가 전장에서 로마군의 전열에 끼여 함께 싸운 직후 로마 광장의 유투르나 샘가에서 땀 흘리는 말들에게 물을 먹이며 위대한 승리를 전하는 것을 사람들이 목격했다고 한다. 이 신화는 완전히 비로마적인 성격을 보여주는바, 의심의 여지 없이 100년 전 사그라스 강변에서 크로톤인과 로크리인들이 벌인 아주 유명한 전투에 현현한 형제신 이야기를 세부사항까지 모방한 것이다. 한편, 희랍 문명의 영향을 받은 모든 민족이 통상 그러하듯, 로마 사람들도 델포이의 아폴론에게 신탁을 구했고, 베이이 정복과 같은 큰 성공을 거둔 경우에는 노획물의 십일조를 바쳤으며(로마 건국 360년, 기원전 394년), 마침내는 수도 로마에 아폴론 신전을 건축하기에 이른다(로마 건국 323년, 기원전 431년; 로마 건국 401년, 기원전 353년에 개축). 이와 비슷한 방식으로 이 시기 말(로마 건국 459년, 기원전

295년), 아프로디테 여신이 로마에서 오랫동안 모셔지던 정원의 여신 베누스와 불가사의하게 융합된다.[4] 또 펠로폰네소스의 에피다우로스 사람들이 숭배하던 아스클라피오스 또는 아이스쿨라피우스(로마 건국 463년, 기원전 291년)도 이 시기 말에 로마에 성대하게 모셔진다. 다른 한편, 힘겨운 시기를 틈타 외국 미신, 추측건대 에트루리아에서 들어온 장복(臟卜)이 확산되는 세태가 고발된 경우도 있었는데(예컨대 로마 건국 326년, 기원전 428년), 다행히 로마에는 이를 공정하게 처리할 만한 경찰이 없지 않았다. 반면 에트루리아에서는 국가가 정치적 허무주의와 나태와 향락 속에서 정체되고 부패하면서 귀족들의 종교 독점, 어리석은 숙명론, 황당하고 무의미한 신비주의, 점성술, 탁발승려 문제 등이 점차 우리가 뒤에 보게 될 정점을 향해 달려가고 있었다.

성직자 제도

우리가 아는 한, 성직자 제도에 전면적 변화는 없었다. 공적 예배의 비용을 충당하기 위해 도입되었던 신성도금(神聖賭金)이 로마 건국 465년(289년)에 더욱 강화된 것은 국가의 신들과 신전이 수적으로 늘어나면서 성직자를 위한 국가 예산이 불가피하게 상승했음을 보여준다. 이 시기, 신분 투쟁의 악영향 중 하나인 정치에 대한 사제단의 불법적

---

[4] 아마도 최초로 이 해에 바쳐진 신전의 봉헌에서 베누스는 의미가 변화하여 아프로디테로 나타난다(Liv. 10, 31; W. A. Becker, *Topographie der Stadt Rom*[Becker, *Handbuch*, 1]. Leipzig 1843, S. 472).

영향력 행사를 사람들이 인정하기 시작했고, 정적의 정치 행위를 무력화시키기 위해 사제단의 힘을 이용했다는 점은 이미 언급했다. 이를 통해 국민이 가지고 있던 신앙은 훼손되었으며, 다른 한편 사제들이 국가 정치에 큰 악영향을 미칠 수 있게 되었다.

군사제도: 중대 기반 군단

이 시기, 군사제도에 전면적 변화가 있었다. 호메로스가 보여준 아주 오래된 희랍·이탈리아적 전투 대형은 가장 탁월한 능력을 갖춘 전사들이 말을 타고 전위에서 싸우는 형태였는데, 이는 왕정기 후기에 옛 도리아식 중장 보병 밀집방진—아마도 여덟 개의 진으로 나뉘는—군단(legio)으로 대체되었다(제1권 131쪽). 이 형태에서는 군단이 전투의 중추적 역할을 맡았고, 좌우익을 담당했던 기병대는 주로 예비부대로 상황에 따라 말을 타고 혹은 말에서 내려 전투에 투입되었다. 이후 이 도리아 방식을 마케도니아는 장창 밀집방진으로, 이탈리아는 중대 기반 방진으로 발전시켰다. 전자가 응집과 강화를 추구했다면, 후자는 분할과 확산을 추구했다. 후자의 경우, 우선 이전 8천 4백 명의 군단이 4천 2백 명의 두 군단으로 분할되었다. 또한 철저히 검과 창으로 싸우는 근접전에 기반을 두고 투척 무기는 전투에서 다만 부차적이고 종속적인 기능을 담당했던 옛 도리아식 밀집방진과 달리 중대 기반 방진 군단에서는 '창'(hasta)은 제3진에 국한되었고, '투창'(pilum)이라는 이탈리아 고유의 새로운 투척 무기가 제1진과 제2진에서 주로 사용되었다. '투창'은 대략 2미터 길이의 사각 또는 둥근 나무자루에 서너 개의 날을 가진 철제 창두를 붙여 마무리한 무기인데, 아마도 숙영지 방벽의 방어용으로 고안되었을 이 투창을 새로운 대형에서는 최후진에서 최전진으로 옮겨 제1진 병사들이 열에서 스무 걸음 앞의 적을 향해 투척하는 무기로 사용한 것이다. 한편 군단병의 검도 밀집방진의 단검과 달리 좀 더 중요한 의미를 갖게 되었는데, 사실 투창 공격은 검 공격을 위한 예비단계였다. 또한 밀집방진이 마치 강력한 창처럼 한 덩어리가 되어 갑자기 적을 향해 돌진했다면, 새로운 이탈리아 군단 체제는 대형을, 밀집방진 체제에도 존재했으나 당시에는 전체와 분리될 수 없었던 소규모 부대들을 전술적으로 분할했다. 하나의 밀집된 사각 대형을 둘로 나누었다는 앞서의 언급은 사각 대형을 둘로 나누어 대등한 두 개의 독립 사각 대형을 만들었다는 말이 아니다. 각 사각 대형은 횡적으로는 열 개의 중대(*manipuli*)로 나뉘었고, 종적으로는 세 개의 진, 즉 제1진 투창부대(*hastati*), 제2진 주력부대(*principes*), 제3진 예비부대(*triarii*)로 나뉘었으며, 다시 각각의 진은 일반적으로 네 개의 전열로 구분되었다. 그리고 진과 진 사이, 중대와 중대 사이에는 충분한 공간이 확보되었다. 이렇게 부대들이 작게 나뉘다 보니 일제 공격방식은 쇠퇴하고, 언급한 것처럼 육박전과 검투전의 역할이 두드러지게 되었는데, 이런 개별 공격 방식의 우세는 다만 밀집방진의 분할이 진행된 결과였다.

　숙영지 체계도 독특한 방식으로 발전했는데, 특히 군단이 단 하룻밤이라도 숙영하는 장소는 예외 없이 일정한 위벽을 둘러 마치 요새처럼 변신시켰다. 반면, 기병대는 밀집방진 군단에서 맡았던 보조적 역할을 중대 기반 군단에서도 변함없이 맡았다. 장교 체제도 주된 부분은 변화되지 않았다. 다만 두 개의 정규 군단 각각에 분할 이전 수만큼의 보병 구대장들이 배속되었고 이에 따라 부장(副將)들의 숫자는 분할 이전의 두 배가 되었다(제1권 118쪽). 아마도 이 시기에 보병 구대장과 말단 장교의 분명한 구분이 생겨났을 것이다. 말단 장교는 상민 신분으로 검만으로 중대장의 위치에 오른 뒤, 정규 진급 체계에 따라 하급 중대에서 상급 중대로 진급하던 장교였는 데 반해, 각 군단 6인씩 배치되어 전체를 지휘하던 부장인 보병 구대장은 더 나은 신분 출신이었으며, 이들에게는 정규 진급 체계가 없었다. 특히 이러한 구별과 관련하여 예전에는 말단 장교와 부장들을 똑같이 사령관이 임명했지만, 로마 건국 392년(기원전 362년)부터는 부장들 중 일부가 시민 선거에 의해 임명되었다. 마지막으로 군율(軍律)은, 오싹할 정도로 엄격했던 옛 군율 그대로 변함이 없었다. 사령관은 여전히 자신의 군단에서 복무하는 모든 이를 참수할 수 있었고, 부장들에게도 일반 사병과 마찬가지로 태형을 가할 수 있었다. 또한 그러한 처벌은 비열한 범죄뿐만 아니라 장교가 명령을 위반한 경우나 예하 부대가 습격을 당한 경우, 전장에서 도주한 경우에도 해당 장교나 부대에 부과되었다. 한편 집단 체제로 훈련되지 않은 병사들도 감쌀 수 있었던 이제까지의 밀집방진 체제와 달리, 새로운 군단 체제는 훨씬 더 철저한 장기 군사 교육을 요구했다. 하지만 군인이라는 고유한 계층이 발전하지 않았고 군대가 여전히 시민군인 상태였는데, 이는 그때까지의 병사 구분, 즉 재산에 따른 구분을 버리고 복무연수에 따른 구분을 시행함으로써만 가능한 일이었다. 로마 병사들은 이제 군단 대형 밖에서, 특히 투석으로 싸워야 하는 경무장의 '투석병'(rorarii)으로 입대하여 점차 제1진으로, 제1진에서 제2진 주력부대로, 그러다가 다시 장기복무로 경험을 쌓아 결국 숫자로는 가장 적지만 군단 전체의 목소리와 머리인 제3진 예비부대로 들어갔다.

로마의 넘볼 수 없는 정치적 우위는 우선 군사제도의 탁월함 때문으로, 그 탁월함은 본질적으로 제3진 예비부대 제도, 근접전과 원거리 공격의 결합, 공격과 방어의 결합이라는 세 가지 커다란 군사적 원칙에 기인한다. 예비부대 제도는 이미 일찌감치 투입되었던 기병대에서도 엿볼 수 있는데, 군단을 세 개의 진으로 나누고 노련한 병사들로 구성된 제3진 예비부대를 최후의 결정적 공격을 위해 유보해 둠으로써 완성되었다. 희랍 밀집방진이 근접전만을 위해 발전했고, 활과 가벼운 투창으로 무장한 오리엔트의 기병대가 원거리 전투만을 위해 발전했다면, 로마의 군단 대형은 무거운 투창을 검과 결합시켜 전투 수행에 있어, 옳은 지적이지만 현대 군이 대검 장총을 도입하여 거둔 것과 유사한 성공을 거두었다. 투창 일제 공격을 육박전 직전에 실행한 것은 바로 대검을 앞세워 돌격하기 직전에 장총으로 일제 사격을 실행한 것과 동일한, 매우 성공적인 원리였던 것이다. 끝으로 잘 발달된 숙영체제를 통해 로마군은 방어전과 공격전의 장점을 결합시킬 수 있었는바, 상황에 따라 공격을 할 수도, 방어를 선택할 수도 있었으며, 공격을 감행할 때는 성벽 아래에서 싸우는 것처럼 숙영지 위벽을 등지고 전투에 임할 수 있었다. 그런 까닭에 로마 속담처럼 로마군은 버티기로 승리했다.

중대 기반 군단의 기원

이러한 새로운 군대 체계는 본질적으로 옛 희랍의 밀집방진 전략을 로마에 맞게 또는 적어도 이탈리아에 맞게 변형·발전시킨 것임을 알 수 있다. 예비부대 체제와 중소 규모 부대들의 분화는 단초적이나마 특히 크세노폰과 같은 희랍의 장군들에 의해 이미 시작되었는데, 이로부터 알 수 있는 것은 옛사람들도 옛 체제의 결함을 감지했다는 것, 그러나 이를 제대로 개선하고자 나서지는 않았다는 것이다. 나중에 퓌로스 전쟁에서 완성된 것으로 보이는 중대 기반 군단 체계가 언제 그리고 어떠한 상황에서 만들어졌는지, 또 한 번에 생겨났는지 아니면 점진적으로 발전했는지는 확인할 수 없다. 로마군은 자신들의 옛 이탈리아-희랍적 대형과 전혀 다른 대형을 취하는 켈트족 대검 밀집 방진과 맞닥뜨렸고, 로마 역사상 미증유인 이 켈트족의 침공을 부대 분할과 중대 이격을 통해 방어하려 했으며, 실제로 방어했다. 이를 뒷받침하는 것은 마르쿠스 푸리우스 카밀루스가 몇몇 개별 기록들에서 군대 체계의 개혁자로 등장한다는 점인데, 그는 켈트 침공기에 가장 중요했던 로마 사령관이었던 것이다. 한편, 삼니움 전쟁이나 퓌로스 전쟁과 관련된 전승들은 신빙성이 아주 높지도 않으며 확실하게 정리되지도 않는다.[5] 그러나 다년간의 삼니움 산악전이 로마 군대의

---

[5] 로마의 전통에 따라 로마군은 원래 사각 방패를 사용했다. 그러나 나중에 에트루리아인들로 부터 둥근 중장 보병 방패(clupeus, ἀσπίς)를, 이후에는 삼니움인들로부터 사각 방패(scutum, θυρεός)와 투창(veru)을 차용했다고 한다(Diodor. Vat. fr. p. 54; Sall. Catil. 51, 38; Verg. Aen. 7, 665; Fest. v. Samnites p. 327; Müller; Marquardt, Handbuch, Bd. 3, 2, S. 241의 전거들). 그런데 도리아식 밀집방진 중장 보병 방패는 에트루리아인이 아니라 희랍인들을 직접적으로 모방한

개별화에 영향을 주었을 것이라는 주장과 알렉산드로스 대왕의 전술을 잇는 후예임을 자처했으며 역사상 최초의 전술 전문가 중 하나였던 퓌로스를 상대로 싸우면서 로마 군대체계가 기술적인 측면에서 지속적으로 개선을 거듭했을 것이라는 주장 등은 매우 개연성 있는 이야기다.

경제: 농민

농업은 과거로부터 당시까지 국민경제의 기반이었고, 동시에 도시 로마에서 전체 이탈리아로 확대된 새로운 국가 로마의 사회적·정치적 기반이었다. 또한 로마의 농민들은 민회와 군대의 구성원이기도 했다. 그들은 군인으로서 칼을 가지고 획득한 땅을 정착지 농민이 되어 쟁기를 가지고 지켜냈다.

로마 건국 3, 4세기의 무시무시한 내부 위기는 중산 토지 소유 계층의 과도한 채무로 인해 초래된 것으로 이로 인해 신생 공화국은 멸망할 수밖에 없는 것처럼 보였다. 로마 건국 5세기, 한편으론 막대한 토지 편입과 불하 덕분에, 다른 한편으론 이자율 하락과 인구 증가에 힘입어 되살아난 라티움 농민들은 로마의 엄청난 세력 확장의 결과이자

것은 확실하다. 왜냐하면 큰 원통형 가죽 사각 방패는 밀집방진이 중대로 분할되었을 때 납작한 청동 둥근 방패로 대체되었기 때문이다. 덧붙여 사각 방패(*scutum*)라는 말은 분명 희랍어에서 파생되었다고 보아야 하기 때문에 삼니움으로부터 그 기원을 찾는 것은 문제가 있다. 투석기도 희랍인들로부터 로마인들에게 왔다(*funda*는 σφενδόνη로부터, *fides*는 σφίδη에서 유래한다). 투창(*pilum*)은 옛날부터 전적으로 로마인의 발명품으로 여겨졌다.

동시에 토대였다. 예리한 통찰력을 가진 군인 퓌로스는 아마도 로마의 정치·군사적 힘이 번영하는 로마 농업에 기반을 두고 있음을 꿰뚫어 보았던 것 같다. 어쨌든 이 시기는 로마 농업에서 대규모 농장 경영, 즉 집중 경영이 발생한 시기이기도 했다. 이전 시기에도 이미 어느 정도—적어도 상대적으로—대규모 토지 소유가 있었겠지만, 그 경영은 대규모가 아닌 분할된 소규모 경영이었다(제1권 272쪽). 그런데 토지 소유자가 노예 외에 적절한 수의 자유인을 고용해야 한다는 로마 건국 387년(기원전 367년)의 법률 규정을 볼 때, 이는 옛 경영 방식과도 물론 합치하는 것이지만 새로운 경영 방식에 훨씬 더 부합하는 내용이었던바, 이는 집중 경영의 가장 오래된 자취라고 하겠다.[6]

여기서 우리는 집중 경영이 처음부터 본질적으로 노예 보유에 의존했다는 점에 주목해야 한다. 어떻게 그러한 경영이 등장했는지 여기에서 상론하지는 않겠다. 다만 이에 대해 간단하게 언급하자면, 카르타고의 식민지 건설자들이 시킬리아에서 처음 적용한 이런 방식이 로마 최초의 대토지 소유들에 모범으로 작용했을 수 있다. 또 스펠트 밀(제1권 264쪽 각주) 이외의—바로가 십인관 시대라고 시점을 획정한—또 다른 밀의 등장도 이런 경영 방식의 변화와 관련이 있을 것이다. 이런 방식이 이 시기에 얼마나 전파되었는지 알 수는 없지만, 아직 기본적 경영 형태는 아니었고 이탈리아의 농민 계층을 모두 말려버릴 수 있을 만큼은 아니었다는 점은 한니발 전쟁사를 통해 알 수 있다.

---

[6] 바로(*Rust.* 1, 2, 9)도 리키니우스 농지법의 창안자를 명시적으로 훨씬 더 크게 확장된 농장을 경영하는 자영농으로 상정했다. 그렇지만 리키니우스의 별명을 설명하기 위해 꾸며진 것일 수 있다.

그러나 일부 이런 방식이 등장한 곳에서 허용점유(*precarium*)에 기초한 옛 방식의 피호민 위탁이 없어졌는데, 이는 오늘날의 거대 농장 경영이 대체로 소농을 없애고 소농장을 거대 농장의 일부로 바꾸어놓는 것과 흡사하다. 당시 이런 농지 피호민의 축소가 소규모 자영농 계층의 빈곤화에 상당히 커다란 영향을 끼쳤을 것이라는 점은 의심의 여지가 없다.

이탈리아의 내륙 거래

이탈리아인들의 상호 거래에 관한 사료는 없다. 화폐 정도가 얼마간의 단서를 제공해줄 뿐이다. 로마 건국 3세기 동안 희랍의 식민 도시들과 에트루리아의 포풀로니아를 제외하면, 이탈리아에서 화폐는 주조되지 않았고, 처음에는 가축, 나중에는 구리가 무게에 따라 교환 수단으로 사용되었다는 점은 이미 언급한 바 있다(제1권 278쪽). 이탈리아인들이 물물교환체제에서 화폐체제로 전환한 것은 이 무렵인데, 처음에 사람들은 희랍의 전례를 따르는 것이 당연하다고 보았다. 그러나 중부 이탈리아의 화폐 재료는 은이 아니라 구리였고, 화폐단위는 그때까지의 교환 단위였던 '아스'(*as*, 구리 1리브라)였으며, 그렇게 크고 무거운 구리로 금속 화폐를 각인할 만한 인장이 마땅치 않았기 때문에 화폐는 각인되지 않고 주조되었다. 그런데 구리와 은 사이에는 원래부터 확고한 교환 비율(250:1)이 정해져 있었으므로 구리 주화는 이런 교환 비율을 고려하여 주조되었던 것으로 보이며 그리하여 예컨대 로마의 1아스는 가액으로 은 125그램에 해당했다.

화폐와 관련하여 역사적으로 주목할 만한 점은 이탈리아의 주화가 로마에서 기원했다는 것, 솔론 입법을 모방한 십인관에 의해 화폐 제도의 규율이 시작되었음이 거의 확실하다는 것, 또 화폐가 로마에서 출발하여 라티움, 에트루리아, 움브리아, 동부 이탈리아 도시에까지 전파되었다는 것이다. 이것은 로마가 건국 4세기 초부터 이미 이탈리아에서 우월한 지위를 갖고 있었음을 알려주는 명백한 증거다. 하지만 모든 공동체가 형식적으로 독립을 이루고 상호 병존하면서 존재했듯, 화폐 표준도 지역에 따라 법적으로 완전히 달랐는바, 각 도시는 나름의 고유 화폐의 통화 구역이기도 했는데, 중부 이탈리아와 북부 이탈리아의 구리 화폐 표준은 세 집단으로 구분되며, 동일 집단 내의 화폐들은 일반적으로 동질적인 것으로 취급되었던 것으로 보인다. 첫 번째 집단은 키미니우스 숲 북쪽에 있는 에트루리아와 움브리아 도시들의 화폐들이고, 두 번째 집단은 로마와 라티움의 화폐들이며, 마지막 집단은 이탈리아 동부 해안의 화폐들이다. 이 중 이탈리아 동부 해안의 동전들은 앞서 언급한바, 은과의 교환 비율을 갖고 있었던 로마의 동전들과 달리 남부 이탈리아에서 오래전부터 통용되었던 은화(표준은 브루티움, 루카니아, 놀라 등의 이주민 도시들, 칼레스나 수에사 등의 라티움 식민 도시들, 심지어 로마인들 자신이 소유한 남부 이탈리아 영토에서 적용되었다)와 일정한 교환 비율을 갖고 있었다. 이탈리아인들의 내부 거래는 이런 지역 구분에 따르며, 이들 상호 간의 거래는 마치 외국 간의 거래와 같았다.

로마의 무역

앞서(제1권 282쪽 이하) 기술되었던 시킬리아-라티움, 에트루리아-아티카, 아드리아해-타렌툼의 해상 무역은 이 시기에도 지속되었거나 혹은 오히려 이 시기에 고유한 것이었다. 시기의 적시가 없는 사실들을 첫 번째 시기에 개관을 위해 사용하는 방법이 이 시기에 관한 기술에도 적용될 수 있다. 화폐들도 이를 분명하게 증명하고 있다. 아티카 표준에 따른 에트루리아의 은화 주조(제1권 283쪽)와 시킬리아의 이탈리아—특히 라티움—구리 수입(제1권 286쪽)은 각각 초기 두 지역 간의 무역을 증명한다. 조금 전 언급했던 대희랍의 은화와 피케눔 등 아풀리아의 동전을 비교해 보면 남부 이탈리아의 희랍인들, 특히 타렌툼 사람들이 동부 이탈리아 해안 지역과 활발한 거래를 했었음을—여타의 흔적을 통해서 뿐만 아니라—알 수 있다. 그에 반해 이전에 활발했던 라티움인과 캄파니아 희랍인들 간의 거래는 삼니움인의 진출로 가로막혀 공화정 수립 후 150년 동안 그다지 큰 의미가 없었던 것으로 보인다. 로마 건국 343년(기원전 411년)의 대기근에 카푸아와 쿠마이의 삼니움인들이 로마인들에게 곡식을 원조하길 거부한 것은—로마 건국 5세기 초 로마의 무장이 옛 상황을 회복시키고 옛 거래를 다시 트기까지—라티움과 캄파니아 사이의 관계를 보여주는 흔적일 수 있다. 언급할 만한 그 밖의 흔적도 있다. 아르데아의 연보에는 로마 무역 역사의 날짜까지 알 수 있는 드문 증거들 가운데 하나가 남아 있는데, 로마 건국 454년(기원전 300년)에 시킬리아 출신의 이발사가 최초로 아르데아로 왔다는 내용이 그것이다. 또 무덤의 묘실을 장식하는 데 사용하기 위해 케르퀴라와 시킬리아를 포함, 대체로 아티카에서 루카니아, 캄파니아, 에트루리아로 수입된 채화 도기에도 잠시 눈길을 줄 수도 있을 것인바, 여타 해상 거래 물품들이 있었겠으나 우연하게도 도기에 대한 거래 상황이 다른 것들보다 더 잘 알려져 있기 때문이다. 이런 수입의 시작은 타르퀴니우스 일가의 축출 즈음일 수 있으며, 이탈리아에서 아주 드물게 발견되는 가장 오래된 양식의 수입 도기들은 로마 건국 3세기 후반(기원전 500~450년)의 것들이고, 다수 발견되는 엄격한 양식의 그릇들은 로마 건국 4세기 전반기(기원전 450~400년)에 속하며, 미적으로 완결된 양식의 그릇들은 로마 건국 4세기 후반기(기원전 400~350년)의 것들이다. 엄청난 양의 나머지—종종 화려함과 크기에 있어 압도적이지만 탁월한 작업이라고 할 수는 없는—도기들은 이어지는 세기(기원전 350~250년)에 속할 것이다. 한편, 이탈리아인들의 이러한 분묘 장식 관행은 물론 희랍인들로부터 받아들인 것이다. 그러나 소박한 중용과 세련된 감각을 가진 희랍인들이 엄격하게 그러한 풍습을 유지했다면, 이탈리아에서는 동일한 풍습이 야만적 과도함과 사치로 인해 원래의 적절한 한계를 지나치게 벗어나 버렸다. 그런데 이탈리아 반도 내에서 오직 희랍 문명 모방 지역에서만 이런 과도함이 나타난다는 사실은 특이하다고 할 만하다. 그 기록을 읽을 수 있는 아마도 우리 박물관의 유물 출토지인 에트루리아와 캄파니아의 분묘들에서 사치와 오만함에 찌든 에트루리아와 캄파니아의 모방 문명에 대한 고대인들의 보고와 그 증거를 확인할 수 있을 것이다. 반면 삼니움의 단순한 성향은 늘 어리석은 사치를 피했다. 삼니움에는 지역 고유의 동전은 물론 희랍의 부장 도기도 없다는 사실에서 우리는 이 지역에서 무역과 도시문화가 별로 발전하지 못했다는 것을 느낀다. 라티움이―희랍인들에게 에트루리아나 캄파니아 못지않게 가까웠고, 밀접한 거래 관계에 있었지만―그와 같은 호화 매장을 삼갔다는 점도 주목할 만한데, 라티움의 분묘는 프라이네스테의 호화 분묘와는 확연히 구분되었다. 여기서 우리는 로마의 엄격한 풍습 혹은 완고한 풍기단속의 영향을 충분히 찾아낼 수 있다. 이러한 사정과 아주 밀접한 관계에 있는 것으로 앞서 언급한 바 있는 12표법의 규정을 들 수 있는데, 자색의 관 덮개와 황금 장식 부장품을 금지하는 명령이 그것이다. 또한 윤리규범과 호구감찰관의 견책에 대한 두려움이 만나 소금 용기와 희생 접시 이외의 은식기를 로마의 가정에서 추방한 것도 같은 사정이다. 우리는 또 로마 건축에서 여타 민족에게 만연했던 사치에 대한 적대감을 볼 수 있는데, 이 덕분에 로마는 볼시니와 카푸아보다 오랫동안 어느 정도의 외적 단순성을 유지할 수 있었다. 하지만 농업과 더불어 로마 전성기의 토대가 된 상거래와 무역은 이제 더 이상 무가치한 것이라 여겨지지 않았으며, 로마의 새로운 패권적 지위에 적지 않은 영향을 미치게 되었다.

로마의 자본

로마에서 도시 중산층이라 할 독립 수공업자나 상인 계층의 성장은 없었다. 그 원인은 일찍이 등장한 과도한 자본 집중과 더불어 노예제에 있었다. 고대 세계에서 도시의 소규모 상공업은 흔히 노예들이나 해방노예들에 의해 운영되었으며, 이들은 수공업자 혹은 상인이 되어 주인들을 위해 일했는바, 이는 흔하고 통상적이었던 일로 노예제의 필연적 결과라고도 할 수 있다. 노예의 주인들은 그들에게 상업자본을 제공하고 규칙적으로 이익 배당을 요구했는데, 종종 영업이익의 절반에 이르는 배당을 요구하기도 했다. 아무튼 로마에서 소규모 상공업이 계속해서 증대한 것은 의심의 여지가 없다. 대도시에 사치품을 제공하는 상공업자들이 로마에 모이기 시작했다는 증거들도 발견된다. 로마 건국 5세기의 피코로니 보석함은 프라이네스테의 장인이 제작했고 프라이네스테에서 판매되었으나 제작 자체는 로마에서 이루어졌다.[7] 그러나 소규모 상공업의 순이익 대부분은 대규모 자본가의 금고로 흘러들어 갔기 때문에 상공업에 종사하는 중산층 규모는 나라 전체의 발전 규모에 상응하지 못했다. 한편 대규모 상공업자들은 대규모 토지 소유자들과 뚜렷하게 구분되지 않았는데, 후자가 오래전부터 상공업 조직을 경영하던 자본가이기도 했고(제1권 289쪽과 353쪽), 저당권부 금전대부, 대규모 상거래, 국가 납품과 용역계약 등이 그들의 손안에서 통합되었기 때문이다. 또한 로마 공동체 윤리에서 토지 소유가 크게 강조되었다는 점, 이 시기 말이 되어서야 약간의 제재를 받았지만(제2권 95쪽) 그래도 여전히 토지가 정치적 특권의 유일한 토대였다는 점, 그리고 로마의 정치가들이 토지를 소유한 해방

---

[7] 딘디아 마콜니아를 위해 로마에서 보석함을 만든 수공업자가 캄파니아 출신 노비우스 플라우티우스였다는 추정은 근래 프라이네스테에서 발견된 오래된 묘비석들을 통해 반박될 수 있다. 묘비석들은 마콜니우스 집안사람들과 플라우티우스 집안사람들의 것인데 그 가운데 플라우티우스의 아들 루키우스 마골니우스(L. Magolnio Pla. f.)의 묘비명도 등장한다.

노예들에게도 참정권을 줌으로써 부자이되 토지를 소유하지 않는 위험한 계층을 감축시키려 했다는 점 등을 볼 때, 이 시기에 성공한 투기성 상업자본은 통상적으로 자본 일부를 토지에 투자했을 것이 분명하다.

대도시로 발전하는 로마

부유한 도시 중산층도, 폐쇄적인 자본가 계급도 발전하지 못했지만, 로마 자체는 대도시로 계속 성장하고 있었다. 이는 로마 건국 335년(기원전 419년)의 심각했던 노예 폭동 사건과 로마 건국 397년(기원전 357년)에 노예해방에 부과되었던 고액의 세금(제2권 87쪽), 그리고 로마 건국 450년(기원전 304년)의 해방노예의 정치적 권리 제한(제2권 95쪽)을 통해 드러나는바, 노예들이 도시로 집중했고 더 나아가 해방노예들의 숫자가 차츰 불편하고 위험스러울 정도로 증가했다는 사실을 통해 분명히 알 수 있다. 왜냐하면 해방노예의 증가는 로마인들에게는 상공업 활동의 필연적인 증대를 의미하는 것이었고, 이는 곧 대도시로의 성장을 의미하는 것이었기 때문이다. 실제로 증가된 해방노예 대부분은 상공업에 종사했는데, 이는 앞서 기술한 바와 같이 로마인들의 관대함의 발로가 아니었다. 그것은 다만 노예 거래 행위를 통해 얻을 수 있는 전체 순이익보다 해방노예가 상공업에서 벌어들이는 이익이 더 컸는바, 이 증가된 이익을 노리고 노예 주인이 산업적 투기를 했기 때문이다.

도시의 치안과 행정

로마의 도시체제가 강화되었다는 것은 치안행정의 괄목할 만한 성장을 봐도 알 수 있다. 이미 이 시기에 도시를 네 개의 치안 구역으로 분할하고 네 명의 안찰관이 로마 전체를 가로지르는 작고 큰 하수도 망의 중요하고도 어려운 보수유지, 공공건물과 광장 관리, 도로 청소와 보수, 붕괴 위험 건물의 철거, 유해 동물과 악취 처리, 저녁과 심야 시간대 이외의 수레 통행 제한 및 일반적 통행로 확보, 수도 로마의 시장에 저렴하고 좋은 곡물의 지속적인 공급, 유해 상품의 단속, 도량형위·변조 방지, 목욕탕과 선술집과 유곽 등에 대한 특별 감시 등을 담당했다.

건축물: 건축에 대한 관심

건축 분야에서는 아마도 위대한 정복의 시기였던 왕정기에 공화정 수립 초기 200년보다 훨씬 많은 것을 성취했을 것이다. 왕정기에 건축된 카피톨리움 언덕의 신전과 아벤티누스 언덕의 신전, 그리고 대경기장 등의 시설이 만약 공화정 시기에 세워졌다면, 검소한 공화정 수립자들뿐만 아니라 부역을 맡았을 시민들에게도 힘겨운 일이 되었을지도 모른다. 삼니움 전쟁 이전 공화정 시기의 아마도 가장 중요한 건축물이었던 케레스 신전(대경기장 옆)이 스푸리우스 카시우스의 작품(로마 건국 261년, 기원전 493년)이라는 점은 주목할 만한데, 그는 여러 측면에서 왕정의 전통을 다시 도입하려 했기 때문이다. 그러나 왕정이 계속되었더라면 그렇게까지 엄정하게 단속하지 않았을지도 모르는 일인바, 귀족정 통치자들은 사적 사치까지도 억눌렀다. 하지만 원로원 자신도 장기적으로는 시대의 대세를 거스를 수는 없었다. 호구감찰관으로서 획기적인 활약을 보여주었던 아피우스 클라우디우스는 농업에 기초한 낡은 근검절약의 경제를 벗어나 동료 시민들에게 공공 자원을 활용하도록 가르쳤다. 그는 상당한 규모의 공공건축물을 세우기 시작했는데, 이 덕분에 로마의 성공적 군사 활동이 시민 복리 증진이라는 관점에서 정당화되었으며, 오늘날에도 로마사를 전혀 읽지 않은 수많은 사람마저도 위대한 로마를 짐작할 만한 유적이 남게 되었다. 국가 로마의 첫 위대한 군사적 성공과 도시 로마의 첫 수로교는 모두 그의 덕분이다. 이후 로마 원로원은 아피우스 클라우디우스를 본받아 이탈리아 여기저기에 세워진 요새들을 연결하는 도로망을 건설했다. 도로망의 건설과 관련해서는 이미 기술했던바(제2권 259쪽)—아카이메니데스인들(페르시아-옮긴이주)로부터 심플론 도로의 창안자(나폴레옹-옮긴이주)까지 모든 군사 제국의 역사를 보면 알 수 있듯이—도로망 없이 군사적 패권은 존속할 수 없었다. 클라우디우스의 전례를 따라 마니우스 쿠리우스는 퓌로스 군에게 탈취한 노획물을 매각한 자금으로 수도 로마의 두 번째 수로교를 건설했고(로마 건국 482년, 기원전 272년), 그보다 몇 년 전에는(로마 건국 464년, 기원전 290년) 사비눔 전쟁의 노획물로 벨리노강이 네라강으로 합류하는 테르니(Terni) 위쪽에 오늘날까지도 물이 흐를 정도로 폭이 넓은 운하를 건설했는데, 이로써 아름다운 리에티 계곡의 물이 빠지면서 대규모 거주지가 만들어졌고, 마니우스 쿠리우스 자신도 그곳에 약간의 토지를 얻었다. 이런 공사들은 이성을 갖춘 사람들의 눈에는 희랍 신전들의 무의미한 화려함을 능가하는 것으로 보였을 것이다.

도시의 미화

시민 생활도 달라졌다. 퓌로스 전쟁 무렵부터 로마의 식탁에서 은식기가 보이기 시작했다.[8] 로마에서 너와지붕이 사라진 것을 연대기 작가들은 로마 건국 470년(기원전 284년)부터로 보고 있다. 이탈리아의 새로운 수도 로마는 이제 마침내 시골 같은 외관을 버리고 치장되기 시작했다. 로마의 영광을 위하여 정복한 도시들의 신전에서 장식물들을 약탈하는 것이 아직 관행은 아니었지만, 로마 광장의 연단(演壇)에는 안티움 전함들의 뱃머리 충각들이(제2권 176쪽), 공식 축제일에는 시장의 가판대를 따라 삼니움의 전장에서 가져온 금박의 방패들이 전시되었다(제2권 197쪽). 여러 수입 중 벌금 수입은 특히 로마 시내와 교외의 도로포장에 사용되거나 공공건물의 건축과 장식에 사용되었다. 로마 광장의 양편에 늘어서 있던 목재 푸줏간은 우선 팔라티움 언덕쪽에서, 이어 카리나이 지구 쪽에서 환전상의 석조건물에 밀려났고,

---

[8] 우리는 앞서 은식기 때문에 푸블리우스 코르넬리우스 루피누스(로마 건국 464년과 477년, 기원전 290년과 277년에 집정관 재직)에게 찍힌 감찰관 낙인을 언급했다(제2권 267쪽). 로마인들은 사비눔인들을 제압한 이후 처음으로 사치품에 탐닉하게 되었다(αἰσθέσθαι τοῦ πλούτου)는 파비우스의 기이한 언명(Strabon 5, p. 228)은 아마도 전설을 역사로 옮긴 것에 불과하다. 왜냐하면 사비눔인들의 정복은 루피누스가 처음 집정관으로 재직할 때이기 때문이다.

이후 로마 광장은 로마의 금융가가 되었다. 왕들, 신화시대의 사제들과 영웅들, 십인관에게 솔론의 법을 설명해준 희랍인들 등 옛 인물들, 베이이인과 라티움인, 삼니움인들을 정복한 위대한 지도자들, 임무를 수행하다 순국한 국가 관리들, 공공 목적을 위하여 재산을 처분한 부유한 부인들, 심지어 피타고라스와 알키비아데스 등 당시 저명한 희랍 현자들과 영웅들 등에게 바쳐진 동상과 기념비와 기념물들이 카피톨리움 언덕과 로마 광장에 세워졌다. 국가 로마가 강대국으로 발전함에 따라 도시 로마도 이렇게 거대도시로 발전했다.

은본위제도

끝으로 로마는 로마 – 이탈리아 동맹체의 수장으로서 희랍적 국가체계와 함께 희랍식 금화 또는 주화 제도도 받아들였다. 그때까지 북부와 중부 이탈리아 공동체들은 거의 예외 없이 구리 통화만을 가지고 있었고, 남부 이탈리아 도시들은 대체로 은화를 주조했다. 이탈리아에는 주권적 공동체만큼의 주화 표준과 주화 체제가 존재했는데, 이들 모든 주조 지역들의 화폐 주조는 적은 액면가의 화폐에 제한되어 있었다. 마침내 로마 건국 485년(기원전 269년)에 이탈리아 전체의 보편 통화 표준이 도입되고 그 주조는 로마에 집중되었다. 다만 카푸아는 로마의 명의로 된 화폐지만 독자 표준의 은화를 만들어냈다. 새로운 주화 체제는 오랫동안 확정되어 있었던 은과 구리의 법정 상대가치에 기초했다. 보편 통화의 화폐단위는 데나리우스(*denarius*)였는데,

—예전엔 1리브라였으나 당시엔 1/3리브라가 된 아스(as)를 열 개 합한 가치—구리 10/3리브라, 은 1/72리브라에 해당했고 아티카의 드라크마보다 값어치가 약간 더 높았다. 주조에 있어서는 동화가 압도적이었고, 가장 최초의 데나리우스 은화는 주로 남부 이탈리아와 외국 무역을 위해서 주조되었다.

퓌로스와 타렌툼을 상대로 한 로마의 승리와 알렉산드리아에 파견된 로마의 사절은 이 시기 희랍 정치가들에게 생각할 거리를 만들어 주었음이 분명한데, 그들처럼, 통찰력 있는 희랍 상인도 새로운 로마식 드라크마를 심각하게 고려했을 것이다. 로마식 드라크마의 납작하고 둔하고 단조로운 형태는 동시대 퓌로스 내지 시킬리아인들의 매우 아름다운 주화와 비교하면 물론 빈약하고 초라하게 보였지만, 그렇다고 천박한 모방품도, 무게를 속이고 합금을 한 불량 주화도 아니었으며, 희랍 주화와 어깨를 나란히 할 정도로 독창적이고 양심적인 주화였다.

라티움 민족의 확장

타르퀴니우스 집안을 축출한 때로부터 삼니움인들과 이탈리아의 희랍인들을 제압한 때까지 이탈리아, 특히 로마가 이룩해낸 국가체제의 발전이나 지배와 자유를 향한 민족 간 갈등은 잠시 접어두고 시선을 —물론 여기서도 역사는 지배하고 개입한다—인간 생활의 조용한 영역으로 옮기면, 우리는 로마 시민이 귀족 지배를 무너뜨리고, 다양했던 이탈리아 민족들이 점차 하나의 민족으로 통합되는 등의 거대한 사건의 영향들을 사방에서 발견할 수 있다. 사건들의 큰 흐름에 대한 구체적 형성의 무한한 다양성을 추적하는 것까지는 시도하지 않더라도 만약 역사가가 폐허의 전승에서 건진 파편적 단편들을 묶어 이 시기 이탈리아 민족 생활의 극히 중요한 변화들을 지적해주었다면 그는 임무를 완수한 것이다. 이 시기 로마가 여타 민족들을 지난날보다 훨씬 앞서게 되었다면, 그것은 그 과정에 대한 전승의 우연한 공백 때문이 아니라, 로마의 정치적 지위의 본질적 변화가 초래한 결과 때문이라 할 것이다.

라티움 민족은 여타 이탈리아 민족들을 압도하게 되었다. 이 시기에 이웃 나라들, 즉 에트루리아 남부, 사비눔, 볼스키 등에서 로마화가 진행되기 시작했다는 점은 앞서 지적했다. 이들 지역의 언어 유물들이 현재 거의 완벽하게 사라진 것과 이들 지역에서 매우 오래된 로마 명문들이 등장한 것이 그 증거다. 또 이 시기 말 사비눔인들에게 완전시민권을 부여한 일은(제2권 270쪽) 중부 이탈리아의 라티움화가 이미 당시 로마의 의도된 정책 목표였음을 의미한다. 더불어 이탈리아 전역에서 이루어진 수많은 개별적 토지 불하와 식민지 건설은 군사적 행위를 넘어 라티움 종족의 언어적, 민족적 전진기지를 세우는 일이었다. 그러나 당시 이탈리아 전역의 라티움화는 로마의 목표가 아니었는바, 오히려 로마 원로원은 라티움 민족과 여타 민족들의 대립을 의도적으로 유지했던 것으로 보인다. 예컨대 캄파니아의 부분시민권 공동체들에게는 라티움 어를 공식 언어로 도입하는 것이 아직 허용되지 않았던 것이 그 증거다. 그러나 대세의 흐름은 최강의 정부

보다 강력했다. 라티움 민족과 함께 그 언어와 관습은 이탈리아에서
이미 우월적 지위를 획득했고 여타 이탈리아 민족들을 침몰시키기 시
작했다.

이탈리아의 희랍 문화

동시에 이들 민족은 다른 측면에서 그리고 다른 비중으로 희랍 문화
의 공격을 받았다. 이때는 희랍 문명이 다른 민족들을 압도하는 자신
들의 정신적 우위를 스스로 의식하기 시작하고 모든 측면에 걸쳐 이
를 선전하던 시기였고, 이탈리아도 영향을 받지 않을 수 없었다. 이
중에서 가장 특이한 현상은 아풀리아에서 볼 수 있는데, 왜냐하면 로
마 건국 5세기부터 점차 야만적 방언을 버리고 조용히 희랍어를 수용
했던 아풀리아에서는 마케도니아와 에페이로스가 그랬던 것처럼 식
민화를 통해서가 아닌 타렌툼과의 육로 무역을 통해 문명화의 진전이
이루어졌기 때문이다. 적어도 타렌툼인들과 우호 관계에 있던 포이디
쿨리인과 다우니아인들의 희랍화가, 이들보다 타렌툼에 지리적으로
는 가깝지만 지속적인 적대 관계에 있었던 살렌티니인들에게서보다
완벽하게 진행되었다는 사실, 예컨대 아르피(*Arpi*)와 같이 매우 일찍
이 희랍화된 도시들이 해안에 위치하지 않는다는 사실 등은 위의 견
해를 보강해준다. 이러한 지리적 원인에 더해 이탈리아의 다른 곳보
다 아풀리아에서 희랍의 존재감이 더 강한 영향력을 행사할 수 있었
던 이유는 그곳에서 독자적인 민족 형성이 더디게 진행된 점과 이들

이 이탈리아의 여타 민족들보다 상대적으로 희랍에 가까운 민족이라는 점(제1권 11쪽) 때문이기도 하다.

　남부 사비눔 종족들, 즉 쉬라쿠사이의 참주들과 연합해 대희랍에서 희랍 문화를 몰아내고 파괴했던 삼니움인들의 경우, 그럼에도 불구하고 그와 동시에 희랍인들과의 접촉과 혼합을 통해 브루티움 사람들이나 놀라 사람들이 그랬던 것처럼 모국어 이외에 희랍어를 받아들이거나 루카니아인들이나 일부 캄파니아인들처럼 적어도 희랍 문자와 희랍 풍습을 수용했었음은 앞서 언급했다(제2권 167쪽). 캄파니아 및 루카니아와 경쟁하던 이 시기의 에트루리아도 놀라운 도기 유물을 통해 이와 유사한 발전의 단초들을 보여준다.

　라티움과 삼니움은 희랍 문명과 멀리 떨어져 있었지만, 점차 확대되던 초기 희랍 교양의 흔적이 이들 지역에도 없지 않다. 이 시기 로마 발전의 모든 분야에서, 즉 입법, 화폐, 종교, 종족 전설의 형성 등의 분야에서 우리는 희랍의 흔적을 만나게 된다. 특히 로마 건국 5세기 초의 캄파니아 정복 때부터 로마 제도에 대한 희랍의 영향은 빠르게 증대되었다. 언어적으로도 진기한 '그라이코스타시스'(Graecostasis= 희랍귀빈대: 희랍 사절, 특히 마살리아인들을 위해 로마 광장에 만들어진 평대)의 건설은 로마 건국 4세기에 해당한다(제2권 268쪽). 이어지는 세기에 연대기들은 저명한 로마인들을 필리포스(또는 로마화된 필리푸스), 필론, 소포스, 휩사이오스 등 희랍어 이름으로 기재하기 시작했다. 희랍적 관습도 침투했다. 망자를 위한 명문을 비석에 새기는 일은 이탈리아의 관행이 아니었다. 로마 건국 456년(기원전 298년)의 집정관인 루키우스 스키피오의 비문은 가장 오래된 사례다. 민회의 결의

없이 공공장소에 조상을 위한 기념물을 세우는 것 또한 이탈리아인들에게는 낯선 일이었다. 이런 일을 처음 한 사람은 위대한 개혁자 아피우스 클라우디우스였는데, 그는 새로 지어진 벨로나 신전에 자기 조상의 초상과 조상에 바치는 헌사가 새겨진 청동 방패를 걸어 놓았다(로마 건국 442년, 기원전 312년). 로마 건국 461년(기원전 293년)에 로마 국민 체전에서 우승상으로 도입된 종려가지도 마찬가지이다. 무엇보다도 희랍식 식사 예절이 또한 그러한데, 식사할 때 걸상에 앉는 대신 장의자에 눕는 방식이 도입되었으며, 하루의 주요 식사 시간이 우리 시간으로 12시에서 오후 2~3시로 변경되었다. 주사위로 연회 참석자 중에서 음주 주관자를 정해 무엇을, 어떻게, 언제 마실 것인지를 지정하도록 하는 풍습도 희랍 영향의 하나다. 손님들이 돌아가며 차례대로 부르던 식사 노래는 로마에서는 '주연 찬가'(scolia)가 아니었고 조상 찬가였다. 이런 모든 풍습은 애초 로마의 것이 아니라 아주 오랜 옛날에 희랍인들로부터 차용한 것인데, 이런 관행들은 카토의 시대에 이미 일반적인 것이 되었고, 부분적으로는 다시 사라져버렸다. 따라서 이런 풍습들의 도입 시기는 아무리 늦게 잡아도 이때로 잡아야 할 것이다. 한편 "가장 현명한 희랍인과 가장 용감한 희랍인"의 입상을 로마 광장에 건립한 것도 주목할 만하다. 이 일은 삼니움 전쟁 시기, 퓌티아 아폴론의 명으로 이루어진 것인데, 아마도 시킬리아나 캄파니아의 영향으로 피타고라스와 알키비아데스가 선택되었을 것이다. 전자는 대희랍의 선지자였고 후자는 대희랍의 한니발이었다. 로마 건국 5세기에 이미 이러한 희랍 문물에 대한 지식이 저명한 로마인들 사이에 얼마나 넓게 퍼져 있었는지는 타렌툼에 파견된 로마 사절이 증명해준다. 그곳에서 로마 사절은 흠잡을 데 없는 완벽한 희랍어는 아니었지만 훌륭한 희랍어 연설을 했는데, 통역이 필요없었다고 한다. 그런데 이는 로마에 사절로 찾아온 키네아스 일행에게도 마찬가지였던바, 로마 건국 5세기 이래 국사에 종사한 젊은 로마인들은 틀림없이 당시의 만국 공용어인 희랍어를 완벽하게 익히고 있었던 것이다.

로마인이 물질적 영역에서 세상을 복속시키는 데 진력하는 동안, 희랍인은 정신적 영역에서 희랍화를 계속해서 진전시켰고, 이 두 민족에 협공당하면서 삼니움, 켈트, 에트루리아 등 주변 민족들은 외적 확장력은 물론 내적 역량도 점차 상실하게 되었다.

이 시기의 로마와 로마인들

각자의 발전도상 중 최정점에서 만나게 된 두 강대한 민족이 우호적 또는 적대적 접촉을 통해 상호 침투하기 시작하면서 개인주의를 완전히 결여한 이탈리아, 특히 로마와 종족적, 지역적, 인간적 무한 다원주의를 추구하는 희랍과의 대립도 매우 크게 부각되었다. 공화정 초기부터 이탈리아 복속에 이르는 시기보다 폭력적인 시기는 로마 역사상 없었다. 반면 이 시기에 로마는 내부적으로나 외부적으로 토대를 확보했다. 이때 이미 일정 정도의 이탈리아가 만들어졌고, 이후까지 면면히 이어질 국가법과 국가 역사의 토대가 만들어졌으며, 투창과 중대 기반 군단, 도로 건설과 상수도 공사, 농장 경영과 화폐 경제가 정착되었고, 카피톨리움 언덕의 암늑대가 주조되고 피코로니 보석 보관함이 제작되었다. 그러나 이런 거대한 역사(役事)에 낱개의 벽돌을 보탠 개인들은 흔적도 없이 사라졌고, 이탈리아 민족들은 로마 공동체의 시민으로 더는 완벽할 수 없을 만큼 녹아들었다. 중요한 인물이건 그렇지 못한 인물이건 공평하게 무덤에 들어가듯, 로마의 집정관 명부에는 보잘것없는 자들도 위대한 정치인들과 나란히 이름을 올렸다. 우리에게 전해지는 이 시기의 적은 양의 기록 중 로마 건국 456년(기원전 298년)의 집정관이자 3년 후 센티눔 근처의 결정적 전투에(제2권 208쪽) 참가했던 루키우스 코르넬리우스 스키피오의 비문보다 경외심을 불러일으키는 전형적 비문은 없을 것이다. 80년 전만 해도 아직 삼니움 정복자의 유해가 담겨 있던 단아한 도리아 양식의 아름다운 석관 위에는 이런 문구가 새겨져 있다.

Cornéliús Lucíus—Scípió Barbátus,

Gnaivód patré prognátiís,—fórtis vír sapiénsque,

Quoiús fórma vírtu—teí parísuma fúit,

Consól censór aidílis—queí fuít apúd vos,

Taurásiá Cisaúna—Sámnió cépit,

Subigít omné Loucánam—ópsidésque abdoúcit.

코르넬리우스 루키우스—스키피오 바르바투스,

아버지 그나이보스의 자식,—용감하고 현명한 사나이,

그의 아름다운 모습은 덕에 완전히 부합했다.

집정관, 호구감찰관—여러분에게는 또한 안찰관이었으며,

타우라시아, 키사우나—삼니움을 정복했고,

루카니아 전체를 복속시켰다—그리고 볼모들을 끌고 왔다.

이 군인 정치가에게 그랬던 것처럼 로마 공동체의 정상에 섰던 무수한 사람들에게도 귀족이고 아름답고 용감하고 현명한 자들이라는 명예가 돌아갔다. 그러나 그들에 관한 그 이상의 보고는 없다. 코르넬리우스 가문, 파비우스 가문, 파피리우스 가문의 누구도 우리에게 개인의 모습으로 다가오지 않는 것은 훼손된 전승 때문만은 아니다. 특정 원로원 의원은 원로원 의원들 전체보다 뒤떨어져서도 뛰어나서도, 아니 그들과 달라서는 안 되었다. 한 시민이 화려한 은식기나 희랍 교양에 있어서, 또는 탁월한 지혜와 예리함에 있어서 다른 시민들보다 뛰어난 것은 필요하지도, 바람직하지도 않았다. 전자의 일탈은 호구 감찰관이 처벌했고, 후자의 일탈은 로마 국가체제에서 가능할 수 없었다. 이 시기의 로마는 개인에게 속하지 않았다. 시민은 모두 균등해야 했으며, 모든 이가 왕처럼 동등했다.

아피우스 클라우디우스

물론 이 시기에는 한 인간의 차원에서도 희랍적 발전은 이미 관철되고 있었으며, 이런 발전의 독창성과 힘은—그와 반대되는 방향과 마찬가지로—이 위대한 시기를 보여준다. 그러나 여기에서 우리는 단지 한 사람을 언급할 수 있는바, 그는 이런 발전적 사고를 몸소 실천한 사람이었다. 십인관 중 한 명이었던 할아버지와 같은 이름을 가진 고손자 아피우스 클라우디우스(로마 건국 442년, 기원전 312년의 호구감찰관; 로마 건국 447년, 기원전 307년과 로마 건국 458년, 기원전 296년의 집정관)는 명문 귀족 출신으로 집안의 역사를 자랑스러워했다. 그는 로마의 수도와 도로뿐만 아니라, 로마의 법학, 웅변, 문학, 문법 등의 기원이며, 그밖에 소송방식서 집록의 발간, 연설 기록들 및 피타고라스의 어록 발간, 맞춤법 개혁 등도 모두 그의 공헌이다. 또한 아피우스 클라우디우스는 완전한 공동체 시민권을 토지 소유자들로 제한하던 것을 철폐하여 낡은 국가 재정 체계를 바꾼 사람이기도 하다(제2권 313쪽). 그렇다고 그를 민주주의자라 부를 수는 없으며, 마니우스 쿠리우스가 대표하는 민중당파에 넣을 수도 없다. 오히려 그에게는 옛날과 현재의 귀족적 왕권 의식이 강력히 살아있었는바, 그는 타르퀴니우스 가문 이후 카이사르 가문까지 왕이 존재하지 않던, 평범한 사람들이 비범한 성과를 이룩한 500년을 연결했다. 아피우스 클라우디우스는 공적 생활에 종사하는 동안 직무의 수행에 있어서나 삶의 행장에 있어서나 아테네인처럼 대담하고 거만하게 법률과 관습에 좌충우돌 맞섰다. 오랫동안 정치 무대를 은퇴했다가—마치 무덤에서 다시 돌아온 것처럼—눈먼 노인으로서 원로원으로 복귀한 그는 결정적 시점에 퓌로스 왕을 제압했고, 이탈리아에 대한 로마의 완전 지배를 공식적으로 격식에 맞게 선포했다(제2권 239쪽). 그러나 천재는 너무 일찍 오거나 너무 늦게 온다. 신들은 때 이른 그의 현명함 때문에 그를 눈멀게 했다.

그렇다 해도 한 명의 천재가 로마를, 그리고 그 로마를 통해 이탈리아를 지배한 것은 아니다. 세대에서 세대로 이어진 원로원의 흔들리지 않는 정치적 사고가 로마와 이탈리아를 지배한 것이다. 원로원 의원들의 자손들은 그런 핵심적 사고를 아버지들과 함께 원로원에 참석하여 언젠가는 자신들이 이어받아야 할 자리에 앉아 있는 아버지들의 현명함을 문 옆에서 들으며 배워나갔다. 그런 방식은 위대한 성공을 거뒀고, 엄청난 대가를 치르기도 했다. 복수의 여신은 승리의 여신을 뒤쫓아 다니기 마련이다. 로마 공동체는 병사든 장군이든 한 개인에게 의존하지 않았으며, 엄격한 인륜적, 사회적 기율 아래 한 인간의 개성을 질식시켰다. 로마는 고대의 어떤 나라도 이룩할 수 없을 만큼 위대했다. 그러나 그런 위대함을 위해 로마는 희랍적 삶의 우아한 다양성, 여유, 정신적 자유 등을 희생시키는 엄청난 대가를 치렀다.

제9장
예술과 학문

로마의 국민 축제

고대 예술의, 특히 시문학의 발전은 민중 축제와 밀접하게 관련되어 있다. 대부분 희랍의 영향을 받은 로마 공동체의 감사 축제인 '대축제'(*ludi maximi*) 또는 '로마 축제'(*ludi Romani*, 제1권 322쪽)는 애초 비정기적이었다가 이 시기에 이르러서 정기화되었고, 기간도 늘어났으며, 볼거리도 다양해졌다. 축제 기간은 원래 하루였는데, 로마 건국 245, 260, 387년(기원전 509, 494, 367년)에 있었던 세 번의 큰 혁명으로 매번 하루씩 연장되어 이 시기 말에는 이미 나흘이 되어 있었다.[1]

---

[1] 라티움의 축제에 관하여 디오뉘시오스(6, 95; B. G. Niebuhr, *Römische Geschichte*. Bd. 2, S. 40 참조)가 보고하는 바와 플루타르코스(Cam. 42)가 디오뉘시오스의 또 다른 개소(個所)를 원용해 보고하는 바는—플루타르코스의 개소를 리비우스(Liv. 6, 42; F. W. Ritschl, *Parerga zu Plautus*

이 시기가 대축제와 관련하여 더 중요한 것은 축제의 주최와 감독을 맡는 고등안찰관직(로마 건국 387년, 기원전 367년)이 창설됨으로써(제2권 81쪽) 군사령관의 특별 서약 등 비정기적 성격은 사라지고 축제가 정기적으로 개최되면서, 최초의 정기적 연중행사로 발전했다는 사실이다. 한편 축제의 최고 볼거리이자 가장 중요한 부분인 전차 경주는 축제 폐막 시 1회만 국가가 주도하여 거행되었고 다른 날들은 대중에게 맡겨졌는데, 수고비를 지급하건 그렇지 않건 간에 음악가, 무용수, 줄광대, 마술사, 어릿광대 등이 빠지지 않았다. 로마 건국 390년경(기원전 364년)에는 축제 내용의 확정과 기간 연장이 이루어졌는데, 이와 동시에 로마에 중요한 변화가 있었다. 즉 첫 3일 동안 국가는 경주장에 목판을 깔아 무대를 설치하고 대중이 즐길 만한 공연들을 제공했는데, 무대가 보다 더 크게 확장되지 않도록 비용은 20만 아스(14,500탈러)로 확정해 한꺼번에 국고에서 지출했으며, 그 비용은 카르타고 전쟁 때까지 증액되지 않았다. 비용이 초과할 경우 그 초과 금액이 적을 경우에는 비용 지출의 의무가 안찰관에게 부과되어 사재를 털어야 했는데, 하지만 이런 일은 이 시기에 흔치 않았을 것이다. 축제 무대가 일반적으로 희랍의 영향하에 있었다는 것은 무대의 명칭이 증명해

und Terentius, Leipzig 1845. Bd. 1, S. 313)의 기술과 비교해보면 결정적으로 알 수 있듯이—로마의 축제를 보고하는 것으로 이해할 수 있다. 디오뉘시오스는 자신의 습관에 따라 착각하여 고집스럽게 *'ludi maximi'* 라는 표현을 오해했다. 그 외에 이 국민 축제가 일반적으로 인정되듯 (오만왕의 동명 조상인) 타르퀴니우스에 의한 라티움 정복이 아니라 오히려 레길루스호수에서의 라티움 제압에서 유래한다는 전승도 있다(Cic. *div.* 1, 26, 55; Dion. Hal. 7, 71). 마지막 개소에 있는 파비우스에 관한 중요한 보고를 보면, 이 축제가 사실상 일상적인 감사 축제를 가리키는 것이지 특수한 봉헌 축제를 가리키는 것은 아니었고, 그리하여 축제가 매년 거행되었음과, 위(僞) 아스코니우스의 언급(Ps. Ascon. p. 142 Or.)과 일치하는 비용의 액수가 사용되었음도 알 수 있다.

준다(*scaena*, σκηνή). 무대는 처음에는 단지 배우들과 여러 종류의 광대들을 위한 것이었으며, 그중 피리 반주와 함께 춤을 추던 무용수가 가장 인기가 있었고, 특히 에트루리아 무용수가 그랬다. 이후 곧 공공무대가 생겨났고, 무대는 로마 시인들에게도 개방되었다.

대중가수와 사투라: 예술 감찰

시인들은 라티움에도 있었다. 라티움의 '방랑가수'(*grassatores*) 또는 '대중가수'(*spatiatores*)는 마을에서 마을로, 가가호호 다니면서 피리 반주에 맞추어 율동을 하면서 노래(사투라*satura*, 제1권 40쪽)를 불렀다. 당시의 운율은 물론 한 가지, '사투르누스 운율'이었다(제1권 318쪽). 줄거리가 고정되지 않았고 주고받는 대화 형식도 아니었을 이 노래들은 오늘날 로마 주점에서 들을 수 있는, 즉흥적으로 연주되거나 낭송되는 발라타와 타란텔라와 유사할 것으로 보인다. 당시 일찍부터 공공무대에서 공연되었던 이런 노래들은 이후 로마 극의 맹아가 되었다. 한편 다른 지역과 마찬가지로 로마에서도 이런 무대극은 평범하고 보잘것없었으며 처음부터 상당한 지탄을 받았다. 이미 마법사의 주문뿐만 아니라 어떤 사람이 타인을 향해 부르거나 타인의 집 앞에서 부른 비방가까지 중형을 부과했을 뿐만 아니라 장례식에 곡하는 여성들을 고용하는 것을 금함으로써 악의적이고 무의미한 노래들을 금지했던 12표법이 있었다. 그러나 초기의 예술 활동에 법규보다 엄격한 규제를 가한 것은 관습이었는바, 로마의 엄정함은 돈을 받고 행하는 경박한 행위들을 윤리적으로 금할 수밖에 없었다. 카토는 "옛날 시인은 존경받지 못했는데 누군가가 시인을 자처하고 잔칫상 근처를 배회하면, 그는 게으름뱅이라 불렸을 뿐이다"고 전했는데, 이처럼 카토 당시에는 공연자가 춤, 악기, 시가 등을 생계를 유지하기 위한 영리 목적으로 행할 경우엔 거센 비난과 오명을 감수해야 했고, 지역에서 행해지는 가면극(제1권 320쪽)에 참가하는 것은 젊은이의 순수한 열정으로 여겨진 반면, 가면 없이 돈을 받기 위해 무대에 서는 것은 창피한 것으로 여겨졌다. 또한 당시 이런 가수와 시인은 줄광대나 어릿광대와 완전히 동급으로 취급되었으며, 호구감찰관은 정기적으로 이런 가수들의 시민군 복무 자격이나 민회 투표 자격을 박탈했다(제2권 289쪽). 더 나아가 아주 특이한 것은 무대 공연에 대한 감찰은 도시 경찰이 관할하는 것이 적절하다고 생각했을 뿐만 아니라, 경찰은 상황에 따라서 영리를 목적으로 무대 공연을 하는 배우들에게 자의적인 폭력을 행사할 수도 있었는데, 실제로 경찰 관리들은 공연이 끝난 후에 공연자들을 상대로 재주가 출중한 자들에게는 포도주를 하사하고 서툰 자들에게는 곤장을 치는 법정을 열었다. 나아가 도시 관리라면 누구라도 모든 배우에 대하여 언제 어디서나 법적으로 신체에 대한 징계 처분과 구금 처분을 부과할 권한이 있었다. 이런 까닭에 적어도 공공무대에서 상연되는 춤, 음악, 시가를 최하층 시민 또는 외국인이 도맡게 된 것은 필연적인 결과였다. 그리고 이와 관련하여 이 시기 시가가 일반적으로 외국인이나 가지고 놀 법한 그런 하찮은 것이었다고 할 때, 또 로마의 모든 종교 음악과 세속 음악이 대부분 에트루리아에서 유래한 것이었다 할 때, 일찍이 귀하게 여겨지던 예전의 라티움 피리 음악(제1권 320쪽)이 외국 피리 음악에 밀려나게 되었다는 주장은 이 시기를 놓고 볼 때 타당하다고 하겠다.

시가 문학에 관해서는 아무런 언급도 찾을 수가 없다. 가면극도 무대 낭송도 확정된 시문(詩文)을 가졌을 리 없는바, 대체로 필요에 따라서 공연자 자신이 작성했다. 이 시기 시인의 작업에 관한 언급도 농부의 아들에 대한 지시사항[2]을 담은 일종의 로마판 《일들과 나날》과 이미 언급된 바 있는(제2권 323쪽) 희랍화된 로마 시문의 시초라 할 수 있는 아피우스 클라우디우스의 퓌타고라스 풍 시구 외에 다른 것은 없다. 다만 투르누스 운율에 따른 한두 개의 묘비문이 이 시기의 시문으로 남았을 따름이다.

로마의 역사 기술

로마 극과 마찬가지로 로마의 역사 기술도 이 시기에 시작되었다. 주목할 만한 사건을 기록한 동시대적 기록 형태도 있었고, 로마 공동체의 전사(前史)를 기록한 전승적 기록 형태도 있었다.

---

[2] 그것의 단편이 남아 있다. "가을이 건조하고 봄이 습하다면 너는, 소년이여, 엄청난 양의 스펠트 밀을 거둬들일 것이다." 이 시가 어떤 근거로 후대에 가장 오래된 로마의 시로 인정되었는지 우리는 모른다(Macr. *Sat.* 5, 20; Fest. v. *flaminius* p. 93 M; Serv. *georg.* 1, 101; Plin. *nat.* 17, 2, 14).

정무관 명부

동시대적 역사 기록은 정무관 명부와 관련된다. 후대의 로마 연구자들이 볼 수 있었고, 간접적으로 우리에게까지 전해진 가장 오래된 명부는 카피톨리움 언덕의 유피테르 신전 문서보관소에 있었던 것 같다. 명부에는 자신의 임기년 9월 13일에 신전을 봉헌한 집정관 마르쿠스 호라티우스부터 시작하여 당해년의 공동체 수장, 즉 집정관 이름이 기재되어 있고, 푸블리우스 세르빌리우스와 루키우스 아이부티우스가 집정관이던 해(현재의 통상적 계산법에 따르면 로마 건국 291년, 기원전 463년)에 극심한 역병이 돌자 향후 100년마다 카피톨리움 언덕 신전 벽에 못을 하나씩 박는다는 서약을 한 사건이 담겨 있다. 이후 측정법과 글 읽는 것을 배운 공동체의 지식인 목교관들이 매년 공동체 수장의 이름을 직권으로 명부에 등재하고 예전의 월력(月曆)을 연력(年曆)과 결합시켰다. 그 후로 이 두 가지 형식의 달력은 원래는 '법정 개정일'을 의미하던 '책력'(fasti)이라는 명칭에 통합되었다. 이런 제도는 왕정 철폐 이후 곧 도입되었다. 관원을 매년 공적으로 등재하는 것이 공문서의 실제 순서를 확정하는 데 긴요했기 때문이다. 그러나 그렇게 오래된 공동체 관원 목록이 있었다면 아마 켈트족의 침공과 방화 시에 파괴되었을 것이기에(로마 건국 364년, 기원전 390년), 그 이후 작성된 목교관단의 명부는 이 재난으로부터 살아남은 카피톨리움 명부를 바탕으로 최대한 일자를 과거로 멀리 소급하여 보충된 결과물일 것이다. 우리에게 전해진 집정관 명부는 부수적인 사항을, 특히 계보 관련 사항을 귀족 족보를 통해 임의로 보충했지만, 그럼에도 불구하고 본질적으로 믿을 만한 동시대적 기록에 토대를 두었을 것임은 의심의 여지가 없다. 하지만 이 명부는 역법에 따른 해를 불완전하게 보여주고 있는데, 이는 공동체 수장이 새해 첫날 또는 어떤 확정된 날에 취임한 것이 아니었고, 더구나 여러 가지 이유 때문에 취임일 자체가 당겨지거나 미루어질 수 있었으며, 종종 있던 집정관 공백기(interregna)는 계산에서 완전히 빠졌기 때문이다. 수장 명부에 따라 역년을 계산하려 했다면 공백기는 물론 집정관들의 취임일과 퇴임일도 기재했을 것이다. 이런 계산법이 일찍이 실행되었을 수도 있다. 그 외에 매년 정무관 명부는 일정한 방법을 통해 책력으로 전환되었는바, 두 집정관을 각 해에 배정하고, 그럴 수 없을 때는 (바로가 만든) 후대의 달력 판에서 로마 건국 379~383, 421, 430, 445, 453년 등의 숫자로 표시된 보충년을 삽입하는 방법이었다. 그리하여 로마 건국 291년(기원전 463년)부터의 명부는 세부는 아니지만 전체적으로 로마 달력과 일치하며, 달력이라면 있을 수밖에 없는 흠결을 제외하면 날짜 계산상의 하자도 없다. 이전 47년 동안의 명부는 확인되지 않지만 최소한 주요 부분에서는 마찬가지로 옳다.[3] 로마 건국 245년(기원전 509년) 이전은 날짜 계산에서 빠져 있다.

---

[3] 목록의 첫 부분은 개찬의 혐의를 받는데, 왕권 철폐로부터 켈트인의 로마 침략과 방화까지의 햇수를 120에 맞추려고 사후 추가되었을 것이다.

카피톨리움 시대

일반적으로 시대라고 할 만한 것이 형성되지 않았다. 다만 제의(祭儀) 때문에 카피톨리움에 유피테르 신전을 봉헌한 해부터 햇수가 기산되었다. 당연히 그해부터 관원 명부도 시작된다.

연대기

정무관 명부에는 관원들의 이름 외에 임기 동안 일어난 중요한 사건들도 기재했을 것인바, 관원 명부 옆에 부기된 사건 기록을 통해 로마 연대기가 만들어졌을 것이다. 이는 흡사 부활절 달력 기록으로부터 중세 시대의 연대기가 만들어진 것과 동일한 방식이다. 그러나 모든 관리의 이름과 진기한 사건들을 연대별로 꼬박꼬박 기록하는 공식적인 '연대기'(*liber annalis*)는 후대에 목교관들에 의해 비로소 작성되었다. 실제로는 로마 건국 354년(기원전 400년) 6월 20일자의 일식을 가리키는 것으로 보이는, 기록상 로마 건국 351년(기원전 403년) 6월 5일자의 일식이 후대의 로마 연대기에 등장하는 첫 번째 관찰 기록이다. 연대기 상의 호구조사는 로마 건국 5세기 이후 내용부터 비로소 믿을 만하다(제1권 135쪽과 제2권 277쪽). 민회의 벌금 사건 처리와 일정한 징조들에 대해 거행한 정화의식은 로마 건국 5세기 후반 이후가 돼서야 정규적으로 연대기에 기재되었다. 로마 건국 5세기 전반기에는 제대로 된 연대기 작성과 이와 관련된, 앞서 언급한 역년을 계산할 목적으로 보충년을 삽입, 관원 명부와 역년을 일치시킨 개정 작업이 있었다.

그러나 전쟁과 식민지 건설, 역병과 기근, 일식과 기적, 사제와 여타 위신 있는 자들의 사망, 새로운 민회의 결의, 호구조사 결과 등을 매년 기록하고, 이 기록을 후대의 기억을 위하여 모든 이들이 열람할 수 있도록 자신의 집무지에 게시했던 대목교관 기록은 아직 진정한 역사 기술과는 거리가 멀었다. 이 시기 말 동시대인에 의한 기록이 얼마나 빈약한지, 그리고 후대의 연대기 저자들이 자의적으로 손을 댈 여지가 얼마나 컸는지는 로마 건국 456년(기원전 298년)의 원정을 기록한 연대기들과 집정관 스키피오의 비문에 있는 보고를 비교해보면 명백하게 알 수 있다.[4] 따라서 후대의 역사가들은 로마 연대기로는 납득할 만하고 어느 정도 정합적인 이야기를 구성할 수 없었다. 만약 우리가 로마 연대기를 원래 모습 그대로 물려받았더라도 이를 통해 당대의 역사를 실질적으로 기술하기는 어려울 것이다. 그러나 이런 연대기들은 로마에만 있었던 것이 아니라 예컨대 아르데아, 아메리아, 나르 강변의 인테람나 등에도 목교관과 비슷한 제도가 있었는바, 이들 지역에도 연대기가 있었기에 이런 연대기들을 전부 비교한다면 아마도 초기 중세에 여러 수도원 연대기들의 비교를 통하여 얻은 것과 유사한 것을 달성할 수도 있을 것이다. 하지만 유감스럽게도 로마에서는 연대기의 공백을 희랍인들이 범했던 오류들과 이 오류를 참고해서 얻은 오류들로 메우는 일이 후대로 갈수록 잦아졌다.

---

[4] 제2권 322쪽. 연대기에 따르면 스키피오는 에트루리아에서, 그의 동료는 삼니움에서 지휘했다. 그리고 루카니아는 이 해에 로마와 연맹 관계에 있었다. 묘비에는 스키피오가 삼니움의 두 도시와 루카니아 전체를 정복한 것으로 되어 있다.

족보

지난 시대와 지난 시대의 사건을 확인하기 위해 이용할 만한 이 시대의 공적 기록으로, 이렇게 빈약하고 불확실한 것 이외에 로마 역사 서술에 직접적으로 도움이 될 만한 것은 아무것도 남아 있지 않다. 사적 연대기의 흔적도 전혀 찾아볼 수 없다. 다만 몇몇 저명한 가문들의 족보가 남아 있는데, 그들은 법적으로도 매우 중요한 족보의 확정과 기억을 위해 집 출입구 벽에 가계도를 그리는 일을 중요시했다. 족보는 가문의 전통을 세우는 토대였는바, 최소한 관직명 정도는 언급되어 있었고, 일대기적 기록들도 일찍부터 첨부되어 있었다. 한편 로마에서 추모 연설은 저명인사의 죽음과 관련해 빠질 수 없는 것이었는데, 대체로 망자의 가장 가까운 친족에 의해 행해졌으며, 여기에는 고인의 미덕과 탁월함은 물론 고인의 조상들이 이룩한 업적과 미덕들까지 언급되었다. 아주 오랜 옛날부터 추모 연설은 세대에서 세대로 전해졌는바, 몇몇 가치 있는 기록도 이 추모 연설을 통해 보존되었을 것이다. 물론 추모 연설의 전승 과정에는 과감한 왜곡과 변조도 포함되었을 수 있다.

로마의 초기 역사

진정한 의미의 역사 기술뿐만 아니라, 로마 초기 역사의 기록과 그 개찬도 이 시기에 시작되었다. 물론 이때 이용된 사료도 앞엣것과 그리

다르지 않았다. 후에 씨족 명이 덧붙여지는 누마, 앙쿠스, 툴루스 등 개별적인 왕들의 이름뿐만 아니라 타르퀴니우스 왕이 라티움인들을 정복한 것이나 타르퀴니우스 가문이 축출된 것과 같은 개별적인 사건들도 일반적인 구전 전승 속에 살아남았다. 그 외에도 예를 들어 파비우스 집안 이야기와 같은 귀족가문의 전승들도 전해졌다.

한편, 민족의 태곳적 제도들, 특히 법적 관계가 기록된 매우 생생하고 상징적이며, 역사적인 이야기들도 있다. 여기에는 레무스 살해 이야기 속 도시 성벽의 신성함, 타티우스 왕의 종말에 관한 이야기에서 보이는 피의 복수 철폐(제1권 212쪽 각주), 호라티우스 코클레스의 전설에 나타나는 '나무 다리'(*pons sublicius*)에 관한 규정의 필요성,[5] 호라티우스 가와 쿠리아투스 가의 미담에 들어 있는 민회의 '사면절차'(*provocatio*)의 탄생, 노예해방과 해방노예의 시민권 획득 과정을 담은 타르퀴니우스 가의 음모와 노예 빈디키우스에 관한 이야기 등이 있다. 로마의 기원을 라티움과 라티움의 모도시 알바롱가에 연결시키는 도시 창건의 역사도 이런 이야기에 속한다. 그 외 저명한 로마인의 별명에 부가된 역사적 주석들도 있다. 예컨대 푸블리우스 발레리우스의 '보민자(保民者)'(*Poplicola*)라는 별명에 관해서는 수많은 일화가 전해진다.

성스러운 무화과나무, 도시의 여타 장소들, 이런저런 진기한 사물들과 관련된 수많은 민담은 특히 빼놓을 수 없다. 이런 민담들은 약 1000년 후 중세의 《로마의 경이로운 사물들*Mirabilia Urbis*》의 토대가

---

[5] 이와 같은 전설의 줄거리는 노 플리니우스가 자신의 저작에서 명백하게 밝히고 있다(*nat.* 36, 15, 100).

되는바, 아마도 여러 민담의 다양한 연결점을 찾아 예컨대 일곱 왕들의 순서를 정하고 세대 계산에 의거해 왕정통치시기를 모두 240년으로 확정한[6] 것도 이 시기였을 것이고, 이런 기록들 자체를 공식적으로 확정하기 시작한 것도 이 시기였을 것이다. 왜냐하면 이 시기 이후 민담의 줄거리 및 유사 연대기가 거의 변함없이 그대로 굳어져 전승되고 있기 때문이며, 따라서 그것의 확정은 로마의 소위 '문학시대' 가 아니라 문학시대 이전으로 보아야 하기 때문이다. 암늑대의 젖을 빨던 쌍둥이 로물루스와 레무스가 청동으로 주조되어 성스러운 무화과나무 옆에 세워진 것이 이미 로마 건국 458년(기원전 296년)인 점을 볼때, 우리는 라티움과 삼니움을 제압한 로마인들도 그들 건국의 역사를 우리가 리비우스에서 읽는 것과 크게 다르지 않게 생각하고 있었다는 사실을 확인할 수 있다. 심지어 라티움 종족의 역사와 관련, 순진하게도 그곳에 "태초부터 있던" 원주민들을 상정한 것은 로마 건국 465년(기원전 289년)의 시킬리아 역사가 칼리아스였다.

전사(前史)가 역사에 합일될 뿐만 아니라, 천지창조까지는 아니더라도 적어도 공동체 탄생까지 소급되는 것은 연대기의 본성상 당연하다. 그리고 목교관들의 책력이 로마의 창건 연도를 제시하고 있다는 것도 명백하다. 그에 따르면 5세기 전반, 그때까지 대체로 관원들의 이름에 한정되어 있던 간단한 기록을 대신할 정식 연대기를 작성하기

---

[6] 세 종족이 100년으로 계산되었고, 숫자 233 1/3은—마지막 왕의 도주와 켈트족에 의한 로마 약탈 사이의 기간이 120년으로 올림 된 것처럼(제2권 332쪽 각주)—240으로 올림 되었다. 어떻게 하여 하필 이 숫자들이 이용되었는지는 앞에서(제1권 292쪽) 논의된 면적 단위의 확정시 고려된 숫자를 참조할 수 있다.

시작했을 때, 목교관단은 빠져 있던 로마의 왕들에 대한 기록과 왕정 몰락의 역사를 추가하면서—로마 건국 245년(기원전 509년) 9월 13일 카피톨리움 신전 봉헌일을 공화정 창건일로 정하면서—연대를 정할 수 없던 이야기와 연대가 분명한 이야기 사이에 그럴싸한 관련성을 인위적으로 꾸며 넣었다.

한편 로마의 기원에 관한 이러한 이야기에 희랍 문명도 아주 오래 전부터 영향을 주었다는 것은 의심의 여지가 없다. 원주민이 있고 나중에 다른 주민이 왔다는 생각, 농경보다는 목축 생활이 우위라는 생각, 인간 로물루스가 퀴리누스 신(제1권 239쪽)으로 변했다는 생각 등은 매우 희랍적인 것으로 보이기 때문이다. 외국에서 들어온 퓌타고라스의 원시 사상을 혼합해 민족 고유의 인물들을 경건한 누마나 현명한 에게리아 등으로 불명료하게 만든 것 역시 아주 최근의 일로 보이지는 않는다. 사료 중 하나인 귀족 가문의 족보도 이러한 공동체의 시초와 유사한 방식으로 완성되었는바, 대체로 계보 방식이 선호되었으며 저명한 조상들에까지 소급되었는데, 예컨대 아이밀리우스 가, 칼푸르니우스 가, 피나리우스 가, 폼포니우스 가 등의 시조는 누마 왕의 네 아들 마메르쿠스, 칼푸스, 피누스, 폼포로 소급되었고, 아이밀리우스 가는 좀 더 나아가 퓌타고라스의 아들 '달변가'(αἱμύλος) 마메르쿠스로까지 소급되었다. 그러나 도처에 등장하는 이러한 희랍적 연상물들에도 불구하고 공동체와 가문의 이러한 전사는 적어도 로마 민족의 것이라고 말해도 좋을 것이다. 그것이 로마에서 생겨났을 뿐만 아니라, 로마와 희랍이 아니라 로마와 라티움을 연결시키려는 경향을 보이기 때문이다.

희랍인들이 기록한 로마 초기 역사

희랍과 로마를 연결시키려고 한 것은 희랍의 이야기와 문학이다. 당시 희랍의 이야기들에서는 점차 확대되는 지리 지식에 보조를 맞추는 한편, 많은 여행자와 이주민들의 이야기에 근거해 세상에 대한 극적인 설명을 만들어내려는 노력을 엿볼 수 있다. 하지만 이런 이야기들은 그렇게 단순하지만은 않았다. 로마를 언급하는 가장 오래된 희랍 역사서는 쉬라쿠사이의 안티오코스가 지은 '시킬리아의 역사'(로마 건국 330년, 기원전 424년까지를 다룸)인데, 이에 따르면 로마 출신의 시켈로스라는 사람이 이탈리아로, 즉 브루티움 반도로 이주했다고 한다. 이렇게 희랍의 이야기들은 로마인들, 시킬리아인들, 브루티움인들의 친족성을 역사화하는데, 희랍적 색채가 전혀 없는 보고는 매우 드물다. 이런 전설은 일반적으로 과거의 것일수록 야만 종족들의 세계가 희랍으로부터 기원한다거나 희랍인들에게 지배를 받았다고 기술하는 경향이 점점 더 강해지는데, 일찍이 전설은 지중해 서쪽에 대해서도 그런 식의 이야기를 만들어냈다. 헤카타이오스(로마 건국 257년, 기원전 497년에 사망)가 헤라클레스의 기둥을 알고 있었고, 아르고 호가 흑해에서 대서양으로, 대서양에서 나일강을 통해 다시 지중해로 돌아오긴 하지만, 그럼에도 헤라클레스 신화 혹은 아르고 호 신화에서 이탈리아는 일리온의 파괴 이후 귀향하는 사람들 이야기에서처럼 큰 비중을 갖지 않았다. 이런 희랍의 이야기에 있어 이탈리아에 관한 지식의 여명은 디오메데스가 아드리아해를 떠돌아다니고 오뒷세우스가 튀레눔해를 헤매고 다녔던 일로부터 시작한다(제1권 197

쪽). 호메로스의 오뒷세우스 이야기에는 튀레눔해라는 지명이 등장하는데, 알렉산드로스 시대까지 튀레눔해 지역들은 희랍의 이야기들 속에서 오뒷세우스 전설의 활동 무대가 된다. 로마 건국 414년(기원전 340년)에 이야기를 끝내는 에포로스와 이른바 스퀼락스(로마 건국 418년, 기원전 336년경)도 본질적으로 이를 따랐다. 트로이아인들의 이주 항해에 관해 옛 문학 작품들은 아무것도 말하고 있지 않다. 호메로스에서 아이네아스는 일리온의 몰락 이후 본국에 남아 트로이아인들을 지배한다.

스테시코로스

'일리온의 파괴' 이후 아이네아스가 지중해 서쪽으로 이주했다고 맨 처음 기록한 사람은 위대한 신화 수정자인 스테시코로스(로마 건국 122~201년, 기원전 632~553년)였다. 그는 자신이 태어난 곳이자 자신이 살고 있는 곳, 즉 시킬리아와 남부 이탈리아를 이야기의 무대로 삼아 희랍 영웅들에 맞서는 트로이아 영웅들의 이야기를 시적으로 보고 했다. 그에 의해 비로소 확정된 아이네아스 이야기에서 부인과 아들, 그리고 신주를 든 늙은 아버지와 함께 불타는 일리온으로부터 탈출하는 영웅과 그의 부하들, 즉 트로이아인들이 시킬리아인들 및 이탈리아인들과 자신들을 동일시하는 것은 스테시코로스의 창작인데,[7] 이러

---

[7] 투퀴디데스, 위(僞) 스퀼락스 및 기타의 사람들이 언급한 시킬리아의 '트로이아계 식민 도시들'

한 동일시는 특히 미세눔곳에 이름을 준 트로이아의 트럼펫 주자 미세노스에서 이미 명백하게 드러난다. 시인 스테시코로스는 이탈리아의 야만인들이 다른 야만인들보다는 희랍인과 밀접하고, 희랍인들과 이탈리아인들의 관계가 호메로스 작품에서 시적으로 적절하게 표현된 '아카이오이인들'과 '트로이아인들'의 관계와 동일시될 수 있다는 느낌을 이끌어냈다. 그리고 이 새로운 트로이아 이야기는 곧바로 이탈리아에 널리 전파되면서 이전의 오뒷세우스 전설과 섞이게 되었다. 헬라니코스(로마 건국 350년경, 기원전 400년경 작성됨)에 따르면 오뒷세우스와 아이네아스는 트라키아와 몰로시아(에페이로스)를 지나 이탈리아로 왔다고 한다. 이때 그들이 데려온 트로이아의 여인들은 배들을 불태웠고, 아이네아스는 도시를 건설했는데, 트로이아 여인 중 1인의 이름을 따 도시를 로마로 명명했다고 한다. 유사하면서 좀 더 그럴듯하게 아리스토텔레스(로마 건국 370~432년, 기원전 384~322년)는 라티움 해안에 도달하게 된 아카이아 함대에 트로이아의 여자 노예들이 방화를 했고 어쩔 수 없이 정착하게 된 아카이아 남자들과 트로이아 여인들로부터 라티움인들이 나왔다고 전한다. 또한 이 이야기에는 이탈리아적 요소들이 동시에 섞여 들어갔는데, 이런 요소들은 시킬리아와 이탈리아의 활발한 교역에 의하여 적어도 이 시기 말경에는 이미 시킬리아까지 전파되어 있었다. 그 결과 시킬리아의 칼리아스는 로마 건국 465년(기원전 289년)경 로마의 탄생에 관한 저술

이라는 표현도—헤카타이오스의 작품에서 카푸아가 트로이아인들의 정주지 명칭이듯—스테시코로스가 이탈리아 및 시킬리아의 원주민과 트로이아인들을 동일시한 데서 기인한다.

에서 오뒷세우스 이야기, 아이네아스 이야기, 로물루스 이야기를 서로 섞어놓았다.[8]

티마이오스

이러한 트로이아인들의 방랑 서사시를 진정으로 완성한 사람은 로마 건국 492년(기원전 262년)에 자신의 역사책을 마무리한 시킬리아 타우로메니온의 티마이오스다. 그는 아이네아스가 우선 트로이아의 신주를 모실 성소와 함께 라비니움을 창건했고, 이어 로마를 창건했다고 기록한다. 그는 또한 튀로스 출신의 엘리사 혹은 디도를 아이네아스 전설에 편입시켰음이 틀림없는데 디도가 카르타고의 창건자이며 로마와 카르타고는 같은 해에 창건되었다고 기술했다. 티마이오스가 글을 쓰고 있던 바로 그곳에서 바로 그때에 시작되고 있던 로마와 카르타고의 갈등과, 시킬리아에 알려진 라티움의 풍습과 관례 등이 티마이오스로 하여금 이야기를 새롭게 개작하도록 자극했을 것이다. 그러나 본질적으로 이 이야기 자체가 라티움에서 전래된 것일 수는 없는 바, 이는 '허풍선이' 라 불리던 늙은 시인의 공허한 창작일 뿐이다. 티마이오스는 라비니움 신주들의 태곳적 신전에 관한 이야기를 들었을

---

[8] 그에 따르면, 일리온으로부터 로마로 도주한 여성 로메 또는 그녀와 동명의 딸이 원주민의 왕 라티노스와 혼인했고 세 명의 아들, 로모스, 로뮐로스, 텔레고노스를 낳았다. 이 이야기에서 투스쿨룸과 프라이네스테의 창건자로 나오는 막내 텔레고노스가 오뒷세우스 전설에 속한다는 것은 주지의 사실이다.

것이다. 그래서 그는 라비니움인들이 신주들을 아이네아스 후손에 의해 일리온으로부터 모셔진 것이라고 여긴다는 사실을 덧붙일 수 있었고, 로마 축제 '10월의 말'과 트로이아 목마의 놀라운 관련성이나 라비니움 성물들의 정확한 목록 작성 등에 대해서도 같은 말을 할 수 있다. 이 놀라운 보증인은 한편 쇠와 구리로 된 전령의 지팡이들과 토기 한 개가 트로이아의 공방에서 제작된 것이라고 주장한다. 이 신주들은 수백 년 동안 누구도 보지 못했을 텐데 말이다. 아무튼 티마이오스는 도무지 누구도 알 수 없는 것에 관해 놀라울 만큼 확신을 갖고 말하는 역사가 중 하나였다. 그런 그를 알고 있었던 폴뤼비오스는 당연히 그를 전혀 신뢰하지 않았는데, 적어도 문서상의 증거를 원용하는 경우에는 더더욱 그랬다. 투퀴디데스의 무덤이 이탈리아 어디에 있는지 알고 있다고 공언하기도 하고, 이소크라테스가 칭송 연설을 끝내는 것보다 더 빨리 알렉산드로스가 아시아를 정복했다는 최고의 찬사를 알렉산드로스에게 남기기도 한 이 시킬리아 수사학 교사는 옛 시대의 순진한 이야기를 가지고 혼돈의 반죽을 빚어내는 데 안성맞춤인 사람이었다.

애초 시킬리아에서 발생했던 희랍인들의 이탈리아 이야기들이 당시 이탈리아에 얼마나 깊이 들어왔는지 확실하게 알 수는 없다. 이후 투스쿨룸, 프라이네스테, 안티움, 아르데아, 코르토나 등의 창건 전설과 오뒷세우스 서사시와의 관련성은 아마도 이미 이 시기에 생겨났을 것이다. 혈통과 관련하여 로마인들이 트로이아인들로부터 기원한다는 믿음도 이 시기 말 로마에서는 이미 확고해진 생각이었을 것이다. 로마와 희랍의 동쪽 사이의 증명 가능한 최초 접촉은 로마 건국 472

년(기원전 282년)에 '뿌리가 같은' 일리온 사람들을 위한 원로원의 중재였다. 그러나 이런 역사적 사실 이전에 이탈리아에서 아이네아스 이야기가 비교적 나중에 나타난 것임을 증명하는 것은 오뒷세우스 이야기와는 달리 이 이야기가 이탈리아 내에서 많이 퍼져 있지 않았다는 점이다. 이 이야기들의 최종 편찬 및 로마 기원 전설과의 조정은 여하튼 다음 시기에야 가능해진다.

역사 기술을 통해서든, 그렇게 불리는 무엇을 통해서든 희랍인들은 나름의 방식으로 이탈리아 전사를 기술하는 데 전력투구했다. 그러나 막상 동시대 이탈리아 역사는 거의 무시했다. 이는 희랍의 몰락한 역사 상황 때문인바, 우리에게는 아쉬운 부분이다. 키오스의 테오폼포스(로마 건국 418년, 기원전 336년에 기술을 끝냈다)는 켈트족에 의한 로마의 점령을 조금도 언급하지 않았다. 다만 아리스토텔레스, 클레이타르코스, 테오프라스토스, 폰토스의 헤라클레이데스(로마 건국 450년, 기원전 300년경에 사망)만이 때때로 로마와 관련된 사건들을 부차적으로 언급했을 뿐이다. 퓌로스의 역사가로서 이탈리아에서 퓌로스가 수행한 전투들을 기술한 카르디아의 히에로뉘모스 때나 되어서야 희랍인의 역사 기술은 동시대의 로마사 기술을 위한 사료로 쓰일 수 있게 된다.

법학

학문으로서의 법학은 로마 건국 303년과 304년(기원전 451과 450년)에 있었던 로마법의 성문화를 통해 가늠할 수 없을 만큼 귀중한 토대를 마련했다. '12표법'이라는 이름으로 알려진, 아마 가장 오래된 문서인 이 법전은 한 권의 책으로도 손색이 없다. 이보다 조금 앞서는 것으로 이른바 '왕법'(*leges regiae*)의 핵심인 종교법 규정들이 있을 것인데, 이것은 관행과 관련된 규정으로 입법 권한은 없지만 법을 알릴 권한을 가진 목교관단이 왕의 포고령 형식으로 일반 대중에게 공포했다. 그 밖에도 이미 초기부터 민회의 결의와 원로원의 주요한 결의가 문서로 작성될 것이 규정되어 있었으리라 추측할 수 있는데, 원로원 결의 문서들의 보관과 관련해서는 최초의 신분 투쟁 시기에 이미 다루었다(제2권 48쪽 각주; 64쪽).

소송 방식서 목록

법률 문서의 양적 증가와 함께 법학의 고유한 토대들도 마련되었다. 매년 바뀌는 관리와 국민 중에서 선임되는 심판인도 필요에 따라 법률 전문가들에게 자문을 구했는데, 소송 절차에 대해 잘 알았던 이들은 선결례에 따라 또는 선결례가 없는 경우 합리적인 근거에 따라 결정을 돕고 자문을 해주었다. 법정 개정일 또는 제사와 관련된 모든 고려 사항과 준수해야 할 법적 행위 등과 관련해 국민들에게 자문을 해주던 목교관단은 다른 법적 문제들에 관해서도 대개는 신청이 있으면 자문과 감정을 제시했는바, 이를 통해 목교관단은 로마 사법의 토대가 되는, 특히 개별 사건을 위한 소송방식서 전통을 발전시켰다. 로마 건국 450년(기원전 300년)경, 아피우스 클라우디우스 또는 그의 서기 그나이우스 플라비우스는 법정 개정일을 알 수 있는 책력과 함께 모든 소송 방식서 목록을 국민에게 공개했다. 하지만 이들조차도 아직 알지 못했던 법학이라는 학문의 정립은 오랫동안 제대로 시도되지 못했다. 최초의 상민 목교관 푸블리우스 셈프로니우스 소푸스와 최초의 상민 대목교관 티베리우스 코룽카니우스가 법에 해박하여 목교관이 되었다는 이야기는 아마 전승이 아닌 후대의 추측일 것이다. 그렇다 해도 법 지식과 법학은 이미 로마인들에게 명예를 드러내고 공직에 이를 수 있는 첩경이 되었다고 할 수 있다.

12표법의 언어

이보다 빠른 시기에 라티움어와 여타 이탈리아어의 진정한 탄생이 있었는데, 라티움어가 이미 이 시기 초에 본질적으로 완성되어 있었다는 사실은 어느 정도 구전으로 전해지다가 매우 세련된 모습으로 작성된 12표법의 단편들을 통해 증명되었다. 몇몇 고어(古語)들이 보이고 불확정 주어의 생략에 따른 이상한 주술 연결도 있지만, 그럼에도 그 단편들은 결코 농업신 사제단의 성가처럼 이해하기 어려울 정도는 아니며, 고대 기도문보다는 카토의 일상어에 훨씬 더 가깝다. 만약 로마 건국 7세기 초의 로마인들이 로마 건국 5세기의 문서를 이해하는 데 어려움이 있었다면, 그것은 단지 당시 로마에 아직 제대로 된 연구, 특히 문헌 연구가 없었기 때문임이 분명하다.

소송 방식

법 발견과 법 편찬이 시작되던 이 시기에 로마 소송방식도 최초로 확립되었을 것이다. 로마의 소송방식은 이미 고도로 발전하여, 고정된 방식문언 및 표현법, 끝없는 개별 사항들의 열거, 지루하게 연장되는 재판 기일 등에 있어서 오늘날의 영국 법정 언어에 전혀 뒤지지 않는다. 그 엄밀함과 확실성은 전문가에게는 훌륭한 점으로 보일지 모르지만, 비전문가에게는 아무것도 이해되지 않으며 다만 개인의 성격과 기분에 따라 경외심, 조바심 또는 분노의 감정을 표출하게 할 뿐이다.

언어

이 시기에는 토착 언어에 대한 합리적 연구도 시작되었다. 우리가 살펴보았듯이(제1권 309쪽) 이 시기 초의 사비눔인들과 라티움인들의 언어는 천박해질 위험에 처해 있었고, 어미가 탈락하고 모음과 섬세한 자음들이 유화되는 경향이 기원후 5세기와 6세기의 라티움어계 언어들에서처럼 심화되었다. 이에 다음과 같은 대응이 있었다. 오스키아어에서는 융합되어 있던 d와 r 소리가, 라티움어에서는 융합되어 있던 g와 k 소리가 다시 분리되어 각각 고유한 기호를 갖게 되었다. 오스키아어에서는 원래 분리된 기호가 없었고 라티움어에서는 원래 분리되어 있었으나 융합될 위험에 처해 있던 o와 u는 다시 분리되었다. 오스키아어에서는 심지어 i가 소리로나 모양으로나 상이한 두 개의 기호들로 분리되었다. 서법은 발음에 따라 다시 정확하게 바뀌었는데, 예컨대 로마인들에게서 자주 s가 r로 대체되었다. 이 같은 대응들이 나타난 시기는 로마 건국 5세기다. 라티움어의 g는 예컨대 로마 건국 300년(기원전 450년)경에는 아직 없었고, 로마 건국 500년(기원전 250년)경에는 있었을 것이다. 파피리우스 가문 최초로 자신을 파피시우스가 아닌 파피리우스로 명명한 인물은 로마 건국 418년(기원전 336년)의 집정관이었다. s를 대신하는 r의 도입은 로마 건국 442년(기원전 312년)의 호구감찰관인 아피우스 클라우디우스 덕이다. 더 섬세하고 더 엄격한 이 같은 발음의 재도입은 물론—바로 이 시기에 이탈리아 생활의 모든 영역에서 감지할 수 있었던—희랍 문명의 증대되는 영향력과 관련이 있다. 한편 카푸아와 놀라의 은화가 같은 시기의 아르데아와 로마의 아스보다 훨씬 더 완전했듯이, 문자와 말도 라티움보다 캄파니아 지역에서 더 빠르고 완벽하게 바로잡혔던 것으로 보이는데, 투입된 노력에도 불구하고 로마의 말과 글이 이 시기에 확립되지 않았다는 것은 남아 있는 로마 건국 5세기 말의 명문들을 보면 알 수 있다. 그 명문들에는 특히 어미에 m, d, s가 들어가거나 빠지는 것, 어중음에 n이 들어가거나 빠지는 것, 모음 o, u가 e, i와 분리되거나 되지 않는 것 등과 관련한 일관된 규칙이 존재하지 않고, 맞춤법들도 매우 자의적으로 적용되어 있다.[9] 다른 한편, 같은 시기의 움브리

---

[9] 로마 건국 456년(기원전 298년)의 집정관 루키우스 스키피오와 로마 건국 495년(기원전 259년)의 집정관 스키피오의 두 비문에는 변화형의 끝자리에 m자와 d자가 규칙적으로 빠져 있는데, 다만 'Luciom'이 한 번, 'Gnaivod'가 한 번 보인다. 또 주격 Cornelio와 filios가 그 옆에 보인다. 또 cosol, cesor, consol censor도 있고, aidilis, cepit, quei, hic 등과 함께 aidiles, dedet, ploirume(=plurimi), hec(주격 단수) 등도 눈에 띈다. r 음화 현상은 이미 완전히 실행되고 있

아인들은 부활하는 희랍 영향력의 세례를 거의 받지 못한 반면, 사비눔인들은 대체로 이 점에서 훨씬 형편이 양호했다.

교육

법학과 문법의 발전으로 이미 오래전에 등장했을 초등 수업도 일정한 발전을 이루었음이 틀림없다. 호메로스 작품은 희랍 고서이고 12표법은 로마 고서였는바, 두 작품은 각각의 나라에서 수업의 가장 중요한 기초가 되었는데, 로마 아동 교육의 핵심은 법적·정치적 문답을 암기하는 것이었다. 언어의 경우, 희랍어가 모든 관리와 상인에게 필요하게 된 이래 '라티움어 교사'(*litteratores*) 외에 '희랍어 교사'(*grammatici*)[10]도 당연히 있었는데, 교사의 집 또는 학생의 집에서 희랍어 읽기와 말하기 수업을 하던 개인 교사 노예 또는 집사 노예가 그들이었다. 한편, 전투나 치안에서처럼 분명 수업에서도 매는 큰 역할을 했다.[11] 그러나

었는바, 마르스 사제 춤곡들에서 보이는 *foedesum, plusima* 등과는 달리, *duonoro*(=*bonorum*), *ploirume* 등을 볼 수 있다. 우리에게 남아 있는 명문들은 대체로 r 음으로 넘어가지 않았다. 예전 s의 흔적으로는 *honor*와 *labor* 외에 사용되었던 *honos*와 *labos*나, 새로이 발견된 프라이네스테의 비문들에서 보이는 여성의 개인명인 *Maio*(*maios, maior*)와 *Mino*와 같은 개별 자취들만을 찾을 수 있다.

[10] *Litterator*와 *grammaticus*는 대략 '초등 교사'와 '말 선생'으로 번역된다. 후자는 이전의 언어 관행상 희랍어 교사에게만 사용되었고 모국어 교사에게는 사용되지 않았다. *Litteratus*는 더 새로운 표현인데 학교의 교사를 지칭한다기보다 교양 있는 사람을 가리켰다.

[11] 플라우투스(*Bacch.* 431)가 좋은 아동 교육의 일부로 이용했던 아래의 오래된 글은 로마의 실상이었을 것이다. "만일 네가 그 후 집에 왔으면, 어린이 투니카를 입고 의자에 앉아 선생님을 향해 앉을 것이다. 그다음에 책을 읽으면서 한 음절이라도 실수를 한다면, 그는 너의 등을 턱받이처럼 울긋불긋 만들어줄 것이다."

이 시기의 수업은 초급 단계를 벗어나지는 못했으며, 교육을 받은 로마인과 받지 못한 로마인 간에 사회적 차별은 본질적으로 없었다.

과학: 책력의 수정

로마인들이 수학과 공학에 뛰어나지 못했다는 사실은 잘 알려져 있다. 이 점은 이 시기에 십인관이 시도했던 책력 수정 하나만으로도 분명히 드러난다. 그들은 극히 불안전했던 그때까지의 옛 '3년력'(*trieteris*)을 아티카의 '8년력'(*octaeteris*)으로 바꾸려 했다. 그리하여 한 달이 29와 1/2일로 된 음력을 유지하면서, 양력의 한 해는 368과 3/4일이 아니라 365와 1/4일로 수정했다. 그리하여 음력에 따른 한 해의 길이는 354일로 유지되면서, 4년마다 59일이 아니라 8년마다 90일이 윤일로 삽입되었다. 동일한 취지에서 로마의 역법 개혁자들은 여타는 기존의 달력을 유지하면서 4년 주기의 두 윤년에서 윤달이 아닌 2월을 각 7일씩 단축하여 윤년의 2월을 29일과 28일이 아닌 22일과 21일로 정하려 했다. 그러나 수학적으로 미처 생각지 못한 종교적 문제, 그러니까 2월의 해당 일들에 거행되어야 할 테르미누스 신 축제일이 없어지는 문제 때문에 이런 수정 시도는 결국 좌절되었다. 그리하여 윤년의 2월이 24일과 23일이 되었고 새로운 양력의 한 해는 실제로는 366과 1/4일이 되었는데, 이로부터 발생하는 불일치를 해소하기 위한 몇몇 임시방편이 강구되었는바, 한 달의 길이가 이렇게 달라지면서 더 이상 적용할 수 없게 된 월별 계산법 혹은 10개월 계산법(제1권 298쪽)을 버리고, 더욱 정밀하게 규율된 365일의 양력 1년의 10개월에 의한 계산법 혹은 304일의 10개월로 이루어지는 1년에 의한 계산법을 사용하게 된 것이다. 그밖에 이집트의 365와 1/4일 길이의 양력 1년에 기초한 에우독소스(로마 건국 386년, 기원전 368년에 활약)의 농업 달력이 특히 농경의 목적으로 이탈리아에서 일찍부터 이용되었다.

건축술과 조형예술

수학과 공학에 있어 이탈리아인들이 달성할 수 있었던 것을 좀 더 이해하려면, 공학 지식과 밀접한 관련이 있는 건축술과 조형예술 작품들을 보면 된다. 여기에서도 진정한 독창성은 찾을 수 없다. 이처럼 모든 이탈리아 조형물들이 차용의 흔적 때문에 예술적으로는 관심을 끌지 못하지만, 그럼에도 그에 대한 역사적 관심은 더욱 크게 솟아오른다. 왜냐하면 여타 다른 것에는 남아 있지 않은 과거의 민족 교류와 관련된 극히 진기한 증거들이 이탈리아의 조형예술에 보존되어 있고, 다른 한편 비로마계 이탈리아인들이 거의 완전히 몰락한 이후 조형예술만이 유일하게 이탈리아 반도의 다양한 민족들의 활발했던 생활 모습을 전해주고 있기 때문이다. 그러나 이 시기 건축술 및 조형예술과 관련해 특별히 새로운 것은 알려져 있지 않다. 다만 이미 언급된 것처럼(제1권 336쪽) 희랍이 에트루리아인들과 이탈리아인들을 여러 측면에서 강력하게 자극했다는 점은 이 시기에 더욱 확실하게, 더욱 많은 증거로 증명될 수 있다. 희랍의 영향에 의하여 에트루리아인들은 더욱 풍요롭고 사치스러운 예술을, 이탈리아인들은 영향이 조금이라도 있었던 곳이 라면 어디에서나 더욱 사려 깊고 내밀한 예술을 발전시켰던 것이다.

에트루리아 건축

이미 오랜 옛날부터 이탈리아 전역의 건축에 희랍적 요소들이 얼마나 완벽하게 영향을 미쳤는지는 앞서 기술했다. 이 시기 에트루리아인들 의 건축이 어떻게 발전되었는지에 대해서는 어떠한 흔적도 남아 있지 않지만, 도시의 성벽, 수도(水道), 피라미드식 분묘, 에트루리아식 신 전은 아주 오래된 희랍 건축물들과 별반 다르지 않거나 본질적으로는 같았다. 우리가 이집트 피라미드의 무의미하고 희한한 장관을 연상시 키는, 바로가 보고한 클루시움의 포르세나 무덤처럼 화려한 무덤들을 독창적이라고 생각한다면 모를까, 이 시기에 전적으로 새로운 문화 수용이나 독창적인 창조는 없었다.

라티움의 홍예 건축

라티움도 공화정의 첫 한 세기 반 동안 기존의 궤도 위에서만 움직였 고, 공화정의 시작과 함께 예술 실천이 많아지기보다는 오히려 줄어 들었다는 점은 이미 말했다. 이 시기, 건축적으로 중요한 라티움 건축 물은 로마 건국 261년(기원전 493년)에 로마 대경기장 옆에 세워진—

제정기에는 에트루리아식 건축의 전범으로 인정된—케레스 신전 이외에는 없었다. 그러나 이 시기 말, 이탈리아, 특히 로마 건축에 새로운 사조가 나타났다(제2권 313쪽). 위대한 홍예 건축이 시작된 것이다. 물론 홍예와 궁륭을 이탈리아의 발명품이라고 할 수는 없지만, 희랍 건축 초창기의 희랍인들도 홍예를 몰랐고 그리하여 신전을 지을 때 평평한 덮개지붕이나 맞배지붕에 만족해야 했다는 것은 분명하다. 다만 홍예에 기초가 되는 것으로서, 전통적으로 자연철학자 데모크리토스(로마 건국 294~397년, 기원전 460~357년)의 공로라고 전해지는 건축 석재의 쐐기형 절단은 합리적 공학에 따른 후대 희랍인들의 발명품임은 분명하다. 그럼에도 희랍의 홍예 건축이 시간적으로 로마에 앞선다는 점은 종종 정당하다고 인정된다. 홍예 원리가 적용된 '주하수도'(cloaca maxima)의 궁륭과 원래 피라미드식 덮개로 덮여 있던 카피톨리움 언덕의 '지하우물'(Tullianum, 제1권 332쪽) 등의 건축물들은 왕정기가 아니라 공화정기에 속하는 것이기 때문이다(제1권 154쪽). 왕정기에는 이탈리아, 특히 로마인들도 평평한 지붕이나 맞배지붕만을 사용했을 가능성이 매우 높다. 하지만 홍예가 어떻게 발명되었든 대규모 홍예 원리의 적용은 모든 분야에서, 특히 건축술에서 이루어졌고, 이러한 홍예 원리의 적용은 원리의 발명만큼이나 중요한 일이었는바, 이 홍예 원리의 적용은 확실히 로마인들의 업적에 속하는 것이다. 기본적으로 로마라는 이름과 영속적 불가분의 관계를 갖는 홍예 원리에 기반을 둔 성문, 다리, 수도 등의 건축이 로마 건국 5세기부터 로마에서 시작되었다. 희랍인들에게는 낯설었지만 로마인들에게는 크게 사랑받았던 홍예 원리의 발전은 무엇보다 로마인들 자신의 고유 의례

들, 특히 비희랍적인 베스타 여신 제사를 위해 축조된 둥근 신전과 궁륭형 지붕의 발전과 관련되어 있다.[12]

보조적인, 그렇다고 덜 중요한 건 아닌 건축 분야의 기술력에서도 앞서와 유사한 것이 확인되는바, 여기에서도 문제는 독창성이나 예술성이 아니었다. 로마 도로의 견고하게 설치된 돌판과 깰 수 없을 정도의 단단함과 로마 건축물의 넓고도 극히 강한 기와와 영원한 회반죽은 로마 기술력의 흔들리지 않는 견고함과 정열적인 탁월함을 말해준다.

조형예술과 회화예술

이탈리아에서 건축술과 마찬가지로, 아니 건축술보다 더 크게 조형예술과 회화예술이 희랍의 자극을 받았다. 아니 희랍의 씨앗 자체를 가지고 싹을 틔웠다. 비록 건축술의 동생들이었지만, 예술 부문들은 적어도 에트루리아에서는 로마 왕정기에 이미 발전하기 시작했다는 것

---

[12] 둥근 신전이 아주 오래된 주택 형식의 모방인 것은 결코 아니다. 주택 건축은 오히려 완전한 4각에서 시작했다. 이후 로마 종교는 신전의 둥근 형태를 지구 또는 해를 중심으로 둘러싸고 있는 구와 같은 우주의 모습에 관련시켰는데(Fest. v. *rutundam* p. 282; Plut. *Num.* 11; Ov. *fast.* 6, 267f.), 이는 단순히 무엇인가를 가리거나 보호하는 공간을 위하여 가장 편안하고 가장 안전한 형태가 항상 둥근 것이라는 사실 때문일 것이고, 희랍인들의 둥근 보물 창고, 로마인들의 보관 창고 또는 신주를 보관하는 둥근 신전 등도 이러한 사고에 기인하여 건축되었을 것이다. 물론 베스타 여신의 제단인 화덕과 불의 보관소라고도 불린 베스타 여신의 신전 등도 둥글게 건축되었다. 수조나 분수(*puteal*)도 마찬가지다. 한편 둥근 건축 자체는 4각 건축과 마찬가지로 희랍-이탈리아식이었다. 전자는 보관용 건축물이, 후자는 거주용 건축물이 대표적인 실례이다. 그러나 단순했던 톨로스형(型) 분묘가 건축적, 종교적으로 말뚝과 기둥을 갖춘 둥근 신전으로 발전한 것은 라티움에서의 일이었다.

은 이미 기술했다(제1권 336쪽). 그 발전의 주요 성과가 에트루리아에서, 그리고 라티움에서는 더더욱 이 시기에 이루어졌는바, 이에 대한 분명한 증거는 켈트족과 삼니움인들이 에트루리아인들로부터 로마 건국 4세기 중에 빼앗은 지역에서는 에트루리아 예술의 흔적을 거의 찾을 수 없다는 점이다.

에트루리아의 조형예술은 주로 테라코타와 구리, 금을 쓰는 작업 위주였고, 이런 재료들은 에트루리아의 풍부한 점토층과 구리 광산과 무역 거래 등을 통해 예술가들에게 쉽게 제공되었다. 점토 조소의 활력은 현존하는 유적에서 볼 수 있는, 벽, 박공, 지붕 등을 장식한 엄청난 양의 테라코타 부조와 입상들이 증명해주는데, 이런 품목들에 대한 에트루리아와 라티움 간 무역량의 증가도 이 활력의 한 증거다. 청동 주조 부분도 이에 못지않았다. 에트루리아 예술가들은 50보에 이르는 거대한 청동 입상 제작을 감행하기도 했다. 에트루리아의 델포이라 할 수 있는 볼시니이에는 로마 건국 489년(기원전 265년)경에 2천 개의 청동 입상이 서 있었다고도 한다. 그에 반해 에트루리아의 석상 제작은—아마 어디에서건 같겠지만—훨씬 나중에 시작되었는데, 이런 더딘 발전에 대해서는 내적인 원인들도 있었겠지만 무엇보다 적절한 재료가 없었기 때문이었다. 당시 루나(카라라)의 대리석 채석장은 아직 열리지 않은 상태였다. 한편 남부 에트루리아 분묘들의 풍부하고 화려한 황금 장식을 본 사람은 에트루리아 황금 접시가 아티카에서도 높게 평가되었다는 것을 믿을 수 없다고는 하지 못할 것이다. 더 나중 시기의 일이지만, 에트루리아에서는 보석 가공도 다양한 방식으로 성행했다. 다른 것들과 마찬가지로 희랍인들에게 배운 금속 장식, 단색 프레스코 벽화 등에 종사한 에트루리아 장인들과 화가들도 다른 조형예술가들만큼이나 활발하게 활동했다.

캄파니아와 사비눔의 예술

본래의 이탈리아인들 지역을 에트루리아와 비교할 때, 에트루리아 예술의 그 풍부함에 비추어 이탈리아 예술은 빈약한 것으로 보인다. 그러나 더 자세히 보면 사비눔인들 및 라티움인들의 능력과 재능이 에트루리아의 그것보다 훨씬 더 예술적이었다는 사실을 외면할 수 없을 것이다. 사비눔인들의 영역인 사비눔, 아브루쪼, 삼니움 등에선 예술작품들이 거의 발견되지 않고 화폐조차 찾을 수 없다. 하지만 튀레눔 해안 또는 이오니아 해안 지대로 이주한 사비눔인들은 희랍 예술을 에트루리아인들처럼 단지 외적으로만 받아들인 것이 아니라, 거의 완벽하게 자신들의 풍토 속에 녹여냈다. 한때 볼스키인들의 지역이었던 곳에서 홀로 그들의 언어와 풍속을 관철시켰던(제2권 175쪽) 벨리트라이에서 발견된 채색 테라코타는 생동감이 넘치는 고유한 특색을 갖고 있다. 남부 이탈리아에서는 루카니아가 크진 않지만 희랍 예술의 영향을 받았다. 캄파니아와 브루티움에서 사비눔인들과 희랍인들은 언어나 민족성에서뿐 아니라 특히 예술 면에서 완전히 혼융되었고, 특히 캄파니아와 브루티움의 화폐는 예술적 솜씨에 있어 동시대의 희랍 화폐에 필적할 정도였는바, 화폐에 새겨진 글씨가 아니라면 서로 구별되지 않을 정도였다.

라티움의 예술

라티움의 예술도 풍성함과 화려함에서는 빈약하나 예술적 감각과 솜씨에 있어서는 에트루리아에 뒤지지 않았다는 것은 잘 알려지지 않았지만 분명한 사실이다.

5세기 초 캄파니아에서 로마인들은 확고한 기반을 마련했고, 칼레스 시는 라티움 공동체가 되었으며, 카푸아 인근의 팔레르노는 로마의 분구가 되었는바(제2권 176쪽 이하), 이로써 로마인들은 캄파니아 예술을 알게 되었다. 사치스러운 에트루리아에서처럼 열정적인 보석 세공은 라티움 지역에 전혀 없었으며, 라티움의 공방들이 에트루리아의 금 세공업자나 점토 작업자처럼 해외 무역을 위해 영업을 했다는 흔적 또한 어디에서도 찾을 수 없다. 라티움 신전들은 에트루리아 신전들처럼 청동과 점토 장식으로 과도하게 치장되지 않았고, 라티움 분묘 내부도 에트루리아 분묘 내부처럼 황금 장식들로 채워지지 않았으며, 라티움의 벽면 또한 에트루리아의 벽면처럼 다채로운 회화로 빛나지 않았다. 하지만 예술 평가의 저울은 전체적으로 에트루리아 쪽으로 유리하게 기울지 않는다. 야누스 신 자체를 창조해냈을 가능성이 큰(제1권 238쪽) 라티움인들은 그 신상도 만들었는데, 그 솜씨가 그리 서툴지 않고 에트루리아의 평균적 예술 작품에 비해 독창적이다. 암늑대와 쌍둥이를 묶어놓은 것은 희랍의 유사한 착상을 빌려온 것이고, 실제로 만들어진 곳도 로마는 아니지만 그럼에도 그것은 로마인들의 창조물인바, 이 암늑대와 쌍둥이 묶음이 로마인들이 캄파니아에서 캄파니아를 위해 제작한 은화 부조에 최초로 등장한다는 점도 주목할만 하다. 앞서 언급된 칼레스 시에서는 도시 창건 직후 특별한 형상의 도기가 제작된 것으로 보이는데, 이 도기에는 장인의 이름과 제작지가 적혀 있었고 멀리 에트루리아까지 팔려나갔다. 최근 에스퀼리누스 언덕에서 발굴된 테라코타로 된 작은 제단과 거기 부조된 형상들은 그 표현법이나 장식에 있어 캄파니아 신전에 있는 유사한 봉헌물들과 정확히 일치한다. 하지만 이는 희랍 장인들이 로마를 위해 작업한 것일 가능성을 배제할 수 없는데, 아주 오래된 케레스 신전을 위하여 고르가소스와 함께 채색 점토 형상들을 제작한 조각가 다모필로스는 다름 아닌 제욱시스의 스승, 히메라의 데모필로스(로마 건국 300년, 기원전 450년경에 활약)인 것으로 보이기 때문이다. 고대의 증거들에서 또는 우리가 스스로 관찰함으로써 비교 결정할 수 있는 예술 분야에서 우리는 아주 많은 것들을 배운다.

한편 라티움의 석물 중에는 이 시기 말에 도리아식으로 제작된 로마 집정관 루키우스 스키피오의 석관 이외에는 별로 남은 것이 없다. 이 석관의 고상한 단순함은 모든 유사한 에트루리아 작품들을 부끄럽게 만들 정도다. 에트루리아의 무덤들에서는 엄격한 옛 양식의 아름다운 청동 작품들, 특히 투구, 촛대 등의 품목이 많이 발굴되었다. 하지만 이 작품 중 어떤 것이 로마 건국 458년(기원전 296년)에 로마 광장 위 루미나 여신에게 바쳐진 무화과나무 곁에 징수된 벌금으로 세워진(지금도 카피톨리움의 가장 아름다운 장식물인) 청동 암늑대에 비견할 만하겠는가? 라티움의 금속 주조자들 또한 에트루리아의 금속 주조자들과 마찬가지로 큰 규모의 작업에도 과감하게 도전했다는 사실은 스푸리우스 카르빌리우스(로마 건국 461년, 기원전 293년 집정관)가 삼니움의 무기를 녹여 카피톨리움 언덕 위에 세운 거대한 유피테르 청동상이 증명해주는데, 여기서 긁어낸 부스러기만으로도 이 거대상의 발밑에 또 하나의 승리자 입상을 넉넉하게 주조하여 세웠다고 한다. 이 유피테르 동상은 알바롱가의 산들에서도 보일 정도였다.

주조된 구리 동전 중 가장 아름다운 동전은 확실히 남부 라티움의 것이다. 로마와 움브리아의 동전들은 그저 참아줄 만한 정도였고, 에트루리아 동전은 부조도 거의 없고 때로 천박하기도 했다. 로마 건국 452년(기원전 302년) 카피톨리움 언덕 위에 봉헌된 건강의 신 신전에 가이우스 파비우스가 그린 벽화는 도안과 채색에 있어 아우구스투스 시기에 희랍식의 교육을 받은 예술평론가들의 상찬을 받았다. 또 제정기의 열정적 예술 애호가들은 카이레, 더 나아가 로마, 라누비움, 아르데아 등의 프레스코를 회화의 걸작으로 상찬했다. 에트루리아의 손거울 공예와 달리 보석함을 섬세하게 장식하는 금속공예는 라티움에서는 널리 유행하지 않았지만 프라이네스테에서는 성행했는데, 에트루리아의 구리거울만큼 대단한 작품이 프라이네스테의 보석함 중에서도 발견된다. 후자와 같은 작품을 두고, 그러니까 아마도 이 시기 프라이네스테의 공방에서 만들어졌을 가능성이 매우 높은 이런 유의 작품을 두고 분명하게 말하거니와, 피코리니의 보석함만큼 완벽하고 순수하며 진지한 솜씨가 빚어낸, 아름다움과 개성을 가진 고대의 장식물은 두 번 다시 찾아볼 수 없을 것이다.[13]

---

[13] 노비우스 플라우티우스(제2권 310쪽 각주)는 아마도 다리와 뚜껑들만을 주조했을 것이다. 함 자체는 더 나이 든 장인이 제작했을 것이다. 다만 이 함이 본질적으로 프라이네스테에 국한되어 사용된 것을 보면, 그 장인은 프라이네스테 사람이었을 것이다.

에트루리아 예술의 성격

에트루리아 예술 작품의 일반적 성격은 재료와 양식에 있어 일정하게 나타나는 지나친 천박함과 내적 발전의 완전한 결여다. 희랍 장인이 대강 소묘한 곳에 에트루리아의 제자는 학생다운 땀을 쏟았던 것이다. 희랍 작품들의 가벼운 재료와 절제된 비례 대신 에트루리아 작품들에선 과시적 크기와 사치스러움 혹은 단순한 진기함만이 강조된다. 또한 에트루리아 예술은 모방하는 한편 지나친 과장을 빼놓지 않았고, 에트루리아 예술에서는 엄격한 것은 가혹하게, 우아한 것은 나약하게, 대단한 것은 흉측하게, 풍만한 것은 외설적으로 변했다. 원작의 모습이 사라지고 에트루리아 예술만이 강하게 적용될수록 이런 현상은 두드러진다.

그럼에도 에트루리아 예술이 전래된 형태와 전승된 양식을 엄격히 고수한 점은 특히 눈에 띈다. 초창기 친밀했던 관계 덕분에 에트루리아에 예술의 씨앗을 뿌렸지만, 이후 적대적이 된 관계 때문에 희랍인들이 희랍 예술의 새로운 발전을 전수할 수 없었기 때문이든, 더 개연성 있는 이야기이지만 신속하게 대두한 에트루리아 민족의 정신적 경직성 때문이든, 에트루리아 예술은 초기 단계에, 본질적으로 희랍 예술이 이제 막 전해진 단계에 멈춰 서고 말았다. 주지하다시피 이것이 발전 없이 정체된 에트루리아 예술이 그렇게 오랫동안 희랍 예술의 딸로서 희랍 예술을 어머니로 생각해온 이유다. 예술 분야들에서 오래전부터 전래되어 온 양식을 엄격하게 견지했다는 것과 더불어, 나중에 들어온, 특히 석조와 동전 주조 부분에서 보이는 극히 서투른 솜씨는 에트루리아 예술의 예술 정신이 얼마나 일찍부터 사라져버렸는지를 증명한다.

한편 후기 에트루리아의 무덤들에서 발견된 엄청난 양의 채색 도기들도 매우 시사적이다. 에트루리아인들이 금속 장식품 또는 채색 테라코타들처럼 도기들을 일찍이 수입했다면, 에트루리아에서도 완벽하거나 최소한 상급의 제품을 제작할 수 있었을지도 모른다. 그러나 이런 사치를 즐길 수 있게 된 시기에 에트루리아의 서명이 새겨져 있는 도기들이 증명해주듯, 에트루리아의 독자적인 도기 생산은 완전히 실패했고, 에트루리아인들은 도기를 직접 제작하기보다는 구매하는 것으로 만족하게 되었다.

북부 에트루리아와 남부 에트루리아의 예술

에트루리아 내에서도 남부와 북부의 예술 발전에서는 또 하나의 현격한 차이가 나타났다. 프레스코 벽화, 신전의 장식, 황금 장식품들, 채색 도기 등 대단히 화려한 부장품이 발견된 곳은 주로, 그리고 특히 카이레, 타르퀴니이이, 볼스키 지역 등 남부 에트루리아였다. 베이이, 카이레, 타르퀴니이이 등 최남단 에트루리아 도시들은 로마 전승에서 에트루리아인들의 가장 주되고 오래된 정주지들로 여겨진다. 이런 남부에 비해 북부 에트루리아는 훨씬 낙후되어 있었다. 예컨대 클루시움 이북으로는 채색 분묘가 발견되지 않는다. 에트루리아 공동체를 통틀어 가장 규모가 큰 최북단 도시 볼라테라이는 다른 도시들과 비교할 때 예술과도 가장 거리가 멀었다. 남부 에트루리아에는 희랍적 반(半) 문명이, 북부 에트루리아에는 반(反) 문명이 지배했던 것이다. 이러한 차이는 남부 에트루리아에는 비에트루리아적 요소를 가진 상이한 민족들이 거주했다는 점(제1권 173쪽)과 희랍의 영향이 지역에 따라 상이했다는 점 등에서 그 원인을 찾을 수 있다. 특히 카이레에 희랍의 영향이 강했는바, 이 사실 자체는 의심의 여지가 없다. 이에 더해 로마가 에트루리아의 남쪽 절반을 일찌감치 복속시킨 것과 매우 이른 시기에 에트루리아에서 에트루리아 예술의 로마화가 시작된 것은 이러한 차이의 결정적 원인이었다. 북부 에트루리아만을 놓고 볼 때, 나름의 예술적 성과를 보여주는 것은 구리 동전뿐이다.

라티움 예술의 성격

시선을 에트루리아에서 라티움으로 돌려보자. 물론 라티움도 새로운 예술을 창조해내지는 못했다. 홍예의 착안에서 희랍 건축술과 다른 새로운 건축양식을 발전시키고 또 그렇게 발전된 건축술과 조화된 새로운 조각예술과 회화예술을 발전시키기 위해서는 훨씬 나중 시기를 기다려야 했다. 라티움의 예술 또한 에트루리아 예술처럼 어디에서도 독창적이지 못했고 종종 별 볼 일 없었다. 그러나 라티움의 큰 예술적 장점은 외부의 좋은 것을 신선한 방식으로 감지하고 분별하여 선택하는 기호(嗜好)였다. 라티움 예술이 쉽게 천박해지지는 않았다. 오히려 최고의 산물들을 보면 심지어 희랍의 기예에 필적할 수준에 있었음을 알 수 있다. 한편, 확실히 더 오래된 에트루리아 예술에 라티움 예술이 일정 정도 의존했다는 점은(제1권 335쪽) 적어도 그 초기 단계에서는 부정될 수 없다. 바로는 정당하게도 케레스 신전에서 희랍 예술가들에 의하여 실행된 것을(제2권 358쪽) 제외하고는 '에트루리아'의 점토 형상들만이 로마의 신전들을 장식하고 있다고 생각했다. 그러나 라티움 예술이 희랍의 직접적 영향을 받으면서 고유하게 발전했다는 것은 명백한 사실인바, 이는 조형예술이나 화폐에 분명하게 드러나 있다. 금속 조각을 에트루리아에서는 오로지 화장용 거울에만, 라티움에서는 단지 변기 뚜껑에만 사용했다는 사실을 보면 두 지역의 예술적 성향이 얼마나 다른지 알 수 있다. 라티움 예술이 참신한 전성기를 누린 곳이 로마인 것 같지는 않다. 로마의 아스 동전과 로마의 데나리우스 동전은 세공의 정밀함과 아취(雅趣)에 있어 라티움의 구리 동전이나 (드물지만) 라티움의 은화에 필적할 수 없다. 회화와 장식의 걸작들도 주로 프라이네스테, 라누비움, 아르데아 등에 속한다. 이것은 또한 앞에서 언급된 것처럼 라티움의 여타 지역에서는 엄격히 관철될 수 없었던 현실적이고 냉정한 로마 정신과 완전히 부합한다. 그러나 로마 건국 5세기에, 특히 5세기 후반에 로마 예술도 활기를 얻었다. 이 시기는 바로 홍예 건축과 도로 건설이 시작되고, 카피톨리움 언덕의 암늑대 상과 같은 예술 작품이 생겨났으며, '화가'(pictor)라는 명예로운 호칭을 얻은 오래된 로마 명문가 출신의 저명인물이 새로 건축된 신전을 장식하기 위해 붓을 잡았던 바로 그 시대였다. 이것은 우연이 아니었다. 모든 위대한 시기는 전인적 인간을 만들어낸다. 에트루리아 민족의 윤리와 국기(國紀)가 타락하는 가운데 그들 예술의 몰락도 분명했던 것처럼, 로마의 엄격한 윤리와 엄중한 국기 가운데 이뤄진 반도의 주인으로서의 로마의 부흥, 아니 더 정확하게 말하자면 최초로 국가다운 면모를 갖춘 이탈리아의 부흥은 라티움, 특히 로마 예술의 부흥에서도 아주 또렷하게 드러났다. 라티움의 민족 역량은 나약한 민족들을 제압했고, 라티움의 예술은 청동과 대리석에 영원한 각인을 남겼다.

연표(기원전)

- 508/7년 : 타르퀴니우스 집안의 몰락. 공화정의 시작.

- 508년 : 카르타고와 첫 계약.

- 508/7년 : 에트루리아의 왕 포르센나의 로마 정복

- 507년 : 카피톨리움 언덕에 유피테르 신전 봉헌

- 506년 : 라티움 지방을 공격하던 에트루리아인들을 아리키아에서 격퇴.

- 500년 : 사르디니아와 시킬리아 서부 지역을 카르타고가 차지. 시킬리아 에서 참주정 유행. 클라우디우스 집안의 이주.

- 496년 : 레길루스호수에서 라티움 사람들을 맞아 승리.

- 495년 : 볼스키와 전쟁. 볼스키 지역에 식민지 건설.

- 494년 : 상민들이 로마를 떠나 성산(聖山)으로 이탈. 호민관 제도 도입.

- 493년 : 라티움 지역 도시들과 연맹 협약.

- 486년 : 헤르니키인들의 연맹 가입.

- 485/84년 : 볼스키 및 아이퀴에 승전.

- 483~474년 : 베이이와 전쟁.

- 480년 : 카르타고가 시킬리아 히메라에서 희랍인들에게 패함.
- 477년 : 크레메라의 명문 파비우스 집안의 몰락.
- 474년 : 퀴메 해전, 쉬라쿠사이의 히에론 1세가 카르타고 - 에트루리아 연합함대를 무찌름.
- 473년 : 메사피아와 이아퓌기아가 타렌툼과 레기움에게 승리.
- 471년 : 푸블리우스 법, 호민관을 상민회를 통해 선출.
- 458년 : 독재관 루키우스 퀸크티우스 킨키나투스가 아이퀴인들을 물리침.
- 451년 : 12표법 제정, 450년 보강.
- 449년 : 발레리우스 호라티우스 법, 호민관을 승인.
- 447년 : 재무관 도입.
- 445년 : 카눌레이우스 상민회 의결, 시민과 상민의 통혼 허용.
- 443년 : 호구감찰관 도입.
- 438~426년 : 베이이 및 피데나이와 전쟁.
- 426년 : 피데나이 정복.
- 421년 : 삼니움이 카푸아와 퀴메를 정복함.
- 406~396년 : 베이이와 전쟁.
- 400년경 : 켈트족이 알프스를 넘어옴.
- 396년 : 켈트족이 파두스강을 건넘.
- 395/4년 : 팔리스키와 전쟁.
- 394~92년 : 아이퀴와 전쟁.
- 391년 : 볼스키 정복. 클루시움에 출현한 켈트족과 첫 번째 조우.
- 388년 : 카밀루스 추방.
- 387년 : 에트루리아에 4개의 분구 설치. 켈트족 세노네스인들과의 알리

아 전투에서 참패, 카피톨리움 언덕을 제외한 로마 전체가 정복당함. 켈
트족은 상당한 전리품을 얻고 철수.

- 387~385년 : 쉬라쿠사이의 디오뉘시오스 1세 아드리아 해역에 진출.
- 384년 : 마르쿠스 만리우스 카피톨리누스 유죄판결 받고 사형됨.
- 382년 : 프라이네스테와 전쟁.
- 380년 : 로마 재건.
- 367년 : 리키니우스-섹스티우스 법, 귀족과 평민의 평등.
- 363년 : 켈트족 남부 이탈리아까지 진출. 360년 라티움 지방에 출몰.
- 362~358년 : 헤르니키인들과의 전쟁.
- 358년 : 로마와 라티움과 헤르니키인들 간에 연맹 결성.
- 354년 : 삼니움과 동맹.
- 353년 : 카이레의 굴복. 100년 동안의 평화.
- 348년 : 카르타고와 제2차 협약.
- 354년 : 아우룽키 정복.
- 343년 : 카푸아와 공동방위조약.
- 343~41년 : 제1차 삼니움 전쟁.
- 340년 : 로마 패권에 반대하는 라티움 도시들의 반란.
- 338년 : 라티움 복속. 카푸아와 동맹조약.
- 334년 : 켈트족과 평화조약.
- 329년 : 볼스키 복속. 프리베르눔 정복.
- 327/26년 : 네아폴리스와 동맹. 루카니아와 동맹.
- 326년 : 포이텔루스 법, 채권소송절차 완화.
- 326~304년 : 제2차 삼니움 전쟁.

- 321년 : 카우디움 협곡에서 로마군 무조건 항복.
- 315년 : 루케리아 식민지 건설.
- 312년 : 호구감찰관 아피우스 클라우디우스 카이쿠스의 개혁. 투표권 확대. 아피우스 대로 건설.
- 311년 : 삼니움과 에트루리아의 동맹. 전함 건조.
- 310년 : 바디모니스호수에서 에트루리아를 물리침.
- 309년 : 루키우스 파피리우스 쿠르소르가 삼니움을 물리침.
- 307년 : 집정관과 법무관 임기 연장.
- 306년 : 카르타고와 제3차 협정. 로도스와 무역협정.
- 304년 : 삼니움과의 평화. 중부와 남부 이탈리아에서의 영향력 강화.
- 303년 : 타렌툼과 협정.
- 300년 : 오굴리누스 법, 상민에게 사제직 개방.
- 298~290년 : 제3차 삼니움 전쟁.
- 298년 : 삼니움, 루카니아, 사비눔, 움부리아, 에트루리아, 켈트족 연합과 전쟁.
- 295년 : 에트루리아와 켈트족과의 센티눔 전투에서 승리.
- 294년 : 에트루리아와 강화조약.
- 291년 : 아풀리아가 패권에 들어옴. 라티움 식민지 베누시아 건설.
- 290년 : 삼니움과 강화조약. 사비눔 정복.
- 287년 : 호르텐시우스 법 통과로 신분 투쟁 종식. 상민회 의결이 법적 효력을 가짐.
- 285~282년 : 켈트족과 전쟁.
- 283년 : 세노네스 지역 점령. 세나 갈리카 식민지 건설.

- 282년 : 바디모니스호수에서 보이이인들과 에트루리아인들을 물리침.
- 282~272년 : 타렌툼과 전쟁.
- 281년 : 에페이로스의 퓌로스 왕과 타렌툼의 동맹. 헤라클레아에서 로마 참패.
- 279년 : 아우스쿨룸에서 퓌로스에 패함. 퓌로스에 대항하기 위해 카르타고와 동맹.
- 278~276년 : 퓌로스의 시킬리아 지배.
- 275년 : 베네벤툼 전투. 퓌로스가 이탈리아를 떠남.
- 273년 : 이집트의 프롤레마이오스 2세와 선린조약을 맺고 무역 시작.
- 272년 : 타렌툼과 강화조약.
- 268년 : 피케눔 정복. 베네벤툼과 아리미눔에 라티움 식민지를 건설.
- 264~241년 : 시킬리아를 놓고 카르타고와 전쟁(제1차 카르타고 전쟁).

찾아보기

옮긴이

김남우
연세대학교 철학과를 졸업했고, 서울대학교 서양고전학 협동 과정에서 희랍 서정시를 공부했고, 독일 마인츠에서 로마 서정시를 공부했다. 정암학당 연구원으로 서울대학교 등에서 희랍 문학과 로마 문학을 가르친다. 베르길리우스의 〈아이네이스 I〉 등을 번역했다.

김동훈
서울대학교 서양고전학 협동과정에서 희랍 문학과 로마 문학, 특히 로마 수사학을 공부했고, 총신대학교에서 신학을 공부했다. 총신대학교 강사를 지냈으며 장 보댕의 《국가에 관한 6권의 책》 중에서 희랍어, 라티움 어와 히브리 어 부분을 번역했다. 현재 푸른역사 아카데미에서 '서고원: 서양사 고전 원강'을 이끌고 있다.

성중모
서울대학교 대학원 법학과에서 고전기 로마법의 소유물반환청구소송(rei vindicatio)에 관한 연구로 석사학위를, 독일 본(Bonn) 대학교 법과대학에서 민법상 첨부에 의한 손해보상청구권의 학설사적 연구로 박사학위를 취득했다. 현재 서울시립대학교 법학전문대학원에서 민법을 담당하고 있으며 민법, 로마법, 서양법사 분야에서 연구와 강의를 하고 있다. 특히 로마법 사료 《시민법대전(*Corpus Iuris Civilis*)》의 일부인 《유스티니아누스 법학제요(*Institutiones Iustiniani*)》를 우리말로 번역하고 있다.

몸젠의 로마사 제2권—로마 왕정의 철폐에서 이탈리아 통일까지

◉ 2014년 2월 28일 초판 1쇄 발행
◉ 2024년 7월 19일 초판 6쇄 발행
◉ 지은이   테오도르 몸젠
◉ 옮긴이   김남우·김동훈·성중모
◉ 펴낸이   박혜숙
◉ 디자인   이보용
◉ 펴낸곳   도서출판 푸른역사
  우) 03044 서울시 종로구 자하문로8길 13
  전화: 02) 720-8921(편집부) 02) 720-8920(영업부)
  팩스: 02) 720-9887
  전자우편: 2013history@naver.com
  등록: 1997년 2월 14일 제13-483호

ⓒ 푸른역사, 2024

ISBN   979-11-5612-008-7 94900
       978-89-94079-82-0 94900 (세트)